사회사상과 동서접변

근현대한국총서 5

사회사상과 동서접변
(근현대한국총서 5)

초판 1쇄 인쇄 2019년 12월 25일
초판 1쇄 발행 2019년 12월 31일

지은이 / 한정길, 이원석, 양일모, 김재현, 엄연석
인　쇄 / 북토리

펴낸곳 / 도서출판 동과서
경기 고양시 일산서구 송파로 151번길 24
등록번호 / 제22 - 405호

D.K.S. Publishing Co.
24, Songpa-ro 151 beon-gil, Ilsanseo-gu,
Goyang-si, Gyeonggi-do, Korea

전화 / (02)333-7533
팩스 / (02)6280-2353

값 25,000원

ISBN 978-89-6525-129-3 (94100)
978-89-6525-124-8 (세트)

사회사상과 동서접변

한정길, 이원석, 양일모, 김재현, 엄연석 저

동과서

이 저서는 2014년 대한민국 교육부와 한국학중앙연구원(한국학진흥사업단)의 한국학총서사업의 지원을 받아 수행된 연구임(AKS-2014-KSS-1230004)

* 연구팀 소개 (가나다순)

강중기(姜重奇) :

서울대학교에서 철학박사학위를 취득하고, 현재 인하대학교 철학과와 성균관대학교 유학대학 강사로 일하고 있다. 저서로 『동양고전 속의 삶과 죽음』(공저, 2018), 『중국문명의 다원성과 보편성』(공저, 2014) 등이 있고, 「근대 이행기 중국의 유교 연구」(2018), 「근대 중국에서 미신의 비판과 옹호」(2012), 「현대 중국의 유교 논쟁」(2011) 등의 논문이 있다. wooriang@naver.com

김재현(金載賢) :

서울대학교에서 철학박사학위를 취득하고, 경남대학교 철학과 교수(1986-2018)로 재직했으며 현재 경남대학교 명예교수이다. 저서로 『한국 근현대 사회철학의 모색』(2015), 『한국 사회철학의 수용과 전개』(2002), 『하버마스의 사상』(공저, 1996)이 있고, 「중국에서 '철학哲學' 개념의 번역과 수용」(2016), 「철학의 제도화, 해방 전후의 연속성과 단절」(2011), 「하버마스의 해방론 연구」(박사논문,1995) 등의 논문이 있다. kjaehyun@kyungnam.ac.kr

양일모(梁一模) :

도쿄대학교에서 박사학위를 취득하고, 현재 서울대학교 자유전공학부 교수로 재직하고 있다. 저서로 『옌푸(嚴復): 중국의 근대성과 서양사상』 등이 있고, 번역으로 『천연론』(공동), 『관념사란 무엇인가』(공역) 등이 있고, 「유교적 윤리 개념의 근대적 의미 전환 -20세기 전후 한국의 언론잡지 기사를 중심으로」, 「중국철학사의 탄생 -20세기 초 중국철학사 텍스트 성립을 중심으로」, "Translating Darwin's Metaphors in East Asia" 등의 논문이 있다. yimoy@snu.ac.kr

엄연석(嚴連錫) :

서울대학교에서 철학박사학위를 취득하고, 현재 한림대학교 태동고전연구소 교수로 재직하고 있다. 저서로 『조선전기역철학사』(2013)가 있고, 「예기 텍스트의 개념지도 분석을 통한 사회적 덕목으로서 신뢰연구」(2012), 「퇴계의 역학사상에서 상수와 의리의 가역적 전환문제」(2011), 「정이 『역전』의 역학 이론에 관한 연구」(박사논문, 1999) 등의 논문이 있다. yseom05@nate.com

이봉규(李俸珪) :

서울대학교에서 철학박사학위를 취득하고, 현재 인하대학교 철학과 교수로 재직하고 있다. 저서로 『다산 정약용 연구』(공저, 2012)가 있고, 「규범의 근거로서 혈연적 연대와 신분의 구분에 대한 고대유가의 인식」(1993), 「『연평답문』 논의를 통해 본 퇴계학의 지평」(2008), 「명청교체기 사상변동으로부터 본 다산학의 성격」(2014) 등의 논문이 있다. aaji@daum.net

이원석(李遠碩) :

서울대학교에서 철학박사학위를 취득하고, 현재 전남대학교 철학과 교수로 재직하고 있다. 역서로 『주희의 역사세계』(2015), 『이 중국에 거하라』(2012), 『주자와 양명의 철학』(2012) 등이 있고, 「『대학』 〈정심(正心)장〉에 대한 이황과 박세채의 해석」(2019), 「이고(李翺)의 성선정악설(性善情惡說) 연구」(2018), 「만국공법의 두 가지 지평과 구한말 유학」(2018) 등의 논문이 있다. ophil91@jnu.ac.kr

한정길(韓正吉) :

연세대학교에서 철학박사학위를 취득하고, 현재 한림대학교 태동고전연구소 연구교수로 재직하고 있다. 저서로 『동양고전 속의 삶과 죽음』(공저, 2018) 등이 있고, 역서로 『전습록』(공역, 2001) 등이 있으며, 「태주학파 왕간의 '안신'설에 기초한 경세사상」(2019), 「정제두 「대학설」의 특성과 그 경학사상사적 의미」(2019), 「왕수인의 경세사상」(2017) 등의 논문이 있다. philohan@hanmail.net

| 간행사 |

2014년 4월 어느 따스한 봄날이었다. 춘천의 엄연석 박사가 거대한 연구 계획을 들고 서울로 찾아왔다. 18~20세기 한국에서 동서양의 철학사상이 접촉하고 변이해 간 양상을 상호 교착하는 지평과 함께 기본가치를 담은 보편개념을 중심으로 분석해 보자는 것이었다. 즉 중층적이고 융합적인 시각에서 한국의 사상문화를 조감할 수 있는 시야를 만들어보자는 제안이었다. 한국의 근현대철학에서 서양철학과의 만남 혹은 상호 영향 관계가 매우 중요한 사안이라는 점을 일단 인정하더라도, 이를 지평의 교착과 기본개념의 의미 변용이라는 관점에서 체계적으로 연구한다는 것은 결코 용이한 일은 아니었다.

동서철학의 만남은 단순히 서로 다른 두 지역의 철학이 만나는 정도의 문제가 아니다. 서양철학이 수용되기 이전에 동아시아에서는 일찍부터 다양한 사상유파들이 발생하고 성장했으며, 서양 또한 다른 문화적 토양 위에서 다양한 철학이 전개되었다. 따라서 서양철학이 동아시아에 수용되면서 시작된 동서의 철학적 대화를 분석하는 작업은 동서고금의 지적 전통에 대한 해박한 지식뿐만 아니라 이를 꿰뚫어볼 수 있는 혜안이 요청되는 일이다.

이봉규 박사와 강중기 박사가 이 이야기를 듣고 단번에 우리의 역량을 넘어서는 과분한 작업이라고 머리를 설레설레 흔들었다. 그렇지만 우리는 한국철학 연구가 주로 조선시대의 철학사상 연구에 머물고 철학사적 연구에 매몰되는 한계를 극복하면서 이른바 근현대 철학사상까지 연구 영역을 확대해야 한다는 주장에는 뜻을 같이했다. 이때부터 한국의 근현대철학사를 동서의 철학적 지평의 교착이라는 관점에서 분석하기 위한 기초 연구를 시작하기로 하고 함께 공부하는 모임을 갖기로 했다. 조선의 양명학을 연구하는 한정길 박사와 중국의 주자학을 전공하는 이원석 박사가 이 모임에 합류하여 천군만마의 역량을 보태주었다.

우리는 머리를 맞대고 엄연석 박사의 초안을 숙성해서 6월 한국학중앙연구원의 한국학총서(근현대한국총서) 사업에 지원했다. 한국학중앙연구원 심사단은 이 연구팀이 동양철학 전공자들로만 구성되어 있다는 점을 지적하면서 동서철학의 접변을 심도 있게 연구하기 위해서는 서양철학 연구자와의 공동연구가 바람직하다는 의견을 제시해 주었다. 이러한 배려로 사회철학을 연구하는 김재현 교수가 이 사업에 동참할 수 있었고, 우리 연구팀은 동서철학 전공자가 대화할 수 있는 귀중한 기회를 얻었다.

이 책은 지난 5년 동안 동서철학 연구자들이 공동으로 진행한 「근현대 한국의 동서철학사상 접변양상 연구」를 토대로 기획되었다. 그동안 이 연구에 참여한 7명의 연구자와 4명의 보조연구원은 매달 한 번씩 모여서 연구를 구상하고 발표할 때마다 열띤 논쟁을 벌였다. 동서철학의 만남이라는 구도는 평범한 도식이라고도 할 수 있지만, 이러한 만남을 통해 형성된 한국의 텍스트에 대한 이해와 분석은 지난

한 과업이었다. 동서의 철학적 지평의 교착이라는 관점은 가다머를 비롯한 해석학에서 제시된 이해와 지평융합의 방법론을 원용하고자 했다. 그렇지만 서양의 철학적 전통에서 제시된 텍스트에 대한 이해와 해석 방법을 한국의 근현대 시기의 텍스트 분석에 그대로 적용하는 데는 여러 가지 난점이 따랐다. 동서 철학사상의 만남은 고금이라는 시간적 지평뿐만 아니라 동서양이라는 공간적 지평의 융합을 모색해야 했기 때문이다.

동서양의 철학사상 사이에 전개되었던 대화와 그것을 기록한 텍스트에 대한 분석은 수용과 전파를 넘어서는 새로운 방법론을 요청했다. 우리의 연구는 우선 한국의 근현대 철학사상의 역사 속에서 동서양의 개념적 접변의 흔적을 탐색하기 위한 새로운 텍스트를 발굴하는 데 초점을 두었다. 이 과정에서 우리는 연구자 스스로 폭넓은 시야를 확보하고 지평을 확대해야 한다는 것을 깨달았다. 연구자 자신의 새로운 시야 확보와 텍스트에 대한 발굴, 텍스트에 대한 해석의 문제를 둘러싸고 의미 있는 논쟁을 전개하면서, 연구계획은 초기부터 적지 않은 진통을 겪으면서 새로운 연구 시야와 방법론을 모색하고자 노력했다.

1년차 연구보고서를 제출하면서 2차년도 연구계획을 대대적으로 수정하였다. 다행히 한국학중앙연구원은 공동연구팀의 의욕과 연구계획의 수정에 대해 문제점을 지적하면서도 계속해서 격려를 보내주었다. 2년차 연구보고서를 제출하면서도 3차년도 연구계획을 수정하지 않을 수 없었다. 한정된 연구지원 기간이 끝날 때까지 논쟁적 보고회가 지속되었지만, 오히려 이러한 논쟁을 통해 연구팀은 한국의 근현대 철학사상을 나름대로 지평의 교착이라는 관점에서 정리할 수 있게 되었다. 연구지원 기간이 끝나고도 2년 동안이나 보고와 논쟁이라는 인고의 시간을 감내하면서 이러한 성과를 상재(上載)할 수 있게 되어 감개무량하다. 대열에서 벗어나지 않고 진지하게 연구에 참여한 공동연구원 모두에게 연구책임자로서 심심한 감사의 뜻을 전한다.

동양철학 연구자들이 서양철학 전공자와 함께 대화하면서 지적 고민을 심화시킬 수 있는 계기를 마련해 준 한국학중앙연구원의 지원과 격려에 깊은 감사를 드리고 싶다. 이러한 장기적 지원은 학문 공동체를 형성할 수 있는 귀중한 기회가 되었다. 공동연구원들은 이 벅찬 작업에 도전하면서 시대와 현실을 함께 고민하는 동인(同仁)이 될 수 있었다. 그리고 동서양철학이 복합적으로 등장하는 다소 어렵게 보이는 전문 연구 서적의 출판을 기꺼이 간행하겠다고 허락해준 동과서 출판사의 황병기 박사님께 고마운 마음을 금할 수 없다. 출판사 대표라기보다도 동양철학을 전공한 동학이라 할 황병기 박사로부터 이 책의 구성과 내용에 관한 전문적인 자문을 받을 수 있었던 것은 더할 나위 없는 행운이었다.

지난 5년 동안 우리 연구팀은 「근현대 한국의 동서철학사상 접변 양상 연구」를 진행하였고 그간의 연구성과를 모아 일곱 권의 단행본을 발간하게 되었다. 그 내용은 다음과 같다.

제1권은 동서철학의 만남이라는 주제 아래 동서 철학사상의 접변 양상을 조감할 수 있는 새로운 시야를 확보하기 위해 개념의 접변과 지평의 확대라는 측면에서 텍스트를 분석하는 방법론과 그 사례를 제시하였다.

제2권은 조선시대에 연행사절 혹은 다른 방식을 통해 서양의 종교와 학문을 수용한 사상가들을 중심으로 서학의 충격과 접변이라는 관점에서 조선시대 후기 사상가들이 서학을 형상화하는 방식, 서학의 세계상에 대해 보인 반응을 조명하였다.

제3권은 19세기 말 이후 '서기(西器)'의 충격과 도전이 격화되던 시대적 전환기에 지식인들이 '동도(東道)'를 기초로 한 '서기'의 수용이라는 소극적 대응으로부터 '서도(西道)'까지 보다 적극적으로 수용하게 되는 동서문명의 지평융합과 역전의 과정을 탐색하였다.

제4권은 서양 정치사상의 유입이 유교의 철학적·사상적·이론적 지평에 어떤 변화를 불러왔는지를 살펴보고, 서양 근대 정치사상에 대한 반성과 유교 전통사상의 현대적 의의를 성찰하는 기회를 제공하였다.

제5권은 19~20세기 초 동아시아에 사회진화론, 무정부주의 등 서양의 다양한 사회사상 혹은 기독교 등의 사상적 조류가 급속도로 확산되는 시점에 조선의 학자들이 전통사상의 토대에서 자유와 민주, 평등과 같은 서양적 가치를 이해하고 대응하는 문법을 검토하였다.

제6권에서는 20세기 이후 서양 철학사상이 제도로서 동아시아에 권위를 구축하는 시점에서, 전통사상이 서양철학과의 불균등한 대화 속에서 자신의 인류사적 가치를 확인하고 회양(晦養)하면서 창출하는 과정에 나타난 동서철학의 접변 양상을 살펴보았다.

제7권에서는 이 연구가 시도한 방법론에 대한 종합적인 점검과 철학적 성찰을 통해 동서철학 접변연구를 평가하고 전망하면서 한국 근현대철학의 방향을 모색하는 계기를 마련하였다.

각 권에 실린 「부록」은 공동연구팀이 지난 5년 동안 연구하는 과정에서 발굴한 자료를 토대로 현대 한국의 동서 철학사상 접변 양상을 살펴볼 수 있는 동아시아 지역의 텍스트를 선정하여 함께 강독하면서 번역하고 정리한 자료를 묶었다.

이 연구는 동서양의 철학적 대화라는 관점에서 근현대 시기 한국의 철학사상을 정리하면서 현재 우리의 지평과 시야를 확대하고자 한 시론적인 구상이다. 시기구분, 방법론, 텍스트 분석 등에서 적지 않은 문제가 포함되어 있을 것이다. 학계의 기탄없는 비판과 질정을 기대한다.

2019.12.

연구팀을 대표하여

양일모 씀

차 례

서 론:

인륜과 인권의 지평융합

한정길

19세기 말엽에서 20세기 초반까지 조선인은 그야말로 세상이 달라지는 경험을 하게 된다. 서구 열강의 침입으로 인하여 중국 중심의 천하관에서 서구 중심의 세계관으로의 변혁이 불가피하게 된 것이다. 군사력과 경제력을 앞세운 서양 세력은 다양한 방면에서 물밀듯이 들어왔다. 그 근저에는 과학기술 문명 및 사람들 사이의 관계를 규율하는 새로운 제도와 사상이 놓여 있었다. 과학기술은 선진적인 것이라 수용하지 않을 수 없었다. 문제는 서구의 사회제도와 사상이었다. 그것은 서양 전통의 인간관, 사회관, 종교관을 기반으로 하고 있었다. 인간과 사회 및 종교에 대한 이 새로운 이해에, 그리고 그것을 기초로 이루어진 서구의 사회제도와 사상에 어떻게 대응할 것인가? 이것이 당시 조선 지식인들이 직면한 시대적 과제였다.

우리는 조선의 근대사상을 조명할 때 대체로 조선의 멸망이라는 결과를 가지고 그 원인을 추적하는 경우가 많다. 이때 조선의 근대사상은 시대 변화에 제대로 대응하지 못한 사상들로 저평가되기 쉽다. 그러나 이러한 시각으로는 조선의 근대를 정당하게 이해하기 어렵다. 당시 사상가들 가운데 새로운 시대에 대응할 수 있는 사상체계를 마련하기 위하여 고군분투한 이들이 적지 않다. 이들을 탐색하여 그 분투과정을 있는 그대로 드러내고, 사실적 이해에 입각하여 재평가할 때 조선 근대 사회사상의 성격과 그 의의가 제대로 밝혀질 수 있을 것이다. 이런 관점에서 본서에서는 당대 조선의 대표적인 사회사상가라고 할 수 있는 몇 사람을 선정하여, 그들이 서구의 사회사상에 어떻게 대응했는가를 살펴보았다.

본서에서 진행한 연구들을 세부적으로 살펴보면 다음과 같다. 먼저 「기독교의 이입과 구한말 유가 도덕지평의 변화 ―김평묵의 『벽사변증기의』를 중심으로―」에서는 김평묵(金平默, 1819~1891)의 『벽사변증기의』를 주요 분석텍스트로 삼아 판토하의 『칠극』에 대한 조선 성리학자들의 몇 가지 해석을 살펴봄으로써 『칠극』의 지평이 조선 성리학자들의 그것과 교착해 나가는 과정, 나아가 후자의 지평을 변화시켜 가는 과정을 규명하였다. 이 연구는 판토하의 『칠극』이 욕구 긍정의 인성론을 기반으로 한 수양론에 입각하여 성리학을 비판한다는 사실에 주목한다. 판토하는 인간의 욕구도 절도를 따르면 좋은 것이고 인간성숙에 유익한 것이라고 본다. 그리고 은혜, 겸손, 절제, 정절, 근면, 너그러움, 인내의 일곱 가지 덕을 내세운다. 이것들은 유가의 덕과 유사한 점이 있다. 이로 인해 이익 등은 이 덕들이 극기복례의 수양에 도움이 된다는 보유론적 관점을 취한다. 반면에 김평묵은 그러한 덕들도 인륜(人倫)에 부합하지 않는다면 참된 덕이 될 수 없다고 본다. 그리고 그것들이 어떻게 인륜에 부합되지 않는가를 설명한다. 『칠극』의 덕은 수도자들의 덕이고, 그런 수도자의 덕목은 인륜으로 얽힌 일상세계에 적용될 수 없다고 본 것이다. 그런데 김평묵이 은혜, 겸손 등의 일곱 가지 덕에 비해 인륜(人倫)을 중시하면서, 그 동안 유가에서도 중시되던 덕들이 덜 중요해지게 되었다. 이것은 곧 유가 윤리의 영역 축소를 가지고 왔음을 의미한다.

「한국 근대 양명학과 사회진화론의 접변 양상 ―난곡 이건방을 중심으로-」는 한국 근대의 대표적인 양명학자인 이건방(李建芳, 1861~1939)이 서양의 사회진화론을 접하면서 자신의 학문체계에 어떤 변형을 일으키는지를 탐구하였다. 이 글에 의하면 이건방은 조선의 역사와 당대의 현실을 비판적으로 인식하고, 현실을 구제하기 위한 방안으로 서양의 학문을 적극적으로 수용한다. 그는 당대의 현실을 약육강식의 생존원칙이 지배하는 사회로 인식하고, 조선의 멸망 원인을 그 시대적 추세에 현명하게 대응하지 못한 데서 찾는다. 그리고 도의의 실질을 밝히고 민중들을 깨우침으로써 당시 조선이 직면한 시대적 과제를 해결하고자 했다. 한편 이건방은 사회진화론이 지배하는 현실을 직시하면서도, 강자에 대해서 사납다고 꾸짖고 약자를 포용할 수 있어야 한다고 보았다. 이 연구에서는 또 이건방이 사회진화론을 수용하는 과정에서 기존 전통학문에서 사용하던 기본 개념들인 '쟁(爭)', '국(國)', '학(學)'에 어떤 변용이 일어났는지를 분석함으로써 동서접변 양상을 밝혔다.

「주자학과 사회진화론의 융합적 사고 -이상룡의 「진화집설」, 「합군집설」을 중심으로-」는 주자학자인 석주 이상룡(1858~1932)이 서양학문을 수용하는 방식에 나타난 동서의 융합적 사고를 탐구하였다. 이 글에 따르면 이상룡은 을미늑약 이후 유교의 이론과 실천에 대한 한계를 절감하고, 양계초의 『음빙실문집』 등을 통해 서양 학문을 적극적으로 수용하면서 자강운동의 계열에 속하는 지식인으로 변모하였다. 당시에 널리 알려진 사회진화론, 사회계약론, 자유주의 등을 적극적으로 수용하였으며, 다윈, 벤야민 키드, 루소, 홉스, 블룬칠리의 학설에 대한 비판적 고찰을 통해 사회[群]와 국가, 국가와 국민, 가족과 개인에 관해 새로운 해석을 제시하였다. 이 연구에서는 이상룡이 루소의 사회계약설과 블룬칠리의 국가유기체설을 수용하여 국가와 사회를 정의하는 「합군집설(合群輯說)」, 다윈과 키드의 진화론을 수용하여 진화와 사회를 해석하는 「진화집설(進化輯說)」을 중심으로 동서사상 지평의 만남이라는 관점에서 진화, 사회[群]와 국가 등의 개념을 분석하였다.

「신채호에서 동서사상 접변양상 연구」는 신채호(1880~1936)가 주체적·자주적 입장에서 서양근대사상을 수용하는 과정에 나타난 동서사상의 접변 양상을 탐구하였다. 이 연구에 따르면 신채호는 조선인의 입장에서 조선민족의 이로움을 위해 진리를 찾는 주체적이고 현실적인 사유를 전개시킨다. 즉 신채호는 그때그때의 사회역사적 상황에 따라 서구의 사회진화론을 조선의 사회진화론으로 만들고자 했고, 서구의 사회주의를 조선의 사회주의로, 서구의 무정부주의를 조선의 무정부주의로 만들고자 했다. 서양사상의 지평과 한국의 현실적 지평, 전통사상적 지평을 철저히 주체적, 실천적 입장에서 융합함으로써 현실을 바꿔나가고자 한 것이다. 이처럼 이 연구에서는 신채호에게 있어서 서구사상은 '조선의 이익에 맞는 사상'으로 전형되는 한에서만 의미 있게 수용되었음을 밝혔다.

「동학의 사회사상과 크로포트킨 「상호부조론」의 의미지평 비교」는 서교(西敎)와 제국주의 세력에 대응하여 19세기 중반 이후 조선사회에서 발흥한 동학(東學)의 사회개혁 사상과 아나키즘적 공산주의를 제창한 크로포트킨의 「상호부조론(相互扶助論)」에 내포되어 있는 상호간 의미지평의 공통점과 차이점을 해명하였다. 이 연구에 의하면 양자는 권력과 불평등 지배에 저항하는 이론이라는 의미지평의 공통점을 지닌다. 즉 양자는 모두 국가 권력의 불평등한 지배에 저항하는 이론적 실천적 사상이라는 것이다. 그러나 양자는 그 사상의 지향점과 그 이상을 실현하는 방법에서 차이점을 드러낸다. 동학은 도덕적 평등을 지향하는 반면, 크로포트킨은 정치경제적 평등을 지향한다. 또 그 이상을 실현하는 방법에서도 동학은 도덕실천과 시천주라는 도덕성과 종교성을 띠는 반면, 크로포트킨은 민중들의 자발적 상호부조와 연대에 의거한다.

「신남철에서 동양사상과 전통의 의미」는 마르크스주의 철학자인 신남철(1907~1958)이 전통과 전통사상을 어떻게 파악했는지를 살펴보았다. 필자에 따르면 신남철은 마르크스주의 철학을 수용하면서도 당시 한국의 지식인 사회의 인간관계와 전통사상, 그리고 당대의 현실을 잘 반영하고자 했다. 그는 지행합일이라는 유가전통에 기초하여 '신체적 인식'을 이론화하였으며, 사회적 모순을 '체인(體認)'함으로써 민족해방의 과제를 철학적으로 정초하려고 했다. 신남철은 또 동양의 지적 전통과 당대의 동아시아 사상계의 연구성과에도 주목하였으며, 조선학을 중국 '국학'처럼 진보적 학문으로 구성하고자 했다. 신남철은 동양의 특수성, 한국의 특수성을 인정하면서도 맑시즘의 역사발전의 보편성을 긍정하였고, 유가의 정치적 이상을 현대적으로 해석하여 민중적, 사회주의적 정치사회사상으로 만들고자 했다.

이들 연구논문 이외에 본서에서는 김평묵의 「벽사변증기의(闢邪辨證記疑)」와 이건방의 「조선유학(朝鮮儒學)과 왕양명(王陽明)」이라는 두 편의 글을 번역해서 실었다. 「벽사변증기의」는 김평묵이 이항로의 차남 이복(李墣)의 요청을 받아 1866년에 저술한 글이다. 이 글은 서교 및 서학만이 아니라, 성호학파의 서학관을 함께 비판하고 있다. 따라서 「벽사변증기의」는 서교 및 서학 그 자체에 대한 비판서라는 의미 이외에도, 동일한 서교 및 서학에 대해 성호학파와 위정척사파의 인식 차이를 보여준다는 점에서 적지 않은 의의가 있다.

「조선유학과 왕양명」이라는 글은 『동아일보』에 1933년 4월 15일부터 6월 12일까지 '길성산인(吉星山人)'이라는 필명으로 8회에 걸쳐 연재된 바 있다. 이 '길성산인'이 바로 이건방이다. 이 글을 통하여 하곡 정제두를 통해 내려오는 강화학맥을 위당 정인보에게 전해주고 있는 이건방의 조선유학사와 양명학에 대한 기본적인 생각을 살펴볼 수 있다.

동양전통의 사회사상은 유학을 기반으로 한다. 조선 근대에 이루어진 서구 사회사상에 대한 대응은 대체로 인륜을 중시하는 유학과 인권을 중시하는 서학과의 충돌을 조율하는 문제라고 하겠다. 이 과제는 21세기를 살아가는 현재에도 여전히 해결되지 않은 상태로 남아있다. 이 양자를 융회할 수 있는 새로운 지평을 마련하는 일은 다름 아닌 우리의 과제이기도 하다.

기독교의 이입과 구한말 유가 도덕지평의 변화

- 김평묵의 『벽사변증기의』를 중심으로 -

이원석

1. 『칠극』과 기독교 윤리

『칠극』은 마테오 리치(Matteo Ricci, 1552~1610)를 1601년~1610년까지 보좌했던 디에고 데 판토하(Diegode Pantoja, 1571~1618)가 1641년 북경에서 출판했던 한문으로 쓰인 수양서로서, 칠죄종(七罪宗)을 극복하여 극기(克己)를 완성해야 한다는 내용을 위주로 하고 있다.[1] 칠죄종은 교만, 질투, 인색, 분노, 탐욕, 음란, 게으름을 가리킨다. 칠죄종과 그 반대인 칠추덕(七樞德)은 모두 사막의 수도자들이 덕(virtue)과 사악(vice)을 구분한 데서 유래되었다. 이를 이후 토마스 아퀴나스가 그의 『신학대전』에서 발전시켰다.[2]

『칠극』이 흥미로운 점은 성리학과는 다른 인성론을 제시하고 그에 따른 수양론을 말하면서 성리학을 비판한다는 사실이다. 판토하는 인간의 욕구도 절도를 따르면 좋은 것이고 인간성숙에 유익한 것이라

1) 徐宗澤, 『明清間耶穌會士譯著提要』(上海: 上海世紀出版集團, 2010), 38쪽.

2) 김승혜, 「『七克』에 대한 연구 –그리스도교와 신유학의 초기접촉에서 형성된 수양론」(빤토하 저, 박유리 역, 『七克 –그리스도교와 신유학의 초기 접촉에서 형성된 수양론』, 455-471면에 부록으로 수록), 455쪽.

고 말한다. 식욕이나 성욕은 그 자체로 나쁜 것이 아니라 잘 인도만 된다면 인간의 성숙과 종족 번식에 도움을 주는 것으로 간주되는 것이다. 이는 중국 전래의 성악설적 사유와 잘 합치한다. 물론 성리학도 욕구의 절제를 강조하여 실천 상에서 성악설적 요소를 채택하기는 하지만 그 주된 기조는 어디까지나 성선설이었다.[3)]

『칠극』은 비단 중국의 식자층에게만 영향을 끼친 것이 아니었다. 이 책은 지어진 지 거의 200년이 지난 후인 19세기 중엽에 조선의 이른바 위정척사파 학자들에 의해 주목을 받는데, 그들은 『칠극』의 수양법을 상대적으로 긍정했던 남인 학자들을 비판하기 위해서 『칠극』을 논의선상에 올려놓았던 것이다. 여기서 말하는 위정척사파 학자들이란 이항로(李恒老, 1792~1868)와 그의 제자 김평묵(金平默, 1819~1891), 유중교(柳重教, 1832~1893)를 가리킨다. 이항로는 「벽사록변(闢邪錄辨)」에서 한 항목을 할애하여 『칠극』을 비판하였고, 김평묵은 이항로의 논지를 이어받아 그의 「벽사변증기의(闢邪辨證起疑)」에서 더 집중적으로 비판하였으며, 유중교는 김평묵의 논지를 수정하고자 「중암 선생에게 올리는 글[上重庵書]」(1881)을 지었다.

이 장은 『칠극』에 대한 조선 성리학자들의 몇 가지 해석을 살펴봄으로써 『칠극』의 지평이 조선 성리학자들의 그것과 교착해 나가는

---

3) 김승혜는 위의 글, 464쪽에서, 판토하가 그리스도교적 인간론을 제시하면서도 원죄나 인간의 죄악에 비중을 두기보다는 본래의 인간본성이 선하다는 점을 강조했다고 한다. 그러면서 그 근거로 "절제하면서 먹고 마시면 세 가지 축복을 받을 것이니, 유익하고, 바르고, 기쁠 것이다"라는 구절과 "성욕은 태어날 때부터 우리에게 주어진 것이다. 천주는 후손을 키워서 인류를 지속시키라고 이것을 주신 것이다. 천주께서 하시는 일은 절제가 있다. 따라서 우리가 이런 절도를 따르면 욕망도 좋고, 절도에 어긋날 때 욕망은 사악하게 된다"는 구절을 든다. 그렇지만 그가 든 이 두 구절은 오히려 성악설적 노선에 부합하는 것이다.

과정, 더 나아가 후자의 지평을 변화시켜 나가는 과정을 규명해 보려고 한다.

2. 『칠극』의 지평과 유가 비판

이익(李瀷, 1681~1763)은 『칠극』의 핵심 종지를 잘 요약하였다. 그의 요약을 중심으로 『칠극』의 지평에 접근해 보고자 한다. 『칠극』은 성선설을 부정하고, 인간 본성이 욕구라는 점을 분명히 한다.

> 『칠극』은 서양(西洋) 사람 판토하[龐迪我]의 저술로 곧 우리 유교의 극기(克己)의 논설과 같다. 그 말에 "인생의 백 가지 일은 악을 사르고 선을 쌓는 두 가지 일에서 벗어나지 않는 것이므로, 성현의 훈계는 모두 악을 사르고 선을 쌓는 데 도움이 된다. 대체로 악이 욕구에서 생겨나기는 하나 욕구가 곧 악은 아니다. 이 몸을 보호하고 영신(靈神)을 도와주는 것이 바로 욕구인데, 사람이 오직 사(私)에만 빠지므로 비로소 허물이 생겨나고 여러 가지 악이 뿌리박았다"고 하였다.[4]

욕구 자체가 악한 것이 아니며 인간이 그것을 사적 욕구로 만들어 버리느냐 아니냐에 따라 욕구가 선한 것도 될 수 있고 악한 것도 될

4) 『星湖先生僿說』 卷11, 「人事門」, 〈七克〉, "七克者, 西洋龐迪我所著, 即吾儒克己之說也. 其言曰, 人生百務, 不離消積兩端, 聖賢規訓, 總爲消惡積德之藉. 凡惡乘乎欲, 欲本非惡, 存護此身, 輔佐靈神, 人惟汨之以私, 始乃罪愆, 諸惡根焉."

수 있다는 판토하의 견해는 일견 유가의 그것과 크게 다를 바 없어 보인다. 왜냐하면 주희 역시 "먹고 마시는 것은 천리이지만, 맛있는 것을 바라는 것은 인욕이다"[5]라고 하였고, "사람을 유혹하는 외물 가운데에서 식욕과 성욕보다 강한 것이 없으나, 그 뿌리로 거슬러 올라가면 실로 사람이 마땅히 가져야 할 것으로서 없을 수가 없는 것이다"[6]라고 하여, 식욕이나 성욕 그 자체가 악한 것은 아니라는 점을 명시하였기 때문이다. 그렇지만 판토하와 주희 사이에는 엄연히 차이점도 있다. 판토하는 욕구가 하늘의 선물이라고 말하고 사람은 그것에 의해 몸과 정신을 보전할 수 있다고 하며, 더 나아가 욕구는 "공의와 공리의 밀사"라고까지 말한다. 하지만 주희는 욕구 그 자체가 악한 것이 아니라고 인정하기는 했지만, 판토하처럼 욕구를 적극적으로 긍정한 것은 아니었다. 그에게서 식욕이나 성욕 등의 욕구는 필요악의 존재에 가까웠다.

이어서 판토하는 일곱 가지 죄악이 어떻게 생겨났는지 분석한다.

> 이 악의 뿌리가 마음속에 도사려, 부유하고자[富] 하고, 귀하고자 하며, 일탈하여 즐기고자[逸樂] 하는 이 세 가지의 큰 줄기가 밖에 나타난다. 줄기에서 또 가지가 생겨, 부유하고자 하면 탐욕이 생기고, 귀하고자 하면 오만이 생기며, 일탈하여 즐기고자 하면 욕심[饕]과 음탕과 태만이 생기고, 혹 부귀와 일탈하여 즐김이 나보다 나은 자가 있으면 곧 질투심이 생기고, 내 것을 탈취당하면 곧 분노가 생긴다. … 이것이 바로 일곱 가지[七枝]이다.[7]

5) 『朱子語類』 卷13, 제22조, "飮食, 天理也, 要求美味, 人欲也."

6) 朱熹, 『大學或問』 下, 제4조, "夫外物之誘人, 莫甚于飮食男女之欲. 然推其本則固亦莫非人之所當有而不能無者也."(『四書或問』(上海: 上海古籍出版社 · 安徽教育出版社, 2001), 25쪽)

부유하게 되려는 욕구는 탐욕을 낳고, 귀하게 되려는 욕구는 오만을 낳으며, 편히 즐기려는 욕구는 욕심, 음탕, 태만을 낳는다. 그리고 남이 나보다 부귀하고 일탈적 쾌락을 더 즐기면 질투가 생기며, 남이 내 것을 빼앗으면 분노가 생긴다. 그러므로 탐욕, 오만, 욕심, 음탕, 태만, 질투, 분노라는 일곱 가지 죄악은 세 가지 근원적 욕구, 즉 부, 귀, 일탈적 쾌락의 욕구로부터 생겨난다. 부유하게 되려는 것은 경제력을 확보하기 위함이요, 신분이 고귀한 사람이 되려는 것은 권력을 갖기 위함이며, 경제력과 권력이라는 힘을 지님으로써 규범을 넘어서 쾌락을 향유할 수 있게 된다. 이는 신과 같은 유일절대자가 되려는 욕구로 귀결된다. 기독교의 세계관에서 사람은 신이 될 수 없다. 신이 될 수 없는 사람이 신과 같이 되려고 할 때 필연적으로 죄악을 저지를 수밖에 없다는 것이 아담과 하와의 신화 이래 기독교의 주된 교훈이다.

유일절대자의 권력을 지니려는 근원적 욕구로부터 위에서 든 일곱 가지 죄악이 싹터 나온다. 판토하는 일곱 가지 죄악을 제거할 수 있는 일곱 가지 덕을 제시한다.

> 탐욕이 돌과 같이 굳다면 은혜로써 풀고, 오만함이 사자와 같이 사납다면 겸손으로써 억제하며, 욕심이 구렁과 같이 크다면 절제로써 막고, 음탕함이 물과 같이 넘친다면 정절로써 제지하며, 게으름이 지친 말과 같다면 부지런함으로써 채찍질하고, 질투심이 파도와 같이 일어난다면 너그러움으로써 평정시키고, 분노가 불과 같이 일어난다면 참는 것으로써 그치게 할 것이다.[8)]

---

7) 『星湖先生僿說』 卷11, 「人事門」, 〈七克〉, "根伏于心, 而欲富欲貴欲逸樂此三鉅幹, 勃發于外, 幹又生枝, 欲富生貪, 欲貴生傲, 欲逸樂生饕生淫生怠. 其或以富貴逸樂勝我, 即生妬, 奪我即生忿, 此七枝也."

은혜, 겸손, 절제, 정절, 부지런함, 너그러움, 참음의 일곱 가지 덕을 열심히 행함으로써 일곱 가지 죄악을 제거할 수 있다고 판토하는 말한다. 그렇다면 인간은 자신의 노력에 의지하여 죄악을 완전히 없앨 수 있는 것인가? 그는 인간의 노력만 갖고는 죄악을 없앨 수 없다고 단언한다. 판토하의 이야기를 직접 들어보자.

> 욕구를 극복하고 덕을 닦는 것에 대해 종일 논하고 평생 힘쓰지만, 오만 · 질투 · 분노 · 음란 등 여러 욕구는 결국 소멸되지 않고, 겸허 · 어짊 · 정숙 · 인내의 여러 덕은 결국 쌓이지 않으니 그 이유는 무엇인가? 세 가지 폐단이 있다. 첫째, 본원을 생각하지 않고, 둘째, 지향을 깨끗하게 하지 않으며, 셋째, 절차를 따르지 않는 것이다.[9]

'본원을 생각하지 않는 것'에 대해 판토하는 다음과 같이 말한다.

> 세상에서 오만하게도 스스로를 옳다고 여기는 사람들은 모두들 "덕을 닦고 욕구를 극복하는 역량[力量]을 나 스스로 발휘할 수 있다"고 말하니 본래 그 근원이 [따로] 있음을 모르는 것이다. 그러나 단 한 번의 깨달음도 천주상제가 내게 베풀어준 것 아님이 없고, 부 · 귀 · 장수 · 안온, 그리고 미미하고 일시적인 복도 모두 상제로부터 나왔다는 것을 알아야 한다. 그런데도 욕구를 극복하고 덕을 닦는 등 가장 힘든 일을 망령되

---

8) 『星湖先生僿說』 卷11, 「人事門」, 〈七克〉, "貪如握固, 以惠鮮之, 傲如獅猛, 以謙伏之, 饕如壑受, 以節塞之, 淫如水溢, 以貞防之, 怠如駑疲, 以勤策之, 妬如濤起, 以恕平之, 忿如火熾, 以忍熄之."

9) 판토하(Didace de Pantoja) 저, 박완식 · 김진소 역, 『칠극 – 일곱 가지 승리의 길』(전주: 전주대학교 출판부, 1996), 33쪽. "凡惡乘乎欲, 然欲本非惡, 乃上帝賜人, 存護此身, 輔佐靈神, 公義公理之密伻. 人惟汨之以私, 乃始罪𠍶, 萬狀諸惡根焉. … 然而克欲修德終日論之, 舉世務之, 而傲妬忿淫諸欲, 卒不見消, 謙仁貞忍諸德, 卒不見積. 其故云何. 有三蔽焉. 一曰不念本原, 二曰不淸志嚮, 三曰不循節次."(龐迪我, 《七克》 (李之藻 編, 『天學初函(二)』, 臺北: 臺灣學生書局, 1965), 709쪽)

> 이 스스로 할 수 있다고 인식하니 그보다 더한 잘못이 어디 있겠는가? 만약 역량이 상제로부터 나온다는 것을 안다면 경건히 섬기고 기도로 정하는 데에 있어 그침이 없을 것이며, 덕을 완성하고 욕구를 극복하는 것은 모두 상제가 베풀어준 것이라는 점을 인정할 것이다. [그러나] 저들은 "내가 할 수 있지 상제의 힘에 의한 것이 아니다"라고 말하니 [이는] 오만한 악마에 의해 사로잡힌 것으로서, 본원을 망각하고서 사리에 어둡게도 스스로를 옳다고 여기는 것이다. [그들은] 아부를 들으면 만족하면서 스스로 기뻐하고, 조금이라도 거슬리면 "응대할 대상이 아니다"라고 말하여 원한은 더욱 더 그치지 않는다. 이들이 닦는 것은 무슨 덕인가?[10]

판토하에 따르면, 죄악을 없애기 위해 평생 노력을 하더라도 실패로 끝나고 마는 근본적 이유는 "스스로를 옳다고 여기고" "덕을 닦고 욕구를 극복하는 역량을 나 스스로 발휘할 수 있다"고 여기는 '오만' 때문이다. 도덕적 역량이 내게 내재하기 때문에 나는 본래 올바르다고 생각한다면, 내 선행의 공로는 내게 돌아오게 되며, 그 공로에 대한 자임으로 인해 스스로를 높이는 마음을 갖게 될 것이다. 열심히 죄악을 제거하고 덕을 닦은 결과가 자부심의 형성 또는 오만한 마음가짐이 될 터이니, 아무리 죄악을 열심히 제거하더라도, 아니 죄악을 열심히 제거하면 할수록 더더욱 오만한 마음이 확고하게 되는 역설이

10) 판토하(Didace de Pantoja) 저, 박완식·김진소 역, 『칠극 －일곱 가지 승리의 길』(전주: 전주대학교 출판부, 1996), 34-35쪽. "夫世之傲然自是者, 咸謂修德克欲之力量, 我自能之, 不知自有生來, 但有一念提醒, 莫非天主上帝賜我者, 富貴壽安微暫之福, 有一隙之明者, 皆知出于上帝, 而克欲修德最難劇務, 忘自忍爲己能, 謬孰甚歟. 如知力量悉從上帝而出, 其于欽事祈籲自不容已, 迨德性欲克皆認帝賜也, 彼謂我自能之, 不緣帝力, 乃由傲魔所中, 忘却本原, 冥悻自是, 聞諛則沾沾自喜, 稍拂則謂非所應遇而怨尤不已, 此其所修何德哉."(龐迪我, 《七克》 (李之藻 編, 『天學初函(二)』, 臺北: 臺灣學生書局, 1965), 710-711쪽)

생겨난다. 이 역설을 해소시킬 유일한 방법은 '내가 비록 열심히 노력하여 죄악을 제거했다고 하더라도 다른 존재로부터 절대적 도움을 얻어 그렇게 할 수 있었다'는 생각을 갖는 것이다. 다시 말해 죄악을 제거하려 했던 나의 노력, 즉 도덕적 역량 자체가 나를 초월한 절대적 존재인 신으로부터 말미암았다고 생각해야 한다. 인간은 그 힘에 의지하여 자기 죄악을 제거했을 뿐이다. 그러므로 인간은 스스로 자부심을 가질 이유가 전혀 없다.

기독교 신학은 이런 사유를 존재론적으로 뒷받침하기 위해 아리스토텔레스적 힘의 관념을 빌려 왔다. 판토하가 말한 '역량'은 그리스어 '뒤나미스'의 한역(漢譯)일 것이다. 뒤나미스는 '~로 되게 하는 것'이라는 뜻을 갖는다. 그런데 어떤 것이 무엇으로 될 수 있으려면 거기에 가해지는 힘이 있어야 할 텐데, 이 힘의 근원은 현상계의 만물들 자체 내에 있는 것이 아니라 제1질료나 순수형상(神)에게 있는 것으로 간주된다. 특히 어떤 사람이 선한 존재로 '되기' 위한 힘은 순수형상, 즉 신에게서 찾아져야 한다. 그러므로 그러한 힘은 개별적 인간을 넘어서 있는 것이다.

'역량', 곧 힘의 근원이 인간을 넘어선 초월자에게 있다는 생각은 동아시아인들에게 낯선 것이었다. 동아시아적 존재론의 견지에서, 어떤 개체의 변화를 가능케 하는 힘은 그 개체 외부에 있지 않고 내부에 있다. 왜냐하면 동아시아의 유기적·전체적 세계관에서 '힘'은 세계 곳곳에 편재하는 것으로 여겨져, 그 세계의 일부인 개체들 내부에도 힘이 내재하는 것으로 여겨질 것이기 때문이다. 같은 맥락에서, 힘의 단일한 근원은 상정되지 않는다. 도덕적 역량의 근원이 자기 자신에게 있다는 것은 선(善)의 근원이 자신에게 내재해 있다는 성선론적 사유와 상통한다. 그런데 이러한 성선론적 사유는 인간의 도덕적 자신감을 앙양하는 데에는 도움이 되겠지만 일곱 가지 죄악 중 하나인 오만을 야기한다는 것이 판토하의 판단이다. 그리고 이 오만은 궁극적으로 인간이 신과 같이 되려는 욕구에서 생겨나는 것이다.

앞서, 판토하는 고귀하게 되려는 욕구로부터 오만의 죄가 생겨난다고 했다. 그렇다면 도덕적 노력 끝에 오히려 오만한 마음이 생겨났다는 것은 이미 고귀하게 되려는 욕구가 그 가운데 게재했다는 것을 가리킨다. 아울러 부유하게 되려는 욕구와 일탈적 쾌락을 누리려는 욕구도 생겨났을 것이다.

> 만약 덕을 닦는 데에 부귀 · 명예 · 세속적 복에 대한 기대가 끼어들게 한다면 닦는 것은 덕이 아니게 되고, 다른 욕구를 닦으면서 덕 있는 모습만 본뜰 뿐이다. [그것은] 덕으로써 욕구를 공격하는 것이 아니라 욕구로써 욕구를 공격하는 것일 뿐이다. [그러니] 옛 욕구는 아직 제거되지 않았는데 새로운 욕구가 증가하게 된다.[11)]

인간이 자신이 욕구적 존재임을 자각하지 못한 상태에서 스스로 욕구를 극복할 수 있는 역량을 갖고 있다고 착각할 경우, 겉으로는 덕을 닦으면서도 부귀 · 명예 · 세속적 복에 대한 기대를 은연 중 갖게 된다는 것이 판토하의 지적이다. 다시 말해서 부귀 · 명예에 대한 욕구를 충족시키기 위해서 덕을 닦는 일이 발생할 수 있다. 이는 새로운

11) 판토하(Didace de Pantoja) 저, 박완식 · 김진소 역, 『칠극 －일곱 가지 승리의 길』(전주: 전주대학교 출판부, 1996), 34-35쪽. "若修德而雜之以富貴榮名世福之望, 則所修非德, 乃修他欲而襲德貌耳. 非以德攻欲, 乃以欲攻欲耳. 舊欲未去, 新欲且增塾焉."(龐迪我, 《七克》 (李之藻 編, 『天學初函(二)』, 臺北: 臺灣學生書局, 1965), 711-712쪽)

욕구를 충족시키기 위해서 기존의 욕구를 억제한다는 불합리를 초래한다. 결국 남는 것은 새로운 욕구의 증가일 뿐이다.

그렇지만 판토하는 인간에게 보답을 바라는 마음이 없을 수 없다는 현실을 인정한다. 이 점을 우리는 진량채의 「칠극서(七克序)」에서 확인할 수 있다.

> 하나하나의 구절과 글자는 모두 뼈를 찌르고 마음에 사무치니 이는 유학자를 고취시켜 주는 말이오, 그 생각 생각이 언제나 하나님께 귀의하여 하늘의 보답을 바라고, 괴로움에서 영원히 벗어나고자 하니, 이것은 유학자의 공부를 도와주는 것이다. … 어떤 사람이 말하였다. "학문은 하늘의 진리와 통하는 것을 귀하게 여기면서 무엇 때문에 하늘의 보답을 바라는가?" 나는 그에게 말하였다. "그렇지 않다. … 바램 중 나쁜 것은 인간 세상의 보답을 바라는 것일 뿐이다. 하늘의 덕은 한계가 없어서 하늘의 보답은 끝이 없다. … 주공과 공자는 인간 세상의 보답을 버림으로써 마음을 비우게 했고, 서양의 성인은 천국에 태어날 보답을 희망하는 것으로써 이를 실증했다."[12)]

진량채(陳亮采)[13)]는 『칠극』에 근거한 수양의 목적이 '하늘의 보답'

12) 판토하(Didace de Pantoja) 저, 박완식 · 김진소 역, 『칠극 －일곱 가지 승리의 길』(전주: 전주대학교 출판부, 1996), 30-32쪽. "其語語字字, 刺骨透心, 則儒門鼓吹也. 其欲念念息息, 皈依上帝, 以冀享天報而永免沉淪, 則儒門羽翼也. … 或曰, 學貴達天, 固也, 奈之何其覬天報爲也. 余曰, 否, 否. … 所惡於覬者, 謂人世之報耳. 天德無際, 天報無涯. … 周孔黜人世之報以虛其心, 大西希生天之報以實其證."(龐迪我, 《七克》 (李之藻 編, 『天學初函(二)』, 臺北: 臺灣學生書局, 1965), 706-707쪽)

13) 진량채는 자(字)가 혜보(惠甫)이고 호는 희당(希唐)이다. 명대 관원으로서 진사(進士) 출신이며, 진빈(陳賓)의 아들이다. 1595년(萬曆 23년)에 진사시에 합격하였고, 1619년(萬曆 47년) 2월에 광동포정사참정(廣東布政司參政)을 역임하였으며 이후 산동참정(山東參政)으로

을 얻는 것이라는 점을 분명히 말하고 있다. 그런데 어떤 보답을 바라고서 한 선행은 진정한 의미의 선행이 아닐 것이다. 진량채 스스로 그 점을 의식하고 있었다. 그래서 서문 말미에 하나의 질문을 가설(假設)하여, 하늘의 보답을 바라는 것은 현세의 보답을 바라는 것과 다르다고 주장한다. 하늘의 보답을 바란다는 것은, 현세에서 살아 있는 동안 물질적·정신적 보상 얻기를 기대하는 것이 아니라, 죽은 후 천국에서 다시 태어나기를 바라는 것이다. 그러므로 하늘의 보답을 바라는 사람에게는 물욕(物欲)이 없다. 그렇지만 어쨌든 하늘의 보답을 바라기는 한다는 면에서, 대가를 바라는 마음이 그 사람에게 전혀 없다고는 말할 수 없을 것이다.

3. 이익의 보유론적 관점

이익(李瀷, 1681~1763)은 『칠극』이 유가의 수양에 도움이 될 수 있다고 보았다.

이 일곱 가지 가운데에는 다시 절목이 많고 조목에 순서가 있으며 비유하는 것이 절실하여 간혹 우리 유교에서 밝히지 못하였던 것도 있으

옮겨 갔다. 1621년에는 절강안찰사(浙江按察使)의 직위에까지 올랐다. 서광계(徐光啓)는 "대포를 많이 만들고 법도대로 대(臺)를 세웠다"고 주장하면서 "형부상서 황극찬(黃克纘)과 절강안찰사 진량채가 특히 그것들을 다 알았다"고 언급한 바 있다.

니 극기복례의 수양에 도움이 크다. 다만 천주와 마귀의 논설이 섞여 있는 것이 해괴할 따름이니 만약 그 잡설을 제거하고 명론만을 채택한다면, 바로 유가의 부류일 뿐이다.[14]

이익에 앞서 명대의 진량채도 이미 그러한 견해를 제시하였다. 그는 『칠극』의 서문(「七克篇序」)에서 다음과 같이 쓰고 있다.

그리고 하나하나의 구절과 글자는 모두 뼈를 찌르고 마음에 사무치니, 이는 유학자를 고취시켜 주는 말이오, 그 생각 생각이 언제나 하나님께 귀의하여 하늘의 보답을 바라고 괴로움에서 영원히 벗어나고자 하니, 이것은 유학자의 공부를 도와주는 것이다. 더욱이 이길 극(克)자의 의의는 공자와 안자(顔子: 공자의 제자)가 일컬은 바 있다. "하루라도 자신의 사욕을 극복하여 천하가 모두 인(仁)으로 돌아오도록 하여" 모두 함께 길러지고 모두에게 베풀어지도록 하는 것은 성신(聖神)의 지극한 일이지만, 그러기 위한 노력은 "예가 아니면 보지도 듣지도 말고 말하지도 행동하지도 말라"는 것일 뿐, 고원한 말도 없고 거창한 설도 없다. 오랫동안 진지하게 축적해 나가면 위로 천도와 함께 할 것이기 때문에, 공자 문파의 가르침은 하늘에 도달하는 것을 기약하고, 안자의 배움은 건도(乾道)로 칭해진다. 그러므로 사물(四勿: 非禮勿視·聽·言·動)과 '칠극'은 그 뜻이 하나이다.[15]

---

14) 『星湖先生僿說』 卷11, 「人事門」, 〈七克〉, "七枝之中, 更多節目, 條貫有序, 比喩切已, 間有吾儒所未發者, 其有助於復禮之功, 大矣. 但其雜之以天主鬼神之說, 則駭焉. 若刊汰沙礫, 抄採名論, 便是儒家者流耳."

15) 판토하(Didace de Pantoja) 저, 박완식·김진소 역, 『칠극 －일곱 가지 승리의 길』(전주: 전주대학교 출판부, 1996), 30-31쪽.(이하, 번역문은 인용자가 다소 수정을 가하였으니 역자들의 양해를 바란다.) "其語語字字, 刺骨透心, 則儒門鼓吹也. 其欲念念息息, 皈依上帝, 以冀享天報而永免沉淪, 則儒門羽翼也. 且夫克之爲義, 孔顔稱之矣. 一日克己, 天下歸仁, 並育並行, 聖神

진량채는 『칠극』에 제시된 수양법이 유학에 도움이 된다는 보유론적 시각을 전형적으로 보여주면서 특히 '극'자의 의미에 천착하고 있다. 그에 따르면 공문(孔門)의 극기복례(克己復禮)는 지극한 경지이지만 그것은 "예가 아니면 보지도 말고 듣지도 말며 말하지도 말고 행동하지도 말라"는 것, 곧 '사물(四勿)'이라는 일상적 수양에 의해 가능하다. 진량채는 칠극(七克)이 바로 '사물'에 대응한다고 본다. '사물'에 따르는 실천을 통해 극기복례의 경지에 도달하듯이, 칠극에 따르는 실천을 통해 극기복례의 경지에 도달할 수 있다고 보았기 때문이다.[16] 이는 앞서 본 대로, 칠극이 "극기복례의 수양에 도움이 크다"고 했던 이익의 견해와 꼭 같은 것이다.

그렇다고 해서 이익이 진량채의 관점을 그대로 수용했던 것은 아니다. 왜냐하면 "사물과 칠극을 하나"로 여겼던 진량채와 달리, 그는 "칠극이 사물의 각주에 불과하다"고 보았기 때문이다. 안정복은 이익의 발언을 다음과 같이 소개하였다.

> 또 말하기를, "『칠극』은 바로 사물(四勿)의 각주와 같은 것이다. 그 말 가운데 대개 폐부를 찌르는 말이 많기는 하지만, 이것은 단지 문인의 재담이나 아이들을 훈계하는 말[警語]에 불과한 것이다. 그러나 그 황당무계한 말들을 제거하고 경어만을 요약한다면 우리 유학자의 극기 공부에 얼마간의 도움이 없지는 않을 것이다. 이단의 글이라 하더라도 그

極事, 而其工夫, 惟曰非禮勿視聽與言動而已, 無高詞無侈說. 眞積旣久, 上與天道, 是故孔門之敎, 期於達天, 顔子之學, 謂之乾道. 故四勿也, 七克也, 其義一也."(龐迪我, 《七克》 (李之藻 編, 『天學初函(二)』, 臺北: 臺灣學生書局, 1965), 705-706쪽)

16) 우리가 여기서 간과하지 말아야 할 점은, 진량채가 생각하는 최고의 경지는 여전히 유가적인 극기복례이고 칠극은 그리로 나아가기 위한 하나의 유력한 방안이 된다는 사실이다.

말이 옳으면 취할 뿐이다. 군자가 사람들과 더불어 선을 행하는 데에 있어서 어찌 피차의 구별을 두겠는가. 요는 그 단서를 알아서 취해야 할 것이다"라고 하였다.[17]

극기복례를 궁극적 목표로 상정했다는 점에서 진량채도 여전히 유학자로 남아 있기는 했으나 이익은 명백히 칠극을 사물의 하위에 두고 있다. 왜냐하면 칠극이 사물의 '각주'라는 것은, 사물이 원론(原論)이고 칠극은 그에 대한 해설에 불과하다는 뜻을 갖기 때문이다. 이는 사물과 칠극을 동등한 지위에 두었던 진량채의 견해에 비해 한층 보수적인 것이라 할 수 있다. 그렇지만, 칠극을 사물(四勿)의 각주로 다소 폄하하였을지라도 칠극이 극기복례로 나아가기 위한 통로가 된다는 점을 인정하였다는 점에서 이익 역시 진량채와 마찬가지로 보유론(補儒論)의 입장에 서 있다고 할 수 있을 것이다.

4. 김평묵의 『칠극』 비판

김평묵은 일곱 가지 덕은 그 자체로는 궁극의 도덕규범이 되기에 부족하므로 그것들을 수양의 최종 목적으로 삼으면 안 된다고 주장한

17) 『順菴先生文集』 卷17, 「天學問答」, "又曰, 七克之書, 是四勿之註脚. 其言盖多剌骨之語, 是不過如文人之才談, 小兒之警語. 然而削其荒誕之語而節略警語, 於吾儒克己之功, 未必無少補. 異端之書, 其言是則取之而已. 君子與人爲善之意, 豈有彼此之異哉. 要當識其端而取之可也."

다. 그는 먼저 “겸손으로써 교만을 이긴다”에 비판을 가했다.

> “겸손으로써 교만을 이긴다”는 것은 [우리와] 비슷하기는 하지만, 이하의 조목인 “국왕과 부모에게 절하지 않는다”는 것의 관점에서 보면 비록 지극히 존귀한 지위에 있는 자에 대해서도 다반사로 그렇게 한다고 하니, 이것은 교만하고 예(禮)가 없으며 겸양하고 존경한다는 뜻이 조금도 없다. 신부(神父)·교주(敎主)의 칭호를 존경하는 이에게 붙인다는 것에 대해서는 더욱 더 말할 것도 없다. 더할 나위 없는 대역무도로서 교화시킬 필요도 없이 주살해야 할 [죄목]이다. 그런데도 도리어 이러한 형식만 갖춘 말을 만들어 내서 천하 사람들을 오도하고 있으니, 조금이라도 지각 있는 사람들이라면 어찌 기꺼이 믿겠는가?[18)]

김평묵은 “겸손으로써 교만을 이긴다”의 하위 조목에 “국왕과 부모에게 절하지 않는다”가 부가되어 있다고 하지만, 실제로 『칠극』에는 그 구절이 수록되어 있지 않다. 김평묵이 이렇게 오인한 까닭은 그가 『칠극』을 직접 읽지 않고 이정관의 『벽사변증』을 통해서 『칠극』의 내용을 접하였고, 다시 이정관은 안정복의 「천학고(天學考)」를 1차 자료로 삼았기 때문일 것이다. 「천학고」는 『통전(通典)』에 수록된 『후한서(後漢書)』의 ‘대진국’ 조목 중 “그 법이 돼지·개·나귀·말 등의 고기를 먹지 않으며, 임금이나 부모 등 높은 자에게 절하지 않고, 귀신을 믿지 않아 하늘에만 제사지낼 뿐이다”를 인용하였다. 가톨릭의 근거지가 로마인 만큼 『후한서』의 ‘대진국’ 항목, 즉 로마 항목이 가톨릭의

18) 『重庵先生別集』 卷5, 「闢邪辨證起疑」, “而隨事以究覈, 則惟以謙克驕之云似矣, 然以下條不拜國王父母者觀之, 則是雖至尊之地, 茶飯積習, 乃是驕傲無禮, 而未見有一毫謙抑畏敬之意矣. 至籍神父教主之名號, 則施諸所尊者, 尤有所不可言者矣. 此其大逆無道之至, 不待教而誅者, 而顧乃爲此文具之言, 要以瞞過天下之人, 則稍有知識者, 豈肯信之乎.”

풍습을 잘 설명해 줄 것이라고 안정복은 생각했을 것이다.

이상과 같이 오해의 여지가 있음에도 불구하고, "겸손으로써 교만을 이긴다" 구절 하위의 한 조목으로 "국왕과 부모에게 절하지 않는다"를 생각했던 것은 가톨릭의 핵심 정신을 잘 밝혀줄 수 있는 창조적 오해라고 할 만하다. 가톨릭 성직자들이 "국왕과 부모에게 절하지 않는" 까닭은, 아무리 높은 지위에 있는 사람이라 할지라도 교만을 멀리하고 겸손해야 한다는 교의를 설파하기 위해서였다. 가톨릭 성직자들은, 사람은 현실의 정치권력이나 신분에 의지하여 오만한 마음을 가지면 안 되며 신 앞에서 누구나 겸손해야 한다는 교의를 몸소 실천하기 위해, 정치권력의 최상위에 있는 국왕에게도 몸을 굽히지 않았다. 가톨릭 성직자들은 이를 통해 '겸손'을 보편 덕목으로 정착시키려 한 것이다. 이는 천국(天國)의 평등한 인간관계를 지상에서 앞당겨 실현하려 한 행위이며, 역사적으로는 구약 시대 선지자의 독립적 태도를 계승한 것이기도 하다.

가톨릭 성직자들은 겸손을 보편 덕목으로 내세우면서, 실제로 국왕과 부모들을 높이지 않음으로써 그들로 하여금 겸손한 마음을 갖게끔 하려 했다. 하지만 현실로 눈을 돌려보면 국왕은 어디까지나 국왕이고 부모는 어디까지나 부모이다. 이런 현실에 눈을 감고 겸손의 덕목만을 일률적으로 강조하는 것은 설득력을 갖기 어렵다. 게다가 국왕은 국왕이기에 앞서 한 인간이다. 인간이 다른 인간에게 겸양의 마음을 갖고 예를 표하는 것은 거창한 일이 아니라 자연스러운 일이다. 가톨릭 성직자들은 겸손을 강조하기 위해 오히려 겸손한 행동을 하지 않는 모순적 태도를 보이는 것이다. 그래서 김평묵은, 가톨릭 성직자들이 오히려 겸양의 마음과 상대방 존경의 마음을 잃어버린 행위, 즉 예에 어긋나는 행위를 하였다고 비판했다.

김평묵은 칠극의 두 번째 항목인 “희사로써 인색함을 이긴다”에 대해서, 희사 자체가 궁극의 도덕적 덕목이 될 수 없다고 비판한다.

> “희사[捨]로써 인색을 이긴다”는 것은 특히 천하의 리(理)를 모르는 것이다. 희사해야 할 것이 있고 하지 말아야 할 것이 있으니, 이치상 희사해야 할 것을 희사하는 것이 참으로 인색을 이기는 방법이고, 이치상 희사하지 말아야 한다면 희사하지 않는 것이 인색을 이기는 방법이다. 지금 이치의 당부(當否)를 묻지 않고 일괄하여 ‘희사가 인색을 이기는 방법’이라고 여긴다면, 희사가 어찌 다시 규범에 맞겠으며, “인색함을 이긴다”는 것이 어찌 도적과 금수의 바탕으로 여겨지지 않겠는가?[19]

김평묵에 따르면 희사 자체가 목적이 되어서는 안 된다. 왜냐하면 이치에 맞지 않는 희사도 있을 수 있기 때문이다. 예를 들어 늙고 병든 부모를 봉양할 돈을 불우이웃돕기 재단에 희사하거나, 자신의 재산을 불의(不義)한 인물에게 희사해서는 안 될 것이다. 늙고 병든 부모를 봉양하는 대신 불우이웃돕기 재단을 돕거나 불의한 인물에게 베푸는 행동은 김평묵의 말대로 ‘도적과 금수’의 그것에 해당될 것이다. 이처럼 김평묵은 이치, 원칙, 또는 정의에 맞지 않는 희사가 존재할 수 있음을 들어서 희사 그 자체보다 이치, 원칙, 또는 정의가 더 상위에 있는 규범이라는 점을 분명히 한다.

이어서 김평묵은 칠극의 세 번째 항목인 “순결로써 음란을 이기는

19) 『重庵先生別集』 卷5, 「闢邪辨證起疑」, “至云以舍克吝, 則殊不知天下之理. 有當舍者有不當舍者, 理在當舍則舍者, 固所以克吝也. 理在不當舍, 則不舍乃所以克吝也. 今不問理之當否, 而槩以舍爲克吝之方, 則所謂舍者, 豈復有繩墨, 而所謂克吝者, 豈非所以爲盜賊禽犢之資乎.”

것"과 다섯 번째 항목인 "담담함으로써 탐욕을 이기는 것"에 대해서, 순결이나 담담한 자체를 추구한다면 불교나 도교의 인간관으로 기울게 된다고 비판한다.

> 음란을 싫어하는 까닭은 인륜을 더럽혀 금수의 추악한 상태에 빠지기 때문이다. 그러니 불결하다고만 여겨 금지하는 것은 아니다. 만약 인륜을 더럽히느냐 여부를 묻지 않고 오직 순결만을 절실히 귀하다고 여길 경우, 한 번만 뒤집으면 어찌 인륜을 끊어버린 불교로 들어가지 않겠는가? 탐욕을 싫어하는 까닭은 염치를 상실하여 쟁탈의 화를 일으키기 때문이지 오로지 담담하지 않다고 하여 금지하는 것은 아니다. 만약 염치를 잃어버렸는지 여부를 묻지 않고 오로지 담담함만을 절실히 귀하게 여긴다면 오히려 도가의 청정무위와 유사해지지 않겠는가?[20]

서학은 음란을 극복할 방안으로써 순결 그 자체를 강조한다. 그러나 김평묵은 순결만을 강조할 경우 불교적 도덕으로 귀결될 수 있다고 본다. 그러므로 순결로써 음란을 이길 것이 아니라, 인륜으로써 음란을 끊어버려야 한다고 주장한다. 마찬가지로 탐욕을 극복한다고 하여 담담함 그 자체를 중시한다면 도가의 청정무위에 빠질 가능성이 크므로, 염치로써 탐욕을 억제해야 한다고 말한다. 전통적으로 염치는 예와 의(義)의 근원으로 여겨지는 정서이다. 결국 김평묵은 인륜, 예, 그리고 그것을 뒷받침하는 정서를 기준으로 삼아야지, 순결이나 담담함 같은 덕목을 그 자체로 중시하면 안 된다고 말하는 것이다.

---

20) 『重庵先生別集』 卷5, 「闢邪辨證起疑」, "所惡於淫者, 爲其瀆人倫而陷於禽犢之醜也, 非專以爲不潔而禁之也. 若不問人倫之瀆否, 而惟切切然以潔爲貴, 則一番轉輾, 豈不入於竺教之絶倫乎. 所惡於貪者, 爲其喪廉耻而起夫爭奪之禍也, 非專以爲不淡而禁之也. 若不問廉耻之喪否, 而惟切切然以淡爲貴, 則無乃類道流之淸爭無爲者乎."

"인내로써 노여움을 이긴다"는 항목에 대해서, 인내 자체를 추구하다 보면 인간의 감정 그 자체를 제거해야 한다는 난점에 부닥친다고 말한다.

> 노여움을 말하자면 그것은 칠정(七情) 중 하나로서 사람에게 없을 수 없는 것이니 어찌 이겨낼 수 있겠는가? 만약 "이길 수 있다"고 한다면 순(舜)이 사흉(四凶)을 노여워한 것이나 무왕(武王)이 한 번 노하여 천하를 안정시켰던 것이 잘못이라는 말인가? 만일 단지 "노여워하지 말아야 하는 데도 노여워했다"고 말한다면 그 이겨냄에는 도(道)가 있는 것이다. 정자(程子)가 말한 대로 "노여움이 일어났을 때 일거에 노여움을 잊고 이치상의 시비를 꼼꼼히 본다"는 것을 모범으로 삼고서 마음을 비워 대처한다면, 노여움은 이겨낼 필요도 없이 저절로 평정하게 될 것이다. 지금 리(理)의 시비(是非)를 묻지 않고 일률적으로 참을 수 있는 능력을 갖고서 노여움을 이기는 기술로 여긴다면, 순임금과 무왕의 노여움도 이겨내야 할 대상에 포함될 것이다. 어찌 이런 이치가 있겠는가?[21]

김평묵은 일단 노여움은 일곱 가지 감정[七情] 중 하나로서 매우 자연스러운 것이므로 그것을 완전히 없앤다는 것은 어불성설이라고 본다. 만일 노여움을 소거시킬 수 있다고 한다면 나머지 여섯 가지 감정에 대해서도 그렇게 말할 수 있을 것이므로 결국 '감정 없는 인간'을 상정하게 될 텐데, '감정 없는 인간'이란 마치 '네모난 동그라미'처럼 언어도단이 된다는 인식이 김평묵에게는 있었을 것이다. 따라서

---

21) 『重菴先生別集』 卷5, 「闢邪辨證起疑」, "至於怒則七情之一也, 人之所不能無者也, 豈是可克之物耶. 若曰可克, 則舜之怒四凶, 文武之一怒而安天下, 爲非耶. 若曰只言其不當怒而怒者, 則其克之有道焉, 以程子所謂當其怒時, 遽忘其怒而觀理之是非者爲法, 而虛心以處之, 則怒不待克而自平矣. 今不問理之是非, 而一以能忍, 爲克怒之術, 則是雖大舜文武之怒, 亦在所當克也, 此豈理也耶."

노여움의 완전 소멸을 목표로 삼을 것이 아니라, 언제 노여워하고 언제 노여워하지 말아야 할지 판단하는 것이 중요하다. 정자(程子)에 따르면, 노여움이 일어났을 때 노여움을 잠시 가라앉히고 그것이 정당한 노여움인지 그렇지 않은지 따져 보아야 한다. 이렇게 이성에 의해 시비를 따지는 과정에서 노여움은 저절로 수그러들 것이라고 김평묵은 말한다. 여기서 정당함의 기준, 시비의 기준은 리(理), 인륜, 예가 될 것이다. 결국 노여움을 참는 인내라는 덕목 자체가 궁극적인 것으로 여겨지면 안 되며, 인륜과 예가 상위의 규제 원리로서 중시되어야 한다.

"부지런함으로써 나태를 극복한다"에 대해서도 '부지런함' 자체가 도덕 덕목이 될 수 없다고 보았다.

> "부지런함[勤]으로써 나태함을 극복한다"는 것은 함께 살펴볼 경우 '경건함[敬]이 나태함을 이긴다'는 설(『大戴禮記』)과 비슷해 보이는 것 같다. 그러나 "경건함이 나태함을 이긴다"는 것에서 경건함은 모든 사악함을 이기는 방법이다. 본원을 함양하고 성찰하며 극복해 다스리면서 도심의 미묘한 전체를 체득하는 것은 실로 경건함이라는 한 마디를 벗어나지 않는다. 지금 "부지런함[勤]으로써 나태함을 극복한다"고 말한다면 순임금의 무리들이 했던 일을 부지런히 하려 하는 것인가? 아니면 도척 무리들의 일을 열심히 하려는 것인가? 사람이 금수와 다르게 되는 일을 하려는가? 아니면 사람이 금수와 같아지게 되는 일을 하려는가?[22)]

---

22) 『重庵先生別集』 卷5, 「闢邪辨證起疑」, "至曰以勤克怠者, 驟而觀之, 疑若與敬勝怠之說, 相似矣. 然謂之敬勝怠, 則敬者所以勝百邪者也. 涵養本源, 省察克治, 而得夫道心微妙之全體者, 實不外乎敬之一言矣. 今曰以勤而勝之, 則是欲其勤夫舜徒之事耶, 欲其勤夫跖徒之事耶, 欲克勤夫人之所以異於禽獸之事耶, 欲其勤夫人之所以同於禽獸之事邪."

'부지런함'은 원문의 '근(勤)'자에 대한 필자의 해석인데, 본래 '근'은 '부지런하다'는 뜻과 더불어 '근심하다'는 뜻을 갖는다. 닥쳐올 일 또는 자신의 능력·자질에 대해 지나치게 낙관적 태도를 취할 때 사람은 나태하게 될 것이다. 반면 그렇지 않을 때 사람은 근심하게 되고, 근심스러운 사태가 일어나지 않도록 하기 위해 부지런히 대처할 것이다. 따라서 '근'은 단순한 부지런함이 아니라 근심 또는 염려로부터 비롯한 부지런함이다. 이런 부지런함은 경건과 상통할 여지를 갖는다. 왜냐하면 경건이란 내적 정신과 외적 행동거지를 방만하게 풀어 놓는 것이 아니라 그것들을 다잡는 것을 뜻하기 때문이다. 따라서 김평묵은 "부지런함으로써 나태함을 극복한다"는 것이 『예기』의 "경건함이 나태함을 이긴다"는 것과 유사하다는 것을 인정한다.

하지만 김평묵은 그 차이점을 더 부각한다. 그에 따르면 경건은 "모든 사악함을 이기는 방법"으로서, 그 방법이란 구체적으로 본성을 함양하고 현실 내 마음 속 양심의 싹을 살피는 것이다. 다시 말해 예행(禮行)을 반복·숙달하고 내성적 수행을 함으로써 본성의 회복을 도모하는 한편, 일상 내에서 스스로를 돌이켜 마음의 움직임 중 선한 싹을 발견하고 그것을 확충하는 것이다. 이렇게 할 경우 사람은 모든 사악을 이기게 된다. 이에 비해 '부지런함'이란 가치중립적인 것이라고 김평묵은 말한다. 왜냐하면 도둑질을 열심히 하는 도척의 무리들에게도 '부지런하다'는 술어를 붙일 수 있기 때문이다. 그렇다 하더라도 '근'의 덕목은 유가의 지평 속에서 대체로 긍정적 뉘앙스를 지녀왔던 것이 사실이다. 김평묵은 서학의 도덕을 철저히 부정하려 한 나머지, 본래 유가적 덕목의 하나로도 간주될 만한 '부지런함'을 타기해 버리고 있는 것이다.

"어짊으로써 질투를 극복한다"에 대한 김평묵의 비판 논리는 앞과 다르다. 여기서 그는 '어짊'이라는 궁극의 덕목을 단지 질투 극복의 방법으로만 한정하는 데 대해, 그것은 일종의 범주 착오적 오류라고 비판하고 있다.

> 질투는 실로 어진 이가 하지 않는 짓이다. 그러나 만약 어짊을 질투 극복의 한 방법으로 삼는다면 이것은 어짊이 어떤 것이며 어떤 일인지를 모르는 것이다. 왜냐하면 어짊은 본심(本心)의 완전한 덕이며 사사로운 인욕을 조금도 용납하지 않기 때문이다. 그러니 안자(顏子)의 경지가 아니면 감당할 수 없다. 질투를 극복하는 것은 어짊을 추구하는 여러 가지 중 한 가지 일에 불과하니, 그것에 의지하면서 어짊을 체득했다고 여길 수는 없다. 그러니 하물며 "어짊으로써 질투를 극복한다"고 말한다면 그것은 거꾸로 말한 것으로서 이치에 닿지 않는다.[23]

어짊으로써 질투를 극복한다고 말해 버리면 어짊은 질투를 극복하기 위한 방법이 되고, 질투의 극복은 어짊의 목표가 되어 버린다. 그러나 적어도 성리학에서 어짊은 이상적 인격을 형성하기 위한 여러 가지 방법 중 하나가 아니라 그 자체가 궁극의 목적이다. 따라서 어진 사람이 질투를 하지 않는다는 논법은 성립하지만, 어짊으로써 질투를 극복해야 한다는 논법은 성립하지 않는다고 김평묵은 본다. 그에게서 어짊이란 본심이 함유하고 있는 완전한 덕으로서 사욕을 조금도 허용하지 않는 것이다. 단지 질투를 극복했다고 해서 어짊의 덕을

---

23) 『重庵先生別集』 卷5, 「闢邪辨證起疑」, "妬固仁者之所不爲也. 然若以仁爲克妬之一法, 則是不知仁爲何樣物事者也. 蓋仁者, 本心之全德, 不容有一毫人欲之私者也. 非顏子地位, 不足以當之. 若夫克妬, 不過求仁之一事, 不足恃此以爲得仁也. 況曰以仁克妬, 則又倒說而不成理矣."

회복했다고 말할 수 없다. 왜냐하면 질투의 극복이 곧 사욕의 완전한 결여를 뜻하는 것은 아니기 때문이다. 사실 칠극의 일곱 가지 덕목들 가운데에서 어짊은 특별히 우월한 지위를 갖지는 않고 그저 여러 덕목들 중 하나로 간주되고 있다. 따라서 어짊을 최고의 덕목으로 보았던 김평묵이 위와 같은 비판을 하는 것은 지극히 정당하다.

5. 『칠극』과 유가적 윤리 영역의 축소

일곱 가지 덕, 곧 은혜, 겸손, 절제, 정절, 근면, 너그러움, 인내는 유가적 덕과 매우 유사하다. 이익이 이 일곱 가지 덕이 유가의 실천론에 도움이 된다고 보았던 것은 바로 그 때문이었다. 하지만 김평묵은 그러한 덕들 자체로는 도덕적 덕목이 되기에 부족하다는 점을 강조하였다. 그런데 일곱 가지 덕의 내용이 유가의 그것과 내용상 유사하다면, 역으로 유가의 덕목 역시 도덕적 덕목이 되기에 부족하다는 결론이 따라 나온다. 곧, 가톨릭의 덕목을 비판하기 위해 사용했던 창끝이 바로 자신의 턱밑을 겨누는 상황이 된다. 이런 상황은 그의 스승 이항로가 겪었던 것과 같다. 이항로는 다음과 같이 말한 바 있다.

공자는 "군자는 위로 통달하고 소인은 아래로 통달한다"[24]고 말했다.

---

24) 『論語』, 「憲問」.

'위로 통달한다'는 말을 살펴보건대 그것은 도덕(道德)에 통달한다는 말이고, '아래로 통달한다'는 말을 살펴보건대 그것은 형기(形氣)에 통달한다는 것을 말한다. [공자는] 또한 '군자는 의를 환히 알고 소인은 이익을 환히 한다'고 말했다. '환히 안다[喩]'는 말을 살펴보자면 그것은 깊이 알고 독실하게 좋아한다는 것이다. 의리의 측면에서 깊이 알고 독실하게 좋아하는 자가 군자이다. 형기의 측면에서 깊이 알고 독실하게 좋아하는 자가 소인이다. 맹자는 "닭이 울면 일어나서 부지런히 선한 일을 하는 자들이 순임금의 무리이다"[25]라고 말했다. '닭이 울면 일어나서 부지런히 행했다'는 말을 살펴보건대 그것은 자나 깨나 잊지 못하고 부지런하여 게을리 하지 않았다는 뜻이다. [그런데] 행한 일이 선인지 이익인지 따지지 않고 다만 신령하냐 그렇지 않냐, 성(誠)이냐 그렇지 않냐를 기준으로 [누가 진짜] 성인인지 판단을 하려는 것은 큰 잘못이 아닌가![26]

이항로는 '통달한다[達]', '환희 안다[喩]', '부지런하다[孶孶]'가 모두 도덕적으로는 가치중립적인 개념들이라고 본다. 그런데 그는 한 걸음 더 나아가서 심지어 '신령함[神]', '성(誠)'마저도 그러한 개념들의 대열에 포함시키고 있다. 그가 이런 극단적 입장을 취하는 까닭은 서학의 교도들이 이미 천주 또는 상제를 묘사하기 위해 '신령함'이나 '성'을 많이 사용하여, 이제 더 이상 그 두 술어는 단지 유가적인 것으로 여겨질 수 없었기 때문일 것이다. 이렇듯 서학의 도덕이 조선 사회 및 사상계 속으로 파고듦에 따라 유학의 도덕 용어 범위는 점차 축소되어 갔고, 결국

25) 『孟子』, 「盡心 上」.

26) 『華西先生文集』 卷25, 「闢邪錄辨」, "孔子曰, 君子上達, 小人下達. 按上達謂達於道德, 下達謂達於形氣也. 又曰, 君子喩於義, 小人喩於利. 按喩之爲言, 深知而篤好也. 於義理一邊, 深知而篤好者君子也. 於形氣一邊, 深知而篤好者小人也. 孟子曰, 鷄鳴而起, 孶孶爲善者, 舜之徒也. 鷄鳴而起, 孶孶爲利者, 蹠之徒也. 按鷄鳴而起, 孶孶爲之者, 寤寐不忘, 亹亹不倦之義也. 不問其所爲者是善是利, 而但以神與不神誠與不誠, 欲爲觀聖人之斷案, 不亦大錯乎."

은 예(禮)나 인(仁)과 같은 핵심 개념만을 그 안에 남기게 되었다.

『칠극』의 핵심 문제의식은, 베풀고서 보답을 바라는 마음을 갖지 않아야 비로소 사욕을 극복할 수 있다는 것이고, 보답을 바라는 마음을 갖지 않으려면 내 모든 것이 신의 베풂 덕분에 존재하게 되었다는 자각, 간단히 말해서 나에 대한 신의 무한한 사랑의 체험이 있어야 한다는 것이다. 신의 무한한 사랑을 체험한 사람은 일곱 가지 덕을 갖게 될 것이다. 그러나 김평묵에게는 신의 무한한 사랑이라든지 그것에 의해 가능케 되는 순수증여와 같은 지평이 없었다. 그는 천국(天國)이 아니라 현실 세계의 인륜이라는 관점에 입각하여 칠극을 바라보았고, 그런 그에게 일곱 가지 덕은 그 자체로 목표점이 될 수 없었다.

【참고문헌】

金平默, 『重庵先生文集』, 서울: 경인문화사, 1999.

도날드 베이커 저, 김세윤 역, 『조선후기 유교와 천주교의 대립』, 서울: 일조각, 1997.

李瀷 저, 김철희 역, 『(국역) 성호사설』, 서울: 민족문화추진회, 1976.

徐宗澤, 『明淸間耶穌會士譯著提要』, 上海: 上海世紀出版集團, 2010.

龐迪我, 《七克》, 李之藻 編, 『天學初函(二)』, 臺北: 臺灣學生書局, 1965.

빤토하 저, 박유리 역, 『七克 -그리스도교와 신유학의 초기 접촉에서 형성된 수양론』, 서울: 일조각, 2007.

송영배, 『동서 철학의 교섭과 동서양 사유방식의 차이』, 서울: 논형, 2004.

安鼎福 저, 이상하 역, 『(교감 역주) 순암집』, 서울: 성균관대학교 출판부, 2016.

오지석, 「동서 기독교 윤리학의 가교로서의 서학 윤리사상」, 『기독교사회윤리』 제21집, 한국기독교사회윤리학회, 2011.

오지석, 「조선 후기 지식인사회의 서학윤리사상 수용과 이해」, 숭실대학교 박사학위논문, 2010.

李恒老, 『華西集』, 한국문집총간 제304-305권, 서울: 민족문화추진회, 2003.

조광, 『조선후기 사회와 천주교』, 서울: 경인문화사, 2010.

朱熹, 『四書或問』, 上海: 上海古籍出版社 · 安徽教育出版社, 2001.

朱熹, 『朱子語類』, 北京: 中華書局, 1986.

챠오 웨이, 「그리스도교와 유가의 '극기'에 관한 연구 -『칠극』을 중심으로」, 가톨릭대학교 석사학위논문, 2010.

판토하(Didace de Pantoja) 저, 박완식 · 김진소 역, 『칠극 -일곱 가지 승리의 길』, 전주: 전주대학교 출판부, 1996.

韓思藝, 『從罪過之辯到克罪改過之道 -以《七克》《人譜》爲中心』, 北京: 中國社會科學出版社, 2012.

한국 근대 양명학과 사회진화론의 접변 양상

-난곡 이건방을 중심으로-

한정길

* 이 글은 『양명학』 제51호(2018.12), 271-309쪽에 게재된 「난곡 이건방의 양명학 이해와 현실 대응논리」를 수정·보완한 것임.

1. 「조선유학과 왕양명」의 작자 '길성산인'

이 연구는 한국 근대의 대표적인 양명학자인 난곡(蘭谷) 이건방(李建芳, 1861~1939)의 양명학 이해와 그의 현실 대응 논리 및 사회진화론과의 접변 양상을 탐구함으로써 한국 근대 양명학의 특성과 사상사적 기능 및 동서사상의 접변 양상을 규명하려는 데 그 목적이 있다.

이건방은 한국 근대의 주목할 만한 사상가이자, 양명학자다. 그런데 지금까지 양명학자로서 그의 면모는 제대로 밝혀지지 않은 점이 있다. 그가 양명학자임을 알 수 있는 것은 그의 제자인 위당 정인보(1893~1950)의 언급을 통해서이다. 정인보는 『양명학연론』 말미에 "붓을 놓으면서, 내 스승 난곡(蘭谷) 이건방(李建芳) 선생으로부터 이 학문의 대의를 받았음을 바르게 아뢰고" 있다. 뿐만 아니라 「난곡선생묘표」에서는 "(선생은) 조금 자라서는 강개하게 옛 성현의 학문을 사모하여, 처음에는 주자학을 전적으로 익혔고, 뒤에는 정명도(程明道)와 왕양명의 글을 익혀, 오래 연구한 끝에 깨달음이 있는 듯하자 이때부터는 독실하게 믿어 의심하지 않았다"고 말한 바 있다. 그러나 정인보는 그의 선생인 이건방의 양명학 이해가 어떠했는지에 대해서는 전혀 언급하고 있지 않다. 뿐만 아니라 이건방의 주저인 『난곡존고(蘭谷存稿)』에도 양명학에 관한 이건방의 직접적인 설명이나 평가를 찾아보기 어렵다. 이 때문에 지금까지 이건방의 양명학에 관한 연구도 『난곡존고』에 나오는 몇 구절을 가지고 천착하지 않을 수 없었다.[1] 이러한 사정은 모두 이건방의 양명학관을 살펴볼 수 있는 자료가 발견되지 않았기 때문에 비롯된 것이다.

그런데 본 연구자는 이건방이 양명학에 관한 전문적인 저술을 남기고 있음을 발견할 수 있었다. 바로 「조선유학(朝鮮儒學)과 왕양명(王陽明)」이라는 글이다. 이 글은 『동아일보』에 1933년 4월 15일부터 6월 12일까지 '길성산인(吉星山人)'이라는 이름으로 8회에 걸쳐 연재된 바 있다. 예전엔 이 글의 작자인 '길성산인'이 누구인지 알지 못했다. 이 때문에 「조선유학과 왕양명」이라는 글도 작자 미상의 글로 간주되어 크

1) 이건방의 양명학에 관한 연구로는 유명종의 『한국양명학』(동화출판사, 1983), 금장태의 『한국양명학의 쟁점』(서울대학교출판문화원, 2008), 정인재의 『양명학의 정신』(세창출판사, 2014)에 조금씩 언급되어 있고, 전문적인 연구로는 송석준의 「난곡 이건방의 양명학과 실천정신」(『양명학』 제18호, 2007.)과 천병돈의 「난곡 이건방의 『난곡존고』 연구」(『정신문화연구』 제37권 제1호, 2014.)가 있다. 이들 가운데 주목할 만한 것은 송석준의 연구이다. 그는 난곡 양명학의 핵심을 세 가지로 정리한다. 1) 인간의 본심을 도덕주체로 삼는다는 점, 2) 心·身·物 일체의 논리체계에 따라 인간주체와 대상세계를 일원적 관점에서 파악한다는 점, 3) 양명학의 지행합일의 실천정신을 구체적인 삶 속에서 구현하고 있다는 점이다. 이 연구는 난곡의 학문이 양명학이라는 사실을 착실하게 밝혔다는 점에서 적지 않은 의의가 있다. 그러나 난곡 양명학의 남다른 특성을 드러내지는 못했다는 점을 그 한계로 지적할 수 있겠다. 천병돈은 『난곡존고』에 나타난 도의론, 진가론, 문장론을 분석함으로써 난곡의 사상이 양명학에 속하고 하곡학을 계승하고 있다고 주장한다. 그의 연구의 특징은 난곡의 문장론을 분석함으로써 난곡이 도덕을 문장보다 우선시했음을 드러냈다는 점에 있다. 그러나 그의 연구도 여전히 난곡 양명학의 특성을 밝히지 못했다는 점에 그 한계가 있다.

게 주목받지 못했다. 단지 최재목과 금장태 교수에 의해 그 글의 개요가 간략하게 소개되고 있을 뿐이다.[2] 그런데 『동아일보』는 1939년 6월 25일자 기사에서 '실학파(實學派)의 유일(唯一)한 석학(碩學) 이건방옹(李建芳翁) 서거(逝去)'라는 제목 하에 이건방의 서거 소식을 전하면서 그가 「조선유학과 왕양명」이라는 글을 지었음을 밝히고 있다.[3] 이제는 새롭게 발견된 이 글을 주요 분석 대상 자료로 삼아 이건방의 사상적 기반인 양명학 이해의 특성을 규명할 수 있게 되었다.

이건방은 양명학을 사상적 기반으로 삼아 국권회복과 서구사상에의 대응이라는 시대적 과제를 해결하고자 한다. 당대의 현실을 약육강식의 생존원칙이 지배하는 사회로 인식한 그는 조선의 멸망 원인을

---

2) 최재목은 「일제강점기 신문을 통해 본 양명학 동향」(『동양철학연구』 55권, 2008)에서 『동아일보』에 吉星山人(필자 미상)이란 이름으로 「조선유학과 왕양명」이라는 글이 발표되었음을 알린 바 있다. 금장태는 『한국 양명학의 쟁점』(2008)에서 길성산인을 본명 및 생몰년 미상이라고 하면서 「조선유학과 왕양명」의 내용을 간략히 요약해서 소개한다. 그러나 그는 길성산인이 이건방의 필명이라는 사실을 알지 못함으로 인하여 길성산인을 "강화학파의 계승자가 아니면서 양명학을 주장한 인물의 한 사람이었던 것 같다"(『한국 양명학의 쟁점』, 246쪽)고 평하고 있다.

3) 필자는 일찍이 「위당 정인보의 양명학 연구와 다산 이해」라는 글에서 이 사실을 학계에 보고한 바 있다. 그 내용을 다시 소개하면 다음과 같다. 『동아일보』 1939년 6월 25일자 기사에는 '實學派의 唯一한 碩學 李建芳翁 逝去'라는 제목 하에 이건방의 서거 소식을 다음과 같이 전하고 있다. "조선에 잇어서 실학파(實學派)의 제1인자이던 란곡(蘭谷) 이건방(李建芳) 옹은 二十四日 오후 五시 十五분 다옥정(茶屋町) 一六三번지 자택에서 七十九세를 一기로 서거하엿다. 씨는 녕제(寧齋) 이건창(李建昌) 씨의 재종제로 황매천(黃梅泉) 김창강(金滄江) 이수당(李修堂) 등 제선배의 돌아간 후에는 문장가로 홀로 진영을 직혀 나온 분으로 한학과 문장이외에도 서양사학(西洋史學)과 법학(法學)에도 공성이 깊으섯고 특히 양명학(陽明學)에 잇어서는 정하곡(鄭霞谷)의 연원을 받은 석학이다. 난곡유고 이외에 양명학의 저서로서는 '조선유학과 왕양명'의 연구 결성이 잇고 수십 년간 두문불출로 학문만을 닦으신 분인데 제자로서 위당 정인보(鄭寅普) 씨가 잇다. 장례는 六월 三十일에 시흥군 신동면 사당리(始興郡 新東面 舍堂里) 선영에다 거행하기로 되엇다."

이 시대적 추세에 현명하게 대응하지 못한 데서 찾고, 당대의 개화파와 수구파를 모두 비판한다. 그리고 도의(道義)의 실천을 구세방안으로 제시한다. 사람들이 똑같이 지니고 있는 마음인 참된 도의를 불러 깨워 도의를 실천하게 함으로써 세상을 구제할 수 있다고 본 것이다. 이것은 양명학적 구세방안이라고 할 수 있다. 이러한 방법은 전통을 무조건 고수하거나, 아니면 철저히 배척했던 당시의 다른 사상 유파들과 비교할 때 매우 독특하다. 참된 도의를 세우고 거짓 도의를 비판하는 이건방의 진가(眞假)논리는 명분주의에 매몰된 보수파와 파벌주의에 대한 비판 논리만이 아니라, 개화파들의 식민성에 대항하는 논리로 기능하고 있다.

이건방이 현실을 인식하고 그에 대응할 수 있는 방안을 마련할 때 양명학과 더불어 큰 영향을 끼친 것은 당시 서세동점의 시대적인 추세를 이론적으로 뒷받침하고 있었던 사회진화론이다. 당대의 동아시아 지식인들은 사회진화론으로부터 많은 영향을 받고 있다. 그러나 그에 대한 대응은 다양한 양태로 드러난다. 이건방도 역시 사회진화론을 수용하고 있다. 여기에서는 그가 어떤 입장에서 사회진화론을 수용하는지를 살펴보고자 한다.

전통유학과 사회진화론은 서로 다른 사유체계이다. 따라서 유학자인 이건방이 사회진화론을 수용하는 것은 이질적인 사유와 만나서 변화가 일어나는 과정이라고 할 수 있다. 이건방은 사회진화론을 중심으로 한 서구의 학문을 수용하는 과정에서 기존 전통유학에서 사용하던 기본 개념들에 변용을 일으킨다. 본 연구에서는 이건방 사상에서 중요한 몇 가지 기본개념들에 어떤 변용이 일어났는지를 살펴봄으로써 전통유학과 사회진화론의 접변 양상을 알아보고자 한다. 이 작업은 한국 근대의 전환기에 동양과 서양의 사유가 접변하는 하나의 양상에 대한 탐구라는 점에서 적지 않은 의의가 있다. 이 연구는 장차 한국 근대 사상가들이 서양의 이질적인 사상과 문화를 만나서 접변을 일으키는 전체적인 양상을 이해하는 데도 기여할 수 있을 것이다.

본 연구에서 다루게 될 주요 연구 주제는 다음 세 가지이다.

첫째, 이건방의 양명학 이해의 특징은 무엇인가?

둘째, 이건방의 양명학적 사유가 그의 현실인식과 대응논리에 어떻게 반영되어 나타나는가?

셋째, 이건방은 어떤 입장에서 사회진화론을 수용하고 있으며, 또 사회진화론을 중심으로 한 서양의 근대 학문을 접하면서 자신의 학문 체계에 어떤 변형을 일으키는가?

2. 이건방의 양명학 이해의 특징

1) 이건방 양명학의 연원과 그 성격

이건방의 양명학은 하곡 정제두(1649~1736)에 그 연원을 두고 있다. 이것은 이건방이 '정제두를 통해 전해지는 양명학적 도통론을 계승'하고 있다는 점, '조선의 주자학자들에 대한 정제두 비판의 틀을 그대로 수용'하고 있다는 점, '하곡학에 뿌리를 두고 있는 강화양명학의 실심실학을 주장'하고 있다는 점들을 통해서 확인할 수 있다.

(1) 정제두를 통해 전해지는 양명학적 도통론의 계승

이건방은 「조선유학과 왕양명」이라는 글에서 '중국학설의 개요'를 소개하고 있는데, 그 주요 내용 가운데 하나는 왕수인이 정립하고 정제두를 통해 전해지는 양명학적 도통론이다.

양명은 일찍이 성인의 학문을 심학이라고 규정하고[4], 그 성인지학인 심학이 전해지는 계통을 '발본색원론(拔本塞源論)'[5]과 「상산문집서(象山文集序)」[6]에서 밝힌 바 있다. 양명은 주자의 도통론에 대응할 수 있는 양명학적 도통론을 새롭게 수립한 것이다. 그 요지는 마음과 리를 둘로 나누지 않고, 자신이 해야 할 바를 자기 마음에 돌이켜 구한다는 데 있다.[7] 그 특징은 외물의 이치에 대한 탐구를 주장하는 정이천(程伊川)과 주자(朱子)를 도통의 계열에서 제외시킨 반면, 주렴계(周濂溪)와 정명도(程明道) 및 육상산(陸象山)을 그것에 포함시켰다는 점이다.

정제두는 「학변(學辯)」이라는 글에서 양명이 수립한 양명학적 도통론을 수용하고 그것을 보다 상세하게 설명함으로써 양명학을 변호한다. 그 요지는 성인의 학문은 심학(心學)이고, 그 가르침은 모두 이 마음의 천리를 보존하려는 데 있다는 것이다. 그 특징은 주자의 '격물치지(格物致知)'에 대한 해석을 비판하고 왕양명의 '격물치지'에 대한 해석을 성인의 학문을 바르게 이은 것으로 평가한 점에 있다.[8] 그렇다고

---

4) 『王陽明全集』 권7, 「象山文集序」, 206쪽, "聖人之學, 心學也." / 『王陽明全集』 권7, 「重修山陰縣學記」, 216쪽. "夫聖人之學, 心學也."

5) '拔本塞源論'은 『傳習錄』, 「答顧東橋書」, 제142-143조의 글을 가리킨다.

6) 『王陽明全集』 권7, 「象山文集序」, 206-207쪽.

7) 『王陽明全集』 권7, 「象山文集序」, 207쪽.

해서 정제두가 주자학을 성인지학의 계통에서 완전히 배제한 것은 아니다. 그는 양명학만이 아니라 주자학도 역시 성인지학이라고 말한다. 다만 뒤에 주자학을 배우는 이들이 주자에 가탁하거나 부회하여 자신의 사사로운 이익을 꾀하는 과정에서 성인지학으로서의 주자학의 모습을 잃어버렸다고 말한다.[9)]

이건방은 정제두를 통해 전해지는 왕양명적 도통론을 그대로 계승한다. 우선 그는 성인의 학문은 반드시 마음에서 구하는 것[10)]이라고 보아서 성학(聖學)을 심학(心學)[11)]으로 규정한다. 그리고 성학의 전수계통을, 요(堯)·순(舜)·우(禹)가 서로 전수한 "인심은 오직 위태롭고, 도심은 오직 은미하니 오로지 순수하고 전일하게[精一] 하여 그 중(中)을 잡으라[人心惟危, 道心惟微, 惟精惟一, 允執厥中]"는 가르침, 공자가 세상을 근심하여 구제하고자 한 우환의식과 시서예악(詩書禮樂)을 산술(刪述)하고 『춘추』를 필삭(筆削)하여 만세에 가르침을 드리운 뜻, 안자(顔子)가 공자의 인품과 학문을 '우러러볼수록 더욱 높으시며, 뚫어볼수록 더욱 단단하시다[仰高鑽堅]'고 찬탄한 것, 증자(曾子)가 공자의 일관지도를 '충서(忠恕)'로 이해한 것', 『대학』 수장의 명명덕(明明德)과 친민(親民) 및 그 조목인 성의(誠意)와 정심(正心), 그리고 『중용』의 솔성(率性)과 수도(修道) 및 그 용공(用工)인 '계신공구(戒愼恐懼)'로 전개된 것으로 본다. 그리고

---

8) 『霞谷集』 권8, 「學辯」, 227-228쪽.

9) 『霞谷集』 권9, 「存言下」, 264쪽. "朱子之學, 其說亦何嘗不善? 只是與致知之學, 其功有迂直緩急之辨, 其體有分合之間而已耳, 其實同是爲聖人之學, 何嘗不善乎? 後來學之者, 多失其本, 至於今日之說者, 則不是學朱子, 直是假朱子, 不是假朱子, 直是傅會朱子, 以就其意, 挾朱子而作之威, 濟其私."

10) 「朝鮮儒學과 王陽明」(1), "聖人之學은 必在於心하니 心得其正而萬理具備하야 其處事接物이 各順其則而德溥化廣하야 以至於位天地育萬物이라도 亦不越乎方寸之內故로 明德이 爲親民之體하고 親民이 爲明德之用하야 體用立而本末擧矣라"

11) 「朝鮮儒學과 王陽明」(2), "夫聖學은 心學也라"

전국시대에 패자(覇者)의 무리가 인의(仁義)를 가장하여 자기의 사사로움을 채우고, 공리(功利)를 추구하는 습성이 날마다 점차적으로 젖어들어 성인의 바른 학문이 마침내 끊겼다고 평가하고, 다시 도통의 맥락은 맹자에 이르러 자사의 학문을 사숙하여 도가 이미 통함에 왕도를 행하고자 천하를 주유하였던 정치활동과, 또 강학을 통하여 '마음을 보존하고 본성을 함양함[存心養性]', '잃어버린 마음을 구함[求放心]', '본성은 선하지 않음이 없음[性無不善]', '먼저 그 큰 것을 세움[先立乎其大者]', '나의 호연지기를 잘 기름[善養吾浩然之氣]'의 가르침을 세운 것으로 전개되었다고 본다. 그리고 맹자가 돌아가신 뒤로 도가 전해지지 않다가 북송대에 주렴계와 정명도가 성학의 바름을 얻어서 천년 동안 전해지지 않던 도통을 계승하였다고 보며, 다시 남송에 이르러 주회암과 육상산이 나와서 공맹의 학문을 배우고 주렴계와 정명도를 개괄함으로써 성인의 도가 더욱 밝아지게 되었다고 정리한다. 그리고 명대의 왕양명에 이르러 치양지의 학설이 제시되어 성인이 되는 공부가 더욱 간이(簡易)해짐으로써 천하의 학자들이 모두 양명을 종주로 삼게 되었으며,[12] 이 "양명의 학술이야말로 성문의 적전"[13]이라고 평가한다.

이와 같이 이건방은 정제두를 통해 내려오는 양명학적 도통론을 계승한다. 그리고 정제두와 마찬가지로 주자학을 도통의 맥락에 포함시킨다. 그는 주자학 자체와 주자학의 권위를 빌려 자기의 이익을 챙기려는 조선의 주자학자들을 구분하고, 조선 주자학의 병폐를 신랄하게 비판한다. 조선의 주자학자들에 대한 이건방의 비판의식도 정제두의 관점을 그대로 계승한 것이다.

12) 「朝鮮儒學과 王陽明」(1~2) 참조.

13) 「朝鮮儒學과 王陽明」(8). "陽明先生學說이 固是聖門嫡傳이오"

(2) 조선의 주자학자들에 대한 비판과 진가론(眞假論)의 수립

이건방은 주자학 자체와 조선 주자학의 병폐를 구분한다. 그는 조선의 주자학자들이 감히 주자를 멋대로 인용하여 스스로를 꾸며서 주자에게 누를 끼쳤다고 개탄한다.[14] 조선의 주자학자들에 대한 이건방의 이러한 비판은 일찍이 정제두에 의해 제기된 바 있다.

> 주자의 학문은 그 학설이 또한 어찌 일찍이 좋지 않았겠는가? 다만 치지(致知)의 학과의 사이에 그 공부에는 우직(迂直)하고 완급(緩急)한 구별이 있으며, 그 체(體)에는 나뉘고 합해지는 간격이 있을 뿐이요, 실은 다 같이 성인의 학을 하는 것이니, 어찌 일찍이 좋지 않았겠는가? 그러나 뒤에 배우는 이가 대부분 그 근본을 잃어버렸고, 오늘날의 학설에 이르러서는 주자를 배우는 것이 아니라 곧 주자를 빌리는 것이요, 주자를 빌릴 뿐만 아니라 곧 주자를 부회(傅會)함으로써 자기의 뜻을 성취하고 주자를 끼고 위엄을 지어서 자기의 사사로움을 이룰 뿐이다.[15]

정제두는 주자학과 주자학을 추종하는 당시 조선의 주자학자들을 엄밀히 구분한다. 주자학 그 자체는 성인지학으로 인정하지만, 주자의 권위를 빌리거나 주자를 견강부회하여 자신의 사적인 의도와 이익을 실현하고자 하는 조선의 주자학자들에 대해서는 비판적이다. 주자에 가탁하여 자신의 사사로운 이익을 실현하는 행위에 대한 비판정신은 정제두의 학문을 계승하는 하곡학파에게 일관되게 흐르는 전통이다.

---

14) 「朝鮮儒學과王陽明」(5). "吾何嘗論朱子之學邪아 直指夫我邦學問之弊오 而彼敢妄引朱子하야 以自傅飾하야 以累及於朱子가 爲可慨也니라"

15) 『霞谷集』 권9, 「存言下」, "朱子之學, 其說亦何嘗不善？只是與致知之學, 其功有迂直緩急之辨, 其體有分合之間而已耳, 其實同是爲聖人之學, 何嘗不善乎？後來學之者, 多失其本, 至於今日之說者, 則不是學朱子, 直是假朱子, 不是假朱子, 直是傅會朱子, 以就其意, 挾朱子而作之威, 濟其私."

이건방은 주자에 가탁하여 거짓 도의로 세상을 속이고 백성을 그릇되게 이끌고 있는 주자학자들을 다음과 같이 신랄하게 비판한다.

> 참람하게 '대의'의 이론으로 조종에 휘호를 덧붙이며, 지자니 서자니 하여 임금을 핍박하고, 망령된 말을 '북벌'에 칭탁하며, 명나라 황제를 사묘에서 제사지내는 데 이르니, 성인을 속이고 임금을 속이며, 분수를 범하고 둑을 넘은 것이다. 이는 진실로 주자의 죄인이요, 춘추의 죄인인데, 도리어 춘추의 존엄함을 옆에 끼고 주자의 중대함을 빙자한다.[16]

여기에서 우리는 이건방이 춘추의 대의명분을 빌려 당파의 사사로운 이익을 도모했던 노론 계통의 주자학자들을 비판하고 있음을 알 수 있다. 대의의 이론으로 조종(祖宗)에 휘호(徽號)를 덧붙인 것은 송시열이 태조의 위화도회군을 '존주대의(尊周大義)'를 받든 것으로 평가하여 그에게 '소의정륜(昭義正倫)'이란 휘호를 덧붙이자고 청한 일을 가리키며[17], 지자니 서자니 하여 임금을 핍박한 것은 효종이 인조의 장자가 아니므로 자의대비의 상복을 기년복으로 해야 한다고 주장하여 효종의 종법적 지위를 깎아내린 것을 가리키며, 망령된 말을 북벌에 칭탁한 것은 현실을 고려하지 않은 채 북벌을 주장한 것을 가리키며, 명나라 황제를 사묘에서 제사지냈다는 것은 송시열이 화양동(華陽洞) 만동묘(萬東廟)에서 명나라 황제를 제사지낸 일을 가리킨다.

---

16) 『蘭谷存稿』, 「續原論」, 45-46쪽. "至於僭以大義之說, 加徽號於祖宗, 逼主上以支庶, 託妄言於北伐, 祀明帝於私廟, 誣聖罔上, 干分越防, 是固朱子之罪人也, 春秋之罪人也, 而乃反挾春秋之尊, 藉朱子之重."

17) 『宋子大全』 권18, 「熙政堂奏劄 二」. "夫我太祖之開國垂統, 至今三百年鞏固維持者, 實基於威化回軍, 大義昭如日星也. 今於尊號諡號, 皆無此意, 臣每以爲歉然也. 故臣意欲以昭義正倫等字追上, 則旣合於程子之意, 而其所以慰二祖之靈, 使無瑟縮不安之意者, 亶在於是. 故前日敢冒萬死而言之."

이건방은 거짓 대의에 가탁하여 자신의 사사로운 이익을 추구하는 주자학자들에 대한 비판논리를 진가론(眞假論)으로 정리한다. 그는 가도의(假道義)와 진도의(眞道義)를 구분하고, 천하의 치란은 학술의 회명(晦明)에 달려 있으며, 학술의 근본은 그 진(眞)과 위(僞)를 살피는 데 있다고 주장한다.[18] 그리고 진과 위를 판별하는 기준을 제시한다. 그에 따르면 자기 마음에 돌이켜 살펴서 독지(獨知)에 조금도 부끄러움이 없는 것이 참[眞]이고, 향원과 같이 도의를 빌려 남을 해치고 자기를 이롭게 하는 것이 허위[僞]이다.[19] 그리고 천지만물을 일체로 파악하는 마음으로 친민(親民)의 인(仁)을 달성할 것을 주장하는 양명학을 진학문으로 간주하고, 이것을 버리고서는 학문도 없고 도(道)도 없다고 말한다.[20] 여기에서 우리는 정제두와 이건방이 조선의 주자학자들

---

18) 「朝鮮儒學과王陽明」(5), "吾嘗言天下之治亂은 必繫於學術之晦明이오 學術之本은 又必在於審其眞僞라"

19) 「朝鮮儒學과王陽明」(7). "何以謂眞與僞也오 孔子曰鄕原은 德之賊也라 하시고 孟子論鄕原호대 稱非之無擧也오 刺之無刺也라 居之似忠信하며 行之似廉潔이라 하시니 夫忠信、廉潔、無非、無刺之人而謂以德之賊은 何也오 嗚呼라 鄕原之爲此者ㅣ 非無所爲而然也라 盖其心이 求所以同乎流俗하며 合乎汙世오 而時以曲謹小惠로 以博廉潔忠信之名하니 究其所行所謀하면 無非便己私而求己利也라 事之得失과 善否는 且勿具論하고 其良心은 已壞盡無餘니 反不若狂狷之士의 尙能有進取與不爲之爲賢也니라"

「朝鮮儒學과王陽明」(8). "先生이 有言호대, '一念獨知處는 卽誠之萌芽니 不論善念과 惡念하고 無虛假라 一是면 百是오 一錯이면 百錯이니 正是王霸와 義利와 誠僞와 善惡의 界頭라 於此에 立定이면便是端本澄源이오 便是立誠이라' 하얏나니라 一誠立에 百度斯正이라."

20) 「朝鮮儒學과王陽明」(7), "盖聖人之心은 以天地萬物로 爲一體하나니 其視天下를 猶一家之親이오 視一國을 猶一人之身이라 苟有一民一物之不得其所면 其惻憺(?)之念이 若己推而納諸溝中하나니 非故爲是하야 以斬人之信我而附我也라 惟求所以自慊하야 以達其親民之仁矣라 非親民이면 不足以明其明德이오 非明德이면 不足以達其親民之仁矣니 此卽明體達用之工이오 而該本末合內外之道也라 聖人은 安乎此者也오 學者는 學乎此者也니 捨此하고는 而外에 無所謂學也오 亦無所謂道也라"

『蘭谷存稿』, 「孔子編年, 朱子年譜, 安子年譜合刊跋」. "若捨其本而惟外之是求, 則非學之善者也."

을 동일한 평가기준을 가지고 비판하고 있음을 알 수 있다. 이것은 이건방이 하곡학에 뿌리를 내리고 있는 강화양명학의 실심실학의 전통을 계승하고 있었기 때문에 가능한 일이었다.

(3) 실심실학(實心實學)의 강조

이건방은 가도학으로는 당시의 현실을 구제할 수 없다고 본다. 오늘날 인심을 어루만지고 세도를 바르게 세우기 위해서는 무엇보다 먼저 가도학을 하는 학자들을 구제해야 한다. 그 방법은 그들로 하여금 자기의 행위를 돌이켜 실심으로 실학을 하게 하여 허위의 습성을 제거하고 독실하고 진지한 공부를 하게 하여 한 마디의 말과 한 가지의 행실을 하는 데 반드시 마음에 돌이켜보아서 위축되지 않게 하는 데 달려 있다.[21] 그리고 참된 공부를 하려면 옛 성현을 지향점으로 삼아야 하는데 성현의 말씀이 지극한 도가 아님이 없지만 진절하고 정밀하며 명백통달하여 철상철하의 학문을 할 수 있으려면 먼저 『왕문성공전집(王文成公全集)』을 읽어서 그 문로를 얻은 뒤에 옛 경전을 읽어야 한다고 권유한다. 그러면 전성(前聖)과 후성(後聖)이 부절처럼 합하게 되고, 그 의리가 쉽게 밝혀지고, 그 공효도 쉽게 이루어질 것이라고 말한다.[22] 뿐만 아니라 잘못된 습성이 오랫동안 누적되어 고질이 된 뒤에 기사회생할 수 있는 공부는 이 양명학이 아니고서는 불가능하다

---

21) 「朝鮮儒學과王陽明」(8), "在今日에 所以捄之之道인들 亦豈有他哉리오 惟在於一反其所爲하야 以實心으로 究實學하야 剗除虛僞謬妄之習하고 切修純篤眞摯之工하야 出一言行一事에 必反之於心하야서 而不餒不作이면 則其於學에 思過半矣니라"

22) 「朝鮮儒學과王陽明」(8). "嗚呼라 苟欲下眞工夫면 則必以古聖賢爲的이니 古聖賢千言萬語가 無非至道나 然이나 要其眞切精密하고 明白洞達하야 可爲徹上徹下之學인댄 則宜先讀王文成先生全集하야 以得其門路하고 然後에 進而讀古經傳하면 則前聖後聖이 若合符節이라 其義易明이오 其工이 易成也니라"

고 보아서, “양명선생의 학설이 진실로 공자의 적통이요, 더욱 우리나라의 오늘날 유학계를 위하여 투여해야 할 신묘한 약이다”[23]라고 주장한다.

이건방이 실심실학을 강조한 것은 정제두로부터 전개되는 강화학파의 특징이다. 이건방 역시 강화학파의 그 특성을 계승하고 있다. 강화학파의 실심실학의 정신은 이건방을 거쳐 위당 정인보에게 그대로 전해진다. 위당은 과거 수백 년간 조선의 역사는 실로 ‘허(虛)와 가(假)’로서 연출한 자취라고 비판한다. 그리고 “조선 수백 년간 학문으로는 오직 유학이요, 유학으로는 오직 정주(程朱)를 신봉하였다. 그런데 신봉의 폐단이 두 갈래로 나누어졌으니, 하나는 그 학설을 받아 자신의 편의를 도모하려는 사영파(私營派)요, 다른 하나는 그 학설을 배워서 중화의 적통을 이 땅에 드리우려는 존화파(尊華派)이다. 그러므로 평생 몰두하여 심성을 강론하되 실심(實心)과는 어울려 볼 생각이 적었고, 한 세상을 뒤흔들 도의를 표방하되 자신 밖에는 보이는 것이 없었다. 그래서 세월이 흐르고 풍속이 쇠퇴해짐에 따라 그 학문은 속빈 학문[虛學]일 뿐이요, 그 행동은 거짓 행동[假行]일 뿐이다. 실심의 입장에서 볼 때 그 학문이 비어 있기 때문에 사사로운 계산으로 보면 알차며[實], 참된 학문[眞學]의 입장에서 볼 때 그 행동이 거짓이기 때문에 거짓된 풍속으로 보면 알찬 것[實]이다. 그러므로 수백 년간 조선인의 실심(實心) 실행(實行)은 학문 영역 이외에 구차스럽게 간간히 잔존하였을 뿐이요, 온 세상에 가득 찬 것은 오직 가행(假行)이요 허학(虛學)이었다”[24]고 말한다. 위당 역시 정주를 신봉하는 조선의 주자학자들이 자

23) 「朝鮮儒學과王陽明」(8), “況當積久習染、膏肓沈沒之後하야는 其起死回生之功이 非此면 不可라 吾故曰陽明先生學說이 固是聖門嫡傳이오 而尤爲吾近日儒學界之對投神劑也라하노라”

24) 『薝園鄭寅普全集』 2(연세대출판부, 1983), 「陽明學演論」, 114쪽.

신의 사사로운 이익을 도모하고자 거짓 도의를 표방하는 가행과 허학을 일삼아 왔음을 비판하고 있는 것이다.

이상의 논의를 통하여 우리는 이건방이 정제두와 강화양명학을 통해 내려오는 양명학적 도통론과 조선 주자학자들에 대한 비판정신을 계승하고 있음을 알 수 있다.

2) 경세 중심의 양명학 이해[25]

앞에서 살펴본 것처럼 이건방은 양명학적 도통론을 계승한다. 그런데 이건방이 기술하는 도통론은 남다른 특징이 있다. 가장 두드러진 점은 도통의 연원이 세워지게 된 그 이유를 세상을 제대로 다스리려는 경세에서 찾고 있다는 점이다.

> 『서경』에서 "진실로 총명한 이가 임금이 되고 임금은 백성의 부모가 된다"고 하니, 대개 옛날에는 반드시 총명하고 예지로운 덕을 갖춘 뒤에야 군사(君師)의 지위에 자리하여 백성을 균평하고 밝게 하니 백성이 환히 밝아지고, 만방을 화합하여 화목하게 하니 만방이 이에 화목하게 되고, (그 광채가) 하늘과 땅에 이르고 초목과 금수에게까지 덕화가 미치어 다 합당함을 얻지 않음이 없었으니, 아! 성대하도다. 다스림이 여기에 이르게 된 근본은 반드시 임금의 한 마음에 달려 있다. 그러므로 뜻이 성실하고 마음이 바르게 된 뒤에 몸을 닦을 수 있고, 몸이 닦여지면 집안이 가지런해지고 나라가 다스려져서 천하가 평안하게 된다. 그러므

25) 정제두가 수신방면에 중점을 둔 경향이 있는 반면, 이건방은 치인방면에 중점을 두고 있다. 정제두의 학문은 주자학이 중심이 되었던 당대의 사회여건 하에서 사회실천철학으로 발전하기 어려웠다. 그의 학문이 수신방면에 중점을 두고 있음은 임술유교와 가법을 통해 알 수 있다. 김삼웅, 『위당 정인보 평전』(채륜, 2016), 33쪽.

로 요임금 순임금 우임금이 서로 주고받음에 반드시 "인심은 오직 위태롭고 도심은 오직 은미하니, 오직 정밀하게 살피고 오직 전일하게 하여야 진실로 그 중을 잡을 것이다"라고 하였다.[26)]

이건방은 요·순·우가 서로 전수한 16자 심법을 말하기에 앞서서 치국과 평천하의 구체적인 모습을 담고 있는 『서경』의 「태서(泰誓)」와 「요전(堯典)」의 말을 인용함으로써 성인지학의 심학이 궁극적으로 치국평천하를 지향하고 있음을 보여주고 있다.

공자를 언급하는 대목에서도 공자가 비록 하늘이 낸 성인이었지만 통치자의 지위를 얻지 못하여 그 은택이 백성들에게까지 도달할 수 없었기에 인민애물(仁民愛物)하는 자신의 뜻을 실현하고자 천하를 주유했던 공자의 아픔과 우환의식을 서술하고 있다.[27)] 맹자에 대한 언급에서도 맹자가 왕도를 행하고자 했던 사실에 주목하고 있으며,[28)] 진(秦)나라와 한(漢)·당(唐)에 대한 비판도 그들이 펼친 정치가 왕도가 아니었다는 데서 찾는다.[29)] 이로부터 우리는 이건방이 도통론을 경세

---

26) 「朝鮮儒學과 王陽明」(1), "書曰亶聰明이 作元后하고 元后作民父母라하니 盖古者에 必有聰明睿智之德而後에야 處於君師之位하야 以平章百姓而百姓이 昭明하고 協和萬邦而萬邦이 時雍하야 格于上下而化及於草木鳥獸ㅣ 莫不咸若하나니 猗歟盛矣而其所以致此之本은 必在於人君之一心이라 故로 意誠而心正한 然後에야 可以修身이요 身修則家齊國治而天下ㅣ 平矣라 故로 堯舜禹之相授受에 必曰人心은 惟危하고 道心은 惟微하니 惟精惟一하야 允執厥中이라하니"

27) 「朝鮮儒學과王陽明」(1). "以孔子의 天縱之聖으로도 不得乎位而澤不下究於民이라 惟其仁民愛物之意 出於至性而少懷老安하며 博施濟衆之功이 不能無待於有土라 故로 遑遑於齋魯鄭衛曹宋之郊而雖畏於匡하시며 厄於陳蔡하사대 而不自恤也하시니 盖其疾痛迫切이 不啻救焚援溺之急則聖人憂世之志를 可以想見矣라 "

28) 「朝鮮儒學과王陽明」(1). "及孟子ㅣ 私淑於子思之學하야 道旣通에 歷見齊梁之君而欲行王道하나 顧其時에 富强之說과 傾詐之謀ㅣ 所以痼世主之心而鬪爭刼奪之禍ㅣ 不絶於天下則 謂孟子以迂闊而莫之用焉"

의 관점에서 읽어내고 있음을 알 수 있다. 이건방이 양명학을 성학의 적통을 이은 것으로 본 것도 양명학을 통하여 당대 유학의 병통을 치유함[30]과 아울러 당시의 시대적 과제인 국권을 회복하고 백성들을 구제하려는 뜻을 지니고 있었기 때문이다.

이건방은 양명학을 성인지학의 적통으로 간주한다. 그리고 양명학의 종지를 치양지로 파악하고, 일념(一念) 독지처(獨知處)에서의 입성(立誠)공부를 중시한다. 그는 이 입성공부의 효과에 대해서 말하기를 "성(誠)이 세워지면 온갖 사유가 바르게 되는지라 인욕이 끊어지고 천리가 유행하여 몸을 닦고 집안을 가지런히 하고 나라를 다스리고 천하를 평안하게 하는 공부가 방촌을 벗어나지 않게 된다. 그런 뒤에야 성인의 도가 위대함을 볼 수 있으며, 천하의 치란과 회명의 일도 역시 알 수 있다"[31]고 한다. 여기에서도 알 수 있듯이 이건방이 일념 독지처에서의 입성(立誠) 공부를 중시한 까닭도 궁극적으로는 치국평천하를 이루기 위한 것이었다.

이건방은 또 명명덕과 친민을 통일적으로 이해하는 양명학의 관

29) 「朝鮮儒學과王陽明」(2). "嗚呼라 孟子ㅣ 沒而道遂不傳하고 一切欺天罔人하야 苟一時之得而不知耻者如蘇張申商之屬이 橫行天下而斯民之憔悴於虐政也ㅣ 日甚一日이러니 及秦滅六國而自以詐力으로 服人하야 可以箝制四海라하야 故로 焚詩書하며 坑儒生而極矣라 漢承秦後하야 雖稍以寬假로 爲治하나 而其本之必循其私而不能粹然出於公正則一也라 以迄于唐하야 縱不無乍治乍亂之異하나 而皆非先王之道則 民亦何由蒙至治之澤乎아 此皆心學不明之故也라"

30) 「朝鮮儒學과王陽明」(8), "吾故曰陽明先生學說이 固是聖門嫡傳이오 而尤爲吾近日儒學界之對投神劑也라하노라"

31) 「朝鮮儒學과王陽明」(8). "先生이 有言호대 一念獨知處는 卽誠之萌芽니 不論善念과 惡念하고 無虛假라 一是면 百是오 一錯이면 百錯이니 正是王霸와 義利와 誠僞와 善惡의 界頭라 於此에 立定이면便是端本澄源이오 便是立誠이라하얏나니라 一誠立에 百度斯正이라 人慾遏而天理行하야 以至修齊治平之功이 不越乎方寸之內니 夫然後에 可以見聖人之道之大오 而天下治亂晦明之故를 亦可得以知之矣니라"

점을 수용한다. 그도 왕양명과 마찬가지로 친민의 실천을 통해서라야 명덕이 밝혀질 수 있다고 본다.[32] 명덕이 친민의 본체가 되고, 친민이 명덕의 작용이 되어야 체용이 세워지고 본말이 다 갖추어진다. 오직 이렇게 해야만 백성의 부모가 될 수 있다.[33] 덕성을 밝히는 것은 친민(親民)의 활동으로 드러날 때라야 의미가 있다는 것이다. 이것은 개인의 자기 수양이 지니는 사회정치적 역할과 기능을 부각시켰다는 점에서 의미가 있다. 이건방은 또 명명덕과 친민의 본체와 작용이 다 세워져야만 백성의 부모가 될 수 있다고 말한다. 여기에서 우리는 이건방이 '대학(大學)' 즉 '대인지학(大人之學)'을 제왕이 천하의 백성들을 다스리는 제왕학(帝王學)으로 이해하고 있음을 알 수 있다.

이건방은 양명학적 도의관을 수립하였다. 그는 내 마음의 편안함을 추구하고, 마음 밖의 의리를 구하지 않으며, 내 마음과 무관하게 의리를 구하는 것을 가도의(假道義)라고 비판한다. 그리고 거짓 도의를 추구하는 것이 조선조 주자학자들만이 아니라 당시 유학자들의 병폐라고 진단한다. 이건방이 가도의를 비판하는 까닭은 그것이 천하의 혼란을 가지고 오기 때문이다.[34] 따라서 천하를 제대로 다스리기 위해서는 참과 거짓을 밝게 분별함으로써 가도의에 빠져 있는 유학자들을 구제해

---

32) 「朝鮮儒學과王陽明」(7), "盖聖人之心은 以天地萬物로 爲一體하나니 其視天下를 猶一家之親이오 視一國을 猶一人之身이라 苟有一民一物之不得其所면 其惻憺之念이 若己推而納諸溝中하나니 非故爲是하야 以斬人之信我而附我也라 惟求所以自慊하야 以達其親民之仁矣라 非親民이면 不足以明其明德이오 非明德이면 不足以達其親民之仁矣니 此卽明體達用之工이오 而該本末合內外之道也라"

33) 「朝鮮儒學과 王陽明」(1), "明德이 爲親民之體하고 親民이 爲明德之用하야 體用立而本末擧矣라 惟此ㅣ 可以作民父母니"

34) 「朝鮮儒學과王陽明」(5), "吾嘗言天下之治亂은 必繫於學術之晦明이오 學術之本은 又必在於審其眞僞라"

야 한다. 이처럼 이건방이 가도의를 비판한 까닭도 참과 거짓을 살펴서 궁극적으로는 천하를 혼란으로부터 구제하기 위한 것이었다.

이건방의 이러한 양명학 이해는 정인보에게 그대로 전해진다. 그 주요 내용은 바로 '양명의 심학을 성문의 적전으로 본다는 점', '진위를 판별하는 기준을 일진무가의 독지처에서 찾는다는 점', '양명학을 실심실학으로 본다는 점', '양명학을 통하여 학계, 나아가서는 사회의 병통을 치유하려고 한다는 점', '일념 독지처에서의 입성(立誠)공부를 강조한다는 점', '만물을 동체로 여기는 어진 마음을 백성에게 실천할 것을 역설한 점' 등이다.

천하를 구제하기 위해서는 현실 상황에 맞는 적합한 대응방안을 제시할 필요가 있다. 이를 위해서는 현실 상황에 대한 냉철하고도 비판적인 인식이 요구되었으며, 편견과 선입견에 물든 과거의 낡은 관점으로부터 벗어나야 할 필요가 있었다. 이때 요구되는 것이 주체적인 사고이다.[35] 편견과 선입견 그리고 자사와 물욕에서 벗어나 주체 내면의 판단 준거를 공정하게 만들고, 당대 현실에 맞는 도의가 무엇인지를 밝게 변별하고[36], 그 가운데서 자신이 해야 할 바가 무엇인지를 찾고 그것을 실천에 옮겨야 했다. 이건방은 그것을 가능하게 하는 사상적 토대를 양명학에서 찾았던 것이다. 이건방은 양명학을 익힘으로써 조선의 역사와 당대의 현실을 비판적으로 인식하고[37], 현실을 구제하기 위한 방안의 하나로 서양의 학문을 적극적으로 수용하게 된다.[38]

---

35) 주체성 강조는 조선이라는 나라와 백성을 중시하는 민족주의의 이념적 토대가 된다.

36) 『蘭谷存稿』 권6, 「文錄論」 「原論中」. "且義, 非一定不移之物, 而輕重緩急, 各隨所宜. 此所以爲義者, 在彼未必爲義也. 前日之所以爲義者, 在今日亦未必爲義也."

37) 조선의 유학사와 쟁탈의 역사에 대한 비판 및 당대의 수구파에 대한 비판이 그것이다.

38) 이건방에게서 양명학은 사회진화론을 수용할 수 있었던 사상적 토대로 기능하고 있다.

3. 현실인식과 대응논리

1) 이건방의 현실인식과 구세정신

이건방은 구한말 개항기, 대한제국기, 일제강점기를 거치면서 제국주의 열강의 침략으로 국권이 상실되고 민족의 명운이 끊긴 시대를 살고 있다. '어떻게 제국주의 열강의 침략에 대응하고, 국권을 회복하여 민족의 명운을 되살릴 것인가'의 문제는 당시 조선의 국가와 백성을 걱정하는 뜻있는 지사들이 해결해야 할 시대적 과제였다. 이건방 역시 당대의 깨어있는 대유(大儒)로서 남에게 드러내놓고 말하지 못하는 '은밀한 아픔[隱痛]'을 지니고 있었다. 그 은밀한 아픔이 어떤 아픔인지는 짐작하기 어렵지 않다. 나라 잃은 백성의 곤고(困苦)를 느끼는 데서 오는 아픔이요, 세상을 구제하고자 하는 우환에서 오는 아픔인 것이다. 이건방의 제자였던 위당은 이건방이 품고 있었던 아픔과 뜻을 다음과 같이 서술한 바 있다.

> 내 보기에는 외론 회포 깊은 사념이 고질인 양 맺혔건만 오히려 걱정은 이 겨레 이 땅. 즐겨 맞는 이는 올곧은 의협인이오 알랑쟁이 가까이

그에 따르면 의리란 고정적인 것이 아니라 상황에 따라 달라진다. 그러므로 시중(時中)을 얻기 위해서는 현실 상황을 종합적으로 고찰하고 그 특성을 참작하여 거기에 알맞은 의리를 찾아야 한다. 이것은 양명학의 주요 정신이다. 이러한 정신에 입각하여 당시 시대를 고찰할 때 수용하지 않을 수 없었던 것은 사회진화론이었다. 우승열패의 현실 속에서 국가와 민족의 생존을 위해서는 서양의 근대학문과 지식들을 익히지 않을 수 없다고 본 것이다.

> 하기 부끄렸다네. 동서양 정치 법률에 무엇이 해롭고 뭐가 이로운가, 통화의 팽창과 폭락 어느 것을 억제하고 어느 것을 터야 할지? 안경 쓴 지친 눈 괴롭히며 신구서적 연구했네. 일찍이 정다산의 『경세유표』에 서를 얹으니 진실로 그 뜻 같아서였네.[39]

이건방의 마음 가운데 고질처럼 맺혀있는 아픔은 이 겨레 이 땅에 대한 우환에서 온 것이었다. 그는 한때도 국가의 존망을 잊은 적이 없으며, 일신을 깨끗이 할 의리를 간직하기보다는 항상 세상 구하기를 주장하였다.[40] 그가 동서양의 정치·법률·재정 등을 폭넓게 연구한 것과, 다산의 『경세유표』에 서문을 쓴 것은 모두 세상을 구제하고자 하는 구세정신이 드러난 것이다.

이건방 당시 조선의 현실은 서세동점의 위기 속에서 개화와 수구의 대립과 갈등을 겪다가 결국 국권은 상실되고 백성은 도탄에 빠지는 대재앙에 처해 있었다. 이러한 상황에서 국권을 회복하고 민족을 도탄에서 구제하기 위해서는 그 재앙의 발생 원인을 냉철하게 분석하고 철저하게 규명해야 했다. 이건방은 그 재앙의 발생 원인을 대내·외적 측면에서 종합적으로 고찰한다.

우선 그는 대외적인 측면에서 당시의 시대가 사람들이 무리를 지어 경쟁하고, 강자가 약자를 병탄하는 진화론의 법칙이 지배하는 시대라는 점을 지적한다.

> 사람은 태어나면서 무리를 짓게 되고, 무리를 지으면 다툼이 생기게

---

39) 『蒼園文錄(中)』, 「祭蘭谷李先生文」, 286쪽, "以余而觀, 孤懷深念, 貞疾幽鬱, 猶憂民土, 喜延亢俠, 羞昵媚娬, 東西政法, 何病何利, 貨幣漲落, 孰與閉啓, 靉靆勞目, 紬繹新舊, 嘗序丁表, 實同氣臭."

40) 『蒼園文錄(中)』(정인보 지음, 정양완 옮김), 「난곡 이선생 묘표」, 514-516쪽.

> 되는데 이것은 이치의 필연이요 사세가 반드시 그렇게 되기 마련인 것이다. 무리를 화목하게 하고 그 권리[權]를 총괄하는 것을 국(國)이라고 한다. 이것도 하나의 무리요, 저것도 하나의 무리이니, 무리가 많아지면 무리와 무리가 서로 다투게 되는데, 이것도 이치의 필연이요 사세가 반드시 그렇게 되기 마련인 것이다. 이미 서로 다투는 지경에 이르게 되면 강한 자가 반드시 이기고 약한 자는 반드시 패하며, 기교가 있는 자는 반드시 얻고 졸렬한 자는 반드시 잃게 되는데, 이것은 대개 자연 진화의 일반적 규율과 상호 경쟁의 원칙이 그렇지 않을 수 없는 이치이다.[41]

인간은 군집생활을 하는 존재이다. 사람이 무리를 지어 살게 되면 개인들 사이의 대립과 갈등 및 투쟁이 자연히 생기게 된다. 이건방은 개인들 사이의 갈등과 투쟁은 국가의 조정과 주재를 통하여 해결될 수 있다고 본다. 국가는 개인 사이에 발생하는 갈등과 투쟁을 조절하여 무리 전체를 화목하게 하고, 개인들의 권리를 총괄하여 주재하는 기능을 가지고 있기 때문이다. 문제는 무리와 무리들 사이에 발생하는 다툼이다. 무리와 무리, 즉 국가와 국가 간에도 서로 이익을 달리함으로 말미암아 다툼이 발생하게 된다. 그런데 국가들 사이의 다툼은 화해시키기 어렵다. 그들을 화해시킬 수 있는 역량과 권리를 지닌 기구가 없기 때문이다. 이런 상황에서 국가들 사이의 다툼에는 오직 약육강식의 경쟁원칙만이 작용한다. 자연 진화의 일반규율과 적자생존의 필연법칙이 인간사회에도 그대로 적용되고 있는 것이다. 이러한 원리를 이론화한 것이 바로 사회진화론이다. 사회진화론은 1895년 다

41) 『蘭谷存稿』, 권6, 「文錄論」「原論上」. "夫人生而有群, 有群則有爭, 此理之必然而勢之必至者也. 輯其群而統其權謂之國. 此一群也, 彼一群也, 群者衆矣, 則群與群相爭, 此又理之必然而勢之必至者也. 旣至於相爭, 則彊者必勝而弱者必敗, 巧者必得而拙者必失, 此蓋天演之公例, 物競之原則, 不得不然之理也."

윈(1809~1882)의 『종의 기원』에 의해 제시된 생물진화론을 인간사회에 적용시켜 자본주의적 적자생존의 논리로 전개한 스펜서에 의해 주창되었다. 이후 그것은 헉슬리, 켈 등에 의해 자연도태설을 중심으로 한 진화론으로 발전하였으며,[42] 서구 제국주의의 팽창을 정당화하는 이론적 기반으로 활용되었다. 이건방은 당시 서구 제국주의의 침략이 사회진화론에 바탕을 둔 것으로서 피할 수 없는 세계적인 추세임을 철저하게 인지하고 있었다. 조선이 열강의 침략을 받은 것도 바로 이러한 시대적인 추세에 기인한 것이었다. 그러나 엄밀히 따지면 시대적인 추세가 문제가 아니라, 그것에 제대로 대응하지 못한 것이 주요 원인으로 지적될 수밖에 없다. 따라서 이건방은 조선이 국권을 상실하게 된 주요 원인을 그 내부에서 찾는다.

이건방은 조선이 제국주의의 침략을 받고 국권을 상실하게 된 원인을 약육강식의 생존원칙이 지배하는 시대적 추세에 현명하게 대응하지 못한 데에서 찾는다.

> 저 열강은 진화가 날로 번성하여 정치와 법률의 발전, 해군과 육군의 확장, 전신과 철도의 교통, 삼림과 농공상업의 발달이 모두 하루에 천리를 가는 추세에 있는 반면에 우리는 또한 먹는 데 편안해하고 잠자는 것만을 즐겨 게으르고 편안해하는 풍조가 오히려 전과 똑같다.[43]

제국주의의 열강은 정치와 법률을 연구하여 제도적으로 정비하고, 해군과 육군의 확장을 통하여 군사력을 증진시키며, 전신과 철도의

42) 정용재, 『찰스 다윈』(민음사, 1988), 210-223쪽.

43) 『蘭谷存稿』 권6, 「文錄論」 「原論上」. "彼列疆之進化日盛, 政治法律之修明, 海陸軍隊之擴張, 電信鐵道之交通, 森林農工商業之發達, 皆有一日千里之勢, 而吾且宴食酣寢, 怠惰恬嬉之風, 猶夫前也."

교통시설을 갖추어 정보와 물자를 소통시키고, 여러 가지 산업을 일으켜 국가의 경제력을 높임으로써 하루가 다르게 날로 진화하고 있는 것과는 달리 조선은 먹고 잠자는 일에만 관심이 있어서 게으르고 편안함을 추구하는 풍조를 떨쳐버리지 못하고 있다. 이러한 풍조가 지속되는 한 민지가 계발되지 않고 서무가 일어나지 않아 열강의 침략과 지배를 받는 것을 피할 길이 없다. 이건방은 그것을 당시 조선이 부딪힌 재앙의 원인으로 지적한다.

> 지금 국가의 재앙은 민지가 계발되지 않고 서무가 일어나지 않은데 따른 것이니, 민지가 개발되지 않고 서무가 일어나지 않은 채 우리의 당이 옛것만을 고집하는 데 익숙하여 갱장을 생각지 않는 것은 진실로 그 책임을 면할 길이 없다. 이것은 단순히 그 사람됨의 현명함이나 변별력의 차이에 따라 생기는 문제가 아니다. 대개 청렴과 의를 숭상하는 선비들이 옛것만을 고집하여 변하지 않은 채 실로 패륜의 무리들이나 꾸짖으며 사람들의 이목을 놀라게 하고 의구심이나 불러일으키는 것은 실리를 궁구하지 않은 때문이다.[44]

대한제국이 열강의 침략을 받은 직접적인 원인은 민지가 계발되지 않고 서무가 일어나지 않은 때문이다. 그런데 민지를 계발시키고, 서무를 진작시킬 수 있는 주체 세력은 지성인이 중심이 될 수밖에 없다. 그럼에도 당시 조선의 지식인들은 이 역사적 과제를 제대로 수행해내지 못하고 있었다. 조선사회의 지식인들은 서구에 대한 대응방안

44) 『蘭谷存稿』 권6, 「文錄論」 「原論上」. “吾今以國家之禍, 由於民智之不開, 庶務之不創, 而民智之不開, 庶務之不創, 吾黨之狃於膠守而不思更張者, 誠無以辭其責也, 非以其人之賢愚而辨駁爲也. 蓋淸義之士, 所以膠守而不變, 實懲於悖倫越防之徒, 駭耳目而滋疑懼, 遂拜其實理而不之究也.”

을 두고 개화파와 수구파로 나뉘어 서로 다툴 뿐이었다. 이건방은 개화파와 수구파의 현실대응 방안을 모두 비판한다.

이건방은 개화파를 반란의 무리라고 비판한다. 개화파는 스스로 때를 알고 시무에 능통한 사람이라고 말하지만 모두가 경박하고 바른 행실이 없으며 진출하여 일벌이기를 좋아하고 명분을 가장하여 이욕을 추구하고 외세를 빙자하여 위협하고 임금을 현혹하여 권위를 차지하고서 드디어 외국인의 앞잡이가 되어 몰래 결탁하여 국권을 팔아넘기는 재앙을 초래하였다고 비판한다.[45] 이 반란의 무리인 개화파들로 인하여 국가가 멸망하였지만, 도의를 지키는 선비에게도 허물이 없지는 않다.[46]

이건방은 개인적인 도의만을 지키는 청의지사(淸義之士)에 대해서도 신랄하게 비판한다. 즉 청의지사는 세계 형편을 알지 못하고 지난날 관문을 닫고 자신을 지키는 것[閉關自守]을 최상의 의리로 삼으면서, 동양과 다른 외국의 풍속과 종교나 문물제도를 따르는 무리들이 예법과 인륜을 무너뜨리는 일에 대해 일체 치지도외하고 그 까닭을 살피지 않으며, 해외의 사정에 깜깜하여 저들 열강의 진화가 날로 번성하고 정치와 법률이 밝게 닦여지며 군대가 확장되고 전신이나 철도의 교통과 산업이 발달하는데도 여전히 나태한 풍속을 고치지 않고, 허위를 꾸며 실리(實理)를 막아서 백성의 지식이 열리지 않고, 사무가 확

45) 『蘭谷存稿』 권6, 「文錄論」 「原論上」, 5-6쪽. “自謂識時通務者, 類皆浮薄無行, 干進喜事, 始則假其名以濟其媒寵饕利之計, 末乃憑藉外勢, 以恐喝威嚇, 眩惑宸聽, 而得售其道兆攬權位之欲, 欲彌大而計彌熟, 遂至於甘作外人之倀導, 而陰相唱和, 公行販賣, 禍遂固結而不可解. 嗚呼欷矣. 雖然此輩皆梟獍戾種狗彘之不若, 於渠何誅而獨悲.”

46) 『蘭谷存稿』 권6, 「文錄論」 「原論上」, 7쪽. “由前之說者, 亂逆之徒也. 由後之說者, 守道秉義之士也. … 吾所以均貶而同斥者, 何也?”

장되지 않아 멸망의 재앙을 스스로 재촉하였다는 것이다.[47]

이건방은 특히 도의를 지키는 선비가 통상이 처음 이루어졌을 때 그것에 제대로 대응하지 못한 것을 매우 안타깝게 여긴다.

> 반란의 무리에 대해서는 사람들이 그 간사함과 흉악함을 알기에 믿지 않지만, 도의를 지키는 선비는 인민이 우러러보고 믿는데, 통상을 하는 처음에 옛 견해의 사사로움을 지키던 것을 버리고 공심과 공리로써 진실로 그 도가 나라를 이롭게 하고 백성을 편하게 함이 있다면 우리의 나태함을 개혁하는 데 거리낌이 없고 저들의 흥하여 일어남을 본받으며, 우리의 부패와 게으름을 변혁하기를 아끼지 않고 저들의 쇄신을 본받아서 인민을 위해 주창하였다면 인민들이 믿고 따랐을 것이요, 분발하여 날로 자강의 길로 나가게 하였다면 국가의 재앙이 이 지경에 이르지는 않았을 것이다.[48]

이건방은 조선의 국권상실이라는 결말을 보고 그 원인을 탐색하

---

47) 『蘭谷存稿』 권6, 「文錄論」「原論上」, 6-7쪽. "夫一種清議之士, 未能深悉宇內形便, 惟以往日閉關自守爲第一義諦. 且海外諸國, 風氣逈殊, 宗教亦異, 文物制度自與東洋不類, 而趨時好奇之徒, 又夸張附益, 而轉相依倣, 往往有踰越禮防, 悖蔑倫常而不知恤者, 人以是益驚疑駭憤, 父詔其子, 兄戒其弟, 懼其或近於是, 浸漬染汙, 故言語文字之間, 一切置之膜外, 而未嘗深究其故, 雖舟車相銜, 冠蓋被路, 而海外情形悉屬茫昧. 彼列疆之進化日盛, 政治法律之修明, 海陸軍隊之擴張, 電信鐵道之交通, 森林農工商業之發達, 皆有一日千里之勢, 而吾且宴食酣寢, 怠惰恬嬉之風, 猶夫前也. 粉飾虛僞, 牿喪實理, 遂使民智不開, 庶務不創, 而自促其覆亡之禍, 此吾所以不能無憾於清議之士也."

『蘭谷存稿』 권6, 「文錄論」「原論上」. "蓋清義之士, 所以膠守而不變, 實懲於悖倫越防之徒, 駭耳目而滋疑懼, 遂拜其實理而不之究也."

48) 『蘭谷存稿』 권6, 「文錄論」「原論上」, 8쪽. "夫亂逆之徒, 夫人知之, 雖其乘機售奸以禍人國, 而其賊心兇腸, 暴於一時, 人孰信之哉. 惟守道秉義之士, 人民之所觀瞻, 而四方之所信服也. 使於通商之初, 祛其膠守舊見之私, 而斷之以公心公理, 苟其道有足以利國而便民, 則不憚革吾之怠惰恬嬉而效彼之興作, 不惜變吾之腐敗呰窳而效彼之刷新, 以爲人民倡, 則人民之信從者衆而奬勵奮發, 日趨於自彊之途, 而國家之禍或不至於是矣."

는 과정에서 도의를 지키는 선비들이 마땅히 담당했어야 할 역사적 책무가 있었다고 본다. 그것은 조선이 외국에 문호를 개방하고 그들과 통상을 시작할 때부터 인민의 존경을 받는 '도의(道義)를 지키는 선비'들이 개화의 주체 세력이 되었어야 한다는 것이다. 만일 그들이 옛것을 고집스럽게 지키던 것을 버리고 개화의 주체 세력이 되어서 공적인 마음과 도리에 입각하여 조선과 조선인이 나아갈 길을 모색하고, 변혁과 쇄신을 꾀하여 인민들을 흥기시켜 날로 자강의 길로 나가게 하였다면 국권을 상실하지는 않았으리라는 것이다. 그런데 도의를 지키는 선비들이 개화의 주체 세력이 되지 못하였던 것은 그들이 도의의 실질에 어두웠기 때문이다. 이에 이건방은 도의의 실질을 규명하는 일을 현실을 구제할 수 있는 대응논리로 제시하기에 이른다.

2) 이건방의 현실 대응논리와 그 의의

이건방은 도의의 실질을 밝힘으로써 지성인들의 각성을 촉구하고, 다시 그들로 하여금 민중들을 깨우쳐 민중들이 도의의 실천 방향인 구국의 길로 나서게 함으로써 당시의 시대적 과제를 해결하고자 한다.

이건방은 도의의 실질은 구세에 있다고 주장한다.

> 대개 도의의 실질은 물에 빠진 자를 구하고 불에 타는 자를 구하는 것보다 먼저 할 것이 없다. 지금 국가가 약하고 병든 지 오래되었는데, 맨손으로 강적의 굳센 활과 예리한 칼을 감당하려고 한다면 그 구차스러운 도와 의로 과연 그 흉악한 칼날을 꺾고 포학한 불길을 제어할 수 있겠는가?[49]

> 도의의 실질은 바로 천리와 백성들이 지켜야 할 도리, 일상적인 말과 행동의 도이며, 이 도리를 귀하게 여기는 까닭은 나라가 망해갈 때에 슬퍼할 줄 알고, 인류가 멸망해갈 때 애통할 줄 알기 때문이다.[50]

도의가 귀중한 까닭은 나라와 민족이 멸망해가는 것을 애통하게 여겨서 그것을 구제하는 데 있다. 이건방은 나라와 백성이 어려움에 처해 있는 상황에서 자기 한 몸만 깨끗하게 지키는 것은 본심의 양심을 해치는 것으로 결코 참된 도의가 아니라고 본다.

> 혹자는 '오늘날의 사정은 희망이 완전히 좌절되었으니 비록 하고자 하여도 미치지 못하니 내 한 몸 깨끗이 하여 스스로의 안정을 도모해야 하지 않겠는가'라고 말한다. 오호라, 이 생각은 또한 천리와 백성들이 추구해야 할 도리의 떳떳함이 마땅히 가져야 할 바가 아니다. … 이른바 깨끗이 한다고 하는 것은 스스로 체발을 하지 않겠다는 것을 말하는 것이다. 그러나 모발이 비록 중요하지만 나라가 망하고 인류가 멸망하는 것에 비한다면 오히려 가벼운 것이 아니겠는가?[51]

> 자기의 몸을 잊는 것은 오히려 가능하지만 국가와 생령의 화를 잊어버리고 내 한 몸만 깨끗이 하고자 도모한다면 본심의 양심을 죽이는 것이요, 경중의 원칙을 잃어버리는 데 가깝지 않겠는가?[52]

---

49) 『蘭谷存稿』 권6, 「文錄論」 「原論上」. "夫道義之實, 莫先於拯溺救焚. 今國家之羸病, 久矣, 使之徒手, 而當烏獲之勁弩利刃, 則其區區之道與義, 果有足以折其凶鋒, 而制其虐焰耶?"

50) 『蘭谷存稿』 권6, 「文錄論」 「原論中」. "所貴於天理民彝庸言庸行之道者, 以其國亡而知其爲可悲, 人滅而知其爲可痛也."

51) 『蘭谷存稿』 권6, 「文錄論」 「原論中」. "或謂今日之事勢, 決望絶, 雖欲有爲, 而不可及, 無寧潔身以自靖. 嗚呼, 是說也, 又非天理民彝之常, 所宜有也. … 吾知其所謂潔者, 不過指其身之不剃髮, 不披緇而言也. 髮雖重矣, 而比國亡人滅, 不其有間乎?"

이건방 당시에 나라가 망하고 백성이 도탄에 빠졌는데도 산림에 숨어서 일신의 깨끗함만을 추구하는 선비들이 있었다. 이건방은 이들에 대해 '거짓 도의를 지키는 자'들이라고 비판한다. 나라가 망하고 인류가 멸망하는 위기 상황에서 그것을 애통하게 여겨 구제하려고 애쓰는 것이 참된 도의라고 본 것이다. 그는 국가와 백성의 재앙을 잊어버리고 제 한 몸만 깨끗이 하고자 하는 것은 양심을 해치는 것이라고 비판한다. 이것은 본심의 양(良), 즉 양심 혹은 양지를 국가와 생령의 재앙을 구제하는 정치상의 주인공으로 등장시키고 있다는 점에서 매우 큰 의미가 있다.

이건방은 도의는 사람의 마음 가운데 있다고 말한다.

> 도의는 사람의 마음 가운데 있어서 일찍이 없었던 적이 없다. 오직 거짓된 것이 그 참됨을 어지럽히게 되면 변별하기가 쉽지 않다.[53]

도의가 사람의 마음 가운데 있다는 것은 왕양명의 '심외무리(心外無理)'를 떠오르게 한다. 사람의 마음이 바로 일체 도의가 창출되어 나오는 원천이라고 보는 것이다. 이건방은 도의를 창출하는 마음은 사람들마다 똑 같이 지니고 있는 것으로 본다.

> 무릇 마음은 하나인데, 혹 그 같음을 귀하게 여기고, 혹 그 위태로움을 염려하는 것은 어찌 다른 것이 있겠는가? 오직 그 같음을 잃었기 때문에 위태로워지는 것이다. 그 밝음을 은폐하고 그 선량함을 손상시키

---

52) 『蘭谷存稿』 권6, 「文錄論」 「原論中」. "忘其軀, 猶可也, 忘國家生靈之禍, 而有潔身之是謨, 則不幾近於戕本心之良, 而失輕重之則也."

53) 『蘭谷存稿』 권6, 「文錄論」 「原論上」. "嗚呼! 道義之在人心, 未嘗亡, 而惟假者亂其眞, 則未易辨也."

며, 근본원칙에 어둡고 항상된 덕에 어그러지면 위태롭지 않음이 없고 혼란하지 않음이 없다.[54]

사람들마다 똑같이 지니고 있는 마음[同然心]은 밝고, 선량하며, 일체 행위의 시비선악을 판단하는 근본원칙이고, 변함없는 덕이다. 이 '동연심(同然心)'을 따르는 것이 바로 참된 도의를 따르는 것이다. 이 동연심을 따르는 자는 개인의 사사로움을 넘어서 국가와 민생의 안정을 도모할 수 있다. 반면에 그것을 상실한 자는 자기 일신의 이해와 안위만을 염두에 둔다. 나라가 망하더라도 상투를 자르지 않거나 양복을 입지 않는 것으로 몸을 깨끗이 지켰다고 여기는 수구파의 보수적 도학자들은 이 '동연심'을 잃은 자들이다.

성인의 도라는 것도 사람마다 똑같이 지니고 있는 마음에 기반한 것이기 때문에 사람들의 감정에 부합한다.

대저 성인의 도는 남 다른 것을 구하여 고매하다고 여기지 아니하고 반드시 사람의 감정에 합치하기를 구한다. 그러므로 그 도가 됨은 명백하고 평이하여, 말하면 백성이 기꺼이 실행하지 않음이 없고, 행하면 백성이 복종하지 않음이 없다.[55]

이건방이 생각하는 성인의 도는 성정 그대로의 선량한 양지이다. 정감 그대로가 양지이므로 이 양지에 합당함이 곧 이건방이 말하는 진도의(眞道義)이며, 이에 부당한 것은 가도의(假道義)이다. 이건방은 도의

---

54)『蘭谷存稿』권6,「文錄論」「原論中」. "夫心一也, 而或貴其同然, 或慮其危殆者, 豈有他哉? 惟失其同然, 故所以危也. 蔽其明而戕其良, 昧本則而悖常德, 則無之而不危, 無之而不亂也."

55)『蘭谷存稿』권6,「文錄論」「原論中」. "夫聖人之道, 不求異於人以爲高, 而必求合乎人之情也. 故其爲道也, 明白坦易, 言而民莫不悅, 行而民莫不服."

참된 모습은 번쇄한 관념체계 속에서 해명되는 것이 아니라 명백하고 평이한 것임을 강조하고, 초월적인 고매한 원리가 아니라 인간의 감정에 일치하는 것임을 강조하고 있다. 바로 이 점에서 주자학적 인식에서 벗어나는 양명학적 의식의 바탕을 드러내고 있다고 할 수 있다.[56)]

그런데 도의가 사람의 동연심에 뿌리를 내리고 있고, 사람의 감정에 합치한다는 주장은 경세의 측면에서 매우 중요한 의미를 지닌다. 도가 사람의 감정에 합치함으로 인하여 그 도를 백성에게 말하면 그들이 기꺼이 실행하지 않음이 없고, 그 도를 백성에게 행하면 백성이 복종하지 않음이 없게 된 것이다. 사람들이 똑같이 지니고 있는 마음을 불러 깨움으로써 그들로 하여금 도의의 실천인 나라와 백성을 구제하는 길로 나서도록 할 수 있게 된 것이다. 이제 백성들의 동연심을 각성시킴으로 해서 도의를 실천하는 길이 마련된 것이다.[57)]

도의의 실천은 다양한 방면으로 전개될 수 있다. 게으르고 편안함만을 추구하는 나쁜 습성을 개혁하는 일, 민지를 계발하고 서무를 일으키는 일, 서구의 선진문물과 신진 지식을 익혀서 활용하여 자강을 모색하는 일 등이 모두 도의의 실천이자, 구체적인 구세방안인 것이다.

이건방은 이상에서와 같이 양명학적 신념 위에서 급변하는 현실에 대처해야 할 기본 방향을 제시하고 있다. 이것은 20세기 초의 역사적 상황 속에서 양명학적 시대인식과 대응방안을 가장 절실하게 드러내 준 것이라고 하겠다.[58)]

---

56) 금장태, 앞의 책, 230쪽.

57) 이 '각민행도(覺民行道)'의 노선은 일찍이 왕양명에 의해 개척된 바 있다. 이에 대해서는 余英時의 『宋明理學與政治文化』(臺北: 允晨文化, 2008)와 한정길의 「王守仁의 경세사상 -'治道'의 새로운 발견과 그 이론화를 중심으로-」(『양명학』 46, 2017)를 참고할 만하다.

58) 금장태, 앞의 책, 228쪽. 그런데 금장태는 이건방이 양명학을 표면에 내세우지 않았다고

4. 전통유학과 사회진화론의 접변 양상

1) 이건방의 사회진화론 수용 양태

이건방이 현실을 인식하고 그에 대응할 수 있는 방안을 마련할 때 양명학과 더불어 큰 영향을 끼친 것은 당시 서세동점의 시대적인 추세를 이론적으로 뒷받침하고 있었던 사회진화론이다. 여기에서는 이건방이 어떤 입장에서 사회진화론을 수용하고 있는가를 살펴보고자 한다.

이건방은 서구열강의 진화가 과학기술이나 군사 방면만이 아니라, 정치와 법률 등과 같은 사회제도의 방면에서도 일어나고 있음을 간파하고 있다. 그는 서구열강의 팽창에 대응하기 위해서는 과학기술이나 군사 방면의 지식을 습득해야 할 뿐만 아니라, 정치와 경제 및 사회를 움직이는 여러 가지 제도에 대한 탐구가 필요하다는 것을 인식하고 있었다. 이건방은 자강운동을 넘어서서 변법자강운동의 노선을 따르고 있었던 것이다.

그런데 이건방은 사회진화론이 제국주의의 침략을 정당화하는 이론으로 기능하고 있음을 인정하면서도 그것을 인간사회를 설명하는 정론(正論)으로 보지는 않는다.

말한다. 그러나 이 말은 재고의 여지가 있다고 하겠다. 이건방은 일찍이 "양명학은 오늘날 유학계를 위하여 투여해야 할 신묘한 약이다"(「조선유학과 왕양명」(8))라고 말한 바 있으며, 도의의 근거를 인심의 소동연에 두고 있다. 말하자면 이건방은 당시 시대문제를 해결할 수 있는 이론적 근거를 양명학에서 찾았던 것이다.

> 서구인들이 말하는 '강자와 약자가 만나면 권력[힘]이 곧 도리[정의]이다'라는 것은 일반적 원칙에서 나온 것으로 어쩔 수 없는 일이기는 하지만 강자가 모질고 사납게 구는 것을 꾸짖을 뿐 아니라 약자를 포용해야 한다고 말한 뒤에야 비로소 그것을 정론이라고 할 수 있을 것이다.[59)]

당시는 약육강식의 생존원칙이 지배함으로써 약하고 졸렬한 조선이 강자에게 침탈되지 않을 수 없는 상황이었다. 그러나 이건방은 사회진화론이 지배하는 현실을 직시하면서도 그것을 정론으로 여기지는 않는다. '힘이 곧 정의'라고 보는 약육강식의 생존원칙이 자기 나름의 근거가 있지만, 그것이 인간사회의 정론은 아니다. 정론은 강자를 사납다고 꾸짖는 한편, 약자를 너그럽게 품을 수 있어야 한다. 강자에 대해 사납다고 꾸짖는 것은 힘의 논리에 저항하는 것이다. 이것은 이건방이 약육강식의 힘의 논리를 이론화한 사회진화론을 불가피한 것으로 인정하면서도 그것을 인간사회를 설명하는 정론(正論)으로 수용하고 있지는 않음을 보여준다. 적어도 인간사회의 정론은 강자가 약자를 침탈하는 행위에 대해서 '사람의 도리에 어긋나는 모질고 사나운 짓'이라고 꾸짖을 수 있어야 한다. 그런데 강자를 사납다고 꾸짖는 것만으로는 아직 부족하다. 인간사회는 강자와 약자가 함께 어울려 살 수밖에 없다. 강자와 약자가 함께 공존할 수 있기 위해서는 강자가 약자를 너그럽게 품을 수 있을 때라야 가능하다. 여기에서 우리는 이건방의 평화주의의 일단을 엿볼 수 있다.

---

59) 『蘭谷存稿』 권6, 「文錄論」 「原論上」. "歐人所謂'强與弱遇, 權力卽道理'者, 是亦出於公例原則, 不得不然之故, 而不獨詬彊者爲暴戾, 而謂弱者爲可恕然後, 始得謂之正論也."

2) 기본 개념 분석을 통해 본 전통유학과 사회진화론의 접변 양상

이건방은 사회진화론을 수용하는 과정에서 기존 전통유학에서 사용하던 기본 개념들에 변용을 일으킨다. 여기에서는 이건방 사상에서 중요한 몇 가지 기본개념들인 쟁(爭), 국(國), 학(學)에 어떤 변용이 일어났는지를 살펴봄으로써 전통유학과 사회진화론의 접변 양상을 알아보고자 한다.

> 사람은 태어나면서 무리를 짓게 되고, 무리를 지으면 다툼이 생기게 되는데 이것은 이치의 필연이요 사세가 반드시 그렇게 되기 마련인 것이다. 무리를 화목하게 하고 그 권리[權]를 총괄하는 것을 국(國)이라고 한다. 이것도 하나의 무리요, 저것도 하나의 무리이니, 무리가 많아지면 무리와 무리가 서로 다투게 되는데, 이것도 이치의 필연이요 사세가 반드시 그렇게 되기 마련인 것이다. 이미 서로 다투는 지경에 이르게 되면 강한 자가 반드시 이기고 약한 자는 반드시 패하며, 기교가 있는 자는 반드시 얻고 졸렬한 자는 반드시 잃게 되는데, 이것은 대개 자연 진화의 일반적 규율과 상호 경쟁의 원칙이 그렇지 않을 수 없는 이치이다. 그렇다면 약하고 졸렬한 자는 오직 남에게 삼키고 씹히고 소멸되어서 끝내 스스로 생존할 수 없다는 것인가? 말하건대 어찌 그렇겠는가? 만약 약하고 졸렬한 자가 어려움을 알고 망할까 두려워하며, 옛것을 버리고 새로운 것을 도모하여, 자신이 약하게 된 원인을 제거하고 타인이 강해진 이유를 찾아서 그것을 본받는 데 힘쓴다면 자신도 강하게 될 것이다. 또한 자기가 졸렬하게 된 원인을 제거하고 타인이 기교를 갖추게 된 이유를 찾아서 그것을 본받는 데 힘쓴다면 자신도 기교를 갖추게 될 것이다. 본받는다는 말은 배운다는 것이다. 배워서 힘이 같아지고 세력이 균

등해진다면 다른 사람이 비록 나를 삼켜서 씹으려고 하고 나를 소멸시키려고 할지라도 그것이 어찌 가능하겠는가? 나의 약함을 알면서도 남의 강한 점을 본받지 아니하고 나의 졸렬함을 알면서도 남의 기교를 본받지 아니하며, 구습에 젖어 편안함을 구하고 미혹되어 깨닫지 못하여, 끝내 삼켜서 씹히고 소멸되는 지경에 이른 뒤에야 그치는 자는 스스로 멸하고 스스로 망한 것이지 남이 나를 멸하고 나를 훼손한 것이 아니니 또 무엇을 허물하겠는가?(**夫人生而有群, 有群則有爭, 此理之必然而勢之必至者也.**(1) **輯其群而統其權謂之國**(2). 此一群也, 彼一群也, 群者衆矣, 則群與群相爭, 此又理之必然而勢之必至者也. 旣至於相爭, 則彊者必勝而弱者必敗, 巧者必得而拙者必失, 此蓋天演之公例, 物競之原則, 不得不然之理也. 然則弱與拙者, 惟爲人之所呑噬夷滅, 而終不可以自存歟? 曰何爲其然也? **苟弱與拙者, 知難而懼亡, 舍舊而圖新, 務去其所以弱而求人之所以彊者而效之, 則斯彊矣, 務去其所以拙而求人之所以巧者而效之, 則斯巧矣. 效之爲言, 學也. 學而至於力齊而勢均, 則人雖欲呑噬我夷滅我, 其可得乎?**(3) 知吾之弱而不效人之彊, 知吾之拙而不效人之巧, 狃舊而偸安, 執迷而不悟, 終至於呑噬夷滅而後已者, 乃其自滅而自亡, 非人之滅我而夷我也, 而又何尤焉?[60])

(1) '쟁(爭)'의 해법

이건방은 사람이 모이면 필연적으로 '다툼[爭]'이 있게 된다고 본다. 이것은 '다툼'을 인류의 보편적인 삶의 형태로 이해한 것이다. 따라서 '다툼'의 해법 탐색은 인류가 안고 있는 보편적인 과제이다. 이 '다툼'을 해결하기 위해서는 다툼의 양상, 다툼의 원인, 승패의 원리 등에 대한 종합적인 고찰이 있어야 한다.

전통적으로 유교사회에서는 예를 익히고 실천하는 덕행과 자신의 심성을 닦고 기르는 수행을 통하여 자타간의 대립과 갈등을 완화 조절

---

60) 『蘭谷存稿』 권6, 「文錄論」 「原論上」.

하는 방법을 '다툼'의 해법으로 제시해왔다. 그런데 이건방은 힘과 세력에 의해 승패가 갈리는 현실 인식의 토대 위에서 힘과 세력을 배양하는 것을 '다툼'의 해법으로 수용한다. 이것은 '다툼'의 해법에 대한 그의 탐색이 전통유학의 방식으로부터 이탈했음을 의미한다. 이건방은 또 개인과 개인 사이의 투쟁이 아니라, 집단과 집단, 나아가 국가와 국가 간의 투쟁에 논의의 초점을 맞추고 있다. 이것은 당시 국가 사이의 갈등과 전쟁이 보다 중요한 문제로 등장한 때문이라고 하겠다.

(2) '국(國)'의 정의

이건방은 무리들 사이의 대립과 갈등 및 투쟁을 조정하고 안정시키며, 그 권리인 통치권을 총괄하는 존재, 즉 무리를 안정시키고 통치하는 권리를 지닌 주체를 '국(國)'으로 규정한다. 이것은 '가(家)'의 통합체로 규정되는 동양전통사회의 '국'의 개념을 벗어난 것으로, 민족을 하나의 단위로 하는 민족국가의 '국(國)' 개념을 수용한 것이라고 하겠다.

(3) '학(學)'의 함의

이건방은 학(學)의 자의(字義)를 '본받음(效)'이라고 본다. 그리고 그 당시 약육강식의 원칙이 지배하는 사회에서는 '개인과 국가의 생명을 유지할 수 있는 방법을 익히고, 강해지고 교묘해질 수 있는 방법을 본받는 것'을 학(學)의 내용으로 설정한다. 이러한 학(學)의 개념은 동양전통의 위기지학(爲己之學)의 범주를 벗어난 것이라고 하겠다.

5. 조선양명학의 부활

이 글은 한국 근대의 대표적인 양명학자인 이건방의 양명학 이해와 그의 현실 대응 논리 및 사회진화론과의 접변 양상을 탐구한 것이다.

이건방의 양명학은 하곡학에 그 연원을 두고 있다. 이것은 이건방이 '정제두를 통해 전해지는 양명학적 도통론을 계승'하고 있다는 점, '조선의 주자학자들에 대한 정제두 비판의 틀을 그대로 수용'하고 있다는 점, '하곡학에 뿌리를 두고 있는 강화양명학의 실심실학을 주장'하고 있다는 점들을 통해서 확인할 수 있다. 이건방은 하곡학을 계승하면서도, 양명학을 하나의 경세학으로 읽어내는 특징을 보인다. 그것은 정인보에게 그대로 전해진다.

이건방은 양명학을 사상적 토대로 하여 현실인식과 대응논리를 마련한다. 그는 당대의 현실을 약육강식의 생존원칙이 지배하는 사회로 인식한다. 그리고 조선의 멸망 원인을 이 시대적 추세에 현명하게 대응하지 못한 데서 찾고, 당대의 개화파와 수구파를 모두 비판한다. 그는 도의의 실질을 밝히고 민중들을 깨우쳐 도의의 실천 방향인 구국의 길로 나서게 함으로써 당시 조선이 직면한 시대적 과제를 해결하고자 한다.

이건방은 사회진화론이 지배하는 현실을 직시하면서도 그것을 인간사회의 정론(正論)으로 보지는 않는다. 정론은 강자를 사납다고 꾸짖을 뿐만 아니라, 약자를 포용할 수 있을 때라야 성립된다. 이것은 힘의 논리에 저항하는 일종의 평화주의의 표현이라고 할 수 있다. 이건방은 사회진화론을 수용하는 과정에서 기존 전통유학에서 사용하던 기본 개념들에 변용을 일으킨다. 여기에서는 동양과 서양 문화의 접변 양상을 확인할 수 있는 기본 개념들인 '쟁(爭)', '국(國)', '학(學)'의 개념에 어떤 변용이 일어났는지를 분석하였다.

이건방은 '다툼[爭]'을 인류의 보편적인 삶의 형태로 이해하고, 힘과 세력을 배양하는 것을 '쟁'의 해법으로 수용한다. 이것은 사회진화론을 수용한 것으로서, 동양전통의 유교사회에서 예를 익히고 실천하는 덕행과 자신의 심성을 닦고 기르는 수행을 '쟁'의 해법으로 제시해온 것과 비교할 때 매우 대조적이다. 이것은 '쟁'의 해법에 대한 그의 탐색이 동양전통의 방식으로부터 이탈했음을 의미한다.

이건방은 또 무리들 사이의 대립과 갈등 및 투쟁을 조정하고 안정시키며, 그 통치권를 총괄하는 주체를 '국(國)'으로 규정한다. 이것은 '가(家)'의 통합체로 규정되는 전통사회의 '국'의 개념을 벗어난 것으로, 민족을 하나의 단위로 하는 민족국가의 '국' 개념을 수용한 것이다. 이건방은 개인과 국가의 생명을 유지할 수 있는 방법을 익히고, 강해지고 교묘해질 수 있는 방법을 본받는 것을 '학(學)'의 내용으로 설정한다. 이것은 동양``전통의 위기지학(爲己之學)의 범주를 벗어난 것이라고 하겠다.

양명학의 정신은 본심양지에 입각하여 변화하는 현실을 냉철하게 살핌으로써 그에 적합한 행위 양식을 창출하고 돈독하게 실천하는 데 있다. 이건방은 정제두의 학문을 계승하는 강화학파 양명학자의 일원으로서 그동안 지하(地下)로 흐르던 조선양명학을 지상으로 끌어올려 그 밝은 빛을 어두운 세상에 비춤으로써 국권을 회복하고 인민을 구제하고자 한 사상가였다. 조선양명학은 이건방에 이르러서야 비로소 현실문제에 적극적으로 발언하는 하나의 살아 있는 사상으로서 제 기능을 회복하게 된 것이다.

【참고문헌】

王守仁, 『王陽明全集』(上 · 中 · 下), 上海: 上海古籍出版社, 2012.

宋時烈, 『宋子大全』, 서울: 민족문화추진회, 1993.

鄭齊斗, 『霞谷集』, 서울: 민족문화추진회, 1995.

李忠翊, 『椒園遺藁』, 「假說上 · 下」.

李建芳, 『蘭谷存稿』, 서울: 청구문화사, 1971.

_____, 「朝鮮儒學과 王陽明」(『동아일보』, 1933년 4월 15일부터 6월 12일까지 8회에 걸쳐 吉星山人이라는 필명으로 연재됨)

정인보, 『담원 정인보전집』, 서울: 연세대출판부, 1983.

금장태, 『한국양명학의 쟁점』, 서울: 서울대학교출판문화원, 2008.

김삼웅, 『위당 정인보 평전』, 서울: 채륜, 2016.

송석준, 「난곡 이건방의 민족정신」, 『강화학파의 양명학』, 고양: 한국학술정보, 2008.

_____, 「난곡 이건방의 양명학과 실천정신」, 『양명학』 18, 한국양명학회, 2007.

심경호, 「강화학파의 가학비판」, 『양명학』 13, 한국양명학회, 2005.

嚴復 지음, 양일모 · 이종민 · 강중기 역주, 『천연론』, 서울: 소명출판사, 2008.

양일모, 『옌푸(엄복): 중국의근대성과 서양사상』, 서울: 태학사, 2008.

_____, 「엄복의 서학 수용방식과 개량주의적 한계」, 『철학연구』 20, 서울대 철학사상연구소, 1992.

余英時, 『宋明理學與政治文化』, 臺北: 允晨文化, 2008.

劉明鍾, 『한국의 陽明學』, 서울: 동화출판사, 1983.

劉準基, 「강화학파의 학맥과 사상사적 전개」, 『국사관논총』 10, 국사편찬위원회, 1989.

이승환, 「한국 및 동양에서 '사회진화론'의 수용과 기능」, 『중국철학』 9, 중국철학회, 2002.

정양완, 「蘭谷李建芳的人間愛」, 『한국학보』 14, 중화민국한국연구학회, 1996.

_____, 「아버지 薝園의 세 스승, 學山, 耕齋, 蘭谷」, 『양명학』 13, 한국양명학회, 2005.

정용재, 『촬스 다윈』, 서울: 민음사, 1988.

정인재, 『양명학의 정신』, 서울: 세창출판사, 2014.

천병돈, 「난곡 이건방의 『난곡존고』 연구」, 『정신문화연구』 제37권 제1호, 한국학중앙연구원, 2014.

최재목, 「일제강점기 신문을 통해 본 양명학 동향」, 『동양철학연구』 55, 동양철학연구회, 2008.

한정길, 「위당 정인보의 양명학 연구와 다산 이해」, 『다산과 현대』 8, 연세대학교 강진다산

실학연구원, 2015.
______, 「王守仁의 경세사상 –'治道'의 새로운 발견과 그 이론화를 중심으로–」, 『양명학』 46, 한국양명학회, 2017.

주자학과 사회진화론의 융합적 사고

-이상룡의 「진화집설」, 「합군집설」을 중심으로-

양일모

1. 사회가 진화한다는 사유방식의 출현

한국의 사상사에서 사회진화론적 사유방식이 나타난 것은 20세기를 전후한 무렵이다. 사회가 어떤 목표를 향해 진화해 간다는 사회진화론적 사유는 유교적 사회사상과 양립하기 쉽지 않은 내용이 포함되어 있다. 유교적 관점에서는 멀고 먼 옛날에 실현되었다고 상정된 요순시대를 다시 건설하고자 했다. 맹자는 역사의 전개를 안정과 혼란이 되풀이 된다고 보았다. 요순시대의 복원을 복고적 관점이라고 한다면, 맹자가 제시한 주장은 일치일란(一治一亂) 혹은 순환사관이라고 할 수 있다. 더구나 사회진화론은 개체 혹은 단체의 경쟁을 가정하고 있으며, 힘 혹은 지적 능력 사이의 경쟁을 기본 조건으로 하고 있었다. 이런 점에서 볼 때 사회가 경쟁을 통해 진화한다는 사유방식은 유교적 사회사상과는 이질적이고 때로는 상충할 수 있는 요소를 포함하고 있었다.

그럼에도 불구하고 20세기 초 대한제국이 위기에 봉착하면서 사회진화론이 급격하게 한국의 사상계를 풍미하게 되었다. 1905년 일본이

을사조약을 통해 한국의 외교권을 박탈하고 한국에 대한 침략을 분명히 하면서 한국은 국가 존망의 위기에 처하게 되었다. 이러한 시대적 요인과 맞물려 국가 사이에는 힘의 대결과 균형이 작용할 뿐이라는 현실주의적 국제정치학적인 관점이 대두하였고, 치열한 경쟁 속에서 국가의 독립과 보전을 꾀하자는 논의가 대두하였다. 일본의 침략에 맞설 수 있는 강력한 국가를 건설하기 위해 자강이 강조되고, 자강을 통해 경쟁의 시대를 이겨내고자 한 것이다. 이러한 시대적 배경 속에서 한국의 지식인들 사이에 사회진화론에 대한 관심이 증폭된 것이다.

20세기 이후 한국의 사상계에 사회진화론에 관한 지식 정보는 주로 중국을 경유해서 전달되었다. 여기에서 중국이란 영토로서의 중국이 아니라 한문으로 기록된 중국어권 문헌을 지칭한다. 즉 당시 한국의 사상계에 사회진화론의 정보를 제공해 준 것은 무술변법이 좌절한 이후 일본으로 망명해 있던 양계초(梁啓超, 1873~1929)의 저작, 혹은 그가 주도적으로 편집을 맡았던 『청의보』(1898년 요코하마에서 창간), 『신민총보』(1902년 요코하마에서 창간) 등의 잡지였다. 물론 양계초의 대부분의 저작은 이 두 잡지에 발표되었다. 양계초가 일본에 망명한 이후 일본에서 간행된 서양 사상 관련 저술로부터 상당한 영향을 받았다는 점을 고려할 때, 그의 서양 인식 또한 일본의 지적 분위기와 밀접한 관련 속에서 형성된 것이라고 할 수 있다. 한국의 사상계가 중국의 사상가 양계초의 저작으로부터 사회진화론을 학습하였고, 이는 이미 일본을 경유한 중국의 학문이었다.

한국의 사회진화론 수용에 관해서는 이미 유길준(1856~1914), 윤치호(1865~1945) 등의 개화파, 그리고 박은식(1859~1925), 장지연(1864~1920), 윤효정(1858~1939) 등 자강운동 진영을 중심으로 많은 연구가 진행되었다. 이들은 주로 서울을 중심으로 활동한 인물이며 일찍부터 서양 학문의 수용에 앞섰던 인물이었다. 이에 비해 이 논문에서 다루고자 하는 이상룡(李相龍, 1858~1932)은 안동 지역에서 성장한 유학자였으며, 위정척사파의 계열에서 1906년까지 의병운동에 종사했고 1910년 국가를 상실한 이후로는 서간도로 망명하여 독립운동에 헌신하였다. 그는 성리학적 사유의 지평에서 성장하였지만, 1905년 이후로는 서양학문의 수용에 매진하였고, 중국으로 망명한 이후에는 안창호, 박은식, 김좌진, 김창숙 등 다양한 인물들과 교류하면서 독립을 위한 실천적 투쟁에 앞장섰으며, 만년에는 사회주의사상까지 수용하고자 했던 경력을 지닌 사상가였다.

이 연구는 성리학자로서 사회진화론적 사유 방식을 수용한 이상룡에 대해 사상적 전회를 중심으로 성리학의 지평과 사회진화론의 지평 사이에 형성된 지평 융합을 고찰하고자 한다. 이상룡이 서양사상을 적극적으로 수용하면서도 유교적 가치를 부정하지 않았다는 점에서 그가 서양의 정치사상을 소개하고 이해하는 방식은 동서사상의 지평의 충돌과 대립, 융합과 조화 등을 살펴볼 수 있는 좋은 사례에 해당한다. 따라서 이 연구는 그의 서양 사상 이해가 주자학적 사유에서 얼마나 떨어져 있는가 하는 점보다는 서양사상을 이해하는 방식에 초점을 맞추고자 한다. 특히 그가 남긴 저작 가운데 사회계약설과 국가유기체설을 수용하여 국가와 사회를 정의하는 「합군집설(合群輯說)」, 다윈과 키드의 학설을 수용하여 진화의 개념을 이해하는 「진화집설(進化輯說)」을 중심으로 동서사상의 지평의 만남이라는 관점에서 진화, 사회[群], 국가 등의 개념을 분석하고자 한다.

2. 이상룡의 성리학적 전통

이상룡은 자(字)가 만초(萬初), 호가 석주이며, 안동지역의 재지 사족인 고성 이씨 가문에서 태어났다. 이름은 상희(象羲)였으며, 중국으로 망명한 뒤 상룡으로 개명하였다. 그는 부친의 외삼촌인 김흥락(金興洛, 1827~1899)의 문하에서 성리학을 본격적으로 배우기 시작하였다. 김흥락은 퇴계의 사상을 계승한 정재학파를 대표하는 유치명(柳致明, 1777~1861)의 문인이었다. 이상룡은 자신의 스승인 김흥락의 제문을 쓰면서 자신이 퇴계 이황 – 학봉 김성일 – 대산 이상정 – 정재 유치명 – 서산 김흥락으로 이어지는 도학의 학통에 서 있다는 자부심을 지니고 있었다.[1] 이 지역은 퇴계 이황의 학문적 여운이 강한 영향을 미치고 있었으며, 정재(定齋)학파는 특히 리(理)의 능동적 역할을 강조하는 이물활설(理物活說)을 제시하였다.[2] 그는 어린 시절부터 유교 경전을 몸에 익히면서 과거시험을 준비한 전통적인 유교적 지식인이었다.

19세기 말 영남의 유교적 지식인들이 세계를 설명하는 기본적 논점은 4단과 7정의 관계, 그리고 인성(人性)과 물성(物性)의 차이 등이었다. 이상룡은 퇴계의 학통을 이어받아 리(理)의 선재성을 인정하였지

---

1) 『石洲遺稿』, 「祭西山金先生文」(고려대학교 중앙도서관 편, 서울: 고려대학교 출판부, 1973), 224쪽. “東方自退陶夫子, 倡明道學, 而欽一之銘, 傳於鶴翁, 而至湖上而發揮之, 先生乃鶴翁之雲孫, 其氣脈所注, 固不偶然, 而生不及湖上, 得聞其說於定老先生, 其家庭門路, 不其甚的矣乎.” 이하 석주의 글에 대한 인용은 『석주유고』에 의거하며, 한국어 번역은 안동독립운동기념관 편, 『석주유고』(경인문화사, 2008)를 참조하면서 수정하였다.

2) 박원재, 「석주 이상룡의 현실인식과 유교적 실천론 –정재학파의 유교개혁론(1)」(『오늘의 동양사상』 11, 2004).

만, 7정에 4단이 포함되는 것인가 하는 문제보다는 7정이 드러나기 이전과 이후의 관계에 주목하였다.

> 사물과 접하기 이전에는 비록 칠정이라는 이름이 없지만 정으로서의 원리는 미발의 때에 이미 갖추어져 있다. 대야 속의 물에 비유하자면, 대야에 있을 때는 미발이며, 대야를 뒤엎으면 이발이 된다. 미발 이전에는 원리가 혼연하여 이름을 말할 수 없지만, 이발 이후에는 비로소 칠정이라는 명목이 있게 된다. 이발 이후에 이런 이름이 있기 때문에 미발 이전에 원리[理]가 있다는 것을 알 수 있다. 이미 드러난 것에 의거해서 이미 드러나지 않은 것을 소급하여 구한다. 그러므로 희노애락의 미발이라고 한 것이다. 만일 미발 이전에 그렇게 되는 까닭의 리(理)가 없고 사물에 부딪혀서 비로소 칠정이 생겨난다고 한다면, 칠정은 성(性)으로부터 드러난 것이 아니라 공중에서 생긴 것이 된다. 고금과 천하에 어찌 체가 없는 용이 있고 성이 없는 정이 있을 수 있겠는가?[3)]

이상룡은 희노애락 등 7가지 감정이 드러나기 이전의 상태, 즉 미발의 때부터 그러한 감정이 나타날 수 있게 하는 리(理)가 이미 갖추어져 있다고 주장하였다. 그렇지만 그는 형체가 없는 리가 기의 상태, 즉 기의 청탁수박(淸濁粹駁, 맑고 흐림, 및 순수하고 잡박함)에 의존할 수밖에 없다는 점을 인정한다. 성(性)에 대해서는 그는 정주학자들이 일반적으로 분류하듯이 본연지성과 기질지성의 구별이 있다고 전제

3) 『石洲遺稿』, 「答南聖行」, 88쪽. "蓋事物未接之時, 雖無七情之名, 而其所以爲情之理, 已具於未發之前. 譬如一盂水, 在盂則爲未發, 覆之則爲已發耳. 但未發之前此理渾然, 無名可名, 而及於已發之後, 方有七情之名目. 惟其有是名目於已發之後, 所以知其有是理於未發之前也. 據其已發而溯求其未發, 故曰喜怒哀樂之未發也. 若曰未發之前, 無所以然之理, 而事物來觸, 七情方生出來, 則是七情非性發之物而空中生出也. 古今天下, 安有無體之用, 無性之情也哉."

하면서도, 기질지성과 본연지성의 분리될 수 없는 근원적 동일성을 강조하였다.

> 하늘과 땅 사이에 리가 있고 기가 있다. 리는 만물을 생성하는 근본이요, 기는 만물을 생성하는 재료이다. 사람과 만물이 생겨남에 이러한 원리[理]를 얻어 성이 되고 이러한 기를 얻어 기질이 된다. 성이란 무엇인가? 인의예지이다. 기질이란 무엇인가? 청탁수박이다. 리는 일정한 형체가 없고 기에 의존한다. 따라서 인의예지는 [기의] 청탁수박 가운데 실려 있는 것이다.
>
> 지금 한 사물의 리(理)에 대해 기(氣)를 겸하여 말하면, 기에 따른 한정되는 형체이며 거기에 갖춰진 성은 치우치거나 온전함, 많고 적음의 차이가 없을 수 없다. 그러나 이것은 기질지성이며 다른 형체와는 전혀 같지 않다. 만일 기질 가운데서 오직 리(理)의 측면만 말한다면 이는 혼연한 태극의 전체이므로 어떻게 한정된 기질과 같이 일그러지고 모자라는 점이 있겠는가? 그러므로 본연지성은 하나의 근원에서 볼 때 같지 않음이 없다. 기질과 본연은 두 가지 다른 성(性)이 아니다. 다만 각각 그 말한 것이 있는데, 기를 겸해서 말하는 것이 있고 오로지 리(理)만을 말하는 구별이 있을 뿐이다. 그러므로 주자는 성(性)은 어떤 사물에도 있으며, 범과 이리의 부자간에도 벌과 개미의 군신간에도 천명의 본연을 볼 수 있고 처음부터 아무런 차이가 없다고 했다. 천명의 본연이라고 말한 것은 오직 리(理)만을 가리키는 성(性)이며, 근원에서 볼 때 같다는 것이다.[4]

---

4) 『石洲遺稿』, 「與金學來 乙丑」, 90쪽. "夫天地之間, 有理有氣, 理也者生物之本也, 氣也者, 生物之具也. 人物之生, 得此理而爲性, 亦得此氣而爲氣質. 性者何, 仁義禮智是也, 氣質者何, 淸濁粹駁是也. 理無方體, 依附於氣, 故仁義禮智, 包載於淸濁粹駁之中. 今以一物之理, 兼氣言之, 則隨氣局定之體, 而所具之性, 不能無偏全多寡之殊. 然此則氣質之性, 異體之所以絶不同也. 若就氣質之中, 專指理一邊言, 則渾然太極之全體, 何嘗以局定之質而有所虧缺哉. 此所以本然之性, 一原之所以無不同也. 蓋

리와 기, 성과 정, 4단과 칠정 사이의 근원적 동일성을 강조하는 관점에서 볼 때, 이상룡은 인성과 물성에 관한 문제에서 동론의 관점을 견지하고 있다고 할 수 있다. 인성과 물성의 동이에 관한 논의는 18세기 기호학파계열에서 활발하게 전개되었고, 19세기 후반에는 영남의 학자들에게도 나타났다. 아울러 인물성동이논쟁이 진행되면서 심(心)의 위상에 대한 논의가 『대학』의 '명덕(明德)'과 연계되어 명덕주리주기 논쟁으로 나아갔다. 영남학파에 속하는 이상룡 또한 이 문제에 관해 관심을 가지고 있었다.

> 명덕(明德)을 주리로 볼 것인가 주기로 볼 것인가에 대한 변론에서 근세 정재(定齋) 선생님의 설명에 따르면, "명덕이란 마음의 본체와 광명을 말하는 것이다. 심은 리와 기를 합한 것이요, 명덕 역시 리와 기를 합하는 것이다. 그렇지만 심이라고 말하면 진실과 허망, 사특함과 올바름이 모두 포함되고, 명덕이라고 말하면 마음 상의 도리와 광명이 밝고 투철한 곳을 가리킨다. 이는 리와 기 가운데 리를 주로 말하는 것"이다. 선배들에게 이미 이와 같은 설명이 있으니, 우리들의 견해가 혹 크게 잘못된 것이 아닌가?[5]

명덕의 위상에 관한 논의에서 이상룡은 유치명의 견해에 의거하여 기의 측면을 배제한 도리와 광명으로서의 명덕을 설명하고자 하였

氣質本然, 非有二性, 特所就而言, 有兼言氣, 專言理之別耳. 故朱子有曰, 性者無一物之不得, 虎狼之父子, 蜂蟻之君臣, 可以見天命之本然, 初無間隙, 其曰天命本然, 所以論專言理之性, 而一原之無不同者也."

5) 『石洲遺稿』, 「答南聖行」, 88쪽. "明德主理主氣之辯, 近世柳定齋之說以爲, 明德以心之本體光明者言, 是合理氣, 明德亦合理氣, 而謂之心, 則眞妄邪正, 皆擧之矣. 謂之明德, 則指心上道理光明照徹處言, 是合理氣中主理云云. 先輩已有如此說者, 吾輩之見, 或不至大悖耶."

다. 유치명은 이상정의 외증손으로 안동 소호리에서 태어난 인물이다. 일찍이 그는 명덕이 리와 기를 합한 것이라 할지라도, 심(心)을 지칭할 때와는 달리 명덕이라고 할 때는 리와 기의 혼합 가운데서도 리를 중심으로 말하는 것이라고 하였다.[6] 그가 김흥락의 제자인 남건(南健, 1850~1943, 자는 性行, 호는 魯軒)에게 보내는 편지에서는 김흥락의 문인 가운데서도 명덕에 대해 주기로 보는 견해가 있었다는 것을 알 수 있다. 그렇지만, 그는 주리의 관점에서 명덕과 심을 해석하고자 하였다. 물론 4단7정에 관한 이상룡의 주장은 퇴계학파의 정통을 이어받았다고 할 수 있는 정재학파의 이기호발설과는 일정한 거리를 둔 것이다. 이는 석주가 학연에 의해 교조적으로 추종하는 태도를 지니지 않았음을 보여주는 것이라고 해석할 수도 있다.[7]

19세기 이후로 한국사상사에서 리를 중심으로 하는 경향이 강해졌으며, 경기도의 이항로(李恒老), 호남의 기정진(奇正鎭), 영남의 이진상(李震相) 등이 이러한 사상적 조류를 대표한다고 할 수 있다.[8] 영남 지역 또한 이황의 도통을 이어받아 리를 강조하는 경향이 농후해졌다. 이상룡 또한 이러한 지리적 환경의 영향으로 리와 기, 인성과 물성의 같고 다른 점, 심과 명덕의 위상 등에 관심을 가졌으며, 정재학파와는 약간의 차이를 보이고 있지만, 기본적으로는 성리학의 기본 범주를 넘어서지는 않았다.

19세기 후기 이후로 유치명의 제자들을 중심으로 위정척사운동과 의병활동이 활발하게 전개되었다. 영남 지역의 유림들은 외세와의 결

6) 『定齋集』 권17, 雜著 「讀書瑣語」. "明德以心之本體光明者言, 心是合理氣, 明德亦合理氣而謂之心, 則眞妄邪正, 皆擧之矣. 謂之明德則指心上道理光明照澈處言, 是皆合理氣中主理者也."

7) 임종진, 「석주 이상룡의 공교미지에 대한 분석」(『철학논총』 44, 2006).

8) 권오영, 「19세기 嶺南 理學의 전개와 그 실천적 성향」(『국학연구』 9, 2006).

탁을 주장하는 견해를 비판하면서 위정척사의 관점을 취했다. 이상룡이 복제 개혁에 대한 반대를 주장하게 된 것 또한 이러한 지리적 환경의 요인이 크게 작용한 것으로 볼 수 있을 것이다. 당시는 이미 조선에서 개화의 바람이 불기 시작한 때였다. 조선은 개항 이후 점진적인 개혁정책을 실시하였다. 1880년 8월 일본을 다녀온 수신사 김홍집(金弘集, 1842~1896)이 주일본공사 황준헌(黃遵憲, 1848~1905)으로부터 『조선책략』을 받아 조정에 보고하자, 전국의 유림들은 반대의 의견을 제시했다. 황준헌은 이 책에서 러시아의 남하정책을 막기 위해서는 조선이 "중국을 가까이 하고, 일본과 결탁하고 미국과 연합해야 한다(親中國, 結日本, 聯美國)"고 주장했다. 개화를 주장하는 진영과 이를 반대하는 진영 사이에 의견의 충돌이 발생하였다.

특히 1884년 개화파의 주장에 따라 관복 및 사복을 간편한 방식으로 개정하고자 한 갑신의제개혁이 시행되자, 영남의 유림들은 이는 유교적 예법에 어긋난다고 주장하였다. 이상룡은 영남 유림을 대표하여 복제개혁을 반대하는 상소문의 초안을 작성하였다.[9] 이후에도 그는 이단사설로 인해 유교가 쇠퇴하고 있다고 판단하고 유교의 사회적 기반이라 할 수 있는 향약, 향음주례에 관한 규정을 다듬어가면서 유교적 지식인의 길을 걸었다.[10]

1868년 대원군이 서원 철폐를 시행하자 이상룡은 이에 강력하게 반대하면서 「서원의 복원을 주장하는 상소」를 올렸다.

무진년(1868)에서 신미년(1871)에 이르는 사이에 서원을 훼철한 이후

9) 『石洲遺稿』, 「行狀」, 333쪽.

10) 『石洲遺稿』, 「增損鄕約節目」, 259-264쪽.

로 강신제를 올리던 터에는 무성한 잡초만 눈에 띄고 읍양(揖讓)하던 곳에 새와 토끼가 무리를 이루고, 명교의 도리를 입에 담지 않고, 현가의 음향이 귀에 들리지 않은 지 이미 30년이 되었습니다. … 유랑하고 즐기면서 고을의 분위기가 날로 쇠퇴하였습니다. 조정에서는 경륜과 학술이 이전에 비해 어떠한지 모르겠습니다만, 지방 고을에 나타나는 현상은 시커먼 감옥이라고 하더라도 과언이 아닙니다. 하물며 원기가 이미 사라지고 외부의 나쁜 요소가 빈틈을 타고 들어와 나라 전체에 짐승의 발자국이 어지럽게 흩어져 있습니다. 초야에 살고 있는 미천한 신하가 비록 두 손으로 하천을 막을 힘은 없습니다만, 국가를 염려하고 우리 도학을 생각하면서 어찌 통곡하며 눈물을 흘리지 않을 수 있겠습니까? 이에 명나라 시대 천계(天啓) 말년에 천하의 서원을 철폐하라는 조칙을 내려 중국 전체가 예악과 문물이 영향을 미칠 수 없게 되었습니다. 그렇지만 다행스럽게도 우리나라의 청구 일역은 홀로 문명을 보존하여 유림의 무리가 절문(節文)과 의칙(儀則)이 무엇인지 알 수 있었습니다. 지금 겨우 보존되어 온 것마저 없애고자 한다면, 소신 등은 당일의 이 거사가 결코 지존의 본의가 아닐 것으로 생각합니다.[11)]

이상룡이 대원군의 서원철폐령을 반대한 논지에서 주목되는 것은 '문명'이라고 할 수 있다. 서양 혹은 일본의 근대화 과정을 모범으로 삼아 조선의 개혁을 시도해야 한다고 주장한 개화파들은 서양을 문명

11) 『石洲遺稿』, 「請書院復設疏」, 53쪽. "一自辛毁撤之後, 祼薦之墟, 榛莽溢目, 揖讓之場, 烏兎成群, 明理之說, 不出於口, 絃歌之響, 不入乎耳者, 已三十年于玆矣. 遊浪恬嬉, 鄕風日靡, 味知廟堂之上, 徑輪學術, 比舊何如, 而以所見於坊曲者, 則雖謂之黑牢, 不爲過也. 而況元氣已喪 客邪乘虛, 禽蹄烏跡, 交遍國中, 草野微身, 雖無雙手障川之力, 而所以爲國慮, 爲吾道憂, 抑豈在痛哭流涕之下哉, 仍念天啓之末, 詔毁天下書院, 遂至函夏崇洛之間, 禮樂文物, 無復影響, 而猶幸青丘一域, 獨保文明, 使圓冠方領之徒, 得以知節文儀則, 爲何等物事矣. 今幷與其僅存者而泯焉, 則臣等, 竊以爲當日此擧, 決非我至尊之本意也."

으로 간주했다. 이에 비해 그는 조선에서 유교 교육을 담당해온 서원이야말로 '문명'의 실현을 담보하는 기관으로 파악하였다. 이러한 문명관은 당시 유림들의 일반적인 사유방식이라고 할 수 있다. 서양을 배척하고자 한 위정척사파들과 마찬가지로 이상룡은 소중화주의의 관점을 견지하였다. 그가 을미사변(1895)으로 민비가 살해되었을 때, 그리고 1905년 을사늑약으로 조선이 일본의 보호국으로 전락했을 때, 안동에서 전개된 의병운동에 몸소 참여했던 것도 이러한 세계관에 입각한 것이라고 할 수 있다.

이상룡이 사상적 전회라고 할 정도로 사상적 변화를 모색하기 시작한 것은 을사늑약 이후였다. 그는 유교의 이론과 실천에 대한 한계를 절감하고 서양 학문을 적극적으로 학습하면서 새로운 세계관을 제시하고자 했다. 그가 서양 학문에 접하게 된 지적 자원은 양계초의 『음빙실문집(飮冰室文集)』이었다. 그는 당시 조선에 소개되어 있던 양계초의 저술을 통해 서양 학문을 수용하면서 새로운 지식인으로 변모하였다. 청말의 언론계를 대표했던 양계초의 글에는 사회진화론, 사회계약론, 자유주의 등 다양한 서양 사상이 혼재되어 있었고, 찰스 다윈(C. Darwin), 벤야민 키드(B. Kidd), 루소(J. J. Rousseau), 홉스(Hobbes), 블룬칠리(J. K. Bluntschli)의 학설에 대한 소개와 비판이 포함되어 있었다.

3. 전회 ―위정척사에서 신지식인으로

을사늑약 이후 대한제국은 외교권을 박탈당하면서 사실상 국권을 상실하게 되었다. 국망의 위기에 즈음하여 이상룡은 회심의 결단을 하지 않을 수 없었다. 그가 유교적 지식인에서 새로운 유형의 지식인으로 전회하게 된 데에는 몇 가지 내외적 요인이 복합적으로 작용한 것으로 보인다. 첫째 의병 운동의 경험과 한계에 대한 인식이다. 그는 1895년 이후 안동 지역의 유림들이 주축이 된 의병운동에 뜻을 같이 했다. 1905년부터 의병부대의 양성과 지원에 참여하고, 각지에서 활동하고 있던 의병부대들과의 연대를 모색했다.[12] 1906년 가야산에서 활동하던 차성충의 의병운동이 실패한 뒤, 이상룡은 의병투쟁이 용기 있는 행동이라는 점을 인정하면서도 인명과 재산을 손상시켜 오히려 참화를 재촉하게 된다고 술회했다. 또한 그는 망국이라는 최대의 위기에 직면하여 절망과 도탄에 빠진 사림과 백성들을 구원하기 위해 시대적 상황을 진단하면서 새로운 대응 방향을 모색했다.

> 우리 대한 넓은 땅 삼천리는 강역이 작지 않고, 인구 이천만은 종족이 적지 않다. 압제에 시달려 자유의 힘이 없어지고, 의존하는 병이 들어 독립의 뜻이 없게 되었다. 국가를 군주의 사유로 보고, 조정의 정치를 관리가 독점하는 일로 보고 있다. 공적인 일에 말이 이르면 남의 일에 간섭하는 것으로 생각하고, 외환에 이르러서는 문을 잠그고 쳐다보

12) 김정미, 「이상룡의 국권회복운동론 －대한협회 안동지회 활동을 중심으로」(『한국근현대사연구』 11, 1999).

지 않아도 무방한 것으로 알아 마침내 사천여년 당당히 이어져온 조국을 팔짱을 끼고서 이웃 나라의 보호에 갖다 바치게 되었다. 아 슬프도다. 민(民)이 이와 같으니 나라가 어찌 망하지 않겠는가? 이에 주인과 손님이 처지가 바뀌고 온갖 사정이 위치가 전도되어 몸을 바쳐 국가에 보답하고 있다. 충성이라면 충성이지만, 차가운 피와 굳은 뼈로 어찌 이미 뒤집힌 형세를 구하겠는가? 의리에 따른 행동이 용기라고 한다면 용기이지만, 재산을 버리고 생명을 손상하여 오히려 더 빨리 더 비참한 재앙을 불러올 것이다.

시국에 대한 이해가 정밀하지 못한 자는 유럽의 풍조에 심취하여 외국인의 노예가 되는 것을 달게 여기고, 정신을 못 차리고 단꿈을 꾸고 있는 자는 하늘이 무너질까 걱정하고 두려워하고 있다. 국민의 의무를 스스로 포기하는 것은 모두 국가의 형세를 비관하고 앞날에 절망하기 때문에 생겨난 일이다. 그러나 우리나라가 장래에 영원히 진흥하지 못할 것인가? 내가 일찍이 듣기로 국(國)이라는 것은 국민이 모인 단체이다. 민이 강하면 국이 강하고, 민이 약하면 국이 약하다. 민이 모이면 국이 공고하고, 민이 흩어지면 국이 공허하다. 그러므로 국을 잘 다스리는 자는 반드시 합군(合群)을 먼저 일로 삼는다. 정치에는 정회(政會)가 있고, 사대부에게는 교회(敎會)가 있고, 농민에게는 농회가 있고, 상인에게는 상회가 있고, 공인에게는 공회가 있다. 이에 시무를 강습하고 실업에 힘써 민지가 날로 열리고 국력이 날로 앞으로 나아가면 안으로 부강의 권을 펼치고 밖으로는 경쟁하는 세력을 막을 수 있다. 이는 오늘날 통행하는 원칙이며 진실로 이미 검증된 방법이기도 하다.13)

---

13) 『石洲遺稿』, 「大韓協會安東支會趣旨書」, 己酉(1909), 207쪽. “我韓闢壤三千里, 疆域非不大也, 生齒二十兆, 種族非不多也. 瘁於壓制而無自由之力, 病於依賴而無獨立之志. 視國家爲君主之私有, 認朝政爲官司之獨專, 語涉公事, 則曰越俎可慊, 憂及外患, 則曰閉戶無妨, 遂使堂堂四千年祖國, 拱手以獻於隣邦保護之下. 噫嘻痛矣. 有民如此, 國安不亡乎. 於是賓主易處, 群情倒縣, 殺身圖報. 忠則忠矣, 冷血僵骸, 何救已覆之勢, 仗義相抗, 勇則勇矣 而靡財損命, 反速孔慘之禍. 粗解時局者, 心醉歐風, 甘作外人之奴隷, 未醒酣夢者, 危視杞天, 自棄國民之義務, 是皆悲觀國勢, 絶望前途之所致也.

20세기 초 일본의 침략에 저항하는 유림들의 의병 활동은 그야말로 자신들의 세계관, 즉 동도(東道)를 지키고자 하는 장렬한 실천운동이었다. 그렇지만 군사행동은 의협심만으로 성공할 수 있는 일은 아니었다. 의병활동의 한계가 점차 드러나는 과정에서 이상룡은 절망을 극복하기 위한 근본적인 방안을 모색했다. 그는 국가와 국민의 관계에 대해 근본적으로 새롭게 해석하고, 국민의 사회적 조직으로서 '합군'과 '단체'를 강조하기 시작했다. 이러한 개념들은 기존의 한자어로 표기되어 있지만, 당시로서는 새로운 언어였으며 신어(新語, neology)였다. 그가 새로운 언어로 자신의 주장을 제기한 것은 외국의 풍조를 모방하는 것이 아니라 오늘날 세계에서 이미 검증된 방법이기 때문에 수용해야 한다고 주장했다.

의병운동의 실패는 이상룡의 사상적 전회에 있어서 국내적 계기라고 할 수 있다. 점차 심각해져가는 정치적 현실 속에서 그는 이러한 정치적 상황을 고려하면서 새로운 대응책을 강구하지 않을 수 없었던 것이다. 그렇지만 유학자로서 이상룡은 유교의 내적 원리에 근거하여 변화의 논리를 찾기 시작했다. 유교에서 현실의 변화에 대응할 수 있는 논리는 시의(時宜)였다. 즉 그는 "주나라 왕실을 높인 공자, 제나라와 양나라 임금에게 왕 노릇을 하도록 권한 맹자, 천하를 구제하기 위해 자기 집 앞을 지나면서도 들어가지 않은 우임금, 누추한 마을에서 안빈낙도한 안연은 각각 시의(時宜)가 있었다"[14]라고 주장했

然我國其將來永不振興而已乎. 竊嘗聞之, 國也者, 民群之團體也, 民强則國强, 民弱則國弱, 民聚則國鞏固, 民散則國空虛, 故善爲國者, 必以合群爲先務, 政有政會, 士有教會, 農有農會, 商有商會, 工有工會, 於以講習時務, 勉究實業, 民智日開, 國力日進, 則內以張富强之權, 外以抗爭之勢. 此皆現世通行之矩, 良宜已驗之方也."

14) 『石洲遺稿後集』, 「先府君遺事」, 386쪽. "尊周勸王, 過家處巷, 各有時宜."

다. 공자, 맹자, 우임금, 안연은 모두 현실의 문제에 대응하기 위해 시의적절한 행동을 했다는 것이다.

유교는 강상(綱常)의 원리를 중시하고 변화할 수 없는 진리로 받아들이고 있지만, 현실적으로는 시대적 조건에 따라 변화를 추구하기 위한 변통(變通)의 논리를 지니고 있다. 『주역』에서는 "한번 열리고 한번 닫히는 것을 변이라 하고, 왕래하여 끝이 없는 것을 통이라고 한다"[15]라고 한다. 이러한 주역의 변통론은 조선시대 후기의 실학자들로부터 조선 말기의 유교적 개혁론자들에까지 이어온 변혁의 근거로 작용하였다.[16] 이상룡은 유교의 틀 내에서 변화를 추구할 수 있는 시의와 변통의 논리를 통해 시대적 난관을 해결하고자 하였다.

이상룡이 시의론을 제시한 것은 1909년 대한협회 안동지회를 만들어 지역의 유림들에게 가입을 권하기 위한 글이었다. 그는 자신이 유교적 지식인이면서 시의에 적절하게 새로운 사상을 받아들여야 한다고 주장하게 된 이유를 다음과 같이 밝혔다.

> 시국의 변천을 알지 못하고 오직 구일의 소견으로 앉아서 승패를 점칠 뿐이었다. 그런데 누차에 걸친 점이 효험이 없게 된 이후에야 비로소 민군(民群)과 단체가 보국의 요법임을 깨닫게 되었다. 국내를 두루 살펴보니 대한협회만한 큰 단체가 없었다. 또한 그 전신이 독립자강회였다는 것을 알고서 우리 한국의 정신이 여기에 있다고 믿어 의심치 않아 지회를 조직하였다.[17]

15) 『周易』「繫辭上傳」 11章. "一闔一闢謂之變, 往來不窮謂之通."

16) 김현우, 「구한말 개혁적 유교지식인들의 변통론적 근대 인식」(『인문학연구』 24권, 2013).

17) 『石洲遺稿』, 「西徙錄」, 270쪽. "巖穴之人, 不知世局變遷, 惟以舊日所見, 坐占勝敗, 知其屢占不驗,

대한협회는 장지연을 중심으로 만들어진 대한자강회가 일제에 의해 강제로 해산되자, 1907년 이 조직의 간부들과 천도교 대표들을 중심으로 만들어진 자강(自强)을 강조하는 계몽 단체였다. 이상룡은 대한협회 안동지회장으로 활동하면서 지방의 유림들에게 시의에 따른 변통, 즉 새로운 국가론과 세계관을 제시하고자 했다. 같은 해 안동 지역에서도 신식 학교가 설립되기 시작했다. 이상룡은 동산(東山) 유인식(柳寅植, 1865~1928), 일송(一松) 김동삼(金東三, 1878~1937)을 비롯한 안동의 의성 김씨 문중 등과 함께 1907년 봄에 협동학교(協同學校)를 설립하여 보수 유림의 고장에 새로운 개화사상을 보급 확산시키는 데도 크게 기여하였다.[18] 이상룡의 사상적 전회에 영향을 끼친 세 번째 요인은 바로 협동학교라고 할 수 있다. 협동학교에서는 『음빙실문집』을 주요한 교과로서 사용하였으며, 안동 유림의 자제들에게 신학, 즉 서양의 사상을 교육시키고자 하였다.[19] 안동 지역 유생층의 신학 수용에는 양계초의 『음빙실문집』이 상당히 큰 영향을 끼치고 있었으며, 이 책은 협동학교의 교재로 사용되었을 뿐만 아니라 대한협회 지회의 활동지침으로도 사용되었다.[20] 이상룡이 사용하고 있는 언어, 즉 군(群), 단체 역시 양계초의 언어를 빌려온 것이라고 할 수 있으며, 이를

然後始悟民群團體, 爲保國要法. 環顧國內, 大團無如協會, 而其前身, 乃獨立自强會也. 遂以爲吾韓之精神在是, 信之不疑, 組織支會."

18) 김희곤, 「안동 협동학교의 독립운동」(『우송조동걸교수 정년기념논총』, 우송조동걸선생 정년기념논총간행위원회 편, 나남출판, 1997).

19) 조동걸, 「안동 유림의 도만 경위와 독립운동상의 위치」(『대구사학』 16·16합집, 1978).

20) 김도형, 『근대 한국의 문명전환과 개혁론 －유교 비판과 변통』(지식산업사, 2014), 411쪽. 이상룡 스스로 "구문을 기술하고 신법을 참작하여 조략 1부를 저술하여 여러 벗들과 함께 힘쓰기 위한 요령을 제공하여 재료로 취용하게 하였는데, 많은 것은 중국인 양계초의 문집 중에서 의거하였다"라고 말했다. 『石洲遺稿』, 「書揭大韓協會會館」(1909), 202쪽.

통해 국－민의 관계에 대해 새로운 정의를 내리게 된 것이다.

위정척사론에 의거한 의병투쟁에 직접 참여하고 실패를 경험하면서 이상룡은 유교를 새롭게 해석하고 서양 학문의 수용을 통한 자강의 노선을 선택할 수 있었다. 뿐만 아니라 그는 안동 지역에서는 상상하기 어려울 정도로 양명학에 대해 긍정적 평가를 내렸다.

> 양명학은 퇴계학파에서는 배척한 바이나, 그 법문은 직절하고 간요하여 속유가 감히 의론할 바가 아니다. 또한 항상 지조와 절개가 고결하며 정신이 강열하여 본원을 통찰하여 막힌 곳이 없다. 바로잡아 구제하기를 자임하여 두려워하는 것이 없다. 한나라 혹은 송나라 시대에 찾아보아도 이에 맞먹을 것을 찾아보기 힘들다. 또한 독립과 모험의 기개는 금일 절실히 필요하다. 그러나 우리나라는 옛것에 대한 믿음이 지나쳐서 이전 사람들의 주장에 감히 한마디도 하지 못하고, 조금이라도 합쳐지지 않으면, 곧 이단사설로 지목하고 심하면 성인의 학문이 아니요 법도에 맞지 않는 것이라고 배척하였다. 이 폐단을 혁파하지 않으면, 자유사상을 열 수 없고 우리나라를 끝내 구할 수 없다.[21]

퇴계 이황이 양명학을 배척하는 「전습록논변(傳習錄論辯)」을 발표한 이래로 퇴계학파에서 양명학은 거의 금기에 가까운 이단이었다. 그럼에도 불구하고 이상룡은 양명학을 통해 독립, 모험, 기개, 나아가 자유사상까지 확립하고자 하였다. 물론 그의 이러한 태도가 주자학적 사유에서 크게 벗어났다고 단정하기는 쉽지 않다. 그가 양명학에 대

---

21) 『石洲遺稿』, 「西徙錄」, 271쪽. "蓋陽明之學, 雖爲溪門所斥, 而其法門, 直捷簡要, 非俗儒所敢擬議, 且其一生志節卓犖, 精神剛烈, 洞徹本原, 而無所障翳, 獨任匡救而無所恐怖, 求之漢宋, 尠見其儔, 又其獨立冒險之槩, 尤有切於今日需用, 但吾東信古太過, 凡有前輩所論, 不敢加一口氣, 稍有不合, 便以異端邪說目之, 甚則以非聖無法斥之, 此弊不革, 無以開自由思想, 而吾國終不得以救矣."

해 적극적인 평가를 할 수 있었던 것은 주자학에 대한 비판이라기보다는 양명학의 독립정신을 높이 평가한 양계초의 저술을 통해 양명학을 이해했기 때문이라고 할 수 있을 것이다. 이상룡에게 대한협회는 국민교육과 계몽운동의 터전이었다. 따라서 교육은 전통적인 경전과 사서뿐만 아니라, 더불어 성학(聲學), 광학(光學), 화학, 전기, 물리와 수학[格算]과 같은 신서적, 그리고 농업, 광업, 공상, 법률에 관한 신서적을 연구하여 교재로 사용할 것을 제시하였으며, 우수한 청년 인재를 외국에 파견할 것도 주장하였다. 또한 정치상의 지식을 습득하여 정치에 참가하고 아울러 제국주의 시대를 맞이하여 '군국주의(軍國主義)'를 취해야 하며, 군사 체조 등과 같은 군사교육을 실시하여 의용을 양성해야 한다고 주장했다.[22]

4. 성리학과 진화론의 만남 —진화와 합군

일반적으로 동아시아 지식인의 사상적 층위에서 전통과 서양 사상의 관계는 몇 가지 유형으로 살펴볼 수 있다. 즉 이들 양자의 관계

22) 『石洲遺稿』, 「書揭大韓協會會館」, 204-206쪽. "二, 教育國民, 吾會, 以政黨自命, 則必須教養一國之人, 使皆有參政國民之資格, 故教育, 爲吾會第一大事業. … 資講究, 會員, 須各自有涉獵之工, 舊書經史之外, 肆力於新籍, 如聲光化電格算之學, 農鑛工商法律之書, 擇其切要, 劄記一册以考據. 吾會, 力量稍充, 當選派青年英俊, 遊覽海以廣知識. … 五, 練習政務, 凡政黨, 國民, 皆當有政治上之知識及閱歷, 始可以享參政之實益. … 六, 養成義勇, 處今日帝國主義盛行之勢, 非取軍國主義, 不足以自立."

를 대립적으로 파악하여 서양사상의 수용을 거부하는 경우, 혹은 반대로 전통을 버리고 서양사상의 학습으로 나가는 경우, 또는 양자의 조화를 모색하는 경우이다. 물론 양자의 조화를 모색하더라도 그 스펙트럼은 다양하게 전개될 수 있다. 이상룡은 여기에서 양자의 조화를 꾀하는 경우에 해당한다고 할 수 있는데, 기존의 연구에서는 참작고금(參酌古今), 작고참금(酌古參今), 술고참신(述古參新)의 태도와 절충주의적 입장으로 평가되고 있다.[23)]

이상룡의 사상적 전회에 있어서 특징이라고 할 수 있는 것은 양계초의 저술 가운데서 철학적 내용에 관심을 가진 것이라고 할 수 있다.[24)] 그는 양계초가 『신민총보』에 발표한 「근세 최고 철학자 칸트의 학설(近世第一大哲康德之學說)」을 읽고서 「격치집설(格致輯說)」을 집필하였다.[25)] 양계초는 베이컨 등의 경험론적 인식론을 논정파(論定派) 혹은 실험파(實驗派)로 설명하고, 데카르트 등의 합리론적 회의주의를 회의파(懷疑派)로 설명하면서, 칸트가 경험론과 합리론을 종합하기 위해 감각과 오성의 반성, 즉 점검(點檢)을 통해 종합한 것으로 설명하면서 칸트의 종합철학을 검점파(檢點派)로 규정했다. 이상룡 또한 칸트의 언어를 그대로 사용하면서 칸트의 글을 해석하였다.

이상룡의 「격치집설」은 양계초의 저작을 학습한 필기의 형태로 자신의 주석은 거의 없지만, 칸트에 대한 소개와 이해를 엿볼 수 있다. 한국에 칸트 철학을 가장 빨리 소개한 이정직(李定稷, 1841~1910)의

23) 남인영, 「석주 이상룡의 국권회복론 연구」(『이대사원』 26집, 1992). ; 김기승, 「한말 유교 지식인의 사상전환과 그 논리 －석주 이상룡의 경우」(『민족문화』 4, 1989).

24) 신귀현, 「석주 이상용 선생의 서양철학 수용과 그의 개혁사상」(『철학』 63, 2000).

25) 양계초의 「근세 최고 철학자 칸트의 학설」은 『신민총보』 25, 26, 28, 46-48호에 게재되었다. 1903년 2월 26일~1904년 2월 14일.

「강씨학설대략(康氏學說大略)」(1905년 추정)이 양계초의 저작을 저본으로 삼았듯이, 이상룡의 칸트 이해 또한 양계초로부터 직접적인 영향을 받았다고 할 수 있다. 이상룡 또한 베이컨의 경험론과 데카르트의 합리론의 관점을 조화시킨 비판철학자로서 칸트의 이론을 소개하면서, 한편으로는 『대학』의 격물치지를 칸트적 관점에서 새롭게 해석하고자 했다. 그는 주희의 격물 해석이 "격치의 뜻을 풀이한 것으로 정밀하고 완비되었다고 할 수 있다. 그러나 아직도 궁리와 격물의 방법을 확실히 보여주지 못하고 있다"[26]라고 하면서, 주자학적 인식론이 사물을 탐구하는 방법에 미진한 부분이 있다고 지적했다. 이상룡의 주장에 따르면, 칸트는 점검파를 창시하였으며, 실험파와 회의파가 각각 경험과 사고만을 인식의 유일한 근거로 삼았기 때문에 각각 편견에 빠졌다고 비판하고 이러한 편견을 극복하기 위해서 이성[知惠]의 능력을 비판적으로 분석했다. 칸트는 이성의 능력을 이론탐구[推理究義]와 실천행동[實際動作]의 둘로 나누고 전자에 대한 고찰을 순수이성비판[純性知慧之點檢], 후자에 대한 고찰을 실천이성비판[實行知慧之點檢]으로 나누었다. 그리고 칸트는 이러한 이성의 능력을 비판하기 위해 사물을 현상과 본상(本相)으로 나누어 이성은 현상만 인식할 수 있으며 본상은 인식할 수 없고, 현상을 인식할 때도 이성이 감성을 종합 통일함으로써 우리가 사물을 따르는 것이 아니라 사물이 우리를 따르는 코페르니쿠스적 전회를 수행한다고 주장한다. 경험론자와 합리론자는 대상을 인식의 기준으로 삼기 때문에 객관주의[從事於外者]이며, 칸트는 이성을 인식의 기준으로 삼는다는 점에서 주관주의[從事於內者]이다. 이상룡은 칸트의 인식론을 통해 주자학적 격치론의 방법론적 완전성을 꾀

26) 『석주유고』, 「격치집설」, 187쪽.

하고자 했지만, 구체적이고 상세한 설명을 덧붙이지는 않았다.

「자유도설(自由圖說)」은 이상룡이 만주에서 독립운동에 매진하고 있던 1923년에 집필한 글이며, 양계초의 「자유론」를 학습하여 도해로 설명한 것이다.[27] "자유가 아니면 죽음을 달라"라는 문구를 인용하면서 시작하는 이 글은 중국에 자유 개념을 본격적으로 소개한 글이다. 이 글에서 양계초는 참 자유와 가짜 자유, 온전한 자유와 부분적 자유, 문명의 자유와 야만의 자유 등을 구분하면서 자유의 진정한 의미를 규명하고, 나아가 정치적 자유, 종교적 자유, 민족적 자유, 경제적 자유 등을 구분하면서 자유의 확장된 의미를 분석하였다. 또한 양계초는 "개인의 자유는 다른 사람의 자유를 헤치지 않는 것을 경계로 한다"라고 자유의 정의를 내리고 있다. 최종적으로 그는 '마음속의 노예[心中之奴隸]'에서 벗어나 참된 자유를 추구하기 위해서 "고인(古人)의 노예가 되지 말고, 세속(世俗)의 노예가 되지 말고, 환경[境遇]의 노예가 되지 말고, 욕망[情慾]의 노예가 되지 말아야 한다"라고 주장하였다. 이상룡의 「자유도설」은 양계초의 글을 요약하는 형태의 짧은 글이지만, 자유의 한계를 밝힌 부분에 대해서는 "우리나라는 산만하여 기강이 없으므로 법률에 복종하는 것에 전력을 기울여야 할 것이다"[28]라고 하면서, 당시 한국 사회에서 무제한의 자유가 아니라 법률 안에서의 자유를 주장하였다.

양계초는 일본에 망명한 이래로 일본에서 간행된 서양 사상 관련 저작을 탐독하면서 열성적으로 서양 사상을 소개하였다. 특히 1901년

---

27) 양계초의 「자유론」은 「신민설(新民說)」의 일부로 『신민총보』 제7, 8호(1902년 5월 8일, 22일)에 게재되었다.

28) 『석주유고』, 「자유도설」, 214쪽.

말부터 1902년에 걸쳐 그는 홉스, 스피노자, 루소, 다윈, 베이컨, 데카르트, 다윈, 몽테스키외, 그리스철학, 중상주의, 중농주의, 아담 스미스, 키드, 블룬칠리 등 서양사상 전반에 대해 소개하였다.[29] 이상룡은 양계초가 소개하고 정리한 서양사상에 관한 문장을 통해 서양을 학습하였으며, 서양근대철학의 인식론, 국가와 사회의 정치철학, 진화론, 자유와 평등의 사회사상 등에 관심을 보였다. 이상룡이 남긴 저작을 통해 볼 때, 칸트의 인식론을 다루고 있는 「격치집설」은 서양 사상을 소개하는 다른 글보다 두 배가 넘는 분량을 차지하고 있어 성리학자로서의 관심을 단적으로 보여준다고 할 수 있다.[30] 한편 그는 양계초가 소개한 서양 사상 가운데 벤담의 공리주의, 몽테스키외의 법률 이

29) 강중기, 「양계초 –루소학안」(『개념과 소통』 11, 2013). 양계초 저작의 서지 사항은 다음과 같다.

「홉스학안」, 『청의보』 96, 97책, 1901년 11월 1일, 11일.

『스피노자학안』, 『청의보』 97책, 1901년 11월 11일,

『루소학안』, 『청의보』 98-100책, 1901년, 11월-12월.

「민약론의 대가 루소의 학설」, 『신민총보』 11, 12호, 1902년 7월.

「근세문명의 선구자 두 대가의 학설」, 『신민총보』 1, 2호 1902년 2월 8, 22일.

「천연학의 선구자 다윈의 학설과 약전」, 『신민총보』 3호, 1902년 3월 10일.

「법리학 대학 몽테스키외의 학설」, 『신민총보』 4, 5호. 1902년 3월 24일, 4월 8일.

「태서 학술 사상 변천의 대세」, 『신민총보』 6호, 1902년 4월 22일. 『문집』에 재수록시에 「論希臘古代學術」로 고침.

「경제학 학설 연혁 소사」, 『신민총보』 7, 9, 13. 17, 19. 23호, 1902년 5-12월, 51호, 1904년 8월 15일.

「국가학강령」, 『신민총보』 8, 23. 1902년 5월 22일, 12월 30일.

「격치학 연혁 고략」, 『신민총보』, 10, 14호, 1902년 6월 20일, 8월 18일.

「공리주의 태두 벤담의 학설」, 『신민총보』 15, 16호, 1902년 9월.

「진화론 혁명자 키드의 학설」, 『신민총보』 18호, 10월 16일.

「아리스토텔레스의 정치학설」, 『신민총보』 20, 21호, 1902년 11월 14일, 30일.

30) 김기승, 앞의 논문.

론, 중상주의나 중농주의 혹은 아담 스미스 등 경제학의 역사, 과학사 등에 대해서는 그다지 관심을 보이지 않았다.

1) 「진화집설」

「진화집설(進化輯說)」은 양계초가 소개한 각종의 진화론, 즉 강유위의 삼세설, 다윈의 진화론, 키드의 진화론 등을 소개하면서 자신의 해설과 주장을 덧붙인 작품이다. 이 글은 첫 부분에 양계초의 스승이라 할 수 있는 강유위(康有爲, 1858~1927)의 춘추삼세설(春秋三世說)이 인용되어 있고 이에 대해 다음과 같은 해설을 덧붙이고 있다.

> 이는 성인께서 주창하신 진화에 관한 주장이다. 그 의미는 세계가 처음 시작되었을 때는 반드시 거란(據亂)에서 시작하고, 점차 승평으로 나아가고 점차 태평으로 나아간다는 것이다. 지금은 옛날보다 낫고, 훗날이 지금보다 낫다고 한다. 동아시아의 옛날 학설에서는 모두 문명세계는 옛적에 있었고, 그 모습이 이미 지나갔다고 한다. 성인의 삼세설에서는 문명세계가 다가오는 날에 있고 그 모습은 미래에 있다고 한다. 문명이 이미 지나갔다고 말하면 보수적인 마음이 생기고, 문명이 미래라고 말하면 진보의 마음이 생긴다.[31]

강유위는 『춘추공양전』의 관점에 의거하여 인류의 역사가 거란세(據亂世), 승평세(升平世), 태평세(太平世)로 변화해 간다고 주장하였다. 양

---

31) 『석주유고』, 「진화집설」, 197쪽. "此聖師所昌進化之說也. 其義言世界初起, 必有於據亂, 漸進爲升平, 又漸進爲太平. 今勝於古, 後勝於今. 東亞舊說, 皆謂文明世界, 在於古時, 其象爲已過, 聖師三世之說, 謂文明世界, 在於他日, 其象爲未來. 謂文明已過則保守之心生, 謂文明未來則進步之心生."

계초가 서양의 진화론을 처음으로 접한 것은 강유위 아래에서 배우던 시절이다. 양계초가 강유위의 삼세설을 인용한 글은 「지나의 종교개혁을 논함」(1899)이라는 글이다.

> 춘추의 입법에는 삼세가 있다. 첫째 거란세요, 둘째 승평세요, 셋째 태평세이다. 그 의미는 세계가 처음 시작되었을 때는 반드시 거란에서 시작하고, 점차 승평으로 나아가고 점차 태평으로 나아간다는 것이다. 지금은 옛날보다 낫고, 훗날이 지금보다 낫다고 한다. 이는 서양에서 다윈과 스펜서 등이 주장하는 진화의 학설이다. 지나에서 내려오는 구설에서는 모두 문명세계가 옛적에 있었고, 그 모습이 이미 지나갔다고 한다. 춘추삼세설에서는 문명세계가 다가오는 날에 있고 그 모습은 미래에 있다고 한다. 문명이 이미 지나갔다고 말하면 보수적인 마음이 생기고, 문명이 미래라고 말하면 진보의 마음이 생긴다.[32)]

윗글의 특징은 첫째 양계초가 강유위의 춘추삼세설을 시계열적인 발전론으로 설명하면서 나아가 다윈과 스펜서가 제시한 진화론과 연관시켜 진화론을 해석하고 있다는 점이다. 둘째로 이러한 진화론이 중국의 전통적 역사관의 '보수'적 성격과는 달리 실현해야 할 문명의 세계를 미래에 설정하는 '진보'적인 이론이라고 규정하고 있다는 점이다. 이 글은 양계초가 일본의 철학자 아마자키 마사하루(姉崎正治, 1873~1949)의 초청으로 일본철학회에서 공자의 진면목은 '보수주의'와 '전제주의'가

32) 「論支那宗教改革」(『清議報』 19, 20책, 1899년 6월 28일, 7월 8일), 『飲冰室文集』 2권, 3쪽. "春秋之立法也, 有三世, 一曰據亂世, 二曰升平世, 三曰太平世. 其意言世界初起, 必起於據亂, 漸進而爲升平, 又漸進而爲太平. 今勝於古, 後勝於今, 此西人打撈烏盈士啤生氏等, 所倡進化之說也. 支那向來舊說, 皆謂文明世界, 在於古時, 其象爲已過. 春秋三世之說, 謂文明世界, 在於他日, 其象爲未來. 謂文明已過, 則保守之心生, 謂文明爲未來,則進步之心生."

아니라 '진화주의'와 '평등주의'라고 강변한 연설문이었다. 양계초에게 '진화'는 역사의 발전이었으며, 역사의 목표를 향해 나아가는 진보를 의미했다. 따라서 '진화'는 이념으로서 '진화주의'로 변신한 것이다.

「진화집설」의 두 번째 내용은 다윈의 주장을 발췌해서 게재하고 자신의 평가를 덧붙인 것이다. 이상룡의 서술을 양계초의 원문과 비교해보면, 이상룡이 양계초의 원문에 대해 약간의 가감을 하면서도 대체적으로는 그대로 옮기고 있다고 할 수 있다. 이상룡의 특징이라고 할 수 있는 것은 강유위의 삼세진화설을 다윈과 키드의 진화설과 연관시켜 진화에 관한 종합적 이론을 도출하고자 한 것이다. 그는 강유위의 삼세설에 해설을 달고 난 다음에 다윈의 진화론을 소개하고 있다. 즉 그는 다윈[達爾文]의 『종의 기원(種源論)』을 소개하면서 생존경쟁, 우승열패, 자연도태, 인사도태, 적자생존 등 진화론적 전문 용어를 양계초의 글을 토대로 소개한 뒤, 한 칸 내려쓰기 형태로 자신의 견해를 덧붙이고 있다.

> 다윈이 논한 진화의 이치는 두 가지 근본 사상이 있다. 첫째, 모든 생물은 비상한 번식력을 지니고 있으며, 어떤 생물의 종이든지 자체의 생식에 맡겨 다른 세력이 방해하지 않는다면, 한 쌍의 암수가 낳은 후손이 반드시 지구에 가득찰 것이다. 이러한 번식력이 기하급수적으로 증가한다는 것이다. 둘째, 모든 생물은 환경에 적응해야 생존할 수 있다. 그러므로 언제나 환경에 순응하면서 조금씩 변화가 발생한다. 이러한 변화의 결과는 자손에게 유전한다. 이러한 변화는 외형만 그러한 것이 아니라, 내부의 기관도 역시 변화하며, 심리적 기능도 역시 변화한다. 이 두 가지로 인해 도태의 공례가 나온다. 후손이 너무 많으면 경쟁을 할 수밖에 없고, 경쟁의 결과 대부분이 끝내 멸망하고 생존자는 일부분

에 불과하다. 경쟁할 때에 각 생물은 모두 변화하는 능력을 갖고 있다. 그 변화는 오로지 환경에 적응하는 것을 주된 일로 삼고 있다. 여기에서 우수하고 적응한 종이 독존하여 그 종을 후대에 남기게 된다. 모든 생물은 이 공례에 따른다. 무수한 시간과 무한한 시간을 경과해오면서 환경은 매우 복잡했기 때문에, 신체 조직과 심지(心智)의 기능이 그에 따라 날로 복잡해졌다. 한 마디로 말하자면, 모든 생물은 항상 외계의 힘에 이끌려 수도 없이 자신의 형태를 자주 바꾼 것이다. 이 학설이 제기되자 사람들은 강한 자, 우수한 자가 되고자 노력하지 않을 수 없었고 전 지구가 이로 인해 일변하게 되었다. 우리들의 지식이 미치는 모든 현상, 예컨대 정치와 법제의 변천, 종교와 도덕의 발달, 풍속과 습관의 변화, 경제와 기술의 진전 등 모든 것이 이러한 목적을 향해 활발하게 진보하였다. 이와 같지 않다면, 모두 생존경쟁[物競]의 세계에서 자립하여 패하고 소멸하게 되지 않을 수 없다.[33]

이상룡이 다윈을 소개한 글 또한 양계초의 「천연학 시조 다윈의 학설과 그 간략한 전기」(1902)[34]에서 따온 것이다. 다윈의 한자 이름

33) 『石洲遺稿』, 「進化輯說」, 199-200쪽. "達氏所論進化之理, 其根本思想有二, 其一, 凡一切生物, 蓋有非常之繁殖力, 無論何種生物, 苟一生殖, 而無他力以阻之, 則其一雌一雄之所產, 必至布滿地球, 此繁殖力, 以幾何級數而增進. 其二, 凡一切生物, 有適於境遇, 乃能生存, 故常順應於境遇而遞有所變化, 其變化之結果, 遺傳於子孫, 而此之變化, 非獨在外形爲然, 則內部之機關亦然, 則心理之機能亦然, 因此二者, 淘汰之公例出焉. 蓋其所事太多則不得不競爭, 競爭之結果, 則大部分終止滅亡, 而生存者不過一小部分, 當其競爭之際, 各生物, 皆自有變化之能力焉. 其變化, 一以適於境遇爲主, 於是優而適者獨存遺其種於後, 一切生物, 依此公例, 經無量世, 無量劫, 其間所經過之境遇, 極其複雜, 故其身體之組織, 心智機能, 亦隨之而日趍複雜, 一言蔽之, 則一切生物, 常受外界之牽動而屢變其形態耳. 此說一出, 人人不敢不自勉爲强者優者, 全地球爲之一變, 凡吾人知識所能及之現象, 如政治法制之變遷, 宗教道德之發達, 風俗習慣之移易, 生計技術之展進, 無不向此鵠而日蒸蒸進步焉, 皆不如此, 不足以自立於物競之界, 而得免敗滅之歸也."

34) 『飮冰室文集』 13권, 「天演學初祖達爾文之學說及其略傳」, 12쪽.

과 『종의 기원』의 한자어 번역 또한 양계초의 언어와 동일하다. 물론 '종원론'이라는 제목은 1896년 일본의 사회학자 다치바나 센자부로(立花銕三郎, 1867~1901)가 번역한 『생물시원(生物始源): 일명종원론(一名種源論)』(경제잡지사)에서 따온 것이다.[35] 생존경쟁, 우승열패, 자연도태, 인사도태, 적자생존 등 진화론적 전문 용어 또한 양계초의 언어와 동일하다.

「진화집설」의 셋째 내용은 벤야민 키드의 진화론에 대한 소개와 해설이다. 이 글 또한 양계초가 1902년에 『신민총보』에 발표한 「진화론 혁명자 키드의 학설」을 발췌해서 옮기고 자신의 해석을 붙인 글이다.

> 키드 이전의 진화에 관한 주장은 대체로 현재 개인의 이익 혹은 현재 종족 다수의 이익을 표준으로 삼았다. 키드는 다음과 같이 주장한다. 도태의 목적은 최대다수의 최대행복에 있다. 최대다수라는 것은 현재에 있는 것이 아니라 장래에 있다. 그러므로 진화의 운동은 개인을 희생하여 사회를 이롭게 하고, 현재를 희생하여 장래를 이롭게 하지 않을 수 없다. 만일 현재만 말하게 된다면, 진화의 주장은 조금도 의미가 없고, 조금도 가치가 없을 것이다. 미래의 용도를 제공한 뒤에야 현재가 비로소 의미가 있고 가치가 있다. 모든 사회사상과 국가도덕사상이 모두 이것으로 귀결된다. 이는 실로 백척간두진일보의 주장이다. 장래에 세계 인류 전체에 큰 영향을 끼칠 것임을 알 수 있다.[36]

---

35) 양일모, 「진화론적 비유의 한자어 번역」(『동아시아 근대 지식과 번역의 지형』, 이화인문과학원 엮음, 소명출판, 2015) 참조.

36) 『石洲遺稿』, 「進化輯說」, 201쪽. "頡氏以前論進化之理者, 擧皆以現在個人利益, 或現在種族多數之利益爲標準而已. 吉氏以爲, 淘汰之目的, 在於最大多數之得最大幸福, 所謂最大多數, 不在現在而在將來, 故進化的運動, 不可不犧牲個人, 以利社會, 犧牲現在以利將來. 若僅曰現在而已, 則進化之說, 無

벤야민 키드의 학설을 소개하는 양계초의 글은 "독일 사회주의의 태두로서 마르크스"를 소개한 글로 잘 알려져 있다. 그는 "오늘날 독일에서 최대 세력을 갖고 있는 양대 사상이 있는데, 첫째는 마르크스의 사회주의이며, 둘째는 니체의 개인주의이다. 마르크스는 오늘날 사회의 폐단은 다수의 약자가 소수의 강자에게 압제를 받고 있는 것이다"[37]라고 설명한다. 나아가 그는 키드의 『인군진화론(人群進化論)』(*Social Evolution*)(1894)이 토머스 헉슬리(T. H. Huxley) 혹은 마르크스보다 한 걸음 더 나간 '백척간두 진일보'한 사상이라고 설명했다.

키드는 종교적 힘에 의한 사회적 통합을 주장한 영국의 사회학자였다. 그는 인간이 지닌 현재의 이익을 추구하고자 하는 본성은 개인적, 비사회적, 비진화적이며 인류 전체의 영원한 진보에 방해가 된다고 보았다. 따라서 그는 이러한 인류의 진보를 위해서는 인간의 본성을 억제하는 것이 필요하며, 종교야말로 이러한 인간의 본성을 억제하여 사회를 결합하고 진보하는 역할을 지니고 있다고 했다. 개인의 현재의 이익이 아니라 사회 전체의 미래의 진보를 주장하는 키드의 학설을 양계초는 진정한 '진화'론자로 규정했다. 양계초는 망명지 일본에서 개인의 이익보다는 사회유기체 자체의 생존을 강조하는 영국의 사회사상가 키드의 사회진화론을 학습하면서, 다윈과 스펜서의 진

一毫之意味, 無一毫之價値, 惟以供未來之用然後, 所謂現在, 方有意味, 方有價値. 凡一切社會思想, 國家道德思想, 皆歸結於是, 此實百尺竿頭進一步之說, 將來於世界人群之全體, 有大影向可知也."

37) 「進化論革命者頡德之學說」(『新民叢報』 18號, 1902年 10月, 『飮冰室文集』 12권), 76-86쪽. "雖然麥喀士赫胥黎, 雖能難人, 而不能解難於人, 於是頡德乃百尺竿頭, 更一步. 於一千八百九十四年, 初著一書, 名曰人群進化論 Social Evolution, 已解此問題. 麥喀士, 日爾曼人, 社會主義之泰鬥也. … 今之德國, 有最占勢力之二大思想, 一曰麥喀士之社會主義, 二曰尼志埃之個人主義. 馬克思謂, 今日社會之弊, 在多數之弱者爲少數之強者所壓優."

화론을 비판했다.[38] 망국이라는 현실에 직면한 이상룡에게 있어서 개인간의 경쟁을 강조하는 진화론보다 경쟁의 목표를 미래의 사회유기체 자체의 생존에 설정하는 키드의 진화론에 동의하기 쉬웠다고 할 수 있을 것이다.

2) 「합군집설」

「합군집설」은 인간이 사회를 구성하고 국가를 만들어 가는 과정에 대한 종합적 고찰이다. 이상룡은 양계초의 저술 가운데서 사회와 국가에 관한 여러 학설, 즉 플라톤, 아리스토텔레스, 루소, 블룬칠리의 학설을 토대로 국가와 국민, 사회에 관한 자신의 견해를 도출하고 있다.

먼저 이상룡은 『춘추』를 인용하면서 이 글을 시작하고 있다. 즉 "『춘추』에서 군주는 무리를 잃지 않은 자이다. 그러므로 천하의 무리를 얻은 자는 천하에 적이 없다. 홀로 지내며 함께 지키지 않고 홀로 거하며 무리를 이루지 못하면 어려움을 당하여도 구제할 수 없어 결국 망하게 된다."[39] 이 구절은 한대의 사상가 동중서(董仲舒)가 『춘추번로』 「멸국편」에서 한 말이다. 양계초는 일찍이 1896년 '군(群)'의 중요성을 지적하면서 '군에 관한 이야기(說群)」를 발표하여 '사회' 형성의 중요성을 강조하였다, 물론 양계초가 '군(群)'에 주목하게 된 것은 엄복(嚴復, 1854~1921)을 비롯한 청말의 사상가들이 서양의 사회학을 중국

38) 양일모, 「동아시아의 사회진화론 재고 -중국과 한국의 '진화' 개념의 형성」(『한국학연구』 17집, 2007).

39) 『石洲遺稿』, 「合群輯說」, 183쪽. "春秋曰, 君者不失其群者也. 故得天下之群者, 無敵於天下, 孤特不相守, 獨居不成群, 遭難莫之救, 所以亡也."

에 수용하면서 '군학(群學)'으로 번역한 것으로부터 영향을 받은 것이라고 할 수 있다. 일찍이 엄복은 스펜서의 사회학을 '군학(群學)'으로 번역하면서, 서양의 사회학을 중국에 체계적으로 소개하였다. 그가 '군학'이라는 번역을 시도할 때 근거한 전고는 중국의 고대 사상가 중 순자가 정의한 인간과 동물의 종차, 즉 "인간이 금수와 다른 이유는 사회[群]를 형성하는 점이다"(『순자』 「왕제」)라는 주장이었다.[40] 청말의 사상가들이 인간의 사회성과 사회를 구성하는 능력에 대해 깊은 관심을 보이면서 새로운 중국의 창출을 위한 철학적 토대를 마련하고자 했다면, 이상룡도 역시 망국의 위기에서 어떻게 한국의 사회를 구축할 것인가에 대해 깊은 관심을 가졌다고 할 수 있다.

「합군집설」에서는 다음으로 아리스토텔레스의 "인간은 무리를 잘 이루는 동물이다"[41]라는 구절이 인용되어 있고, 이상룡은 인간의 사회성을 받아들이고 있다. 이 구절 또한 양계초가 일찍이 「공덕을 논함(論公德)」(1903)이라는 글에서 아리스토텔레스의 말이라고 설명한 적이 있다. 다음에 이상룡은 "인간이 사회를 구성하는 것은 경제상의 목적을 실현하기 위한 것"이라는 플라톤의 말을 간략히 인용하고 루소의 사회계약론을 길게 설명하고 있다. 양계초는 1900년 『청의보』에 「루소학안(盧梭學案)」을 게재하였고, 1902년에는 『신민총보』에 「민약론의 대가 루소의 학설」을 발표할 만큼 루소에 상당한 관심을 갖고 있었다. 후자의 글은 전자와 내용상 동일한 것이며 제목이 변경된 정도이다. 이상룡의 루소에 관한 설명 역시 양계초의 이상의 두 편의 글을 인용하면서 해설한 것이다.

40) 양일모, 「중국의 근대성 문제와 『천연론』」(『중국학보』 53권, 한국중국학회, 2006).

41) 『石洲遺稿』, 「合群輯說」, 183쪽. "人也者, 善群之動物也."

이상룡은 사회의 발생이 자유롭고 평등한 개인들의 계약에 의해 성립한 것이라는 루소의 사회계약론을 어느 정도 수용하고 있다. 그렇지만 그는 「힙군집설」에서 루소에 관한 설명 다음에 독일의 국법학자 블룬칠리의 이론을 소개하고, 불룬칠리의 국가유기체론의 관점에서 루소를 비판하고 있다. 블룬칠리의 이론은 양계초가 1904년 『신민총보』 32호(1903년 5월 25일), 38·39호(1903년 10월 4일)에 발표한 「정치학 대가 블룬칠리의 학설(政治學大家伯倫知理之學說)」이다. 이 글은 이전에 루소의 사상에 공명했던 양계초가 블룬칠리의 국가유기체설의 영향을 받아 루소에 회의적인 태도를 보인 글로 알려져 있다.

양계초는 블룬칠리의 주장을 인용하면서 루소의 사회계약설을 다음과 같이 비판했다.

> 블룬칠리는 다음과 같이 말했다. 민약론을 주장하는 사람들은 국민과 사회의 구분을 알지 못하여 국민이 곧 사회라고 생각한다. 그 폐단으로 인해 프랑스는 국가의 기초가 견고하지 못하고 항상 안정되지 못해 수백 년에 걸쳐 화란이 그치지 않고 있다. 독일은 이와 달라서 국가가 성립되면서 기초가 크게 정해졌다. 국민과 사회는 동일하지 않다. 국민은 한번 정해지고 나면 유동적이지 않은 전체이고, 사회는 변동하며 일정하지 않은 집합체일 따름이다. 국민은 법률상의 인격을 가지지만, 사회는 그렇지 않다. 그러므로 국민이라고 말하면 언제나 국가와 마주하여 잠시라도 떨어질 수 없다. 사회라고 말하면, 그것은 사적인 개인의 다수가 결집한 것에 불과하며, 국가가 필요한지 여부는 논하지 않는다. 이는 블룬칠리가 민약론의 결과를 추론하면서 그 폐단을 비판한 것이다.[42]

42) 『飮冰室文集』 13권, 「政治學大家伯倫知理之學說」, 68쪽. "伯氏又言, 民約論之徒, 不知國民與社會之別, 故直認國民爲社會. 其蔽也使法國國礎不固, 變動無常, 禍亂亘百數十年而未有已. 德國反是, 故

양계초는 망명지 일본에서 다윈의 진화론, 스펜서의 사회진화론, 루소의 사회계약론, 아담 스미스, 맬서스, 리카도 등의 고전적 자유주의, 벤담의 공리주의, 밀의 자유주의, 마르크스의 사회주의, 니체의 개인주의 등 서양의 거의 모든 사상을 학습하였지만, 1903년 이후로는 블룬칠리의 국가주의 학설의 영향을 강하게 받았다. 그는 자유주의자에서 점차 국가주의자로 사상적 지평을 옮겨가면서 자유와 평등보다도 유기적 통일과 강력한 질서를 중시했다,

이상룡은 「합군집설」에서 블룬칠리의 주장을 정리하면서 대체로 동의하는 평가를 내리고 있다. 국가의 두 목적 가운데 국민은 국가를 위하여 존재한다는 것이 더 중요한다는 점, 국민은 거주지, 같은 혈통, 같은 언어, 같은 문자, 같은 풍속, 같은 생계를 갖고 있는 민족과 달리 유기체로서의 국가를 구성하는 인격체라는 점을 인정하고 있다. 먼저 이상룡은 양계초가 국가와 국민의 관계에 관해 논한 부분에 대해서 다음과 같이 해설하였다.

> 이는 국가의 목적을 말하고 있다. 대체로 천하의 사물은 이쪽 한면에서만 보면 오직 도구이며, 저쪽 한면에서 보면 확실히 목적이 있다. 국가란 국민이 생명을 의탁하는 것이므로, 국가가 없으면 그 권리를 보유하지 못한다. 그러므로 각인의 사적 이익을 희생하여서 국가적 정의를 받드는 것이 하나의 목적이다. 국가는 국민이 함께 세운 것으로서 국민의 생명과 재산을 옹호한다. 그러므로 국민이 넉넉하지 못한 바가 있으면 국가가 스스로 보조할 책임이 있으니 이것이 또 하나의 목적이다.

國一立而基大定焉, 夫國民與社會, 非一物也. 國民者, 一定不動之全體, 社會則變動不居之之集合體而已. 國民爲法律上之一人格, 社會則無有也. 故號之曰國民, 則始終與國相待而不可須臾離. 號之曰社會, 不過多數私人之結集, 其必要國家與否, 在論外也. 此百氏推論民約說之結果而窮極其蔽也."

전자로 볼 때는 국민이 국가를 위해 생존하는 것이고, 후자로 보면 국가가 국민을 위하여 설치된 것이니 다 같이 일리가 있다. 그러나 일반적으로 말하면 국가와 국민은 일체이므로 그 국가의 부강과 문명은 오로지 국민의 근면과 용기, 지식에 달려 있으며 국민의 행복은 곧 국가의 행복이다. 만약 변란이 있어 양쪽의 복리를 함께 다 갖출 수 없을 때는 비록 각인의 생명을 버려서라도 국가를 옹위하는 것이 옳다. 그러므로 안전과 재산은 논할 겨를이 없다. 그렇다면, 중요한 목적은 결국 국가에 있는 것이니 위에 말한 대로 인민은 국가를 위해 생존한다는 것이 당연히 가장 중요하다. 그러나 혹 국가가 이 권리를 남용하여 국민이 생존조차 할 수 없는 데까지 이르게 된다면 당초 국민이 건국을 계약한 뜻이 아니게 된다. 어찌 정부에 저항하여 자유를 보존하는 방법을 생각하지 않겠는가?[43)]

한편 이상룡은 양계초가 국가의 주권을 논한 부분에 대해서는 다음과 같이 설명한다.

이는 국가의 주권을 논하면서 이전 사람들의 오류를 논박하고 바로잡은 것이다. 보댕(프랑스인)은 주권은 무궁무한한 국권이며, 법률은 주권(즉 주권을 운용하는 사람)에 의해 효력을 얻을 수 있고, 주권이 법률

---

43) 『石洲遺稿』, 「合群輯說」, 186쪽. "此言國家之目的也. 大凡天下之物, 固有自此一面觀, 則純是器具, 而自彼一面觀, 則確有目的者. 夫國家, 人民之所託命也. 無國家, 則無以保有其權利, 固有犧牲各人之私益, 以供奉國家之義務. 此固一目的. 國家, 人民之所共成立, 以擁護其性命財産者, 固民有所不及, 則國家自有補助之責任, 此又一目的, 由前之說, 則人民爲國家而生者, 由後之說, 則國家爲人民而說者. 均之是也. 然以言平常, 則局與民一體, 故其國之富强文明, 專係其民之勤勉勇智, 人民智幸福, 卽國家智幸福. 若由變難, 卽兩箇福利, 勢不可兼全, 雖抛棄各人性命, 以捍衛國家, 可也. 而所謂安寧財産, 無復暇論. 然則其重要之目的, 終在國家, 而上所言人民爲國家而生者, 當爲第一義也. 然或國家, 濫用此權, 至於民不得聊生, 則殊非當初民約建國之意, 爲人民者, 寧不思所以抵抗政府, 保其自由之道乎."

> 에 의해 권능을 얻을 수 있는 것은 아니라고 말한다. 이 주장은 국가의 수장과 국가 전체를 혼동하고 있으며, 프랑스의 왕 루이 16세의 짐은 곧 국가라는 잘못된 주장의 근거이기도 하다. 이 주장은 오래 전에 파기되었고 변론할 필요가 없다. 루소는 "주권은 통치자에게 있는 것이 아니라 공민에게 있으며, 공민 전체의 의향이 곧 주권이다. 이 주권은 타인에게 양여할 수 없고 또한 다른 사람에게 의탁하여 그를 대표로 삼을 수 없다. 사회의 공민이 항상 그 주권을 장악한다"라고 말했다. 그 의미는 전제적 군주주권을 전제적 국민으로 바꾼다는 것이다. 대체로 전제군주주권은 폐단이 비록 많으나 오히려 나라를 성립시킬 수가 있지만, 전제국민주권은 이미 성립한 나라를 분산시킬 뿐이다. 주권이 공민 전체에 있다고 한다면, 공민 전체의 의견은 끝내 통일되지 않고 끝내 알 수 없다. 설혹 알 수 있다고 하더라도 자주 바뀌어 일정하지 않다. 그렇게 되면 주권이 결국 안정되게 유지되지 못해 혁명의 재앙이 그칠 날이 없을 것이다. 그러므로 주권은 국가의 수장에게 의탁하고 헌법에 의거하여 실행해야 할 것이다.[44]

양계초는 「정치학 대가 블룬칠리의 학설」에서 국가유기체설, 국민과 민족의 구별, 민주정치의 본질과 가치, 주권, 국가의 목적 등 다섯 장에 걸쳐 블룬칠리의 주장을 설명하고 있다. 이상룡은 이 가운데 국

44) 『石洲遺稿』, 「合群輯說」, 187쪽. "此論國家之主權, 而駁正前人之謬也. 平丹(法國人)曰, 主權者, 無窮無限之國權, 法律, 依於主權者(卽運用主權之人), 而得其效力, 主權者, 非依於法律而得其權能. 其意, 混國家之首長於國家全體, 法王路易第十四, 朕卽國家謬論之所從出也. 其說, 久已吐棄, 不待辨明. 盧梭曰, 主權, 不在於主治者而在於公民, 公民全體之意響, 卽主權. 此主權, 不得讓與他人, 亦不得託諸人而爲其代表, 社會之公民, 常掌其主權, 其意, 易專制的君主主權代之, 以專制的國民也. 大抵專制君主主權, 流蔽雖多, 而有可以成國, 專制國民主權, 直將已成之國, 渙散之而已. 夫曰主權, 在公民全體, 則所謂公民全體之意見, 終不可齊, 終不可觀, 設或可觀, 亦屢遷而無定. 然則主權, 終無所着, 而革命之禍, 無時可已也. 故主權, 依託於國家之首長, 據憲法而實行之已."

가유기체설, 국민과 민족의 구별에 관해서는 충분히 설명하고 있지만, 민주정치의 본질과 가치에 관해서는 소략하게 다루고 있다. 이상룡은 「합군집설」에서 국가와 사회의 관계를 논하는 서양의 사상가들, 즉 플라톤, 아리스토텔레스, 루소, 블룬칠리 등의 학설을 소개한 뒤, 보댕(Bodin)의 국가주권론과 루소의 국민주권론은 다 같이 전제주의에 빠질 위험이 크다고 경고하고, 주권자로서의 인민이 자신의 주권을 국가의 수장에게 위임하고 헌법에 의거하여 통치하는 입헌군주제를 받아들였다.

양계초는 블룬칠리의 국가유기체론을 통해 루소의 사회계약설이 갖고 있는 불안정을 제시하고 통일된 유기체로서의 강력한 국가의 중요성을 강조했다. 20세기를 전후한 중국에서 루소의 사회계약설에 근거한 프랑스가 혁명의 도가니에서 빠져나올 수 없었다는 담론 또한 양계초를 비롯한 변법론자들의 주장에서 비롯된 것이었다. 이에 비해 20세기 초 망국의 위기에 직면한 한국의 지식인으로 이상룡은, 오히려 이미 국가라는 존재 자체가 없어졌기 때문에, 국가의 목적에서 국가와 국민의 관계를 보다 균형 있게 바라볼 수 있었다고도 할 수 있을 것이다. 그는 국민이 위기에 처한 국가를 위해 생명과 재산을 바치는 것이 당연히 중요하며, 아울러 국가가 국민의 생존을 위협한다면 국가에 대한 국민의 저항권이 유효하다고 주장한 것이다.

5. 유교와 서학, 양계초의 지형

이상룡은 퇴계 이황의 학통이 강한 영향을 미치고 있었던 안동 지역에서 학문의 기반을 닦은 전통적인 유교적 지식인이다. 을사늑약 이후로 한국은 망국이라는 절대절명의 위기에 빠졌고, 전통적인 학문의 효용에 대해 강렬한 비판이 제기되었다. 이에 따라 새로운 학문으로서 서양 학문을 학습하는 신식학당이 건립되고, 유교적 전통이 강한 안동지역에도 이러한 시대적 물결이 흘러들어왔다. 이상룡이 대한협회 지부장을 맡고, 협동학교의 교육에 참여하기 이전까지는 그의 학문적 관심사는 이기심성, 거경궁리 등 성리학적 언어를 통한 수양론이었다.

유교적 지식인에게 서양, 특히 20세기를 전후에 동아시아 지역에 밀어닥친 서양의 군사적 외교는 야만적인 행위로 간주될 수밖에 없었다. 이상룡이 서원철폐를 반대하면서 올린 상소문에 조선의 '문명'을 강조한 것을 보더라도, 성리학으로 대표되는 조선의 학문은 '문명'의 보루였다. 동아시아의 도학, 즉 동도(東道) 그 자체는 의심할 나위 없이 인륜의 실현을 목표로 하는 참된 학문이었다. 반면에 함포 외교를 배경으로 통상과 무역을 주장하는 서양은 배척해야 할 올바르지 못한 사설에 불과했다. 더구나 일본이 서양의 사악한 주장을 바탕으로 조선을 침략한 것은 유교적 가르침을 수호하는 관점에서는 투쟁의 대상이 될 수밖에 없었다. 그가 1895년 이래 의병운동에 관여한 것은 이러한 사상적 배경에서 가능한 것이었다.

을미늑약 이후 이상룡이 유교의 이론과 실천의 한계를 절감하면서 서양 학문의 학습에 뛰어들게 된 것은 당시 한국에서 유행하기 시작한 양계초의 저술 때문이었다. 그는 누구보다도 양계초의 저술을 정밀하게 숙독하면서 「격치집설」, 「진화집설」, 「합군집설」을 저술하였다. 성리학적 배경 속에서 그는 「격치집설」에서 칸트의 사상을 집중적으로 논하였고, 「진화집설」과 「합군집설」을 통해 다윈의 진화론, 키드의 진화론, 루소의 사회계약론, 블룬칠리의 국가유기체설을 소개하면서 자신의 의견을 제시하였다. 그가 이러한 서양의 철학, 사회학, 정치학 등을 이해하는 방식은 양계초의 저술을 통한 이차적 이해라고 할 수 있다. 물론 양계초가 무술변법 이후 일본에 망명하여 일본인들의 저술을 통해 서양사상을 이해했다는 점을 고려하면, 이상룡의 서양사상 이해는 삼중의 과정을 거친 해석이라고 할 수 있다. 양계초의 서양 사상 소개는 고대에서 당대에 이르기까지 상당한 폭을 지니고 있었다. 이상룡은 양계초가 소개한 서양 사상 가운데 벤담의 공리주의와 몽테스키외의 학설 및 경제학사 부분에는 그다지 관심을 보이지 않았고, 인식론, 정치사상, 사회진화론 등에 관심을 기울이고 있다. 또한 그는 군주의 책임을 강조하고 유교적 군주론의 지평에서 헌법에 의거한 군주제를 옹호하고 있으며, 아울러 국민의 생명과 생활을 중시하는 민본적 정치사상의 지평에서 국가에 대한 저항권을 받아들일 수 있었다고 할 수 있다.

【참고문헌】

고려대학교 중앙도서관 편, 『石洲遺稿』, 서울: 고려대학교출판부, 1973.

석주이상룡기념사업회 편, 『石洲遺稿: 後集』, 서울: 석주이상룡기념사업회, 1996.

안동독립운동기념관 편, 『석주유고』, 서울: 경인문화사, 2008.

『飮氷室合集』, 中華書局, 1989.

강중기, 「양계초 —루소학안」, 『개념과 소통』 11, 한림대학교 한림과학원, 2013.

권오영, 「19세기 영남 이학의 전개와 그 실천적 성향」, 『국학연구』 9, 안동: 한국국학진흥원, 2006.

김기승, 「한말 유교지식인의 사상전환과 그 논리 —석주 이상룡의 경우」, 『민족문화』 4, 한성대 민족문화연구소, 1989.

김도형, 『근대 한국의 문명전환과 개혁론 —유교 비판과 변통』, 서울: 지식산업사, 2014.

김정미, 「이상룡의 국권회복운동론 —대한협회 안동지회 활동을 중심으로」, 『한국근현대사연구』 11, 한국근현대사학회, 1999.

김현우, 「구한말 개혁적 유교지식인들의 변통론적 근대 인식」, 『인문학연구』 24권, 경희대학교 인문학연구원, 2013.

김희곤, 「안동 협동학교의 독립운동」, 『우송 조동걸교수 정년기념논총』, 우송 조동걸선생 정년기념논총 간행위원회 편, 나남출판, 1997.

남인영, 「석주 이상룡의 국권회복론 연구」, 『이대사원』 26집, 이화여자대학교 사학회, 1992.

박근갑, 「한국에 건너온 블룬칠리(Bluntschli)의 국가학」, 『개념과 소통』 제20호, 한림대학교 한림과학원, 2017.

박원재, 「석주 이상룡의 현실인식과 유교적 실천론 —정재학파의 유교개혁론(1)」, 『오늘의 동양사상』 11, 예문동양사상연구원, 2004.

신귀현, 「석주 이상용 선생의 서양철학 수용과 그의 개혁사상」, 『철학』 63, 한국철학회, 2000.

양일모, 「동아시아의 사회진화론 재고 —중국과 한국의 '진화' 개념의 형성」, 『한국학연구』 17집, 인하대 한국학연구소, 2007.

양일모, 「중국의 근대성 문제와 『천연론』」, 『중국학보』 53권, 한국중국학회, 2006.

양일모, 「진화론적 비유의 한자어 번역」, 이화인문과학원 엮음, 『동아시아 근대 지식과 번역의 지형』, 소명출판, 2015.

윤순갑 · 김명하, 「석주 이상룡의 사회진화론 수용과 국가주의」, 『대한정치학회보』 12집 2

호, 대한정치학회, 2004.
임종진, 「석주 이상룡의 공교미지에 대한 분석」, 『철학논총』 44, 새한철학회, 2006.
조동걸, 「안동 유림의 도만 경위와 독립운동상의 위치」, 『대구사학』 15·16합집, 대구사학회, 1978.
黃克武, 「梁啓超與康德」, 『中央研究院近代史研究所集刊』 제30기, 1998.

신채호에서 동서사상 접변양상 연구

김재현

1. 「낭객의 신년만필」

신채호(1880~1936)는 유학자로서, 자강운동가로서, 역사학자로서, 민족문학을 개창한 문인으로서, 아나키스트(무정부주의자)로서 조선 후기부터 일제말까지 민족해방운동사에서 커다란 역할을 했다. 그는 조선민족이 근대사회로 나가는 과정에서 우리 민족이 주체가 되어 우리에게 필요한 서양근대사상을 수용하려는 주체적, 자주적 입장을 가졌던 역사학자이자 사상가이다. 이 글에서는 신채호의 다양한 사상적 모색과 성과 가운데서 동서양사상의 접변 양상을 밝혀보고자 한다.

신채호에서 이론적 탐색은 조선이 처한 현실적 문제를 해결하기 위한 주체적, 실천적 입장에서 이루어지는 데 이런 입장이 가장 잘 나타나는 글은 「낭객의 신년만필」이다. 그는 여기에서 인류역사에서 본질적으로 문제가 되어온 것은 바로 이해(利害)관계의 문제로 본다.

> 이해문제를 위하여 석가도 나고 공자도 나고 예수도 나고 마르크스도 나고 크로포트킨도 났다. 시대와 경우가 같지 않음으로 그들의 감정

의 충동도 같지 아니하여, 그 이해표준의 대소광협(大小廣狹)은 있을망정 이해(利害)는 이해이다. 그의 제자들도 본사(本師)의 정의(精義)를 잘 이해하여 자가(自家)의 이(利)를 구하므로, 중국의 석가가 인도와 다르며, 일본의 공자가 중국과 다르며, 마르크스도 카우츠키의 마르크스와 레닌의 마르크스와 중국이나 일본의 마르크스가 다 다름이다.[1]

그런데 당시까지의 우리 조선인들은 이러한 특수적 이해관계의 핵심을 잘 모르고 외래사상을 보편적 진리인양 수용했다고 비판한다.

우리 조선 사람은 매양 이해(利害) 이외에서 진리를 찾으려 하므로, 석가가 들어오면 조선의 석가가 되지 않고 석가의 조선이 되며, 공자가 들어오면 조선의 공자가 되지 않고 공자의 조선이 되며, 무슨 주의가 들어와도 조선의 주의가 되지 않고 주의의 조선이 되려 한다. 그리하여 도덕과 주의를 위하는 조선은 있고, 조선을 위하는 도덕과 주의는 없다. 아! 이것이 조선의 특색이냐. 특색이라면 특색이나 노예의 특색이다. 나는 조선의 도덕과 조선의 주의를 위하여 곡(哭)하려 한다.[2]

이 이해관계는 모든 행위의 표준으로서, 개인적인 특수한 이해가 아니라 민족공동체의 이해관계의 문제였다.[3] 신채호는 이러한 이해관계를 기준으로 보편적 가치를 거부하고 철저한 민족적 입장, 조선인의 입장에서 주체적, 실천적으로 서양사상을 수용하는 자세를 가졌다.

---

1) 「낭객의 신년만필」(1925.1)(『개정판 단재신채호전집』 하, 단재신채호선생기념사업회, 형설출판사, 1995). 25-26쪽. 이하 『전집』으로 표기함.

2) 같은 글, 26쪽.

3) 신채호는 '이해(利害)'란 글에서 천하의 일에 이해(利害)만 있고 시비(是非)는 없는데 그 이유로 시비는 이해의 별명(別名)일 뿐이라고 보기 때문이다. 『전집』 하, 145쪽.

그러므로 그는 사회진화론을 넘어 사회주의, 무정부주의적 입장으로 전환하면서 "식민지주의의 내면화까지도 거부했다"[4]고 할 수 있다.

이 글에서는 신채호의 동서사상접변 양상의 구체적 내용을 파악하기 위해 2장에서는 신채호의 생애에 대해 간략히 고찰하고, 3장에서는 사회진화론 수용과 애국계몽운동을 살핀다. 4장에서는 사회주의로부터의 영향을 고찰한 후, 5장에서는 무정부주의의 수용에 대해 집중적으로 고찰한다. 6장에서는 동서사상 접변이 가장 잘 나타난다고 보여지는 「조선혁명선언」에 대해 살펴보고자 한다.

2. 신채호의 생애

신채호는 8세 때 부친이 작고하자 정6품의 사간원 정언(司諫院 正言)의 실직을 지낸 할아버지 신성우의 슬하에서 한문과 경전을 공부했다. 9세에 『자치통감』을 마치고 12세 때에 8살 차이나는 형과 사별하는 슬픔을 경험하면서도 13세 때는 사서삼경을 모두 독파했다고 한다.[5] 할아버지 밑에서 정통 주자학을 공부하다가 18세(1897) 때 할아버지의 주선으로 충청도에 있는 조선말의 대학자이며 수구파 대신이었던 신기선(1851~1909)의 집에 가게 된다. 신채호는 신기선의 서재에

4) 쓰키아시 다스히코, 최덕수 옮김, 『조선의 내셔널리즘』(열린책들, 2014), 449쪽.

5) 신영우, 「조선의 역사대가(歷史大家) 단재 옥중회견기」(『조선일보』 1931년 12월 19일~28일, 『전집』 하), 445-446 참조.

서 실학과 신학문에 관한 많은 서적을 접하였다.[6] 19세 때는 신기선의 추천으로 성균관에 입학하였다.[7] 유학을 계속 공부하기 위해 성균관에 입학했지만 서울에서 보고 체험한 것은 개화자강의 분위기였다. 이때부터 사회진화론 등의 서구사상을 수용한 것으로 볼 수 있다.

1898년은 서울에서 독립협회의 자주민권 운동이 본격적으로 전개되기 시작했고, 『독립신문』, 『황성신문』 등의 근대적 신문이 발행되어 자주민권 자강운동을 제기하면서 세계정세의 변화와 국내개혁의 필요성을 주장하던 때였다.

특히 『황성신문』은 입헌군주제를 추구하는 개혁파 인사와 청조의 개혁에 관심을 보이면서 강유위와 양계초에 대해 호의적으로 평가하고 청조를 개혁의 모델로 간주하는 경향이 있었다.[8]

친러시아 수구파 정부가 1898년 11월 5일 독립협회 지도자들을 체포하고 독립협회를 강제로 해산시켰을 때 서울시민들은 '만민공동회'를 개최하여 지도자 석방과 독립협회 복설을 요구하는 운동을 전개하는데

6) 신채호는 '지동설의 효력'에서 김옥균이 박규수의 집을 방문했을 때, 박규수가 조부인 연암 박지원이 북경에서 가져온 지구의를 한번 돌려 보이면서 "'오늘에 중국이 어디 있느냐. 저리 돌리면 미국이 중국이 되며, 이리 돌리면 조선이 중국이 되어 어느 나라든지 중(中)으로 돌리면 중국이 되나니, 오늘에 어디 정(定)한 중국이 있느냐' 하니 김씨 … 박씨의 말에 크게 깨닫고 무릎을 치고 일어났더라. 이 끝에 갑신정변이 폭발되었더라"라고 전한다. 『전집』 하, 364쪽.

7) 그러나 1908년에 신채호는 신기선이 이토 히로부미로부터 거액의 자금을 받아 이 돈으로 대동학회를 확장하면서, 유교를 진흥시킨다는 거짓 명분을 내세우고 있지만, 그것은 결국 일본에 동화되는 것에 불과하다고 지적하면서 그를 송병준, 조중응과 함께 일본의 '3대충노'라고 혹독하게 비판한다. 「일본의 삼대충노(三大忠奴)」(『전집』 하), 56쪽. ; 이호룡, 『신채호 다시 읽기: 민족주의자에서 아나키스트로』(돌베개, 2013), 27쪽.

8) 양일모, '조선의 서학과 양계초' 미발표 논문, 7쪽. ; 김영희, 「대한제국시기 개신유학자들의 언론사상과 양계초」(『한국언론학보』 제43-44호, 1999, 여름) 참조.

이 과정에서 만민공동회에서 진신(搢紳)들에게 만민공동회의 간부급으로의 참여를 요청했다. 신채호는 이 요청에 응해서 만민공동회에서 내무부, 문서부의 간부급으로 활약하였다.[9] 개화자강에 대한 필요성을 인식하고 바로 행동으로 옮긴 만민공동회 참여와 함께 1901년에 시대의 변천에 따라 한문무용론을 주장하다가 배척당한 것 등에서 그의 지행일치적인 자세, 급진적 실천적 자세를 잘 볼 수 있다. 신채호는 1904~1905년경에 양계초(1873~1929)의 『음빙실문집』 등을 통해 서양사상을 흡수하기 시작했고, 이후 전통적인 주자학보다 서양의 신사상에 더욱 몰두한 것으로 보인다.[10] 1905년(26세)에 성균관 박사가 된다.[11]

1905년에 신채호는 장지연(1864~1921)의 초청으로 『황성신문』의 논설기자로 입사하는데 이때 단발을 하고 개화자강파로서 본격적인 활동을 시작한다.[12] 그러나 1905년 장지연의 '시일야방성대곡'(1905.11.20) 사건으로 『황성신문』이 정간되는 사건이 일어난다. 1907년 7월 24일 광무신문지법이 공포된 이후 언론계의 상황은 많이 달라졌다. 무엇보다 일본의 언론검열에 노출될 수밖에 없었다.[13] 1907년 11월 양기탁의

---

9) 「독립협회연혁략」(『창작과 비평』 1970년 봄호, 신용하 『증보 신채호의 사회사상연구』, 나남출판, 2004), 20쪽에서 재인용. 그러나 '독립협회연혁략'이 후대에 조작된 것으로서 사료적 가치가 없다는 것이 밝혀졌다는 입장도 있다. 쓰키아시 다스히코, 최덕수 옮김, 『조선의 내셔널리즘』(열린책들, 2014), 265, 431쪽.

10) 박찬승, 『한국근대정치사상사연구』(역사비평사, 1992), 84쪽. 특히 신채호 사상의 지식배경 가운데 사회진화론이나 민족주의, 계몽주의 등은 상당 부분 양계초의 저작으로부터 영향을 받은 것이다. 최형욱, 「조선의 양계초 수용과 양계초의 조선에 대한 인식」(『한국학논집』 제45집), 334-337쪽.

11) 신용하, 앞의 책, 21쪽.

12) 보다 정확한 연보에 대해서는 박정규, 「국내에서의 신채호 연보와 쓴 글에 대한 고찰」(『단재신채호 연구의 재조명』, 단재 순국70주기, 추모학술발표대회 자료집, 단재문화예술제추진위원회, 2006.2.17.)을 참조.

요청으로 영국인 베델이 경영하던 『대한매일신보』로 옮기는데, 이 신문은 치외법권 지위로 일제의 검열로부터 비교적 자유로웠다.[14] 『대한매일신보』 논설에는 『음빙실문집』이 자주 인용되었다.[15]

1907년 대한자강회와 이를 계승한 대한협회, 기호흥학회 등에 가입하여 활동하고 비밀결사인 신민회에 가입한다. 『대한매일신보』는 신민회의 기관지 역할을 하게 된다.

1907년 10월에는 양계초의 『이태리건국삼걸전』을 번역, 간행하였고 11월 6일부터는 박은식을 대신하여 대한매일신보 주필로 근무하기 시작하여 1910년 5월말까지 대한매일신보에 재직하며 무수한 글을 썼다.[16] 1910년 3월에 개최된 신민회 간부회의의 결정에 따라 망명준비를 하고 마침내 망명길에 오른다. 1911년 초에는 블라디보스톡에서 윤세복 등과 함께 광복회를 조직하여 부회장으로 활동한다.

1913년 8월에 상해에 도착하여 홍명희, 정인보, 이광수 등과 교류하면서 '동제사'(재별칭: 재상해한인공제회)에 가입하여 신규식, 박은식. 조소앙 등과 함께 중견 간부로 활동한다.

신채호는 상해에서 김규식에게 영어를 배우면서 발음은 안 배우고 한문 읽듯이 읽으면서 뜻만 배우려 했다. 이러한 단재식 영어학습으로도 원서로 된 카알라일의 『영웅숭배론』이나 기본의 『로마제국흥망사』를 뜻으로 읽을 수 있었다고 한다.[17] 또 이때 중국의 아나키스

---

13) 김주현, 『계몽과 혁명: 신채호의 삶과 문학』(소명출판, 2015), 21쪽.

14) 같은 책, 35쪽.

15) 이광린, 「구한말 진화론의 수용과 그 영향」(『한국개화사상연구』, 일조각, 1979), 262쪽.

16) 김주현, 앞의 책, 54쪽.

17) 변영로, 「국수주의의 항성인 단재신채호선생」(『전집』 별집), 397쪽. ; 변영만, 「실루엣 二 三」(『중앙』 1936년 6월호, 『전집』 별집), 375쪽.

트인 유사복의 논설을 탐독했다고 한다.

단재는 북경에서 1917년 7월에 발표된 「대동단결의 선언」에 신규식, 조소앙, 박은식, 박용만 등과 함께 서명하는 등 러시아 혁명을 목격하면서 사회진화론적 사고에서 점차 탈피하기 시작한다.

1919년 3월에 대한민국임시정부 수립에 적극적으로 참가하고 10월에 『신대한』을 발간하여 대한민국 임시정부의 독립운동노선을 비판한다. 1921년 1월에는 중국인과의 항일연합전선을 형성할 목적으로 김창숙, 이회영 등과 함께 순한문지 『천고』를 발행한다.

1922년 가을에 북경으로 찾아온 김원봉의 부탁으로 「조선혁명선언」 집필에 착수하여 다음해 1월에 탈고한다. 1923년에는 유자명 등이 주도한 테러단체인 다물단을 위해 「다물단선언」을 작성하고 1924년에는 승려생활을 잠깐 하기도 한다. 1926년 여름에는 무정부주의동방연맹 결성 준비모임에 참가하고 1927년 9월 북경에서 열린 무정부주의동방연맹 창립대회에 한국인 아나키스트 대표로 참가한다. 1928년 5월 대만 무정부주의 비밀결사 사건에 관련되어 외국환 위조 문제로 대만 지룽에서 일본 경찰에 체포되어 대련으로 호송되어 10년형을 받아 여순 형무소에서 복역한다. 8년간의 옥고를 치르다가 1936년 2월 옥사한다.

3. 사회진화론 수용과 애국계몽운동

신채호가 성균관에 입학한 후 서울에서 경험한 것은 개화자강의 분위기였고, 이때부터 사회진화론 등의 서구사상을 수용한 것으로 볼 수 있다.

1898년에는 독립협회의 자주민권 운동이 본격적으로 전개되기 시작했고 『독립신문』, 『황성신문』, 『제국신문』 등의 근대적 신문은 세계정세의 변화를 소개하고 국내개혁의 필요성을 주장하면서 사회진화론을 소개하고 있었다. 특히 『독립신문』은 한국에 사회진화론을 소개하고 확산시키는 데 커다란 기여를 하였다.[18)]

신채호는 다윈의 진화론과 스펜서의 사회진화론을 받아들여서 '생존경쟁', '적자생존', '약육강식', '사회진화'의 개념과 이론을 그의 사상에 흡수하였다.[19)]

단재는 양계초의 책을 번역하여 『독의대리건국삼걸전(讀意大利建國三傑傳)』을 『황성신문』에 10회에 걸쳐 게재한 후 1907년에 『의대리건국삼걸전(意大利建國三傑傳)』을 책으로 간행한다. 이 책은 매리어트의 원작 *The Makers of Modern Italiy*가 일본에서 번역(1892)되고 중국에 다시 소개된(1902) 이후로 우리나라에도 소개된 것이다.

대한매일신보의 주필로 일하던 신채호는 기본적으로 "경쟁은 인(人)의 천직이자 생활하는 자본"[20)]이라고 씀으로써 국민에게 경쟁심을

18) 전복희, 『사회진화론과 국가사상』(한울아카데미, 1996), 114-134쪽.

19) 신용하, 앞의 책, 113-114쪽.

20) 「동국거걸 최도통전」(『전집』 중), 424쪽.

생활화하고자 하였다.[21]

그는 특히 사회진화론 중에서 벤자민 키드의 '외경론(外競論)'을 적극적으로 받아들였다. 그는 사회진화론의 '경쟁의 원리'가 동일민족 내부에서보다 상이한 민족들 사이에서 적나라하게 나타난다고 보았다. 그에 의하면 민족은 동족이면 먼저 합하고 이족이면 먼저 경쟁하면서 우자(優者)와 강자가 승하고 열자(劣者)와 약자가 패한다. 그는 이런 점에서 민족의 '외경력'을 중시했으며 '외경력'의 기초로서 '자강'을 매우 중시했다. 그는 일본 제국주의와 이민족의 침략에 대항하기 위해서는 민족주의로 외경력을 길러야 하며, 외경력을 기르기 위해서는 실질적으로 자강을 실현해야 한다고 주장했다. 그리고 이러한 외경력을 키우고 자강을 위해 애국심이 필요하고, 애국심을 가진 '신국민'은 역사를 통해서 길러질 수 있다고 주장한다. 이런 의미에서 신채호와 당시 사상가들이 강조한 '자강론'은 사회진화론을 응용하여 정립한 민족주의의 외경론이라고 할 수 있다.[22]

신채호는 20세기의 국가경쟁은 그 원동력이 한두 사람에 있는 것이 아니고 국민 전체에 있으며, 그 승패의 결과가 한두 사람에게 말미암은 것이 아니고 그 국민 전체에 말미암은 것이어서, 정치가는 정치로써 경쟁하며, 종교가는 종교로써 경쟁하며, 실업가는 실업으로 경쟁하며, 혹은 무력으로 하며 혹은 학술로 하여 그 국민 전체가 우(優)한 자는 승하고 열(劣)한 자는 패하니 그 경쟁이 전국민의 경쟁이라고 하였다.[23]

신채호는 국권회복 후에 건설해야 할 국가의 정체를 '입헌공화국'

---

21) 전복희, 앞의 책, 143쪽.

22) 신용하, 앞의 책, 114-116쪽.

23) 「20세기의 신국민」(『전집』 별집), 210-211쪽.

임을 밝히면서 서양의 예를 빌어 "전제 봉건의 구루(舊陋)가 거(去)하고, 입헌공화의 복음이 편(遍)하여 국가는 인민의 낙원이 되며 인민은 국가의 주인이 되어 공맹의 보세장민주의(輔世長民主義)가 차에 실행되며 루소의 평등자유정신이 차에 성공되었도다"[24]라고 입헌공화제를 주장했다.

여기서 주목할 것은 그가 입헌공화국을 루소의 자유평등사상을 실현하는 것이자 동시에 공자, 맹자의 보세장민주의를 실현하는 것으로 보고 있다는 점이다.

또한 신채호가 「독사신론」(1908)에서 가장 많이 원용한 서구의 사회이론은 허버트 스펜서, 벤자민 키드 등의 사회진화론과 서구의 지리환경영향론이며, 그는 또한 우리나라의 전통적 역사지리론을 종합하여 그 자신이 지리영향설을 발전시켰다. 당시 사회진화론이나 지리영향설 등은 서구에서도 역사연구에 널리 원용되고 있던 대표적인 사회과학이론이었다. 신채호는 이러한 이론을 바탕으로 역사에서의 진화사관을 갖게 되었다.[25]

신채호는 국민의 신교육과 관련하여 새로운 서적의 간행을 중요시했다. 그런데 그에게서 신서적이란 외국 학설의 단순한 소개서가 아니라, 구서적에 나타나는 한국인의 입장과 학술과 사상에 의해 검토하고 연구하여 국민의 심리를 활현(活現)시키는 책이다. 그러므로 그는 다음과 같이 말한다.

> 금일 한국에 신서적이 출현하려면 불가불 구서적을 수습할지니라. 신

---

24) 같은 글, 213쪽.

25) 신용하, 앞의 책. 262쪽.

서적이라 운함은 하오. 索士比亞(셰익스피어)의 시집이 신서적이 될까. 盧梭(루소)의 『민약론』이 신서적이 될까. 余陵久(예링)의 권리경쟁론이 신서적이 될까. 是가 신서적이 될지라도 태서의 신서적이오 한국의 신서적은 아니니라. 如何하야 한국의 신서적이 될까. 왈 한국의 신서적은 필야 한국 풍속상 학술상의 고유한 특징을 발휘하여 서구 외래의 신이상·신학설을 조입하여 국민의 심리를 활현하여야 是가 한국의 신서적이니라.[26]

신채호는 자기 나라 민족문화의 장점을 보전하고 외래문명의 정수를 채용하여 신국민을 양성하는 신문화를 발전시키면 무력과 문화의 힘이 합하여 국권회복의 목적을 달성할 수 있다고 보았다.[27]

그런데 신채호는 러시아 혁명의 영향으로 사회진화론적 사고에서 벗어나는 것으로 보인다. 그가 사회진화론적 사고에서 벗어난 것은 「신교육과 애국」이라는 글에서도 나타난다. 그는 이 글에서 '미국의 부와 독일의 강'을 본받고자 하는 것은 외국문명을 숭배하여 수입하게 할 뿐 국가에 대한 애정을 기르지는 못하며 '루소의 민약론과 다윈의 물경론'을 따르자고 하는 것은 사회의 불평등에 대한 파괴성을 격발시키는 수단에 불과할 뿐이라고 하여 서구 자본주의 국가를 따라갈 것이 아니라 한국 민족의 자주성을 보장해 주는 길을 추구할 것을 강조하고, 적자생존과 약육강식을 주장하는 힘의 논리를 부정했다.[28]

26) 「구서간행론」(대한매일신보, 1908.12.18.-12.20, 『전집』 하), 99-100쪽.

27) 신용하, 앞의 책, 206쪽.

28) 이호룡, 『한국의 아나키즘 -사상편』(지식산업사, 2001), 61쪽.

4. 사회주의로부터의 영향

신채호가 반제국주의적 사고체계로서 민족주의를 제창하게 된 데에는 사회주의로부터의 영향이 있었다. 신채호는 황성신문사 재직 당시 일본의 고토쿠 슈스이(幸德秋水, 1871~1911)가 1902년 아나키스트로 전환하기 전에 쓴 사회주의 소개서인 『장광설(長廣舌)』을 통해 사회주의 사상을 접하고 사회주의의 반제국주의적 측면을 수용했다.[29] 신채호는 '제국주의와 민족주의'에서 제국주의를 고토쿠 슈스이의 표현에 따라 영토와 국권을 확장하는 주의로 규정하였으며, 『장광설』의 암살론에 공명하여 암살을 민족해방운동의 주요한 방법의 하나로 규정했다.[30] 신채호가 고토쿠 슈스이로부터 상당한 영향을 받았다는 것은 첫째, 신채호가 중국 신문 『신보(晨報)』에 기고한 글에서 "일본에 오직 고토쿠 슈스이 한 사람만이 있을 따름"이라고 할 정도로 그를 높이 평가했고 둘째, 고토쿠 슈스이의 『기독말살론』을 한역해서 소개하기도 했다는 점에서 확인된다.[31]

---

29) 고토쿠 슈스이는 신채호처럼 동양사상에도 조예가 있어 유럽사회주의 사상을 맹자와 주역 및 도가의 사상과 연관하여 표현했다. 그는 1909년 안중근 의거를 기념하는 우편엽서를 만들면서 앞면에 "생을 버리고 의를 취하며, 자신을 죽이고 인을 성취했으니, 안중근이여, 그대의 일거에 천지가 모두 전율했소(捨生取義, 殺身成仁, 安君一擧, 天地皆振)"라고 썼다. 고토쿠의 삶의 방식은 자기완성(성기)과 세계완성(성물)을 구체적 상황 속에서 단련해가는 사상마련(事上磨鍊, 왕양명)의 태도를 닮아 있었다. 이규성, 『한국현대철학사론』(이화여자대학교출판부, 2012), 301-302쪽.

30) 이호룡, 앞의 책, 74쪽.

31) 같은 책, 154쪽.

신채호는 『권업신문』 1912년 8월 29일자 논설에서 일본에서 사회주의자가 발생한 원인은 귀족계급의 평민계급에 대한 착취에 있다고 썼으며, 그가 노동의 신성함을 강조한 것이나 사회주의 발생 원인에 대해서 설명한 것은 신채호가 사회주의에 대해 어느 정도 이해를 하고 있었음을 보여준다.[32] 신채호는 한때 이동휘의 한인사회당과 국가사회주의당에 가입하기도 하였다. 신채호가 한인사회당에 가입한 것은 아나키즘과 공산주의의 차이를 인식하지 못하고 다 같은 사회주의로 파악했기 때문인 것으로 알려졌다. 그 결과 1919년 10월에 창간한 『신대한』은 아나키즘적 입장을 나타내고 있으면서도, 러시아의 내전 상황과 공산주의 운동에 관한 기사도 상당수 게재하였다.

『신대한』에서 공산주의에 대하여 비교적 우호적인 입장을 취했던 신채호는 『천고』에서는 사회주의를 선전하면서도 공산주의에 대해서는 그 폐단을 지적하고 비판하였다.[33] 신채호는 「크로포트킨(古魯巴特金)의 죽음에 대한 감상」에서도 레닌의 사상과 크로포트킨의 사상 즉 볼셰비즘과 아나키즘을 서로 다른 것으로 인식하면서 볼셰비키당의 정치를 무단정치로 표현하여 공산주의에 대한 반대의 입장을 나타냈다.[34]

32) 같은 책, 155쪽.

33) 같은 책, 174-178쪽; 이호룡, 『한국의 아나키즘 ―사상편』, 74-75쪽.

34) 『단재신채호전집』 5권(독립기념관한국독립운동연구소, 2007), 125-128쪽. ; 이호룡, 앞의 책, 179쪽.

5. 무정부주의의 수용

신채호가 언제부터 무정부주의 사상을 수용했는가에 대해서는 몇 가지 입장 차이가 있지만 대체로 3·1운동 이후부터라고 볼 수 있다.

신채호는 1916~1917년까지만 해도 천당은 오직 주먹이 큰 자가 차지하는 집이요, 주먹이 약하면 지옥으로 쫓겨간다면서, 크로포트킨의 상호부조론보다 다윈의 생존경쟁론을 더 수입할 것을 역설하였다.[35] 그러던 그가 점차 사회진화론을 벗어나기 시작한 것은 1917년 러시아 혁명을 거치면서이다.

그런데 1920년에 저술된 것으로 보이는 「도덕」에서 신채호는 "이 세계는 약육강식하는 주먹 권리의 세계"인 이상 "크로포트킨의 상호부조론보다 다윈의 생존경쟁설을 더 수입"[36]해야 한다고 주장했다. 또한 그가 북경에서 발간한 잡지 『천고(天鼓)』(1921년 1월 창간) 3권에 실은 「크로포트킨(古魯巴特金)의 죽음에 대한 감상」에서 "무정부주의는 내가 강구하는 바는 아니니 … 나는 비단 무정부주의를 궁구하지 않을 뿐만 아니라 … 그(크로프트킨)가 저술한 책을 나는 단지 일역(日譯)·한역(漢譯)한 단편적인 글귀를 볼 수 있었을 뿐이며 일찍이 책을 읽거나 말을 듣지 못했는데, 갑자기 그 사람을 논하는 것이 옳은가?"[37]라고 언급한 것에서 볼 때 이때까지는 아나키즘을 자신(조선)의 사상으로 정립한 것은 아니라고 할 수 있다.

신채호가 무정부주의 사상을 적극적으로 수용하게 된 사회적 조

35) 「꿈하늘」(『단재신채호전집』 7권), 245쪽.

36) 「도덕」(『단재신채호전집』 7권), 365쪽. ; 『단재신채호전집』 하, 141쪽.

37) 『단재신채호전집』 5권, 125쪽.

건은 1) 민중운동으로서의 3·1운동에 대한 충격 2) 상해임시정부에 대한 실망과 반임정 활동 3) 독립군 활동의 난항 4) 국민대표회의의 실패 5) 의열단 운동의 성장을 들 수 있다.[38] 그리고 사상적 배경으로는 1) 사회진화론의 이론적 한계에 대한 자각과 함께 사회진화론의 강권주의에 대한 비판 2) 민족주의에 대한 회의 3) 공산주의에 대한 비판 4) 무정부주의의 자유연합론에의 공감 5) 「조선혁명선언」의 집필 등을 들 수 있다.[39]

신채호가 아나키즘을 자신의 사상으로 정립한 시기는 1921년 가을 독립전쟁노선을 포기하고 테러적 직접행동론을 민족해방운동의 중요한 방법론으로 채택하면서부터이며, 1922년 말부터 1923년 1월까지 「조선혁명선언」을 작성하면서 자신의 아나키즘을 체계화한 것으로 추측된다. 그러나 그는 아나키즘을 수용하면서도 서구의 아나키즘을 그대로 수용한 것이 아니라, 조선에 이익이 되는 아나키즘을 수용했다.[40]

신채호는 바쿠닌, 프루동, 크로포트킨과 중국의 이석증, 유사복, 일본의 고토쿠 슈스이 등의 무정부주의 저작들을 읽었으나 이 중에서 가장 큰 영향을 준 것은 크로포트킨이다. 이는 신채호가 석가, 공자, 예수, 마르크스와 함께 크로포트킨을 중요하게 언급하고 있는 사실에서 잘 드러난다.[41] 또한 병을 따라 약을 써야 하며 조선의 병에 가장 맞는 약처방이 바로 크로포트킨임을 언급하면서 "아아 크로포트킨의 「청년에게 고하노라」란 논문의 세례를 받자"[42]고 강조하는 것에서도 잘 나타난다.

---

38) 신용하, 앞의 책, 376-393쪽.

39) 같은 책, 393-403쪽.

40) 이호룡, 앞의 책, 180-181쪽.

41) 「낭객의 신년만필」(『전집』 하), 25쪽.

42) 같은 글, 30쪽.

6. 「조선혁명선언」에 나타나는 동서사상 접변

단재 신채호는 의열단이 조직된 시기에 「신대한 창간사」에서 "이천만의 해골을 태백산 같이 쌓을지라도 일본과 싸우자"며 강경한 투쟁노선을 천명한 적이 있다. 단재는 의열단 단장인 김원봉의 부탁으로 의열단 선언서를 작성하면서 의열단의 노선과 자신의 주장을 담아 선언서를 만들었다.[43)]

"강도 일본이 우리의 국호를 없이 하며, 우리의 정권을 빼앗으며, 우리의 생존적 필요조건을 다 박탈(剝奪)하였다"[44)]로 시작하여 "민중은 우리 혁명의 대본영이다. 폭력은 우리 혁명의 유일 무기다. 우리는 민중 속에 가서 민중과 휴수(携手)하여 부절(不絶)하는 폭력－암살, 파괴, 폭동으로써 강도 일본의 통치를 타도하고, 우리 생활에 불합리한 일체 제도를 개조하여 인류로써 인류를 압박치 못하며 사회로써 사회를 박삭(剝削)치 못하는 이상적 조선을 건설할지니라"[45)]로 끝나는 이 선언서는 신채호의 주체적, 실천적 사상이 잘 나타나는 글이며, 동시에 동서사상 접변양상이 잘 드러나는 글이라고 생각한다.

신용하는 이 작품을 "민족주의로부터 무정부주의로 전환하는 과도기적 사상을 나타내는 노작"으로 평가하면서 혁명의 방법에서는 무정

---

43) 김주현, 『계몽과 혁명: 신채호의 삶과 문학』(소명출판, 2015), 421-423쪽.

44) 「조선혁명선언」(『전집』 하), 35쪽.

45) 같은 글, 45-46쪽.

부주의의 영향에 더 많이 지배되고, 혁명의 목적과 기본내용에서는 민족주의에 의해 지배되는 것으로 '무정부주의 방법을 포용한 혁명적 민족주의'로 규정한다.[46] 그리고 신채호가 '계급'이나 '무산민중'이란 개념을 사용하여 무정부주의 혁명을 선언한 1928년의 '선언문'과 비교할 때, '조선민족'과 '우리민족'을 주체로 세운다는 점에서 근본적으로 다르다고 본다.[47]

이에 반해 이호룡은 신채호는 이미 「신대한 창간사」에서 국가의 존재를 무시하고 아나키즘적 세계관에 입각하여 계급투쟁으로 자본주의 사회의 모순을 극복하고 빈부의 차이가 없는 평등한 이상사회를 건설할 것을 주장했음을 밝히고,[48] 「조선혁명선언」은 민중직접혁명론과 테러적 직접 행동을 민족해방운동의 방법론으로 제시한 것으로 민중직접혁명론이 바로 아나키즘에 입각한 민족해방운동론이자 사회혁명론이라고 본다.[49] 신채호가 앞으로 건설하고자 한 사회의 모습은 아나키즘에 입각한 것이다. 즉 "그가 건설하고자 한 사회는 일체의 지배계급과 지배도구(국가, 정부)가 없는 자유롭고 평등한 사회, 그리고 민중의 풍요로운 생활이 보장되는 사회였다. 즉 능력에 따라 일하고 필요에 따라 분배받는 아나코-코뮤니스트 사회였다."[50]

그리고 신채호는 감옥에 있으면서도 민족해방과 아나키스트 사회건설에 대한 염원을 버리지 않았다. 그는 틈만 있으면 책을 읽으면서 우리민족의 역사를 아나키즘적 사관에 입각하여 체계화하고자 하였다.[51]

---

46) 신용하, 앞의 책, 345쪽.

47) 같은 책, 349쪽.

48) 이호룡, 앞의 책, 236쪽.

49) 같은 책, 197쪽.

50) 같은 책, 211쪽.

신채호는 "'고유적 조선의', '자유적 조선민중의', '민중적 경제의', '민중적 사회의', '민중적 문화의', 조선을 건설하기 위하여 '이족통치의', '약탈제도의', '사회적 불평균의', '노예적 문화사상의' 현상을 타파"[52]해야 한다고 주장한다. 그리고 이어서 "파괴적 정신이 곧 건설적 주장이라 나아가면 파괴의 '칼'이 되고 들어오면 건설의 '기'(旗)가 될지니 파괴할 기백은 없고 건설할 치상(癡想)만 있다 하면 오백년을 경과하여도 혁명의 꿈도 꾸어보지 못할지니라. 이제 파괴와 건설이 하나요 둘이 아닌 줄 알진대, 민중적 파괴 앞에는 반드시 민중적 건설이 있는 줄 알진대, 현재 조선민중은 오직 민중적 폭력으로 신조선 건설의 장애인 강도 일본세력을 파괴할 것뿐인 줄을 알진대, 조선민중이 한편이 되고 일본 강도가 한편이 되어, 네가 망하지 않으면 내가 망하게 된 '외나무 다리 위'에 선 줄을 알진대, 우리 이천만 민중은 일치로 폭력 파괴의 길로 나아갈지니라"[53]라고 선언하고 있다.

우리는 신채호에게 사회진화론이든, 사회주의든 무정부주의든 어떤 사상이든지 그것을 이해하고 수용하는 과정에서 주체적, 조선적 입장이 잘 녹아들어가 있음을 알 수 있다.

민중 직접 혁명론은 신채호, 이회영, 이을규, 이정규 등이 창간한 잡지인 『탈환』(1928)에서 분명하게 드러난다. 이 잡지는 크로포트킨의 『빵의 탈환』(1892)에서 따온 것을 기관지 이름으로 했다. 이 잡지는 1910년 이전의 중국사상계의 주류였던 무정부주의 조류(이석증, 오치휘, 유사복, 채원배 등)의 영향을 자연스럽게 반영하고 있다.[54]

---

51) 같은 책, 241쪽.

52) 「조선혁명선언」(『전집』 하), 45쪽.

53) 같은 곳.

54) 이규성, 『한국현대철학사론』(이화여자대학교출판부, 2012), 300-301쪽

신채호가 일제 경찰에 체포된 후 대련에서 미결감으로 있을 때 1928년 10월 신간회에서 이관용(1891~1933)을 파견하여 면회하였다.[55] 신채호는 이때 이관용에게 웰즈의 『세계문화사』(일역)와 『에스페란토 문전』의 차입을 요청하고 이미 육당에게 부탁한 『윤백호집』의 차입을 독촉했다.[56]

1920~30년대에 웰즈는 세계에서 가장 영향력 있는 공상과학 작가이자, 사회주의 사상가로 여겨지고 있었으며, 유럽과 미국의 언론사에서 가장 중요시하는 칼럼니스트였다. 웰즈는 인종적인 편견이나 국가주의를 배격하고, 우주적 관점에서 세계정부의 필요성을 주장하기도 했다. 그는 진정한 세계인의 관점에서 인류의 과거를 연구하고, 과학적 상상력으로 미래의 세계를 예측한 작가이자, 현실에서는 인류가 실현해야 할 사상으로서의 사회주의 실현을 위해 노력한 사회주의자였다.[57] 단재가 『에스페란토문전』을 요청한 것은 에스페란토어가 당시 무정부주의자들의 세계문자였으므로 감옥에서 공부하고자 했기 때문일 것이다.[58]

---

55) 이관용은 1913년 영국, 프랑스에서 공부하고 1917년부터 스위스 취리히 대학에서 철학을 연구하여 1921년에 철학박사 학위를 취득한 후 1923년에 한국으로 돌아와 연희전문학교 교수가 되어 논리학, 심리학, 철학을 강의했다. 언론활동과 민족운동을 전개한 이관용은 신간회 멤버로 활동하다가 1933년 불의의 사고로 죽었다. 이관용에 대해서는 윤선자, 「이관용의 생애와 민족운동」(『한국근현대사연구』, 한국근현대사학회, 2004. 가을) 참조.

56) 이관용, 「대련감옥 신단재 면회기」(『조선일보』 1928. 11월 8일자, 『전집』 하), 434-436쪽 참조.

57) 윤재설 외, 『세계의 사회주의자들』(도서출판 펜타그램, 2009), 87-94쪽. ; H.G. 웰스, 지명관 옮김, 『웰스의 세계문화사』(가람기획, 2003) 참조.

58) 이호룡, 앞의 책, 242쪽.

7. 조선인의 입장에서 동서사상 융합 도모

신채호는 조선인의 입장에서 조선민족의 이로움을 위해 진리를 찾았으므로 그는 그때그때의 사회역사적 상황에 따라 서구의 사회진화론을 조선의 사회진화론으로 만들고자 했고, 서구의 사회주의를 조선의 사회주의로, 서구의 무정부주의를 조선의 무정부주의로 만들고자 했다. 신채호는 서양사상의 지평과 한국의 현실적 지평, 전통사상적 지평을 철저히 주체적, 실천적 입장에서 융합함으로써 현실을 바꿔나가고자 했다.

이처럼 신채호에게 있어서 서구사상은 그 자체로서 의미가 있는 것이 아니라, '조선의 이익에 맞는 사상'으로 바뀔 수 있는 한에서만 의미 있게 수용되는 것이었다.

서구사상의 수용과정에서 그의 유교적, 불교적 지평이 작용하고 있음을 확인할 수 있다.

> 구차한 인생을 생존이 아니라고 보는 도덕은 맹자적인 전사의 기상과 만상을 희롱하는 불교의 자유의 주체성을 배경에 깔고 있는 것으로 보인다.[59)]

> 불교적 초인사상은 신채호의 혁명적 무정부주의의 윤리적 기초가 된다.[60)]

---

59) 이규성, 앞의 책, 314쪽.

60) 같은 책, 315쪽.

그는 철저히 민족적, 주체적 입장에서 "조선의 병은 조선에서 조선을 전문한 명의가 많이 나서 치료하여야"[61] 한다고 생각했으므로 스스로를 조선의 병을 치료하는 의사로 생각하면서 매우 실천적이고 투철한 삶을 살았다. 그러므로 그는 "조선의 도덕과 조선의 주의를 위하여 곡(哭)"[62]하고 이를 극복하여 진정한 조선의 사상을 위해 평생을 철저하게 살다가 갔다. 그는 조선인이라는 주체적 입장에서 동서사상을 섭렵하고 활용했기 때문에 그의 삶과 사상에서 동서문화와 사상의 지평융합이 잘 나타난다고 볼 수 있을 것이다.

---

61) 「사상가의 노력을 요구하는 때」(『전집』 하), 155쪽.

62) 「낭객의 신년만필」(『전집』 하), 26쪽.

【참고문헌】

1. 전집류

단재신채호선생기념사업회, 『개정판 단재신채호전집』 상중하. 별집(4권), 서울: 형설출판사, 1995.

독립기념관한국독립운동연구소, 『단재 신채호 전집』(1-9) 2007.

양계초, 『음빙실문집』.

2. 기타

강동진, 『일제의 한국침략정책사』, 서울: 한길사, 1980.

김삼웅, 『단재 신채호 평전』, 서울: 시대의창, 2005.

김영희, 「대한제국시기 개신유학자들의 언론사상과 양계초」, 『한국언론학보』 제43-44호, 한국언론학회, 1999, 여름.

김주현, 『계몽과 혁명: 신채호의 삶과 문학』, 서울: 소명출판, 2015.

박찬승, 『한국근대정치사상사연구』, 서울: 역사비평사, 1992.

배용필, 『박은식과 신채호 사상의 비교연구』, 서울: 경인문화사, 2002.

신용하, 『한국근대지성사 연구』, 서울: 서울대학교출판부, 2004.

______, 『증보 신채호의 사회사상 연구』, 서울: 나남신서, 2004.

신일철, 『신채호의 역사사상연구』, 서울: 고려대학교출판부, 1981.

양일모, '조선의 서학과 양계초', 미발표 논문.

윤선자, 「이관용의 생애와 민족운동」, 『한국근현대사연구』, 한국근현대사학회, 2004, 가을.

이광린, 「구한말 진화론의 수용과 그 영향」, 『한국개화사상연구』, 서울: 일조각, 1979.

이호룡, 『신채호 다시 읽기: 민족주의자에서 아나키스트로』, 서울: 돌베개, 2013.

______, 『한국의 아나키즘-사상편』, 서울: 지식산업사, 2001.

전복희, 『사회진화론과 국가사상』, 서울: 한울아카데미, 1996.

동학의 사회사상과 크로포트킨 아나키즘의 지평융합

엄연석

1. 탈권력과 평등 중심의 지평융합

이 글은 서교(西敎)와 제국주의 세력에 대응하여 19세기 중반 이후 조선사회에서 발흥한 동학(東學)의 사회개혁 사상과 서양에서 아나키즘적 공산주의를 제창했던 크로포트킨(Pyotr Alekseevich Kropotkin, 1842~1921)의 「상호부조론(相互扶助論)」에 내포되어 있는 상호간 의미지평의 공통점과 차이점을 해명하고자 한다. 특히 이 글에서는 국가적 차원보다도 민중의 자율적 활동을 통한 사회의 개혁이라는 목표에 초점을 맞추어 두 학설을 비교시각적 차원에서 검토하고자 한다. 동학은 "사람이 바로 하늘이라"는 인본주의(人本主義)를 기반으로 인간 평등과 사회 개혁을 주장하여 민중의 호응을 얻은 반봉건적 개혁사상이었다. 동학은 민중들에게 새로운 사회에 대한 희망을 제시하면서 성리학의 지배이념에 따른 국가의 폐단을 극복하고자 한 민중 중심의 사회사상으로 제시되었다. 동학사상은 서학과 비교하여 창조주를 세우지 않고 인간과 한울님을 동질적인 존재로 보고, 지상천국으로 현세적 복락을 목표로 한다는 점에서 서학(西學)과 구별된다. 나아가 동학은 억압과 불평등으로 특징지어지는 선천시대를 이어 정의롭고 평등한 후천의 시대가 열린다는 사상체계를 가지고 있다.[1] 반면 크로포트킨이 제시한 아나키즘적 공산주의는 권위주의적 체제에서 개인의 노예화를 가져오는 종속적 공산주의를 탈피하여 개인의 완전한 자유를 목표로 삼는 공산주의이다. 이는 권력이 중앙에 집중되지 않고 그 구성원들과 지방자치단체들 사이의 자발적인 상호부조에 기초를 둔다. 크로포트킨은 「상호부조론」[2]에서 '상호부조'와 '연대'를 사회진화의 주요 동인으로 보아 국가제도와 자본주의 경제체제가 폐지되면 좀 더 평등한 사회를 이룰 수 있다고 주장하였다.[3] 이 글에서는 동학의 사회사상과 상호부조론을 중심으로 하는 크로포트킨의 아나키즘적 공산주의가 권력과 불평등 지배에 저항하는 이론이라는 의미지평의 공통점을 해명하고자 하였다. 나아가 동학사상이 유불도를 포괄하는 회통성과 도덕적 지향성을 가지고 사회개혁 사상을 제시한 부분과 크로포트킨의 상호부조론은 사회 경제적 측면에서 평등을 지향하는 개혁사상으로서의 의미 사이의 상호보완적 의미를 살펴보고자 하였다. 요컨대, 국가 권력에 의한 불평등한 지배에 대하여 저항하는 이론적 실천적 사상이라는 점에서 공통성을 가지면서도, 동학과 크로포트킨의 아나키즘적 공산주의가 각각 도덕적 평등 지향과 정치경제적 평등 지향이라는 의미지평의 구별점에 대한 해명에 글의 초점이 맞추어져 있다.

---

1) 이상익, 「근대민족종교의 발흥과 민족운동」(『한국철학사상사』, 1998), 388-390쪽.

2) 「진화의 한 요인으로서 상호부조론」은 크로포트킨이 13년간 심혼을 기울여 다듬은 아나키즘에 생물학적 기초를 부여한 유명한 저술이다. 다시 말하면 이것은 생물적 진화의 요인으로서 생존경쟁과 함께 상호부조의 원칙이 있음을 생물학적으로 실증한 것이다. (크로포트킨 지음, 김유곤 옮김, 『크로포트킨 자서전』(우물이 있는 집, 2014), 521쪽)

3) 크로포트킨 지음, 이상률 옮김, 『빵의 쟁취』(이책, 2016), 326-330쪽.

그동안 동학에 관해서는 매우 많은 논문이 발표되어 동학의 전체적인 사상적 특징들을 대부분 해명하였다. 따라서 본고에서는 동학이 어떤 주제를 중점적으로 논의했는가를 요약해 보기로 한다. 먼저 동학의 우주론적 원리에 근거한 사상으로서 후천개벽사상에 관한 연구성과가 있다.[4] 동학에 내포되어 있는 유교적 요소에 대하여 해명한 논문도 발표되었다.[5] 유사한 의미로 동학사상에 내재한 도교적 요소에 관한 논문이 발표되기도 하였다.[6] 또 한편 동학의 생명사상에 관한 연구논문이 작성되었다.[7] 동학에서 교육사상에 관한 연구성과도 작성되었다.[8] 다른 주제로는 동학의 사회개혁사상에 관한 연구도 이루어졌다.[9] 이 밖에 동학사상에 미친 불교의 영향[10], 동학사상과 민족주의 사이의 관계[11] 등에 관한 논문도 발표되었다.

---

4) 高榮婡, 「동학의 후천개벽사상에 관한 연구」(부산대철학과 대학원 석사논문, 2008). 고영래는 논문에서 인류공동의 문제 및 한국의 문제를 해결할 수 있는 사상적 패러다임을 모색의 이론적 탐색으로서 동학의 후천개벽사상의 현대적 의미를 해명하고자 하였다. 논문에서는 동학의 후천개벽사상은 이러한 邵雍의 시간관과 연관이 있다. 즉 東學後天開闢說의 시간관 역시 순환적 시간관으로, 새로운 이상세계의 시대가 올 수 있다고 여기는 것이다. 고영래는 동학이 세계적 보편성을 가진 사상으로서, 오늘날의 현대의 여러 갈등과 불평등을 해결할 수 있는 새로운 대안을 제시해줄 수 있는 사상으로 보았다.(76-78쪽)

5) 이승은, 「동학사상에 내재한 유교적 요소의 분석적 고찰」(이화여대 석사학위논문, 2006).

6) 김선하, 「동학사상의 도교적 요소에 관한 연구」(원광대학교 동양학 석사학위논문, 2001). ; 최수빈, 「중국도교의 관점에서 살펴본 동학의 사상과 수행 －도교 내단(內丹) 및 부주(符呪) 수행과의 연관성을 중심으로－」(『동학학보』 20, 동학학회, 2010).

7) 노영필, 「동학의 생명사상 연구」(전남대학교 철학과 박사학위논문, 2003). ; 김춘성, 「동학·천도교 수련과 생명사상 연구」(한양대학교 박사학위논문, 2009). ; 정현미, 「동학의 생명존중 사상과 교육적 함의」(순천대학교 석사학위논문, 2009).

8) 남희숙, 「동학의 교육사상 연구」(고려대학교 교육대학원 석사학위논문, 2012).

9) 최혜경, 「동학의 사회개혁사상과 동학농민혁명의 전개」(『동학연구』 12, 2002). ; 박문현, 「묵가와 동학의 사회개혁사상 비교」(『동학연구』 11, 동학학회, 2002).

10) 김애림, 「동학사상에 미친 불교의 영향」(『孔子學』 23, 공자학회, 2012).

이처럼 동학에 대한 연구 성과의 핵심적인 주제를 개관하면, 우주론으로부터 천인관계론에 대한 연구가 이루어졌고, 아울러 유교와 도교, 그리고 묵가와의 비교적 시각에 관한 논문, 교육사상, 불교적 요소, 그리고 민족주의적 측면에 관한 논문 등이 발표되었다. 이들 논문은 각각 동학사상의 핵심적 주제를 다양한 시각에서 다루고 있다. 하지만 지금까지 동학사상을 비슷한 시기에 서양에서 형성된 아나키즘적 공산주의와 비교하여 국가 권력으로부터의 자유와 평등사상에 초점을 맞추어 두 학설의 의미지평의 공통점과 차이점을 비교하는 연구는 이루어진 적이 없다. 이 글에서는 위의 여러 연구성과를 이어서 동학사상에 내포되어 있는 국가로부터의 탈권력적 지향과 평등사상을 중심으로 동학과 크로포트킨의 아나키즘적 공산주의 상호간의 의미지평을 비교하고자 한다.

그 다음 장에서는 19세기 중후기 동학이 형성된 시기의 시대적 사상적 배경에 대하여 요약하고자 한다. 이어서 제3장에서는 동학의 사회개혁사상의 핵심적 내용과 그 시대적 의미를 해명하고자 한다. 제4장에서는 이돈화의 상호부조론 중심의 사회진화사상을 살펴볼 것이다. 제5장에서는 크로포트킨의 아나키즘적 공산주의의 평등사상을 「상호부조론」에 내포된 의미지평을 중심으로 검토하기로 한다. 제6장에서는 동학사상과 「상호부조론」에 내포된 의미지평 사이의 공통점과 차이점을 분석해 보기로 한다. 마지막 결론에서는 본론을 정리하고 동학사상과 크로포트킨의 사상이 지니는 보편적 의미를 현대적 시각에서 정리하고자 한다.

---

11) 황묘희, 「동학사상과 민족주의(『민족사상』 2, 2008).

2. 지평융합의 시대적 사상적 배경

이 장에서는 동학이 창시되어 성장하기 시작하고 서양의 세력이 군사력을 바탕으로 문호개방의 압력을 강요하던 1850년대 이후 19세기 후반의 시대적 사상적 배경을 간략하게 정리하고자 한다. 이 시기는 사상적으로 전통사상이 천주교를 중심으로 하는 서학과 과학사상의 도전에 직면하여 사상적 변용을 요구받던 시대였고, 정치적으로는 전통적 중화론에 입각한 군주제가 서양의 민주주의 제도의 영향을 받기 시작하는 미명기였으며, 외교적으로는 서양의 제국주의 세력이 중국과 일본을 거쳐 조선의 개국을 강요하던 시기였다.

먼저 전통사상에 대한 도전의 한 대응물로서 천주교의 전래는 19세기에 접어들면서 조선사회를 요동시킨 중요한 요인이었다. 1784년 이승훈이 북경에서 영세를 받고서 이벽과 함께 선교 활동을 전개한 것이 본격적으로 천주교가 전래된 계기였다. 이후 유학자들은 천주교를 사교(邪教)로 단정하고 조정에 이를 뿌리 뽑을 것을 촉구했고, 조정에서는 천주교를 엄금하고 천주교도들을 사형으로 다스리는 몇 번에 걸친 박해사건이 발생하였다. 1801년의 신유박해, 1839년의 기해박해, 1866년의 병인박해 등으로 수많은 천주교 신자들이 순교하였다. 이러한 분위기에서 천주교가 조선 조정의 박해를 완전히 벗어난 것은 1886년 한불조약이 체결되면서 프랑스 선교사들에게 선교의 자유를 허용하면서부터였다.

1850년대를 전후한 시기에 서양과학사상은 천주교와 달리 조선의 지식인들에 의하여 긍정적으로 받아들여져 중국에 전래된 여러 서적들과 과학적 문물을 통하여 수용되고 있었다. 중국에서는 2차에 걸친 아편전쟁으로 과학기술에 힘입은 군사력의 위협을 느끼면서, 19세기 중반 이후 서양의 과학, 기술을 도입하여 스스로 강성해지자는 사회개혁 운동으로서 양무운동 또는 자강운동을 전개하였다.

조선에서는 홍대용이나 박지원과 같은 실학 사상가가 연경에서 서양과학과 관련한 여러 문헌과 과학기물을 접하고 돌아온 이후 서양과학사상을 도입하여 이론적으로 설명하는 흐름이 형성되었다. 이후 조선에서는 최한기와 같은 사상가가 서양과학 이론을 수용하여 자신의 철학 체계를 세우기도 하였다. 그는 『추측록(推測錄)』, 『신기통(神氣通)』에서 많은 서양과학의 예를 들어 그의 논지를 펴고 있다. 최한기는 1857년 『해국도지(海國圖志)』와 『영환지략(瀛環志略)』의 내용을 간략하게 요약한 『지구전요(地球典要)』를 써서 세계 여러 나라의 지리·역사·물산·학문 등을 상세히 소개하였다. 이러한 이론의 연장선상에서 1880년을 전후하여 박지원의 손자인 박규수는 동도서기론(東道西器論)을 이론적 기반으로 동양의 정신(東道)에 서양 과학기술(西器)을 수용하자는 주장을 하게 되었다.

외교적으로 서양세력은 2차에 걸친 아편전쟁과 천진조약, 그리고 미일수호통상조약 등으로 중국과 일본의 개항을 강요한 이후 조선에 대해서도 개항을 요구하였다. 개항의 요구 과정에서 일어난 충돌 사건이 바로 1866년과 1871년에 발생한 병인양요와 신미양요였다. 그런데 일본은 1858년 미일수호통상조약을 맺은 후 1868년 명치유신을 단행하여 서양 문물을 민첩하게 받아들여 군사력을 강화하여, 자신들이 제국주의 세력의 압력을 받는 지위에서 일약 이웃나라에게 압력을 가

하는 세력이 되었다. 이런 사례의 하나로 1876년 조선의 개항을 강요한 결과물이 바로 강화도조약이다.

이러한 흐름 속에서 전통사상에 영향을 줄 수 있는 서양정치사상 또한 여러 지식인들에 의하여 수용되었다. 근대적 의식이 형성되기 시작한 1850년대부터 개항 후까지 서양의 제도를 언급한 정치사상가들이 나타나기 시작하였다. 박영효는 서양정치사상에서의 중요한 개념들 가운데 하나인 '자유'에 대해서 언급하였다. 그는 "자유란 그가 옳다고 생각하는 바를 행하는 것"이라고 말했는데, 이것은 그가 자유를 의로움에 연결시켜 해석했음을 보여주었다.[12] 이후 유길준은 서유견문을 통하여 서양정치사상의 골격이 되는 내용과 함께 '문명개화'를 세 가지 등급에 따라 그 의미를 제시하였다. 이처럼 19세기 중엽 이후에는 종교사상, 정치사상, 외교적으로 커다란 변혁이 이루어지면서 서양의 문물이 전통적 가치로부터 서양적 가치로 조선 사회의 가치기준을 단계적으로 바꾸어가던 시기였다. 이에 대응하여 조선 사회의 한 부류의 지식인들은 개화론 또는 동도서기론(東道西器論)이라는 절충적 이론 틀을 통하여 서양문물을 받아들이고자 하는 노력을 전개하였다. 이에 비하여 전통을 고수하고자 하는 지식인 그룹 또한 있었으니 위정척사파가 대표적이다. 다른 한편 외세도 배격하면서 동시에 군주를 중심으로 하는 봉건적 귀족 정치 또한 반대하는 동학사상과 같은 사상적 경향도 하나의 중요한 흐름을 형성하였다.

---

12) 김학준, 『구한말의 서양정치학 수용 연구: 한국정치학의 뿌리를 찾아서』(서울대학교출판문화원, 2012).

3. 동학의 사회개혁사상과 그 시대적 의미

이 장에서는 동학사상의 전체적인 체계를 기반으로 구축되는 사회개혁사상의 내용을 살펴보고 그 사상사적 의미를 고찰하고자 한다. 먼저 동학이 지니는 상대적 특성을 드러내기 위한 방법으로서 먼저 동학과 서학(西學)이 어떻게 구별되는 이론적 함의를 가지는가를 살펴보고자 한다. 이어서 동학사상의 우주론적 기초로서 도가적 역학적 우주론적 토대에 대하여 정리하고자 한다. 이어서 천인일여(天人一如)와 화해 및 평등사상의 구체적 내용과 특징 그리고 그 시대적 의미에 대하여 살펴보고자 한다.

동학을 창도한 최제우는 자신의 종교적 사상 체계를 '동학(東學)'이라는 이름을 천주교를 지칭하는 '서학(西學)'과 구별하고자 하여 '동학(東學)'이라는 명칭을 붙였다. 그러면 동학은 어떤 점에서 서학과 구별되는 사상체계가 된다는 것인가? 최제우는 몇 가지 기준을 제시함으로써 동학과 서학을 구별하였다. 서학의 천주는 만물의 창조주이지만, 동학의 천주는 창조주가 아니고, 동학은 인간과 한울님을 동질적으로 보지만 서학은 구별되는 것으로 보고, 동학은 현세적인 복락을 추구하지만, 서학은 현세적 복락을 초월한다는 것이다.[13)]

최제우는 서학으로서 천주교가 지니고 있는 폐단과 이로부터 말미암는 위기의식을 「포덕문(布德文)」에서 다음과 같이 표명하였다.

경신년(1860)에 이르러 전해들은 말이 있으니, "서양 사람들은 부귀함

13) 이상익, 앞의 논문, 388쪽.

> 을 취하지 않는 것을 천주의 뜻이라고 생각하면서도 침략하여 천하를 취하고 천주의 성당을 세우고 그의 교리를 실천한다"라고 하였다. 그래서 나 또한 '그럴 수 있는가 어찌 그럴 수 있는가' 하는 의심을 가지졌다.[14]

최제우는 천주교가 부귀를 추구하지 않는다고 하면서 뒤로 천하를 침략하면서 천주교 교리를 전파하고 실천하는 것을 보면서 그 교리의 진정성을 의심하였다. 곧 그는 천주교가 기본적으로 이기적인 욕망을 추구하는 교리를 가지고 있는 점을 비판하였다. 「논학문(論學文)」에서 최제우는 서도와 천주학을 서양제국이 군사력과 물리적 힘을 무기로 동양을 침략한 세력의 이념적 토대가 되는 것으로 보았다. 그는 천주교를 전파하는 세력과 제국주의 세력을 결합하여 일치시키고 있다. 곧 "서양 사람들은 도를 이루고 덕을 세워서 조화를 부리는데, 무슨 일이든 이루지 못하는 것이 없고, 무기로 공격하면 당할 사람이 없다. 중국은 망해서 없어질지도 모른다. 서양 사람들이 이렇게 할 수 있는 것은 다름이 아니라, 그들이 '서도'라고 부르는 도와 '천주교'라고 부르는 학문과, '성스러운 교화'로 부르는 가르침을 가졌기 때문이다. 그렇다면 그들은 천시를 알고, 천명을 받았다는 말인가?"[15]라고 하였다. 최제우는 서양 천주교를 전파하는 세력이 이기적인 욕구를 가지고 중국을 침략하는 것을 볼 때, 이들이 과연 천명을 받은 사람들인지를 의심하고 있다.

---

14) 『東經大全』「布德文」, "至於庚申, 傳聞, '西洋之人, 以爲天主之意, 不取富貴, 攻取天下, 立其堂, 行其道.' 故吾亦有其然豈其然之疑."

15) 『東經大全』「論學文」, "夫庚申之年, 建巳之月, 天下紛亂, 民心淆薄, 莫知所向之地. 又有怪違之說, 崩騰于世間, 西洋之人, 道成德立, 及其造化, 無事不成, 功鬪干戈, 無人在前, 中國燒滅, 豈可無脣亡之患耶. 都緣無他. 斯人, 道稱西道, 學稱天主, 敎則聖敎. 此, 非知天時而受天命耶."

최제우는 서학과 동학이 다른 점을 하늘의 뜻과 기운, 본성, 그리고 가르침에 따라 자연스럽게 조화를 이루어내는 것과 자신만을 위한 계책으로 감화와 가르침이 없다는 점에서 서학과 동학이 다르다는 것을 구체적으로 제시하였다.

> 우리의 도는 인위적이지 않게 조화를 이룬다. 하늘의 마음을 지키고, 그 기운을 바르게 하며, 그 본성을 따르고 그 가르침을 받아들여, 조화는 자연스러운 가운데 나온다. 서양사람들은 말에 조리가 없고, 글에는 시비판단의 분별이 없어서 전혀 천주를 위하는 단서가 없이, 다만 자신을 위하는 계책만 이루기를 축원할 뿐이다. 몸에는 하늘 기운에 감화된 신명함이 없고, 학문에는 천주의 가르침이 없다. 하늘의 형적만 있고 실제 행적은 없고, 하늘님을 생각하는 것 같지만, 위하지도 않는다. 그 도는 허무에 가깝고, 학문은 천주를 위한 것이 아니니, 어찌 다름이 없다고 할 수 있겠는가.[16]

천주교의 실체를 최제우는 신명한 기운의 감화를 결여한 채 진실로 천주를 위하지 않고 자신의 몸을 위한 계책을 도모하는 사교(邪敎)로 간주하였다.

그러면 동학은 사람과 한울님을 연속적으로 통일시키는 우주론적 토대를 어떤 논리로 구축하는가? 최제우는 도가적 천도관과 『주역(周易)』의 원리를 자신의 사상체계의 우주론적 토대로 삼았다. 포덕문 서두에서 "상고시대 이래 봄가을이 번갈아 교대하고 네 계절이 순환하며 옮기지 않고 바뀌지 않으니 이것은 또한 천주가 조화를 이루는 자

---

16) 『東經大全』 「論學文」, "吾道, 無爲而化矣. 守其心, 正其氣, 率其性, 受其敎, 化出於自然之中也. 西人, 言無次第, 書無皂白, 而頓無爲天主之端, 只祝自爲身之謀, 身無氣化之神, 學無天主之敎, 有形無迹, 如思無祝, 道近虛無, 學非天主, 豈可謂無異者乎."

취로 세상에 현저하다"라고 하였다. 또 그는 천도(天道)를 언급하면서 "하늘과 땅의 모든 현상에는 차고 비며 번갈아 교대하는 이수가 있으며, 동정하고 변역하는 이치가 어찌 없겠는가"[17]라고 하여, 불변의 정해진 자연의 이법이 있다고 하여 도가적 자연관을 피력하였다. 그는 「수덕문(修德文)」 서두에서 "원형이정(元亨利貞)은 천도의 불변하는 것이다"[18]고 하여 『주역(周易)』에서 천지의 덕을 의미하는 원형이정을 통하여 천도(天道)의 항상성을 설명하였다.

최제우는 천하만물(天下萬物)이 한울님의 기운으로 화생(化生)하였고, 모든 생명들이 한울님을 모시지 않은 것이 없으며, 사람과 한울님의 이치가 따로 있다고 보지 않았다. 또한 사람을 떠나서는 한울님을 찾을 수 없고, 한울님은 사람의 마음속에서 비로소 존재할 수 있는 것으로 보았다. 그리고 사람은 한울님의 기운으로 혼연일체(渾然一體)하는 존재로 여겼다.[19] 그는 동양의 천인합일사상에 의거하여 '인내천(人乃天)'과 '시천주(侍天主)'라는 구절을 통하여 하늘과 사람이 동일성을 가지고 있음을 드러냈다. 여기에서 시천주는 설명을 할 필요가 있다. '시(侍)'는 마음 안에 신령함이 있고 밖에는 기운의 감화가 있어서 한 세상 사람이 모두 자각하여 변치 않는 것이다. 또 '주(主)'는 높이 받들어서 부모처럼 섬기는 것이다.[20] 이렇게 볼 때, '시천주(侍天主)'는 안에 신령하게 있는 하늘님을 높이 받들어 모시는 것을 뜻한다.

---

17) 『東經大全』「論學文」, "夫天道者, 如無形而有迹. 地理者, 如廣大而有方者也. 故天有九星, 以應九州, 地有八方, 以應八卦. 而有盈虛迭代之數, 無動靜變易之理."

18) 『東經大全』「修德文」, "元亨利貞, 天道之常."

19) 高榮娕, 위의 논문, 19쪽.

20) 『東經大全』「論學文」, "侍者, 內有神靈, 外有氣化, 一世之人, 各知, 不移者也. 主者, 稱其尊, 而與父母同事者也."

최제우는 이렇게 마음에 신령함으로 내재해 있는 하늘님을 진심으로 믿으면, 정성이 지극해지고, 그렇게 되면 한울님을 공경하게 된다고 하였다. 그는 "우리의 도는 넓으면서도 간략하여, 많은 말을 할 필요가 없다. 별다른 도리가 있는 것이 아니고, 정성과 공경, 믿음뿐이네"[21]라고 하였다. 그런데 한울님을 믿는다는 것은 심적인 것에만 그치지 않고 육체적인 것도 아울러 요구한다. 최제우는 이것을 '수심정기', 즉 마음을 지키고 기운을 바르게 하는 것이라고 말한다.

최제우는 나아가 후천개벽사상을 제시하였다. '후천(後天)'이란 말은 '선천(先天)'에 상대되는 말로서 『주역(周易)』에서 유래하였다. 『주역』「건괘(乾卦) · 문언전(文言傳)」에 "하늘보다 앞서 해도 하늘이 어기지 않고, 하늘을 뒤따라 해도 하늘의 때를 받든다"[22]라는 구절에서 유래하였다. 최제우 또한 선후천 관념을 가지고 개벽을 언급함으로써 후천개벽사상을 제시한 것이다.

최제우가 제시한 후천개벽사상은 기존의 불평등과 억압이 고착화되어 있는 당시의 시대적 환경에 대한 반성으로서 기존의 과거 세계로부터 이상이 실현되는 새로운 세계가 열린다는 의미를 내포하고 있다. 그는 후천의 새로운 문명을 열어가야 하는 시대적 상황을 다음과 같이 제시하였다.

> 가련하네, 가련하네! 우리나라 운수가 가련하네. 지난 세월 일본이 나라를 침략한 임진년이 몇 해나 지났는가? 240년이 지나지 않았는가? 이

21) 『東經大全』「座箴」, "吾道博而約, 不用多言義, 别無他道理, 誠敬信三字."

22) 『周易』「乾卦」「文言」, "先天而天弗違, 後天而奉天時." 후천개벽사상가들은 그들이 염원하는 새 세상 이전을 '先天'의 세상으로 보았는데, 이 先天의 세상 역시 처음 천지가 開闢할 때를 기준으로 그 이전이 '先天'이고, 그 이후가 '後天'으로서 이 자체가 상대적 개념이다.

제는 모든 나라들이 이상한 질병 같은 운수를 이기고 다시 새로운 문명을 열어가야 하지 않는가? 그래서 요순임금이 다스렸던 세상처럼 나라가 태평하고 백성이 편안한 세상이 되어야 하지 않는가?[23)]

그는 임진왜란 때의 운수와 이상한 질병을 이겨내고 새로운 문명의 개벽을 통하여 요순임금 때와 같은 치세를 이룰 것에 대한 희망과 책임의식을 강조하였다. 이러한 새로운 시대의 열림에 대한 이론적 근거를 최제우는 천도의 순환과 『주역』에서 말하는 변화의 보편적 원리에서 찾고 있다. 그는 「교훈가」에서 "부귀한 사람은 이전에는 빈천했던 사람이고, 빈천했던 사람이 오늘은 부귀한 사람이 되네. 천운이 순환하여 가서 오지 않는 것이 없다. 그러나 이내 집은 적선적덕(積善積德) 하는 공이 전에부터 여전하니, 후에 드러나는 공이 없겠는가"[24)] 라고 하였다. 또 "우리는 무슨 팔자 고진감래 없겠는가. 흥진비래 무섭더라 한탄말고 지내보자"[25)]라고 하여, 인간 세상에서의 삶의 길흉선악이 시간적 선후의 상황에 따라 변천되고 바뀐다는 것을 강조하였다. 나아가 최제우는 천도의 순환으로 부귀빈천이 서로 바뀌는 만큼 통시대적 관점에서 선과 덕을 쌓음으로써 누구나 부귀를 누릴 수 있음을 들어 도덕적 평등사상을 표명하였다. 이러한 평등의 원리를 그는 다음과 같은 논조로 제시하고 있다.

사물의 이치를 분별하지 못하는 사람들은 별생각 없이 불쑥불쑥 이치에 맞지 않게 '지금 세상은 하늘도 노쇠하여 영험하지 못하다. 몹쓸

23) 『龍潭遺詞』 「安心歌」.

24) 『龍潭遺詞』 「教訓歌」.

25) 『龍潭遺詞』 「安心歌」.

> 사람에게는 복을 주고 어진 사람은 곤궁하게 한다는 말만 한다. 또한 어쩌다 조금 수양한 사람을 보면 그의 지위와 문벌을 보고 집안 형편을 보면서 아부하여 말하기를 '누구는 지위도 좋고 집안도 좋으며, 문장력도 뛰어나니 도덕군자가 분명하다'라고 추존하며 부끄러워하지도 않는다. 우습구나, 저 사람이여! 사회적 지위와 집안 형편이 군자와 무슨 상관이 있으며, 글 잘 쓰는 것이 도덕과 무슨 상관이 있는가.[26]

이것은 내면적인 덕성으로부터 나오는 것이 아니라 우연적으로 외적으로 주어진 운명적인 것을 보다 강조하는 세태에 대한 비판과 함께 누구나 군자로서 도덕적 수양을 지향할 때 진정한 시천주를 실천할 수 있다는 평등사상을 제시한 것이다. 이러한 견해를 토대로 그는 각박한 세상이 하나로 통합된 평등하게 평화로운 이상사회를 희망하였다. 그는 하늘님은 지공무사하여 선악을 가리지 않고 어지럽고 각박한 이 세상을 모두 함께 하나로 돌아가게 한다[27]고 하였다.

요컨대, 최제우는 천주(天主)를 인간과 구별되는 만물의 창조주로 간주하면서 현세를 초월한 복락을 추구하는 서학이 실제로는 침략과 욕망을 비호하는 제국주의 이데올로기의 도구라고 간주하여 그 비진실성을 의심하면서 동학을 창도하였다. 동학은 서학과 달리 천주를 마음에 내재하여 인간과 동질적인 것으로 보았으며, 수심정기(修心正氣)를 통하여 시천주를 실현함으로써 개벽의 새로운 이상사회를 이룰 수 있다고 보았다. 여기에는 사회개혁의 기본원리로서 '평등'과 '평화' 개념을 중심으로 하는 평등사상이 내포되어 있다고 할 수 있다.

---

26) 『龍潭遺詞』「道德歌」.

27) 『龍潭遺詞』「道德歌」.

4. 이돈화의 상호부조론 중심의 사회진화사상

윗 장을 이어서 이 장에서는 동학사상과 크로포트킨의 아나키즘 사상의 연관성을 보다 직접적으로 매개하는 역사적 인물로서 이돈화의 사상에 내포되어 있는 아나키즘적 특색을 살펴보기로 한다. 이돈화(李敦化, 1884~?)는 1884년에 태어나 동학의 기본 사상을 기초로 삼아 시대적 요청에 따라 서양사상을 수용하여 천도교 이론을 새롭게 이론화한 인물이다. 그는 『개벽(開闢)』을 창간하여 편집을 맡아 핵심 역할을 하였다. 특히 그는 1925년 『조선농민』의 편집 겸 발행인이 되었고, 1932년까지 조선농민사 이사로 활동하였다.

『조선농민』은 농업대중의 인격해방과 지식각성, 농촌 경제의 구제를 위하여 1925년 12월에 창간한 농민잡지이다. 그런데 중요한 근대 매체였던 『조선농민』에는 천도교와 아나키즘의 결합양상이 드러나고 있으며, 허문일이라는 농민작가의 문학작품에는 그 구체적인 사례가 나타나 있다. 1920~30년대 당시 천도교와 아나키즘은 인간의 본성에 대한 신뢰, 공동체주의, 주체적 자기 인식 강조, 경제적 자립을 목표로 한 조합주의라는 점에서 공통분모를 지니고 있었다. 이와 같은 공통분모는 천도교와 아나키즘을 소통시키는 기반이었다.[28] 여기에서 이돈화가 『조선농민』의 편집주간 역할을 했다는 사실은 아나키스트

28) 김택호, 「천도교와 아나키즘의 결합 –조선농민사 기관지 『조선농민』과 『농민』을 중심으로」(『동학학보』 21, 2011), 41쪽.

의 크로포트킨 아나키즘에 대한 관심과 연구가 활성화되던 시기에 아나키즘을 직접 접하는 핵심 매체가 되었음을 알 수 있다.

이돈화가 동학사상을 이어서 천도교 사상을 새롭게 하는 것은 그의 『신인철학(新人哲學)』에 잘 나타나 있다. 그는 이 저술에서 동학의 우주관, 인생관, 사회관을 포괄하는 보다 체계적이고 완정한 형이상학적 체계를 세웠다. 다시 말하면, 이돈화는 이 저술에서 수운주의(水雲主義) 철학의 핵심으로 우주관, 인생관, 사회관을 제시하였다. 그에 따르면, 인간은 천도(天道) 또는 신(神)으로 표현되는 한울이 지기적(至氣的) 생명이 본체적 자아인 무궁아(無窮我)가 되어 현상아(現象我)와 함께 자아를 이루고 있다.[29] 이돈화는 손수 만든 여러 개념을 통하여 인간은 '고립적 존재'가 아니라, 우주, 한울, 생명, 지기(至氣), 대자연 등과 연결되어 있는 '전적(全的) 인간'이라는 점을 '의식과 존재'의 양 측면에서 강조하였다. 이러한 인간 이해는 서구 근대사상에서 주류를 이루는 개인주의 인간관과 큰 차이를 보인다.[30] 이돈화의 이러한 우주론은 아나키즘과 동학의 공통적 이상으로서 주체적 인식과 공동체주의를 강조하는 입장에 기초를 제공한다.

그는 「도덕관」에서 "오늘날 진정한 평등애(平等愛)의 욕구는 관념적인 종교적 애(愛)에 있기보다는 도리어 계급투쟁 속에서 보는 감이 없지 않다. 왜 그러냐 하면 계급투쟁은 계급을 없애고 경제적 평등을 요구하는 점에서 인류평등애의 실현을 내용적으로 포함하였다 볼 수 있기 때문이다"[31]고 하였다. 이것은 기독교를 비판하고 사회주의의

---

29) 李敦化, 『新人哲學』(日新社, 1995), 16-61쪽.

30) 허수, 「일제하 李敦化의 사회사상과 天道教 : '宗教的 啓蒙'을 중심으로」(서울대 박사논문, 2005), 147쪽.

31) 李敦化, 『新人哲學』(日新社, 1995), 272쪽.

사회개조활동에 대하여 일정 정도 의미부여를 한 것이라 할 수 있다. 한 걸음 나아가 이러한 주장은 그가 유산계급과 무산계급의 차별에 따른 경제적 불평등을 계급투쟁으로 극복하고자 하는 아나키즘적 평등관을 제시하는 것으로 평가할 수 있다.

1930년대의 조선농민사의 농민운동은 '인내천적 농본주의'에 입각한 것이었다. 여기에서 '인내천적 농본주의'는 "모든 사람이 서로 한 몸뚱이라는 관념 아래서 농업을 토대로 하여 서로서로 사랑하고 도우며, 진보와 향상과 발전이 있게 하자는 주의였다. 이러한 관점에는 인간중심주의에 입각하여 농촌문제를 해결하자는 천도교 신파 특히 이돈화의 입장이 반영되어 있다."[32] 이러한 이돈화의 사상적 입장은 바로 크로포트킨의 「상호부조론」의 논지와 일치하는 것으로 볼 수 있다.

『신인철학』에서 이돈화는 마르크스주의 역사철학 즉 사적 유물론을 의식하면서 식민지조선의 '현 단계'를 타파하고 나아가 인류의 현 단계를 개선하는 데 바탕이 될 만한 역사철학을 제시하고자 하였다. 그러는 가운데 이돈화는 '반항도덕' 개념을 사용하였는데, 우연히 비슷한 시기에 러셀은 불관용으로 특징지워지는 것으로 보이는 서구 문명의 대세에 저항해야 한다는 논리, 그리고 그 저항을 가능하게 하는 논리를 설파하였다.[33] 그러나 러셀의 '저항도덕' 개념은 현실 사회에 대한 진솔한 관심과 스스로가 자유로운 무정부주의, 좌파, 회의적 무신론적 기질이라고 불렀던 러셀의 성향에서 나온 필연적인 개념이라고 할 수 있다. 이러한 러셀 철학의 특성에 따라 1920년 초에 김경주는 크로포트킨 사상과 러셀의 철학을 함께 소개하였다.[34] 이러한 사

32) 허수, 위의 논문, 151쪽.

33) 이유진, 「이돈화 반항도덕과 러셀 저항관념의 비교」(『동학학보』 36, 2015), 203쪽.

실로 보아 이돈화는 러셀의 '저항도덕'이란 개념을 접했을 가능성이 매우 높은 것으로 추론된다. 이렇게 볼 때, 이돈화가 『신인철학』에서 천도교를 이론적으로 체계화한 내용 속에는 아나키즘과 연속적 의미를 가지는 내용이 많이 포함되어 있음을 알 수 있다.

보다 구체적으로 이돈화는 '사회진화사상'이란 제하에 동서양의 사회진화사상을 다섯 가지[35]로 구분하여 그 핵심 특징을 서술하였다. 그는 이 가운데 다윈의 진화론과 이를 이은 사회진화론과 대비하여 크로포트킨의 상호부조에 근거한 사회관을 제시하였다. 먼저 그는 각각 성악설과 성선설에 기초한 사회계약설의 사례로 중국 고대의 순자와 같이 홉스와 루소의 사회계약설의 핵심적 의미를 비교하여 제시하였다. 그는 홉스의 인간의 자연상태와 국가관을 다음과 같이 요약하였다.

> 사람은 근본으로 말하면 사욕의 덩어리다. 인류는 자연 상태에서는 다만 일절에 대한 일절의 전쟁뿐이다. 그러나 인류의 이러한 상태는 결코 각자 생존에 유리한 것이 아니다. 이 상태는 원래 자기보존욕으로부터 생긴 것이다. 그러나 인류가 이 상태를 유지하는 한에서 사람은 문득 그 존재의 위험과 비참이 그칠 날이 없다. 여기서 사람은 서로 계약으로서 각기 자기의 성악적 자연권을 방기하고 국가를 만들고 최고권력을 설하여 모든 사람으로 하여금 이 권력 아래 예속하도록 하여야 될 것이다.[36]

---

34) 주석 2)번 참조

35) 다섯 가지 사회진화사상은 구체적으로 '성악설에 基한 사회계약설', '성선설에 基한 사회계약설', '자연도태설에 基한 사회진화론', '상호부조설로 본 사회관', '경제적 기초로 본 사회관' 등으로 구분하였다.

36) 李敦化, 『新人哲學』(日新社, 1995), 126쪽.

여기에서 이돈화는 이런 권력이 집단적인 것일 때 민주국이라고 할 수 있으며, 국가 권력이 다 같이 사람성을 악으로 해석한 점에서 성악설로 본 사회계약설이라고 이름한다고 하였다. 이와 비교하여 루소의 성선설에 기초한 사회계약설은 다음과 같이 요약된다.

> 사람은 그 자연상태에서는 다만 자유와 평등과 행복뿐이 있었다. 그런데 사람이 그 사회적 생활이 어느 점까지 발달되면 그 본래의 자연상태를 유지하지 못하게 되는 정도에 이르는 것이다. … 모든 사람은 자연상태를 사회의 힘에 의하여 유지하게 하는 대신 그들은 그 자연 상태에서 가졌던 권리의 전부를 사회에 양도하지 않으면 안 된다. 각인의 권리를 사회에 양도하는 것은 자유를 해하는 것이 아니다. 왜 그러냐하면 각인은 그 권리의 전부를 사회에 제공하기 때문에 사회로부터 제공된 그 권리의 전부를 자기의 것으로 향수(享受)할 수 있다. 그러므로 계약사회의 성질은 전혀 평등이 되지 않으면 안 된다.[37]

이돈화에 따르면, 루소의 이러한 사회계약 이론과 별개로 귀족이나 승려들은 자기들만 평등권을 가지고 인민들은 무자비와 전제권을 가지고 대하게 되면서, 평등은 가고 자유는 쓰러졌다고 보았다.

이어서 그는 '자연도태설에 기초한 사회진화관'에서 다윈의 진화론과 헉슬리의 사회진화론을 제시하였다. 곧 생물은 우승열패의 원리에 의하여 가장 생존경쟁에 능한 자가 유전의 원인이 되고, 자연도태의 승리자가 된다. 그는 다윈의 이론을 계승한 후세학자 특히 헉슬리와 같은 사람은 아주 한쪽으로 치우쳐 순전히 생존경쟁의 원리뿐이 진화의 원칙이라고 하여 동물계로 하여금 잔인한 투쟁의 수라항(修羅巷)을

37) 이돈화, 위의 책, 127쪽.

만들어 놓았다[38]고 하였다.

이어서 이돈화는 크로포트킨의 상호부조설에 따른 사회관을 기술하면서 이를 성선설에 속한 사회관으로 이해하였다. 그는 크로포트킨의 주장에 따라서 상호부조설의 발원 동기를 다음과 같이 제시하였다. 곧 "투쟁은 오직 이종속(異種屬)과 이종속 사이에만 행하는 법칙이오, 적어도 한 사회를 형성하고 사는 동물사회에는 상호부조가 행해지며, 상호부조를 행하는 동물일수록 다른 동물보다 생존의 힘이 강하며, 또는 지력에서든지 신체조직에서든지 반드시 일단의 진보가 있다"[39]고 하였다.

크로포트킨은 『만물은 서로 돕는다』에서 동물계의 상호부조 사례를 말하고 나서 원시시대로부터 근대에 이르기까지 인간 사회의 여러 상호부조의 예를 제시하고 있는데, 이돈화는 이를 다음과 같이 언급하였다.

> 게가 부상한 동무를 협력하여 도와주는 예, 갑충이 자기의 알을 쓸어 부친 유충의 시체들 지중에 묻어주는 예, 개미와 꿀벌이 단결력으로 정교한 상호부조를 행하는 예, 기타 기러기, 오리 등의 수다한 동물들의 예를 들어 상호부조를 말하였고, 다음은 몽매인의 상호부조를 말했으며, 또 그는 이미 원시시대에 있어서 상호부조를 하던 사실과 에스키모인이 공산주의 생활을 하던 예를 들었고, 다음은 야만인이 상호부조로 공산촌락을 만들어 사는 일과 중세도시의 상호부조가 자유도시를 낳아 놓았

---

38) 이돈화, 위의 책, 129쪽. 이돈화는 '생존경제만을 주장하는 사람의 눈에 비친 인생은 다만 강하고 민첩하고 교활한 자가 승리자가 되고 만다는 것이다. 이 주장은 어느덧 홉스의 말에 환원되고 말았다'고 하여 다윈과 헉슬리의 진화론 및 사회진화론을 홉스의 철학과 연속적 의미를 가지는 것으로 해석하였다.

39) 이돈화, 위의 책, 130쪽.

다는 사실이며, 근세도시의 길드제도와 근대사회의 상호부조 등을 정세히 열거하였다.[40]

이돈화는 계속하여 크로포트킨의 주장을 인용하여 "동물은 모든 수단을 다하여 경쟁을 피하고 있다. 그리하여 이에 성공한 자가 생존의 적자가 된다. 동물 세계의 실제를 관찰하면 가장 잘 경쟁을 피하여 상호부조의 조직을 유지하여 가는 동물일수록 가장 잘 자기에게 적응한 종속이 번영케 된다"고 하였다. 그에 따르면, 크로포트킨 또한 개체간 경쟁을 인정하지만, 실제 생존경쟁의 적자는 동지가 서로 전쟁을 하는 동물이 아니고, 상호부조하여 자기의 단체를 공고케 하는 동물이야말로 가장 적자가 된다고 보았다. 이러한 관점에서 크로포트킨의 설을 인간사회에 적용하면, 인간사회를 성립시킨 원인도 또한 생존경쟁에 있지 않고 상호부조에 있을 것인즉, 사회조직 사회진화의 원동력이 다 같이 인류의 상호부조에서 나왔다고 할 것이라고 보았다.

이돈화는 동물계의 생존경쟁을 인간계에도 적용하는 것의 잘못을 지적하면서 헤겔을 비판하기도 하였다. 그는 다음과 같이 언급하였다.

> 자연계의 생존경쟁에 있다 하여 인간계에도 또한 동일한 율법으로 지적한다는 것은 큰 잘못이며, 화단(禍端)이다. 이 점을 통견한 크로포트킨은 일찍이 헤겔을 비판하여 헤겔은 생물계 일반을 통하여 모든 생물간에는 잔인무자비한 생존경쟁뿐이 있다고 말하나, 그는 전혀 자연계를 그릇 본 것이라고 하였다. … 그는 또 '동물중 서로 끊임없이 투쟁하는 자와 상호부조하는 자가 어느 것이 적자이냐고 묻는다면, 우리는 곧 상호부조의 관습을 취득한 자야말로 의심 없이 적자가 될 것을 안다'고 하였다.[41]

40) 이돈화, 위의 책, 130쪽.

위의 인용문에서 이돈화는 크로포트킨이 헤겔에 대한 비판을 통하여 자연계의 생존경쟁을 인간계에 직접 적용하여 인간성을 잔인한 동물적 차원으로 낮추는 것은 인간성의 순류적 향상을 막고 역류적 향상을 말하는 것에 지나지 않는다[42]고 주장하였다.

이돈화는 1930년 『신인철학』을 출간한 이후 이러한 사상적 기초를 가지고 현실사회에 적용하여 천도교를 정착시키는 노력을 하였다. 그는 『신인철학』을 간행하면서 종래의 인내천주의를 수운주의로 개칭하고, 마르크스주의와 같은 독자적 사상체계를 세우게 되었고, 서양의 철학과 종교를 모두 극복했다고 보았다. 이돈화는 우파진영의 논객으로서 사회주의를 익히고 그것을 천도교 사상과 교리체계 안으로 끌어들이는 동시에 비판하는 자세를 취하였다. 『신인철학』을 발간한 이후 천도교 신파의 청년 지도자들을 중심으로 수운주의를 연구하고 사회적으로 선전하는 흐름이 생겨났다.

이후 1931년 4월 6일 '수운주의의 이론적 체계를 구명 발전시킨다'는 취지 하에 김사용(金司鏞), 임연(林然), 김병제(金秉濟), 조종오(趙鍾浯) 등이 주동하여 수운주의연구회를 창립했다. 이들은 그해 7월 중앙과 지방의 천도교 이론가를 총망라한 인내천주의연구회로 확대 개편되었다. 이후 이들의 활동으로 수운주의에 관한 강좌가 실시되었고, 수운주의에 입각한 문화운동이 탄생하기도 했다.[43] 이러한 과정을 거치면서 이돈화는 『신인철학』에서 서양철학과 사회주의, 무정부주의적 관점을 제시함으로써 일제강점기에 문화운동을 통하여 천도교를 정

41) 이돈화, 위의 책, 140쪽.

42) 이돈화, 위의 책, 140쪽.

43) 「문화운동의 신전망」(『신인간』 1월호, 1933).(김정인, 『천도교근대민족운동연구』(한울, 2009), 289쪽)

착시키는 데 커다란 영향을 미쳤다.

요컨대, 이돈화는 그의 종교 철학을 잘 반영하고 있는 『신인철학(新人哲學)』에서 동학의 우주관, 인생관, 사회관, 도덕관을 포괄하는 체계적이고 완결된 형이상학적 체계를 세웠다. 다시 말하면, 이돈화는 이 저술에서 수운주의(水雲主義) 철학의 핵심으로 우주관, 인생관, 사회관을 제시하였다. 그는 각각 성악설과 성선설에 기초한 사회계약론과 생존경쟁이론, 상호부조론, 경제적 사회관 등의 사회진화론을 차례로 제시하였다. 이러한 어려 가지 사회진화론 가운데 그는 '평등'과 '협력'을 중심으로 하는 상호부조론을 인간사회의 핵심적인 구성원리로 간주하였다. 이렇게 하여 이돈화는 크로포트킨의 상호부조론을 자신의 아나키즘적인 사회진화사상의 핵심적 기초가 되는 이론으로 제시하고 있다.

5. 크로포트킨의 「상호부조론」에 내포된 사회 · 경제적 평등주의

이 장에서는 19세기 후반 이후 공산주의 운동이 활발하게 전개되던 시기에 아나키즘적 공산주의[44]를 제창했던 크로포트킨의 상호부조론을

44) 서양에서 아나키즘 이론을 제시한 초기 인물로 윌리엄 고드윈(William Godwin, 1756~1836)이 있다. 고드윈은 프랑스혁명을 끔찍한 광기라고 비판한 버크(Edmund Burke)에 반론을 제기한 『정치적 정의』를 출간하였다. 이 저술에서 그는 "국가는 인간의 이성이 자유롭게 발전하는 것을 구속하는 최악의 조직이라고 정의하였다. 아나키즘의 본질적 특

중심으로 하는 사회사상에 내포된 평등사상적 의미를 동학사상의 상관적인 의미지평을 염두에 두면서 그 내용을 검토해 보기로 한다. 크로포트킨의 아나키즘적 공산주의에는 상호부조론을 중심으로 하는 경제적 평등주의가 핵심 이론으로 포함되어 있다. 따라서 이 장에서는 그의 상호부조론을 중심으로 하여 경제적 평등의 원리가 어떻게 구성되어 있으며 그 궁극적 지향이 어디에 있는가를 살펴보기로 한다.

크로포트킨은 러시아 귀족의 후예로 1842년에 모스크바에서 태어났다. 그는 1857년 육군유년학교에서 공부하고 졸업 후에는 시베리아 코자크부대에서 근무하면서 탐험과 과학적 연구 현장에서 지리학적 작업에 몰두하였다. 그는 북만주 탐험대 대원으로 참가하여 새로운 화산대를 발견하였고, 3년 동안 지질학 연구 끝에 시베리아의 파톰스키 고원에서 빙하의 흔적을 찾아냈다. 또한 그는 시베리아의 교도소와 유형(流刑)제도를 개선하는 데 관심을 가졌을 뿐만 아니라 도시 자치운영 프로젝트에도 참가하였고, 관리들의 권력 남용을 조사하기도 하였다. 이 경험을 통하여 그는 행정기구를 이용하여 민중에게 유익한 일을 한다는 것이 불가능하다는 것을 깨달았다.[45)]

크로포트킨의 아나키즘적 공산주의의 평등사상을 검토하기 전에 대한제국 일제강점기의 대표적인 아나키즘 이론가였던 류자명(柳子明,

---

징을 구비한 이 저술은 정부에 의존하는 전 사회제도를 거부하고 물질적 재부의 자발적 공유에 기초하여 권력을 최소화한, 권한이 분산된 소박한 사회를 구상하였다. 정당을 반대하고 자연스럽고 폭넓게 합해지는 소집단, 아나키즘의 조직형태를 주장한 최초의 인물이다. 정부는 악을 대변하고 정부는 인간의 판단과 양심을 침해한다. 거대하고 복잡한 중앙집권화한 국가는 인류에 유해하고 불필요하다. 국가가 해체됨에 따라 지방화한 관리형태가 나타나고 사회의 지역단위는 교구로 이루어진다"고 하여 아나키즘의 핵심 특징을 열거하였다.(오장환, 『일제하 한국 아나키즘 소사전』(소명출판, 2016), 14쪽)

45) 크로푸트킨 지음, 이상률 해설, 『빵의 쟁취』(2016), 323-324쪽.

1894~1985)이 크로포트킨의 「상호부조론」이 가지는 다음과 같은 역사적 의미를 소개할 필요가 있다.

> 크로포트킨의 저작은 철학, 경제학, 생물학, 문학, 예술 등 광범한 내용을 포괄하고 있었다. 그가 쓴 『윤리학』은 인생철학을 서술한 것이고, 「상호부조론」은 생존경쟁이 생물진화의 동력이라고 인정한 다윈의 진화론과 반대로 상호부조가 생물진화의 중요한 인소라고 주장하였다. 당시 구라파 각국의 제국주의자들은 다윈의 생존경쟁의 학설을 저들의 식민침략전쟁을 변호하는 데 이용하였다. 그러나 크로포트킨의 「상호부조론」은 침략을 반대하는 근거가 된다고 나는 생각한다.[46]

1900년을 전후하여 한·중·일에 유행했던 서양제국주의 열강이 그들의 팽창주의 이념의 핵심이론으로서 생존경쟁과 자연선택을 중심으로 하는 진화론에 대한 관심이 증대되던 시기에, 다른 한편으로 크로포트킨의 상호부조론이 침략을 반대하는 이념적 근거로 한·중·일의 아나키즘 사상가들에 의하여 관심의 대상이 되었다. 위에서 보듯이 크로포트킨의 상호부조론은 진화의 중요한 요소가 생존경쟁에 달려 있다는 다윈적 관점과 대조적으로 생물의 진화는 개체간의 상호협력에 의존한다는 학설을 제시하였다. 그는 이러한 학설을 정치사회적 경제적 차원에 적용하여 평등주의에 입각한 아나키즘적 공산주의를 주창한 것이다.

크로포트킨이 제시했던 아나키즘적 공산주의의 핵심이론으로서 상호부조론은 그가 젊은 시절 경험했던 지리학, 동물학적 탐구에서

46) 유자명, 『유자명의 수기, 한 혁명자의 회억록』(독립기념관), 53쪽.(조세현, 「동아시아 삼국(한중일)에서 크로포트킨 사상의 수용 -「상호부조론」을 중심으로」(『中國史硏究』 39, 2005)에서 재인용)

영감을 얻은바 컸다. 생물계 중에서도 동물계의 군집생활을 관찰해보면 개체들이 상호 협조를 통하여 자연의 외적인 도전으로부터 집단을 보호하고자 하는 취지로 행하는 활동의 예가 많다. 크로포트킨은 이런 사실에 대한 관찰을 통하여 생존경쟁이 생물계에 보편적으로 통용되는 원칙이라는 생각을 부정하였다. 하지만 이것은 역사적으로 생존경쟁과 자연선택 과정의 의미에 대한 오해에 기인한다고 할 수 있다. 상호부조와 같은 행동상의 성질도 또한 자연도태와 같이 선택되는 것으로 이해할 수 있으며, 보다 복잡하고 수준 높은 단계로서 향상적 진화로 나아가는 과정으로 볼 수 있다.

그러면 크로포트킨의 사회경제적 평등사상을 핵심으로 포함하고 있는 상호부조론을 중심으로 한 그의 아나키즘적 공산주의의 구체적 내용을 살펴보기로 한다. 먼저 크로포트킨의 「상호부조론」에서 제시한 내용을 통하여 생존경쟁을 넘어서는 진화의 중요 원칙으로서 상호부조가 지니는 의미와 지향을 살펴보기로 한다.

크로포트킨이 제기한 상호부조론은 페테르부르크대학의 총장이었던 케슬러가 선행하여 제기한 문제를 계승 발전시킨 이론이다. 케슬러는 1883년 러시아박물학자대회에서 행한 '상호부조의 법칙에 대해서'라는 강연에서 "자연계에는 상호투쟁의 법칙 외에 상호부조의 법칙이 있는데, 후자가 생존경쟁의 성공을 위해서나 종의 진화를 위하여 훨씬 중요하다"[47]고 보았다.

크로포트킨은 곤충에서 최고의 포유류에 이르기까지 동물계에서 '소그룹이 각기 독립적으로 떨어져서 생활하는 종은 비교적 적고, 그 수도 제한되어 있다'고 하였다. 반면 번영하는 종들의 일반법칙인 상

47) 크로포트킨 지음, 김유곤 옮김, 앞의 책, 522쪽.

호부조는 진화에서 가장 중요한 요소라고 논증했다. 상호부조를 통해 약한 동물은 무서운 맹금이나 맹수에게서 자신들을 보호한다. 상호부조의 사회성이 생존경쟁에 있어서 최대의 무기라고 주장하였다. 자진해서 사회성을 버리는 종은 반드시 소멸하지만, 단결의 방법을 아는 동물은 능력이 다른 동물에 비해 떨어지더라도 생존하고 진화할 기회를 가장 많이 얻는다는 것이다.[48)]

크로포트킨은 「상호부조론」에서 곤충으로부터 포유류를 거쳐 인간사회에 이르기까지 여러 단계에서 구체적인 사례를 통하여 상호부조의 의미와 지향을 설명하였다. 그는 총론적인 수준에서 동물들이 상호부조와 상호지원을 이루는 모습을 다음과 같은 여러 사례를 들어서 설명하였다.

> 나는 각종 동물들의 개체 수가 풍부한 다양한 곳에서 '상호부조'와 '상호지원'이 이루어지고 있는 것을 목격했다. 예를 들면, 수십 종에 달하는 동물들의 수많은 개체가 새끼를 기르기 위해 한데 모여든 호수에서, 설치류의 무리 속에서, 그 당시 미국에서나 볼 수 있을 만큼 철새들이 대규모로 이동한 우수리 강변에서, 그 중에서도 특히 폭설이 내리기 전 강폭이 가장 좁은 곳을 건너기 위해 드넓은 지역에서 수만 마리의 영리한 다마사슴이 몰려든 아무르 강변에서, 내 눈 앞을 지나는 모든 동물들의 삶의 현장에서 나는 상호부조와 상호지원의 양상을 목격했고, 그 때문에 상호부조야말로 생명을 유지하고 종을 보존하고 각 종이 그 이상으로 진화하는 데 더 없이 중요한 특징이 된다고 생각했다.[49)]

그는 설치류, 철새, 다마사슴 등의 사례를 통하여 종이 생명을 유

48) 크로포트킨 지음, 김유곤 옮김, 앞의 책, 523쪽.

49) 크로포트킨 지음, 김훈 옮김, 『만물은 서로 돕는다』(여름언덕, 2015), 9쪽.

지하고 자신의 종을 보존할 뿐만 아니라 보다 높은 단계로 진화하는 데 상호부조가 중요한 요인이자 조건이 된다고 보았다. 송장벌레를 관찰한 예에서도 이러한 사실은 분명하게 드러난다. 그는 송장벌레가 상호부조를 행하는 모습을 다음과 같이 묘사하였다.

> 송장벌레가 알을 까고 애벌레를 먹이려면 반드시 썩어가는 유기물이 있어야 하지만, 그것들이 너무 빨리 썩으면 안 된다. 그러므로 송장벌레는 여리저기 돌아다니다가 이따금 발견하는 온갖 종류의 작은 동물 시체를 땅 속에 파묻어 놓는 습관을 갖고 있다. 송장벌레는 대체로 고립된 생활을 하지만, 그들 중의 하나가 쥐나 새의 시체를 발견하면 혼자서는 도저히 파묻을 수 없기 때문에 다른 송장발레 네 마리나 여섯 마리, 혹은 열 마리 정도를 불러와서 힘께 모아 파묻는다. 필요하다면 그들은 시체를 파묻기 좋은 무른 땅으로 옮긴다.[50]

송장벌레는 생명을 이어가야 하는 절실한 상황에서 그들은 상호부조의 모범적인 일을 하고 나서 누가 매몰된 시체에 알을 깔 것인지를 두고 다투지 않는다. 이러한 상호부조의 예는 일반적으로 협동을 통하여 집을 짓고 먹이를 저장하는 개미가 배고프거나 목마른 다른 개미에게 음식물을 토해서 주는 모습에서도 발견된다. 곧 종이 다르거나 서로 적대적인 집단에 속하는 두 마리의 개미는 우연히 만나면 서로 피한다. 하지만, 같은 집이나 같은 집단에 속한 두 마리 개미는 서로에게 접근하여 더듬이로 몇 가지 동작을 교환한 뒤, 둘 중의 하나가 배고프거나 목마른 상태라면 특히 상대방이 먹이를 잔뜩 먹은 상태라면 즉각 먹을 것을 달라고 요구한다. 그러면 다른 개미는 두

50) 크로포트킨 지음, 위의 책, 31쪽.

개의 턱을 벌리고 적절한 자세를 취한 뒤에 투명한 용액 한 방울을 토해내고, 배고픈 상대는 그것을 핥아 먹는다.[51] 이런 예는 같은 종 안에서 개미가 어려운 상황을 서로 협력하여 해결하는 것으로 개미의 사회성을 잘 보여주고 있다.

단합을 통하여 먹이를 구하는 상호부조의 모습을 크로포트킨은 펠리컨이 물고기를 사냥하는 모습에서 발견하였다. 굼뜨고 어설퍼 보이는 펠리컨이 물고기를 잡기 위해 연합해서 놀라운 대형과 지능을 보여주는 광경은 확실히 주목할 가치가 있다. 그들은 늘 대규모 무리를 이루어 물고기 잡이에 나서고 적당한 만(灣)을 선택한 뒤에는 물가를 마주 보고 넓은 반원을 만든 뒤에 물가를 향해 발을 저어 반원을 좁혀 감으로써 그 안에 갇힌 모든 물고기를 잡는다.[52] 이러한 사례들에서 볼 때 상호부조가 생존경쟁 못지않게 동물의 삶을 이루고 진화를 촉진시키는 기준이 된다고 말할 수 있다. 요컨대, 진화의 한 요인인 상호부조는 종의 유지와 그 이상의 발전을 보장해 주고 최소한의 에너지를 소비하면서 최대한의 행복과 삶의 즐거움을 확보해주는 개체의 습성과 특성의 발전을 촉진하기 때문에 상호투쟁보다 훨씬 더 중요한 법칙이라고 말할 수 있다.[53]

크로포트킨은 이러한 동물군의 상호부조론에 근거하여 아나키즘적 공산주의와 평등사상을 제시하였다. 그는 『빵의 쟁취』에서 아나키즘적 공산주의와 사회적 경제적 평등주의를 다음과 같이 정의하였다.

사유재산을 폐지한 모든 사회는 - 우리의 생각에 따르면 - 아나키즘

51) 크로포트킨 지음, 위의 책, 33쪽.

52) 크로포트킨 지음, 위의 책, 45쪽.

53) 크로포트킨 지음, 위의 책, 27쪽.

적 공산주의로 조직될 수밖에 없다. 아나키는 공산주의로 통하고, 공산주의는 아나키로 통한다. 아나키와 공산주의 모두 현대사회의 지배적인 경향의 표현인 평등의 추구에 불과한 것이기 때문이다.[54]

크로포트킨은 사유재산제의 폐지, 아나키, 그리고 평등을 아나키즘적 공산주의의 핵심 원칙 또는 조건으로 제시하였다. 그러면 그가 이러한 원칙 또는 조건을 가지고 아나키즘적 공산주의를 구체적으로 어떠한 체계로 구축하는가? 먼저 그는 사유재산제도의 폐지와 관련하여 토지와 기계와 같은 생산수단, 그리고 주택 등을 사회적 단체들의 합의로 공동이용을 위해 '수용'해야 한다는 사상을 제시하였다. 그는 '수용'의 의미를 다음과 같이 언급하였다.

만일 공동체의 모든 구성원이 몇 시간의 생산적인 노동을 한 다음에는 문명이 제공하는 모든 즐거움에 대하여 권리가 있다는 것을 안다면, 그는 보잘 것 없는 양식을 위해 자신의 노동력을 팔지 않을 것이다. … 수용은 누구든-그가 은행가이든 기업가이든 지주든- 다른 사람의 노동을 차지할 수 있게 하는 모든 것에 적용되어야 한다. 우리의 말은 간단하고 분명하다. 우리는 누구에게서도 그의 외투를 빼앗고 싶지 않다. 그러나 우리는 노동자들에게 그들을 착취할 수 있게 해 주는 모든 것을 돌려주고 싶다. 우리는 최선을 다해 누구에게도 부족함이 없게 할 것이다. 그 자신과 아이들이 생존하기 위해 노동력을 팔아야 하는 사람이 한 사람도 없어야 할 것이다.[55]

크로포트킨은 노동자들이 자신의 노동력을 팔아서 생계를 유지하

54) 크로포트킨 지음, 이상률 옮김, 『빵의 쟁취』(이책, 2016), 47쪽.

55) 크로포트킨 지음, 위의 책, 73쪽.

는 일이 없도록 하기 위해서 착취의 수단이 되는 개인들의 모든 소유물을 사회 구성원들이 공유할 수 있도록 '수용'해야 함을 강조하였다. 그는 노동력을 팔지 않고 공동체의 모든 구성원이 공동으로 나누어 균등하게 노동하여 문명의 즐거움을 제공하는 것들을 평등하게 쓸 권리를 가지게 해야 한다는 취지를 말하고 있다.

그는 공적으로 수용된 주택을 노동자에게 무상으로 공급하는 것이 인민의 발의에 의해 재가된 것이고, 인민에 의해 선언된 권리라는 것을 강조하여, "노동자는 집주인에게 집세를 주지 않음으로써 단순히 권력 해체의 이익을 얻는 것이 아니라는 사실을 알아야 한다. 그는 주택의 무상이 말하자면 인민의 동의에 의해 원칙적으로 인정되고 재가되었다는 것을 알아야 한다. 무상주택이 인민에 의해 소리 높이 선언된 권리라는 것을 알아야 한다"[56]고 하였다. 그에 따르면, 집의 수용이 이루어지는 날에 피착취자인 노동자는 새로운 시대가 왔음을 알게 될 것이고, 더 이상 부자나 권력자에게 굴복하지 않아도 되어 평등이 공공연하게 선포된다.

크로포트킨은 토지와 기계와 같은 생산수단을 공동의 재산으로 수용해야 하는 이유는 노동자들이 착취당하면서 생산한 이익들이 소수에게만 복지의 혜택을 보장해 주기 때문이라고 보았다. 그래서 그는 "모두의 복지를 이상으로 삼는 사회는 전체적으로 부를 생산하면서 복지를 제공하는 데 도움이 되는 모든 것을 수용하지 않으면 안 될 것이다. 사회는 토지, 공장, 광산, 통신수단 등을 장악해야 한다. 게다가 사회는 생산수단을 연구할 뿐만 아니라 모두를 위해 무엇을 생산해야 하는지도 연구해야 한다"[57]고 역설하였다. 여기에서 그는

56) 크로포트킨, 위의 책, 120쪽.

모두 공동체 구성원에게 최대의 복지를 제공하는 것을 목표로 하기 때문에 모든 생산수단과 대상을 자발적으로 이루어진 사회가 장악해야 하고 또 연구해야 한다고 보았다.

또한 크로포트킨에 있어서, 노동이 임금을 위한 수단이 아니고 노동자 자신의 복지, 즉 신체적 예술적 및 정신적 욕구의 만족과 이 만족의 보장은 노동의 가장 강력한 자극제이다. 그리고 돈 때문에 일하는 자는 단순한 필수품을 힘겹게 생산하지만, 자신의 노력에 비례해서 안락과 사치가 자신과 다른 사람들에게 늘어나는 것을 보는 자유로운 노동자는 훨씬 더 많은 정력과 재능을 발휘해 최고급 제품을 더욱 풍성하게 생산할 것이다. 그래서 모두가 복지와 생명의 모든 표출을 즐길 가능성을 목표로 하는 사회는 자발적인 노동을 제공할 것이다.[58] 크로포트킨은 노동이 소외된 노동이 아니라 자신의 복지와 삶을 향상시키는 실제 활동으로 인식되고 모든 사람에게 평등하게 적용될 때 자발성과 함께 훨씬 커다란 생산력이 창출될 수 있다고 보았다.

나아가 크로포트킨은 자발적 의지를 가지고 평등하게 조직된 단체들의 활동 사례를 통하여 아나키즘적 평등주의를 설명하고 있다. 그는 영국구명정협회와 적십자사를 예로 들고 있다. 그는 영국구명정협회는 19세기에 생겨난 가장 훌륭한 조직 중의 하나로 보면서 그 발생과 운영방식에 대하여 언급하고 있다. "이 협회는 자유로운 합의와 개인의 자발성에서 생겨난 완전히 자연발생적인 운동이었다. 수많은 지역 단체들이 해안을 따라 생겨났다. 발기인들은 지도자인 체 하지 않는 양식을 갖고 있었다. 그들은 어촌에서 그들의 빛을 찾았다. 어떤

57) 크로포트킨, 위의 책, 141쪽.

58) 크로포트킨, 위의 책, 212쪽.

부자가 해변 마을에 구명정 본부를 세우라고 2만5천 프랑을 보냈으나, 장소의 선택은 그 지방 어부들과 선원들에게 맡겼다. 모든 일은 위원회나 지역단체로 조직되는 지원자들에 의해 처리된다! 모든 일은 상호부조와 합의에 의해 처리된다"[59]고 하였다. 그는 영국구명정협회의 활동을 국가로부터 아무런 간섭 없이 모두 자발적 조직을 통하여 자율적으로 선의지를 가지고 행함으로써 상호부조의 이상을 실현하는 사례로 제시하였다.

6. 동학의 사회사상과 「상호부조론」의 의미지평 비교 분석

이 장에서는 동학의 사회사상에 내포되어 있는 평등 및 평화사상과 크로포트킨의 상호부조론을 사회경제적 평등사상의 비교를 통하

59) 크로포트킨, 위의 책, 198쪽. 크로포트킨은 적십자사의 사례를 통해서도 평등주의를 실천하는 구체적 내용을 제시하였다. "적십자사는 각국의 수많은 지역에서 자유롭게 조직되었다. 1870~1871년의 전쟁이 발발했을 때, 지원자들은 사업에 착수하였다. 남녀 가리지 않고 봉사를 하러 왔으며, 수많은 병원과 야전병원이 조직되었다. 기차들은 부상자를 위한 위생부대, 식량, 붕대, 의약품을 실어 날랐다. 영국인, 일본인, 스웨덴인, 중국인이 1871년 부상자들에게 구호물자를 보낸 것은 국제위원회의 명령에 따른 것이 아니었다. 침략받은 지역에 병원이 세워지고 구급차들이 전쟁터로 간 것도 국제위원회의 명령에 따른 것이 아니었다. 각국에서 온 지원자들의 자발성에 의한 것이었다. 그들은 자코뱅주의자들이 예상한 것과 달리 현장에서 한번도 서로 싸우지 않았다. 그들 모두는 국적의 구분 없이 일에 몰두하였다."(크로포트킨, 위의 책, 201-203쪽)

여 그 공통점과 차이점을 살펴보고자 한다. 동학은 모든 인간이 하늘님으로부터 생명과 복을 받아서 태어났기 때문에 부귀빈천과 같은 외적인 운명을 떠나서 정성과 믿음 공경으로 평등하게 도덕을 닦아 실천할 수 있음을 강조하였다. 크로포트킨 또한 곤충에서 인간에 이르는 대부분의 동물계가 보편적으로 상호부조를 행하고, 인간의 경우 연대의식과 신뢰, 그리고 관용, 용기와 같은 도덕적 이념들을 실천하는 의식을 가짐으로써 평등한 사회를 지향한다고 주장하였다. 이 점에서 두 사상은 공통점을 갖는다. 반면 동학이 사회적 도덕적 평등이상을 제시한 반면 크로포트킨은 동물계에 있어서 상호부조론에 대한 탐색과 함께 아나키즘적 공산주의를 지향하여 경제적 평등을 강조한다는 점에서 구별된다.

그러면 동학이 도덕적 사회적 평등이념을 제시하는 구체적 내용을 검토하기로 한다. 최제우는 부귀빈천과 같은 외적이고 귀속적인 운명적 불평등보다도 하늘님으로부터 똑같이 생명과 복을 타고난 점을 강조하였다.

> 높은 하늘 황금대궐에 계신다는 상제님도 선한 사람과 악한 사람을 미리 가려서 태어나게 하지는 않으셨을 것이다. 그러나 조정의 높은 관리로부터 백성에 이르기까지, 모두 다 하늘님으로부터 생명과 복을 받아서 태어난 사람들이겠지만 높은 관리들과 같이 부유하고 귀한 사람들도 있고, 백성들처럼 가난하고 천한 사람들도 있는 현실이다. … 공자님이 말씀하신 가난을 편히 여기며 도를 즐긴다는 가르침은 실천하는 사람이 나 아닌가? 우리라고 하여 무슨 인생의 운수가 가난하고 천하기만 하겠는가? 고생이 끝나면 우리에게도 즐거운 일이 오지 않겠는가? 즐거운 일이 끝나고 슬픈 일이 닥치는 것이 더욱 무서운 일이 아니겠는가?[60]

이 구절은 사람이 태어나서 부귀빈천의 차등이 있는 것은 우연적인 것이지만, 하늘의 상제님이 사람을 낼 때는 선하고 악한 사람을 미리 정해서 낳지 않고 생명과 복을 모두에게 공평하게 내려주었다고 한다. 그리고 우연적인 부귀빈천 또한 고정된 것이 아니고 바뀔 수 있음을 긍정함으로써 운수의 평등함을 말하고 있다. 상황이 이런 만큼 가난을 한탄만 하지 말고 공자처럼 안빈낙도를 통한 도덕적 삶을 살 것을 강조하였다.

최제우는 외적으로 귀천과 고락의 운수상 차이가 있다고 하더라도 군자는 기운을 바르게 하고 마음을 안정시켜서 그 덕을 천지와 같게 하지만, 소인은 기운을 바르게 하지 않고 마음을 바꾸어 천명과 어긋나는데, 이것이 흥하고 쇠퇴하는 이치가 된다[61]고 하였다. 다시 말하면 어찌할 수 없는 외적인 운명에 속박되지 않고 정심정기(定心正氣)를 통하여 천지의 보편적인 덕에 합일하는 군자를 지향할 것을 강조하였다.

그는 사람이 마음의 덕을 닦아 도에 합치하는 과정은 남에게 달려 있지 않고 자율적으로 쌓아가야 하며 믿음과 정성이 중요함을 다음과 같이 언급하였다.

> 마음은 본래 텅 비어서 사물에 응하면서도 흔적이 없다. 마음을 닦아야 덕을 알게 되고, 덕이 밝아져야 도에 합하게 된다. 스스로 덕을 쌓아

---

60) 『龍潭遺詞』 「安心歌」. 최제우는 도를 등진 사람에게도 하늘님의 영명함이 내리는 이유를 질문한 데 대하여 "하늘님은 착한 사람과 악한 사람을 가려서 영을 내리지 않는다"(「論學文」)고 하여 모든 사람에게 평등하게 강림한다고 하였다.

61) 『東經大全』 「論學文」, "命其人貴賤之殊, 定其人苦樂之理. 然而君子之德, 氣有正而心有定, 故與天地合其德, 小人之德, 氣不正而心有移, 故與天地違其命. 此非盛衰之理耶."

> 야지 남에게 달려 있지 않고, 믿음을 가져야지 노력한다고 되는 것이 아니다. 가까운 곳에 있는 것으로 멀리 있는 것이 아니고, 정성에 달려 있지 구한다고 되는 것이 아니다. 그렇지 않은 것 같으나 그러하며, 멀리 있는 것 같으나 멀리 있지 않다.[62]

성리학에서는 마음은 허령불매(虛靈不昧)하여 밝은 지각능력을 가지고 있다고 언급된다. 최제우 또한 마음의 이러한 지각능력을 언급하면서 이러한 능력에 기초하여 덕과 도를 자율적으로 쌓아가야 한다고 강조하였다. 이 과정에서 단순하게 노력하거나 구하기만 해서는 안 되고, 믿음을 가지고 정성을 다하는 것이 중요함을 강조하였다. 특히 그는 믿음을 바탕으로 하여 예절과 청렴의 덕목이 지니는 중요성을 언급하였다. 세상에 살아가는 도리 가운데는 믿음이 으뜸이니 대장부의 의기범절도 믿음이 없으면 어디서 나오며, 삼강오륜의 밝은 법도 예가 없으면 어디에서 나오며, 대장부의 지혜 범절 또한 염치 가운데 있다[63]는 것이다. 곧 믿음과 예와 염치는 대장부가 의기와 지혜로 삼강오륜을 실천하는 바탕이 된다는 취지를 말하고 있다.

최제우의 평등사상은 「도덕가」에서 언급한 하늘님의 지공무사한

---

62) 『東經大全』 「嘆道儒心急」, "心兮本虛, 應物無迹, 心修來而知德, 德惟明而是道. 在德不在於人, 在信不在於工, 在近不在於遠, 在誠不在於求, 不然而其然, 似遠而非遠."

63) 『龍潭遺事』 「道修詞」. 최제우는 믿음의 의미와 중요성을 다음과 같이 설명하였다. "우리의 도는 마음으로 믿어서 정성을 다하는 것이다. 믿을 信字를 풀어보면, 사람이 말한다는 것이다. 말하는 것 가운데는 옳은 것도 있고 그른 것도 있으니, 옳은 것은 취하고 그른 것은 물리쳐서 거듭 생각하여 마음을 정한다. 정하고 나서 말하고, 다른 말을 믿지 않는 것이 믿음이다. 이렇게 닦아야 정성을 이루게 된다."(『東經大全』 「修德文」, "大抵此道, 心信爲誠, 以信爲幻, 人而言之. 言之其中, 曰可曰否, 取可退否, 再思心定, 定之後言, 不信曰信, 如斯修之, 乃成其誠.")

덕에서 현저하게 표현되고 있다. 곧 "하늘님은 지공무사하여 선한 사람이든 악한 사람이든 가리지 않는다. 쌀쌀하고 각박한 이 세상 사람들을 모두 한 몸으로 돌아가게 하는구나"라고 하였다. 그는 지공무사함으로 모든 창생이 하나의 몸으로 귀일하게 하는 것을 하늘님의 역할로 생각함으로써 동학의 평등의 원리의 근원으로 삼았다. 이렇게 동학은 봉건적 신분제적 사회질서에 대한 비판의식과 외세의 위협에 대한 저항의식의 산물이었으며[64], 평등사상은 그 이념적 기반이 되었다.

반면 크로포트킨은 아나키즘적인 공산주의와 사회적·경제적 평등주의를 제창했으나, 이들 사상적 지향 이면에는 모든 인간에게 공통되는 보편적인 도덕 이념을 토대에 상정하고 있다. 그가 이들 학설을 제시하면서 배후에 깔아 두었던 도덕적 이념의 구체적 내용을 검토하기로 한다. 그는 아나키즘적 공산주의를 실행하기 위한 혁명의 시기에 요구되는 것으로 개인과 사회에서 검소함, 관용, 용기, 그리고 박애와 같은 덕목들이 환기될 것이라고 설명하였다. 그는 다음과 같이 혁명이 발생하는 순간에 볼 수 있는 사회적 기풍을 추론하였다.

> 혁명의 순간에 우세한 것은 틀림없이 검소함이라는 취향일 것이다. 사회도 개인과 마찬가지로 비굴함의 시간이 있다. 그러나 사회는 또한 영웅주의의 순간도 있다. 사회가 지금처럼 쩨쩨하고 어리석을 정도로 개인적인 이익의 추구에 빠져 있을 때는 매우 초라하지만, 위대한 시기에는 사회의 모습이 바뀐다. 사회는 고귀함과 부추김의 순간을 갖는다. 용기 있는 사람들은 오늘날 거드름 피우는 자들에게 있는 영향력을 되찾을 것이다. 헌신적인 행위가 나타날 것이며, 위대한 본보기들이 모방될 것이다. 이기주의자들마저도 남에게 뒤지는 것을 부끄럽게 여겨 관

64) 김정인, 『천도교 근대민족운동 연구』(한울아카데미, 2009), 32쪽.

대하고 용감한 사람들과 보조를 맞출 것이다.[65]

국가 권력의 속박으로부터 노동자를 해방시키고자 하는 혁명의 기풍이 형성되는 단계에 있어서 사회는 비굴하고 쩨쩨한 태도로부터 겸소함과 영웅주의, 고귀함, 용기, 그리고 관용과 같은 덕목이 전면에 드러나게 된다는 것이다. 이러한 기풍이 형성될 때는 이기주의자들도 관대하고 용기 있는 사람들과 보조를 맞추게 될 것이다.

크로포트킨이 말한 이러한 상황을 매우 적실하게 설명해 주는 것으로 『주역(周易)』「혁괘(革卦)」가 있다. 「혁괘」 상구효에는 "군자는 표범처럼 변하고, 소인은 얼굴빛만 바꾼다"[66]는 말이 있다. 정이는 이 구절을 해설하여 "변혁의 마지막은 변혁의 도리가 이루어진 때이다. 군자는 선한 사람을 말한다. 선량한 사람은 이미 개혁을 따라서 변하여 그 드러나는 것이 표범의 무늬가 화려한 것과 같다. 소인은 어리석어 고치게 어려운 자이니 비록 마음은 교화되지 못하지만 또한 그 낯빛을 바꾸어서 윗사람의 가르침과 명령을 따른다"[67]고 하였다. 다시 말하면 정치적 개혁을 통하여 새로운 도덕적 기풍이 조성될 때는 이로움만 추구하는 이기적인 소인들도 외적 환경을 따라 그 대열에 참여하게 된다는 것이다.

크로포트킨은 「상호부조론」에서 알류트 사람들의 신뢰의식과 엄격한 도덕률에 대하여 다음과 같이 기록하고 있다.

---

65) 크로포트킨, 앞의 책, 132쪽.

66) 『周易』「革卦」, 上六, "君子豹變, 小人革面, 征 凶, 居貞, 吉."

67) 『周易』「革卦」, 程傳, "革之終, 革道之成也. 君子, 謂善人. 良善則已從革而變, 其著見, 若豹之彬蔚也. 小人, 昏愚難遷者, 雖未能心化, 亦革其面, 以從上之教令也."

알류트 사람들은 좀처럼 약속을 하지 않으려 들지만 일단 약속을 하면 무슨 일이 있어도 꼭 지킨다. 한 알류트 사람이 베니아미노프에게 말린 생선을 선물했는데 그는 출발할 때 서두르느라 그것을 깜박 잊고 해변에 놓고 가버렸다. 그러자 그 알류트 사람은 그걸 집으로 가져갔다. 그걸 선교사에게 다시 전하려면 이듬해 1월까지 기다려야 했다. 한데 11월, 12월이면 알류트 야영지에서는 먹을 것이 몹시 부족해진다. 그런데도 굶주린 사람들은 그 생선을 전혀 건드리지 않았으며, 1월이 왔을 때 생선은 선교사에게 돌아갔다. 그들의 도덕률은 다양하고 엄격하다. 피할 수 없는 죽음을 두려워하는 것은 수치스러운 일로 간주된다.[68]

알류트인들이 가지는 믿음에 대한 생각과 도덕률은 그들의 삶의 기준이 되면서 모든 구성원들이 지켜야 하는 평등한 준칙을 의미한다고 할 수 있다. 크로포트킨은 종교에 있어서 상호부조 관념이 어떻게 달리 해석될 수 있는가를 초기 기독교와 19세기 당시 기독교와 비교를 하는 사례를 통하여 설명하고 있다.

초기 기독교는 다른 모든 종교와 마찬가지로 상호부조와 연민이라는 너그러운 감정에 호소하는 반면, 기독교 교회는 교회보다 먼저 생겨났고 교회 밖에서 발전한 상호부조 및 자원과 관련된 영속적인 모든 제도와 관례를 파괴함으로써 국가를 도와줬다. 교회는 모든 미개인이 혈족에 대한 당연한 의무로 여기는 상호부조 대신에, 하늘의 뜻을 따른다는 성격을 지니며 따라서 주는 자가 받는 자보다 우월하다는 의미를 내포하고 있는 자비를 설교했다.[69]

---

68) 크로포트킨 지음, 김훈 옮김, 『만물은 서로 돕는다』(2015), 122쪽.

69) 크로포트킨 지음, 김훈 옮김, 『만물은 서로 돕는다』(2015), 297쪽.

위의 사례에서 초기 기독교는 연민과 관용이라는 도덕률에 따라 상호부조를 실천했다면, 후대 국가 권력을 지탱하는 토대로서 기독교는 국가 권력을 하늘의 뜻으로 간주하면서 받는 자보다 우월한 지위를 가지고 자비를 베푸는 것으로 생각했다는 것이다. 이것은 후대 기독교가 권력과 불평등을 전제하여 초기 기독교에서 전통을 이루어온 상호부조 전통을 훼손했음을 제시해 주고 있다.

크로포트킨에 있어서 상호부조의 원리는 "개인적인 사랑이나 기껏해야 종족에 대한 사랑이 아니라 인간 존재 한 사람 한 사람과 자신이 하나라는 인식을 통해 자신의 행위를 이끌어 가야 한다"고 호소한다. 그래서 그는 "우리는 진화의 최초 단계에서도 이미 성호부조의 관행이 존재한다는 것을 확인해 볼 수 있으며, 따라서 우리의 윤리적 개념이 어디에서 비롯되었는가를 확연히 알고 있다. 그리고 우리는 인간의 윤리적 진보라는 측면에서 상호투쟁보다는 상호지원이야말로 주된 부분을 차지한다는 사실을 확인할 수 있다. 오늘날에도 이런 생각을 널리 확장시켜야 우리 인류가 훨씬 더 고상하게 진화해 가며 확실한 보장을 받을 수 있다"[70]라고 주장하였다.

70) 하승우, 『세계를 뒤흔든 상호부조론』(그린비, 2012), 93쪽.

7. 정치경제적 평등과 지평교착

이 글은 서교(西教)와 제국주의 세력에 대응하여 19세기 중반 이후 조선사회에서 발흥한 동학(東學)의 사회개혁 사상과 서양에서 아나키즘적 공산주의를 제창했던 크로포트킨(Pyotr Alekseevich Kropotkin, 1842~1921)의 「상호부조론(相互扶助論)」에 내포되어 있는 상호간 의미지평의 공통점과 차이점을 해명하고자 하였다. 특히 이 글에서는 국가적 차원보다도 민중의 자율적 활동을 통한 사회의 개혁이라는 목표에 초점을 맞추어 두 학설을 비교시각적 차원에서 검토하였다.

이 글에서는 동학의 사회사상과 상호부조론을 중심으로 하는 크로포트킨의 아나키즘적 공산주의가 권력과 불평등 지배에 저항하는 이론이라는 공통점을 가지는 것에 근거하여 이들 사상 사이의 지평융합의 양상을 고찰하였다. 나아가 동학사상이 유불도를 포괄하는 회통성과 도덕적 지향성을 가지고 사회개혁 사상을 제시하였다면, 크로포트킨의 상호부조론은 사회 경제적 측면에서 평등을 지향하는 개혁사상으로서 기능하고 있음을 살펴보았다. 요컨대, 국가 권력의 불평등한 지배에 저항하는 이론적 실천적 사상이라는 점에서 공통성을 가지면서도, 동학과 크로포트킨의 아나키즘적 공산주의가 각각 도덕적 평등 지향과 정치경제적 평등 지향이라는 의미지평의 구별점을 드러내는 데 글의 초점을 맞추었다.

최제우는 천주(天主)를 인간과 구별되는 만물의 창조주로 간주하면서 현세를 초월한 복락을 추구하는 서학이 실제로는 침략과 욕망을 비호하는 제국주의 이데올로기의 도구라고 간주하여 그 비진실성을 의심하면서 동학을 창도하였다. 동학은 서학과 달리 천주를 마음에 내재하여 인간과 동질적인 것으로 보았으며, 수심정기(修心正氣)를 통하여 시천주를 실현함으로써 개벽의 새로운 이상사회를 이룰 수 있다고 보았다. 여기에는 사회개혁의 기본원리로서 '평등'과 '평화' 개념을 중심으로 하는 평등사상이 내포되어 있다고 할 수 있다.

크로포트킨은 아나키즘적인 공산주의와 사회적·경제적 평등주의를 제창했으나, 이들 사상적 지향 이면에는 모든 인간에게 공통되는 보편적인 도덕 이념을 토대에 상정하고 있다. 그는 아나키즘적 공산주의를 실행하기 위한 혁명의 시기에 요구되는 것으로 개인과 사회에서 검소함, 관용, 용기, 그리고 박애와 같은 덕목들이 환기될 것이라고 설명하였다. 다시 말하면 정치적 개혁을 통하여 새로운 도덕적 기풍이 조성될 때는 이로움만 추구하는 이기적인 소인들도 외적 환경에 따라 그 대열에 참여하게 된다는 것이다.

동학사상과 크로포트킨의 상호부조론에 입각한 아나키즘적 공산주의의 평등주의는 기본적으로 인간에 내재한 도덕적 보편성을 주장한다는 점에서 공통점을 지닌다고 할 수 있다. 특히 동학과 크로포트킨의 아나키즘이 국가 권력으로부터의 자유를 통한 평등 이념을 추구한다는 점에서 공통점을 발견하는 것은 어렵지 않다. 반면 크로포트킨의 아나키즘적 공산주의 사이에 놓여 있는 차이점은 크로포트킨 평등주의 이론이 동물계를 중심으로 하는 생물학적 기초를 언급하고 있다는 점에서 동학사상과 구별된다. 뿐만 아니라 그의 이론은 사회 각 방면에서 재산의 공유를 통한 경제적 평등주의를 제시하고 있다는 점에서 동학사상과 차이점을 발견할 수 있다.

【참고문헌】

1. 원전류

『書經』, 『周易』, 『老子』, 『莊子』, 『禮記』, 『孟子』

崔濟愚, 『東經大全』, 『龍潭遺詞』

『天道敎經典』, 서울: 천도교중앙총부출판부, 2006.

周敦頤, 『太極圖說』, 『周濂溪集』, 臺北: 商務印書館, 1966.

邵雍, 『皇極經世書』, 『性理大全』, 서울: 景文社, 1979.

朱熹, 『四書章句集注』, 北京: 中華書局, 2003.

2. 단행본

크로포트킨 지음, 김유곤 옮김, 『크로포트킨 자서전』, 우물이 있는 집, 2014.

크로포트킨 지음, 이상률 옮김, 『빵의 쟁취』, 이책, 2016.

최민자, 『동학사상과 신문명』, 서울: 모시는 사람들, 2005.

김용옥 역주, 『도올심득 동경대전』 1, 서울: 통나무, 2004.

김용천, 『동학사상 전개의 제문제』, 서울: 오암동학사상연구소, 2004.

최동희, 『한국종교사상사』 3, 서울: 연세대학교출판부, 1993.

오문환, 『동학의 정치철학: 도덕, 생명, 권력』, 서울: 모시는 사람들, 2003.

김진혁, 『새로운 문명과 동학사상』, 서울: 명선미디어, 2000.

김상일, 『동학과 신서학』, 서울: 지식산업사, 2000.

영남대학교 민족문화연구소 편저, 『동학사상의 새로운 조명』, 경산: 영남대학교출판부, 1998.

장회익, 『삶과 온생명』, 서울: 솔출판사, 1998.

김도형, 『1920년 천도교계의 민족운동 연구』, 『역사와 현실』 30, 한국역사연구회, 1998.

신일철, 『동학사상의 이해』, 서울: 사회비평사, 1995.

이강오 외, 『1894년 농민전쟁연구 4』, 한국역사연구회, 서울: 역사비평사, 1995.

황선명 외, 『한국근대민중종교사상』, 서울: 학민사, 1988.

3. 논문류

고건호, 「한말 신종교의 문명론: 동학·천도교를 중심으로」, 서울: 서울대학교 대학원종교학과 석사학위논문, 2002.

高榮姝, 「동학의 후천개벽사상에 관한 연구」, 부산대철학과 석사학위논문, 2008

김상일, 「한국의 고대 사상과 동학」, 『동학학보』 제5호, 서울: 동학학회, 2003.
김선하, 「동학사상의 도교적 요소에 관한 연구」, 원광대학교 동양학대학원 석사학위논문, 2001.
김용휘, 「侍天主思想의 변천을 통해 본 동학연구」, 서울: 고려대학교 철학대학원 박사학위논문, 2004.
김춘성, 「東學·天道敎 修鍊과 生命思想 硏究」, 한양대학교 박사학위논문, 2009.
김학준, 『구한말의 서양정치학 수용 연구: 한국정치학의 뿌리를 찾아서』, 서울대학교출판문화원, 2012.
남희숙, 「동학의 교육사상 연구」, 고려대학교 교육대학원 석사학위논문, 2012.
노영필, 「동학의 생명사상 연구」, 전남대학교 대학원 박사학위논문, 2003.
박노진, 「天道敎開闢觀」, 서울: 고려대학교 교육대학원 석사학위논문, 1983.
박맹수, 「생명운동 동학에서 배운다」, 『신인간』 통권 671호, 서울: 순환정문사, 2006.
신용하, 「동학사상의 휴머니즘과 민족주의」, 『한국사상』 제22권, 한국사상학회, 1995.
윤사순, 「동학의 유학적 성격: 동학사상의 새로운 조명」, 경산: 영남대학교 민족문화연구소, 1998.
이상익, 「근대민족종교의 발흥과 민족운동」, 『한국철학사상사』, 서울: 한울, 1998.
이승은, 「동학사상에 내재한 유교적 요소의 분석적 고찰」, 이화여대 석사학위논문, 2006.
이승은, 「東學思想에 內在한 儒敎的 要素의 分析的 考察」, 이화여자대학교 석사학위논문, 2006.
이찬구, 「東學의 하날님(天主)에 關한 硏究 -靈符와 呪文을 中心으로」, 성균관대학교 한국사상사학과 석사학위논문, 2000.
정현미, 「東學의 생명존중 사상과 교육적 함의」, 순천대학교 석사학위논문, 2009.
조민, 「동학농민전쟁연구자료집」, 『동학사연구』 1집, 서울: 여랑, 1991.
최수빈, 「중국도교의 관점에서 살펴본 동학의 사상과 수행–도교 내단(內丹) 및 부주(符呪) 수행과의 연관성을 중심으로–」, 『동학학보』 20, 동학학회, 2010.
황묘희, 「동학의 현대적 이해」, 『동학·천도교사상의 연구동향』, 서울: 한국동학학회, 2001.

신남철에서 동양사상과 전통의 의미

김재현

1. 생애와 활동

이 글에서는 한국의 마르크스주의 철학자로 알려져 있는 신남철(1907~1958)이 동양과 우리의 전통 또는 전통사상(동양사상 또는 한국사상)을 어떻게 파악했는가를 살펴보려고 한다. 동양고전과 한문해독 능력을 교양으로 갖춘 마르크스주의 철학자로서 신남철은 그의 글에서 동양철학적인 용어들을 가끔씩 사용하지만 동양사상이나 전통을 본격적으로 다룬 적은 거의 없다. 단편적으로 나타나는 이런 요소들을 필자 나름대로 찾아내어 새롭게 해석하는 것이 이 글의 주요 과제이다.

우선 신남철의 전반적인 삶과 활동에 대해 알아본다.

신남철은 1907년 경성(지금의 서울)에서 출생하여 사립 중앙고등보통학교를 졸업한다. 1927년 3월 경성제대 예과에 입학하여, 1931년 철학과 3회로 졸업함과 동시에 대학원에 진학하면서 조수(助手)를 한다. 신남철과 비교되는 남한 철학계의 원로였던 박종홍(1903~1976)과 박헌영의 측근이었던 박치우(1909~1949)는 철학과 5회로 1933년에 졸업

한다. 이들은 일제하에서는 상당한 교류가 있었지만 해방 후에는 정치적·이데올로기적 입장 차이로 확연히 갈라지게 된다.

신남철은 경성제국대학 대학원 재학시 '조선 사회사정 연구회'의 회원이 되어 교육부장을 맡으면서 미야께(三宅鹿之助) 교수 밑에서 마르크스 경제학과 마르크시즘을 연구했다. 당시 경성제대 출신이 중심이 되어 내던 『신흥』에 「헤겔 백년제와 헤겔 부흥」·「신헤겔주의와 그 비판」 등을 발표한다. 1932년 '철학연구회'의 발족에 주도적으로 참가하고, 1933년에 철학연구회의 기관지인 『철학』 창간호(7월)에 「헤라클레이토스 단편어」를 번역 게재한다.[1] 같은 해에 보성전문 연구부 주최의 강연회에서 '최근 철학의 위기'라는 제목으로 강연하고, 1934년에는 「실존 철학의 역사적 의의」를 『철학』에 발표한다. 또한 같은 해에 당시 조선학 연구와 관련된 중요한 글인 「조선 연구의 방법론」을 발표하면서 '조선학연구'에 대한 논쟁을 불러일으키는 등 활발한 연구 발표를 한다. 1933년에 동아일보사에 입사하여 1936년 퇴사할 때까지 동아일보를 통해 철학에 관한 글, 문예 비평, 시평 등 다양한 글을 쓰면서 문필 활동을 한다.

이 중에서 1935년에 동아일보에 발표한 '문화의 논리학에 대한 일(一)기여 -박씨의 문화유산과 전승방법론'은 박종홍에 대한 비판으로 이후 논쟁을 거쳤으며, 또한 '최근 조선문학사조의 변천 -신경향파의 대두와 그 내면적 관련에 대한 소묘'를 『신동아』에 발표하여 임화로부터 '신이원론'이라는 비판을 받고 논쟁을 벌이기도 했다. 1937년 이

1) 경성제국대학 철학과와 『철학』에 대해서는 김재현, 「한국에서 근대적 학문으로서 철학의 형성과 그 특징 -경성제국대학 철학과를 중심으로」(『시대와 철학』 18권 3호, 한국철학사상연구회, 2007. 가을), 『신흥』에 대해서는 박광현, 「경성제대와 신흥」(『한국문학연구』 제26집, 2003) 참조.

후 『동아일보』와 『조선일보』의 지면을 통해 이태준과 문학비평에 대한 논쟁을 한다.

1936년 11월 『철학』의 발행인이던 이재훈이 경찰조사를 받고 나온 후 제3호로 발행이 중단되고 일본 경찰의 사찰로 '철학연구회'의 활동이 중단되면서 보다 아카데믹한 '철학담화회'에서 철학 논의를 하는데, 신남철과 박치우는 여기에 참가하지 않은 것으로 보아 이때부터 순수 철학적인 논의로부터 멀어진 것으로 추측된다. 1937년에 「역사철학의 기초론 —인식과 신체」를 『신흥』에 발표한 후 계몽적 수준의 글들을 여러 곳에 쓴다. 일제 말에는 민족 해방에 대한 전망을 갖지 못하고 암울하고 비관적인 시대 인식 속에서 소극적으로 생활하다가 갑자기 해방을 맞게 된다.

해방이 되자 신남철은 일제하에서의 이론적 축적과 인맥을 기초로 해방 직후의 당면한 문제였던 반제 반봉건의 과제를 해결하고 자주적 통일국가의 수립을 위해 이론적·실천적 활동을 한다. 신남철은 '양식의 이성자'[2]로서 반제·반봉건의 과제를 해결하고 자주적·진보적 민주주의 통일 국가의 수립을 위한 학술 발전을 위해, 그리고 "'지금 이땅'의 인민적 영광을 위하여"[3] '침식(寢食)을 잃고' 애쓴다.

그는 백남운이 중심이 되어 설립한 '조선 학술원'의 서기국 위원으로서 기획과 조직을 동시에 담당하고, '민족 문화 연구소'의 연구원으로서 당면한 시대적 과제의 해결과 민족 문화의 올바른 건설을 위한 과학 운동과 학술 운동을 주도하면서 이에 대한 이론적·철학적 해명을 한다. 조선 학술원 기관지인 『학술』에 「역사의 발전과 개인의 실

2) 신남철, 『역사철학』(서울출판사, 1948), 서문, 1쪽.

3) 같은 책, 1쪽.

천」을 쓰고 1946년 2월 9일에 열린 전국 문학자 대회 특별 보고에서 「민주주의와 휴매니즘」을 발표한다.

또한 당시 각 부분의 연구자들은 전체 변혁 운동의 통일 전선적 구도의 한 운동단위로서 과학자 단체들을 조직하였는데, 정세의 변화에 따라 전국 과학자 대회(47.2.25)를 거쳐 이들 조직의 통합인 '조선 과학 동맹'이 결성되었다.[4] 이 단체의 창립 대회에서 신남철은 「현하의 과학 정세와 과학자의 임무」를 발표한다. 그는 『역사철학』(서울: 서울출판사, 1948. 1)과 『전환기의 이론』(서울: 백양당 1948.5. 31)이라는 저서를 간행한다.

신남철은 서울대 사범대 교수이면서 조선 학술원 대표로 '조선 민주주의 민족 전선'의 중앙 위원, 교육문화대책위원, 지방선거 대책위원 등으로 활동한다. 또한 '조선문화단체 총연맹'의 학술원 대표로 '미소공동위원회' 대상 문제의 메시지 전달을 위해 덕수궁을 방문하는 등 매우 적극적으로 활동하지만 현실이 전혀 다른 방향으로 진행되자 깊이 고민하다가 1948년 4월 남북 회담지지 108인 성명에 서명한 후 마침내 월북한다. 정확히는 알 수 없지만 『전환기의 이론』을 간행한 1948년 5월 이후 이후에 월북한 것으로 추측할 수 있다.

월북 후 그는 김일성대학 철학과 교수를 하면서 마르크스 레닌주의 강의보다는 서양철학과 철학사를 주로 강의했으며 뒤에 김일성종합대학 철학강좌장에 임명되었다.[5] 그리고 1954년에 최고인민회의 제1기 대의원(527명)을 지내고, 1957년에 다시 제2기 대의원(215명)으로 뽑혀 법제위원으로 활동했다. 그는 1957년에 개최된 '조선의 사회주의

---

4) 서울대 대학원 인문대 자치회 편, 『해방직후의 과학운동』(1988) 참조.

5) 신일철, 「북한 주체철학의 관학적 성격」(『공산권 연구』, 1984년 5월호), 14쪽.

적 토대와 상부구조의 발생과 발전의 특수성'에 관한 전국철학자 토론회에서 황장엽의 보고에 대한 토론에 나서는 한편, 3일째의 연구논문 발표회에서 「리율곡의 철학사상」을 발표했다.[6] 신남철은 1958년 초에 병으로 사망한 것으로 알려져 있다.

2. 마르크스주의 철학과 전통의 영향

신남철은 식민지적 현실 속에서 민족해방과 인간해방을 추구하는 과정에서 철학연구를 하게 된다. "시대적 관심에 기여하는 바가 있을 것이라 생각하여 변증법적 사유의 선구로서 헤겔이 많이 연구했다는 「헤라클레이토스 단편어」를 번역했다"[7]는 말에서 시대문제에 대한 철학의 참여와 개입 의지를 엿볼 수 있다.

그는 헤겔 철학의 해석에서 마르크스주의자로서의 입장을 잘 드러낸다. 헤겔을 정당하게 이해 파악하기 위해서는 레닌이 말한 바와 같이 헤겔의 유물론적 독해 즉 부정의 이론적·실천적 파악이 필요하다고 본다. 그는 실천의 중요성을 강조하는 마르크스의 「포이에르바하에 대한 테제」와 엥겔스의 「포이에르바하와 독일철학의 종언」을 충실하게 연구하여 실천적 유물론, 전투적 유물론, 변증법적 유물론을 수

6) 이훈, 「북한철학의 흐름」(『시대와 철학』 제9호, 한국철학사상연구회, 1994), 37쪽.

7) 『역사철학』, 201쪽.

용, 적용한다. 마르크시즘에 대한 그의 이해는 『독일이데올로기』, 『자본론』, 『유물론과 경험론 비판』 등 마르크시즘의 주요 저작들에 기초하고 있으면서도 핵심적으로는 앞의 두 저술에 의존한다고 볼 수 있다. 이는 "이론 없는 실천은 맹목이고, 실천 없는 이론은 공허하다"[8]는 입장을 견지하면서 철학의 실천성·당파성을 강조하고 이의 인식론적·역사 철학적 정초를 위한 '신체적 인식론'을 전개하는 데에서, 또 헤겔 철학의 실천적, 혁명적 요소인 변증법적 방법과 관념론적 특성인 체계에 대한 구분과 포이에르바하의 유물론적 인간학의 비역사적·관념적 성격에 대한 비판에서도 잘 나타난다.

이데올로기와 과학에 대한 논의에서 신남철은 마르크스의 사상을 가장 구체적으로 해명한다.[9] "우리는 오직 한 개의 과학, 즉 역사의 과학만을 알 뿐이다"라는 인용에서 시작하는 '이데올로기론'은 모든 과학의 역사=사회적 규정성을 밝힘으로써 자본주의 사회에 와서 뚜렷하게 나타나는 부르조아 과학의 이데올로기성과 프롤레타리아 과학의 과학성을 구분하고, 진정한 과학인 역사 과학=사회과학의 이론 구성은 이데올로기 비판을 통해서 이루어지므로 이데올로기에 대한 해명이 필요하다고 한다. 그는 '마르크스 이전의 이데올로기론'에서 부르조아 이데올로기의 실천적 혁명성이 역사적 발전 과정에서 즉 "프롤레타리아 계급의 이론적 무기로서 변증법적 유물론"[10]이 모순적 대립자로 등장함에 따라 그 혁명성을 잃고 반동화되는 것을 지적한다.

---

8) 같은 책, 143쪽

9) 신남철, 「입장의 문제와 이데올로기」(『비판』 14호, 1932). ; 「이데올로기론」(『비판』 19호, 1932). ; 「이데올로기와 사회파시즘」(『신계단』 제1호, 1932). ; 「이데올로기의 역사적 규정」(『과학전선』, 1947). (신남철 『전환기의 이론』, 백양당, 1948에 재수록)

10) 『전환기의 이론』, 26쪽.

그는 마르크스의 『정치 경제학 비판』 서문을 인용한다.

> 인간은 그 생활의 사회적 생산에 있어 일정한 필연적인 인간의 의지와 독립한 관계 즉 인간의 물질적 생산력의 일정한 발전 단계에 상응하는 생산 관계 속으로 들어간다. 이 생산 관계의 총체가 사회의 경제적 구조인 것이고, 그 위에 일정한 법제적 · 정치적 건축이 건설되고, 또 그것에 일정한 사회적 의식 형태가 상응하는 현실적 기초를 만든다. 물질적 생활의 생산 방법은 사회적 · 정치적 급(及) 정신적 생활 과정일반을 제약한다. 인간의 의식이 인간의 존재를 규정하는 것이 아니고, 그 역으로 인간의 사회적 존재가 의식을 결정한다.[11]

신남철은 토대와 상부 구조의 관계는 마르크스의 이 말에 의해 해결되었지만, 관념 형태 상호간의 관계에 대해서는 여러 문제가 생김을 지적한다. 그리고 "자연 과학적으로 성실히 서술되어야 할 물질적 변혁과 법률적 · 정치적 · 종교적 · 예술적 · 철학적 제 형태 즉 이데올로기적 제 형태를 구분해야 한다"[12]는 마르크스의 말과 엥겔스의 다른 논의들을 통해 사회적 상부 건축 전부를 이데올로기로 파악하면서도 법제적 · 정치적인 것과 최상위의 이데올로기로서의 종교와 철학을 구분하여 후자는 토대와의 연관이 더욱 착종(錯綜)하여 불명료한 것이 된다고 말한다.

그런데 여기서 주목해야 할 것은 토대와 상부구조의 관계를 단순하게 파악하지 않고 자신의 사회적 체험과 사유를 통해 관념형태들이 인간의 실천에 반작용한다는 것을 강조한 점이다. 사회적 체험과 사

11) 『전환기의 이론』, 28쪽.

12) 같은 책, 31쪽.

유, 전통의 힘에 대한 사유를 통해 도달한 신남철의 주체적 견해는 다음 인용문에 잘 나타난다.

> 원칙적으로 같은 생활 조건 하에서는 같은 세계관이 유지되는 것이지만, 또한 소질, 지벌(地閥), 전통, 교우(校友) 관계 등에 의해 형형색색의 관념 형태가 생기고 그 관념 형태의 잡다성은 그 인간의 실천에 반작용한다.13)

우리는 신남철의 이 말을 충분히 검토할 필요가 있다. 여기서 특히 개인의 소질이나 지벌, 전통, 교우관계 등의 요소를 강조하는 것은 마르크스의 이론과는 상당히 다른 측면이다. 이는 이 글을 쓸 1930년대 당시 비교적 좁았던 한국 지식인 사회의 특징과 전통적인 한국사회의 특징을 잘 반영하는 것으로 볼 수 있다. 교우관계에 의해 다양한 관념형태가 생겨난다는 것은 자신의 직접적인 교우관계의 경험을 통해, 특히 앞에서 살핀 '조선사회사정연구회'에서의 교우관계의 영향이 컸으므로 이를 반영한 것으로 볼 수 있고, 지벌과 전통의 경우는 당시 아직도 봉건적 요소가 강했던 한국사회의 지식인들의 사상이 어떤 식으로 형성되고 또 이 사상이 어떻게 실천에 반영되었던가를 잘 나타내고 있다.

이처럼 신남철은 마르크스의 철학을 있는 그대로 수용한 것이 아니라 당시 자신이 처한 한국 현실에서 시대의 문제를 해결해 가기 위해 전통과 현실을 바탕으로 주체적으로 수용하고자 한 것으로 해석할 수 있다.

---

13) 『역사철학』, 62쪽.

물론 기본적으로는 마르크스주의의 큰 틀을 벗어난 것은 아니며 근본적으로는 마르크스주의 입장에 충실한 편이었다. 그는 "이데올로기는 자본주의적 지배자의 사상이므로 사적 유물론의 입장에서 볼 때, 그것은 현상의 왜곡되고 도립(倒立)된 형태"[14]이므로 부르조아 지배를 강화하려는 부르조아 이데올로기이며, 따라서 제국주의적인 파시스트적 이데올로기와 직결되어 있음을 지적하면서 부르조아 과학은 이데올로기이고, 프롤레타리아 과학(인민과학)은 진정한 과학이라 규정한다. 그리고 진정한 과학은 역사과학이며 이는 곧 사회과학으로서 이 사회과학은 "①변증법적 방법으로써 ②사물 현상을 구체적이고 통일적으로 그것의 역사 사회적 위상의 연관 관계에서 실천적으로 파악하며 ③따라서 발전적인 객관적 현실을 참되게 반영하여 광대한 전망을 가지고 미래를 투기할 수 있으니 ④이것이 이론과 실천의 완전한 통일인 것이며 ⑤동시에 만인을 위한 공익이 문제인 것이요 근본적인 원리의 궁극적 실현이 언제나 자기의 과업으로서 확인 증명되어 있는 것"[15]으로 정리한다. 신남철은 이러한 마르크스주의적 입장에서 만하임의 '지식 사회학'을 수정주의적인 사회 민주주의의 '절충론', '타협론', '투쟁 포기론'[16]이라고 비판한다. 이러한 관점은 마르크스주의를 정통으로 수용하는 것으로 볼 수 있다.

---

14) 같은 책, 36쪽.

15) 같은 책, 41-42쪽.

16) 같은 책, 43쪽.

3. 신체적 인식론에 나타나는 동양사상

신남철은 마르크스의 「포이에르바하에 대한 테제」, 『독일이데올로기』, 레닌의 『유물론과 경험 비판론』을 토대로 사회적 행위와 실천, 실천적 인식의 신체적 관련성을 해명하고, 이를 역사철학의 인식론적 기초로, 즉 '역사의 논리학'의 기초론으로 정립하기 위해 인식과 신체의 관계를 해명한다.[17]

인식은 사회적으로 규정된 개인의 인식이므로 신체적 인식이며, 신체적 인식은 곧 실천적 인식이며 역사적 인식이다. 노동을 매개로 사회적 관계에 들어가는 개인은 신체적 인간인 생물적 존재임과 동시에 생산의 사회적 관계에 있는 사회적 존재이다. 즉 인간은 생물 사회적 존재인 것이다.[18] 그러므로 인식의 문제에서 사회적·역사적 인간의 신체적 활동(정신적·관념적 제능력도 포함)을 사상(捨象)시키면 공허한 관념론에 빠진다. 인식은 육체적인 감각적 수용의 단계에서만 성립하는 것이 아니라 매개적인 고차의 단계에서 성립하는데, 이 매개적 단계는 수용(Aufnehmen)·가공(Verarbeiten)·표현(Entäuβerung)이다. 기존 인식론에서는 감성적 인식인 수용과 오성적 인식인 가공이 다루어지는데, 신남철은 가공 과정에서 인식 주체의 출생(사회적 환경·신분·계급관계)과 육체적 상태(체질·성격)가 개입하며, 또 인식에 의해 사유된 것은 주어진 물질 속에 신체화되어야 한다고 주장한다. 신체화는 곧 이론적 인식의 외화 즉 사회 역사적 실천이며, 이 단계가 곧 표현적 단계로서

17) 신남철 「역사철학의 기초론 －인식과 신체」(『신흥』 9호, 1937). ; 『역사철학』에 재수록.

18) A. Spirikin, *Dialectical Materialism*, Progress, 1983, 제5장 참조.

여기서는 이론과 실천, 사유와 존재가 통일되는데, 각 단계들은 중첩적·변증법적 발전을 한다. 이러한 인식론은 기계적·수동적 모사(기계적 유물론)와 구성적 조작(관념론)을 배척하고 변증법적 모사와 물질적·주체적 인식의 입장에 기초해 있는 인식론이다.

또한 역사는 신체적 활동을 제약하고 신체는 역사적 과정을 충실시키는 단초이므로 신체적 인식에서는 실천의 정치적 성격과 당파성을 배제할 수 없다. 따라서 인식과 실천의 문제는 인식론과 역사학의 변증법적 통일에까지 발전한다. "근원적 실천은 역사적 계열에서의 모든 과정이 신부(身膚)에 침투하여 통절하다는 것을 자각하고 자기의 몸을 그 과정의 운행에 내던지는 그러한 파토스적 행위"[19]이며 이는 '몸소 안다(以身知之)'라는 유가사상의 용어를 통해 잘 나타나며, 여기서 인식과 신체의 통일이 성취된다. 이러한 실천적 인식론의 입장에서 신남철은 칸트·리케르트 등의 인식론은 형식주의에 빠지고 하이데거·야스퍼스·뢰비트의 인간학적 고찰은 사회적·역사적 인간을 고려하는 듯하지만 실은 "인식의 실천성과 역사성을 의식적으로 말살함에 의해 현실에의 초보적 관심이나마 신학화하고 스콜라화"[20]시켰다고 비판한다. 신남철이 신체적 인식을 이론화한 것은 지행합일이라는 유가적 전통에 기초해서 역사적 현실을 비판 극복하기 위해 사회적 모순을 체인(體認)하여 근원적 행위로서의 실천, 즉 민족 해방을 위한 주체적 집단적 실천인 혁명적 행위를 철학적으로 정초하기 위한 것이었다고 해석할 수 있겠다.

---

19) 『역사철학』, 27쪽.

20) 같은 책, 27쪽.

4. 민족문제와 조선학 연구

신남철은 실천적 주체적 마르크스주의자로서 식민지 시대의 조선 현실에 대한 구체적 해명을 위해 백남운, 이청원 등 당시의 사회경제 사학자들의 연구성과를 수용하고 김태준의 조선문학사 연구 등을 수용한다. 이러한 연구를 토대로 식민지 시대 사회구성체, 조선연구 방법론에 대한 글, 동양문화론 등에 대한 글들을 발표함으로써 일제하 지식인 사회에서 중요한 역할을 한다.

그는 또한 동양의 지적 전통과 당대의 동아시아 사상계에 대해서도 관심을 갖고 연구를 했다. 니시다 기타로(西田幾多郎), 미키 기요시(三木淸) 등의 일본의 철학사상계에 대해서뿐만 아니라 중국의 후스(胡適), 천두슈(陳獨秀), 차이위안페이(蔡元培), 첸쉬안퉁(錢玄同), 펑유란(馮友蘭) 등 중국 신문화 운동과 마르크스주의적 사회사 연구에도 주목하며 조선학을 중국 '국학'처럼 진보적 학문으로 구성하고자 했다.[21]

식민지 조선의 마르크스주의 철학자로서 신남철의 입장이 잘 나타나는 곳은 민족 문제에 대한 논의이다. 그는 신간회가 해체되는 과정에서 민족에 신비로운 옷을 입혀 민족 문제의 계급적 연관성을 무시하여 문제의 본질을 흐리게 하는 부르조아 민족이론이 등장하는 것을 경계하면서 민족과 계급의 문제를 고찰한다.

그는 당시의 여러 민족이론을 해명하면서 부르조아 민족 이론은 부르조아 지배의 한 방편으로서 사회적 모순과 불안을 '민족'이나 '조

---

21) 신남철 지음, 정종현 엮음, 『신남철 문장선집 2』(성균관대 출판부, 2013), '책머리에', 7쪽.

국' 등의 말로 은폐 호도시키는 파시즘의 이데올로기라고 비판한다. 또한 수정주의적인 사회 민주주의의 민족 이론은 부르조아 이론보다 구체적이고 현실에 접근하는 것이지만, 체계상의 혼란이 있으며 본질적으로는 부르조아 민족 이론과 큰 차이가 없음을 비판한 후 마르크스·레닌·스탈린 등의 민족 이론을 기초로 "민족은 역사적으로 형성된 인류의 공고한 하나의 공동체이고, 언어·영토·경제 생활의 공동 및 문화적 공동에 나타난 정신적 공동체"[22]라고 정의하면서 자본주의의 해체는 민족 공동체의 이제까지의 공고한 결속을 변질시킬 것이라고 말한다. 민족문제에 대한 이러한 이해는 당시의 마르크스주의자들이 한국민족의 특수성을 고려하지 않고 프롤레타리아 국제주의에 충실했던 노선과는 차이가 있는 것으로 볼 수 있다.[23] 이러한 입장은 조선학에 대한 논의에서 구체화된다.[24]

1930년대 전반 조선학계에서는 조선학 연구 분위기가 확산되었는데 조선학연구에 대한 논쟁은 당시 민족 내부의 정치적 사상적 대립을 반영하는 것이었다. 신남철은 조선학 운동의 관념론적 과학관이나 방법론에 대해서는 반대하면서도 '조선학'의 중요성을 인정하고 역사과학적 입장에서의 '비판적 조선학'의 진흥을 주장하는 입장이었다.

신남철은 백남운의 『조선사회경제사』를 토대로 조선학 연구에 대한 그의 관점을 제시한다.[25] 그는 식민지 조선의 사회 성격을 올바로

22) 『전환기의 이론』, 80쪽.

23) 방기중, 『한국근현대사상사연구 －1930·40년대 백남운의 학문과 정치경제사상』(역사비평사, 1992), 117-125쪽 참조.

24) 조선학 논쟁과 관련하여 신남철의 동서양 사상과 윤리에 대한 연구로 홍영두, 「일제하 역사철학자 신남철의 동서양사상 인식과 도덕·윤리 담론」(홍영두 외, 『한국근현대윤리사상』, 현실과 과학, 2008) 참조.

파악하기 위한 조선 연구의 과제를 첫째, 사회적 생산 관계의 과학적 법칙 파악 둘째, 현대적 정황을 고려한 실천적 입장에서의 사료(史料) 선택 셋째, 제 문제의 분석 비판적인 관점에서 출발하여 전체 통일적 관점에서 조망할 것으로 설정하고, 이 과제를 해결하기 위해서 세 가지 방법론적 태도, 즉 첫째, 실천적 태도로 사회적인 구체적 연관에서 해결 가능성을 발견하고 둘째, 사회적 제 운동과 밀접한 관련 하에서 사회적 실천의 측면을 내포하는 태도 셋째, 설화적·피상적 연구와 문헌적·훈고적 연구, 고증적 연구도 필요하지만 사회적·문제사적 연구를 통일적으로 수행하는 태도가 필요하다고 본다.

특히 방법론은 역사적 설명을 규정하고 또 여러 가지 평가를 제약하므로 방법론은 역사학에 혼을 넣어주는 것이며, 사실의 선택과 그 해석이 서로 관계하므로 올바른 방법론을 통해서 역사의 법칙적 파악이 가능하고 그럼으로써 역사 과학이 성립된다고 본다. 이러한 방법론적 기초를 가지고 신남철은 서양에서의 동양학(지나학) 연구가 한갓 종교·철학·예술·문학 등의 이데올로기적 현상만을 취급하고 경제적 토대나 생산 관계 등은 전혀 문제삼지 않았음을 비판하면서 마르크스주의적 방법에 의한 동양학 연구의 필요성을 주장한다.

이 방법에 의한 조선학 연구는 "조선의 사회 구성태의 사회적·경제적·정치적·관념적 제 형태를 그 물질적 기초 구조로부터 분석하고 또 그 발달의 역사를 역사적 법칙으로 정제(整齊)하여 조선 사회의 세계사적 지위를 확정하는 연구"[26]이어야 하는데, 이는 각 부분에 대

25) 신남철, 「최근 조선연구의 업적과 그 재출발 -조선학은 어떻게 수립할 것인가」(『동아일보』 1934년 1월 1일~7일) ; 「조선연구의 방법론」(『청년조선』 1권 1호, 1934년 10월). 정종현 엮음, 『신남철 문장선집 1: 식민지 시기편』(성균관대학교출판부, 2013). 222-233, 271-284쪽.

한 과학적 연구가 사회 발전의 기초적 요인인 생산 관계의 분석 위에 체계화되어야 가능할 것으로 본다.

신남철의 이러한 견해는 서구의 마르크스주의 역사학자들 외에도 백남운 등의 조선 사회 경제 사학자와 하니고로(羽仁五郎) 등의 일본의 마르크스주의 역사학자들로부터 영향이 상당히 컸던 것으로 생각되며, 이러한 조선 연구의 방법론적 고찰은 완성되지는 못했지만, 한국 사회에서의 마르크스주의 철학자로서 중요한 발전으로 생각된다.

신남철은 식민지 조선의 철학자로서 과학적 조선학 연구를 위해 당대 일본과 중국에서의 국학 연구를 두루 살핀다. 그는 일본에서의 국학운동은 국수주의적이라 배울 것이 없고, 중국에서의 국학운동은 진보적 개혁적이라는 점에서 배워야 한다고 보았다.[27]

신남철에 의하면 일본의 국학은 모토오리 노리나가(本居宣長, 1730~1801) 등이 "국가의식을 기점으로 한 '황국지학(皇國之學)' 또는 '국학'이라는 개념을 설정하여 고도설(古道說)의 제창, 자연주의, 배유론(排儒論) 등으로써 '일본고유'의 '문화'를 '선양'하려 하였고 그것은 여러 가지 발전경로를 밟아서 메이지유신에까지 이르렀었다."[28] 그리하여 이 국학은 왕정복고라는 국수적 반동적 역할을 함으로써 "일본의 국학은 현재에 있어서는 완전히 그 존재의 의의를 상실하고 말았다."[29]

그는 중국의 선각자들에 대해서 "중국의 일체의 전통에 대한 유예없는 비판으로부터 출발하여 보수적인 국수주의는 '국적(國賊)'이라고

---

26) 신남철, 「조선연구의 방법론」(『청년조선』 1권 1호, 1934), 11쪽. 이 글에는 백남운, 위트포겔 등 국내외 마르크스주의 역사학자들의 책이 인용된다.

27) 정종현 엮음, 『신남철 문장선집 1: 식민지 시기편』(성균관대학교출판부, 2013), 228쪽.

28) 같은 책, 228쪽.

29) 같은 책, 229쪽.

까지 하였으며 적극적으로 데모크라시와 과학과 모랄리티로써 새 중화민국을 건설하려고 하였다"[30]고 평가한다. 신남철은 이처럼 중국에서의 국학운동은 5.4운동으로 이어져 민주주의적 민족운동의 사상적 배경이 되어 새로운 사회건설에 기여했다고 본다.

> 중국에 있어서의 신인들의 신중국 건설을 목표로 한 여명운동은 형식적으로 또는 관념적으로 유령과 같이 중국 4억 민중의 두뇌 속에 깊이 뿌리박은 전통적인 정신생활을 속속들이 파헤지어내고 다듬어내서 봉건정치로부터 민주정치에 반식민지 예속으로부터 완전한 해방에, 격식적 윤리로부터 민주주의적 윤리의 확립에 등등으로 노도와 같이 휩쓸려 내려갔다.[31]

앞에서 언급한 '중국의 선각자'나 인용문에 나오는 '신인들'은 후스(胡適), 천두슈(陳獨秀), 차이위안페이(蔡元培), 첸쉬안퉁(錢玄同), 펑유란(馮友蘭) 등을 말하는데 이들과 함께 시작된 중국의 국학운동은 처음부터 그들의 반식민지적 사회환경 때문에 진보적이었다고 평가한다. 신남철은 결론적으로 "조선학의 수립과 그 과정은 일본의 그것과 같은 것이 아니라 중국의 그것과 같은 것이어야만 비로소 그 수립의 의의가 있다고 생각한다."[32]

---

30) 같은 책, 230쪽.

31) 같은 책, 231쪽.

32) 같은 책, 233쪽.

5. 동양사상과 서양사상의 비교

마르크스주의 철학자로서 신남철은 '동양사상과 서양사상: 양자는 과연 구별되는 것인가'(『동아일보』 1934.3.15.-23.)에서 당시 일본에서 동서양사상을 구별하여 동양적인 것의 우수성을 강조하는 일본의 정치적 이데올로기적 상황을 간접적으로 비판하고 있다.

그는 동양사상과 서양사상을 자연관, 경제관, 문화관의 세 측면에서 각각 비교하고 있다.

"자연관에 있어서 소위 '동양적'과 '서양적'은 다같이 '목적론적, 신비적'이라는 점에서 그 근본적 태도를 같이 하고"[33] 있고, 베이컨 이후의 자연관의 차이는 부차적인 것이라고 본다. 다음으로 경제관에 대해서도 "동양과 서양과가 세계사의 발전에 있어서 서로 이질성을 가질 수가 없다. 사회의 기초적인 부분으로서 경제적 조직과 그 사상도 구극적으로 동양과 서양과가 구별되는 것이 아니다"[34]고 평가한다.

신남철은 문화관에 대해서 동양이 유교와 불교의 영향으로 자연적 무위를 깨달으려 하고 서양은 인간중심의 진보주의적 과학사상을 가졌고 또한 동양에서는 '부지(不知)의 지(知)'를 인간문화의 본연적 원리로 삼았고 서양에서는 '지(知)의 부지(不知)'를 자유낙천적 문화의 중심으로 관철한 점에서 두 문화는 차이가 있지만 그 구별은 교착해 있는 절대적인 것은 아니라고 본다. 즉 그 차이는 "경제적 지반을 동일

---

33) 같은 책, 239쪽.

34) 같은 책, 244쪽.

히 하면서도 그 지리적 인종적 차이에서 오는 이데올로기상의 한 소(小) 징표임에 불과"[35]하다고 평가한다. 양자가 구별된다는 것은 양자를 구별해야 한다는 정치적 입장에서 나온 일종의 이데올로기이다. "이는 동양의 특수성을 강조하는 대동아공영론과 방법론적으로 연결된다"[36]고 볼 수 있다.

신남철은 더 나아가 '동양'이라는 개념도 매우 애매하다고 본다. 그는 대체적으로 "동양이라고 하면 인도와 중국을 중심으로 하고 일본 조선을 합한 유교와 불교의 사상에서 2, 3천 년간 배양된 이데올로기상의 구별이라고 할 것이다. 그것은 지리학상으로나 역사학상으로나 그 한계와 범위를 확정할 수 없는 그러한 것"[37]이라고 생각한다.

신남철은 동서양을 비교 연구하는 과정에서 량슈밍(梁漱溟)의 『동서문화철학』과 펑유란(馮友蘭)의 글을 읽고 아시아적 정체성론의 의미를 재해석했다.[38] 신남철은 펑유란의 글을 번역하면서 긍정적으로 소개하는 '풍우란, 왜 지나(支那)에는 과학이 없나'(1941)라는 글을 쓴다. 이 글에 의하면, 구주(歐洲)는 자연을 인식함으로써 자연을 정복하여 지배했으나, 중국은 인간의 마음속에 있는 것을 앎으로써 심적인 평화를 찾으려 했다. 중국은 삶의 실천적 자세를 강조하다보니 감관적 지각의 확실성을 사랑하였고, 이에 반해 서양은 사물의 내용을 중시하여 과학적 개념의 확실성을 사랑했다고 본다. 따라서 서양은 외적이고 동양은 내적이므로 서양에서 과학이 발달했고 지나에서는 과학이 발달하지 못했다. 그러나 마음의 평화와 행복을 기원한다면 지나

35) 같은 책, 248쪽.

36) 류승완, 『이념형 사회주의: 박헌영, 신남철, 박치우, 김태준의 사상』(선인, 2010), 326쪽.

37) 정종현 엮음, 『신남철 문장선집 1: 식민지 시기편』(성균관대학교출판부, 2013), 250쪽.

38) 홍영두 외, 『한국근현대윤리사상』(현실과 과학, 2008), 89쪽.

의 예지로 돌아가야 한다.[39]

신남철은 이 글의 끝에서, "이 글은 필자가 임의로 가감첨삭한 곳이 많고 주는 실상 더 많이 낼 필요를 느꼈으나 시간관계로 이 정도로 해 버린 것이 퍽 유감이나, 어떻든 원의는 상하지 않자고 했다"[40]고 부언하다.

신남철은 평유란의 의견에 동조하면서도 아시아적 정체성을 일본 마르크스주의자와는 달리 아시아의 후진성으로 해석하기를 거부했다. 신남철은 '동양정신의 특색'(1942)이라는 글에서도 아시아의 특수성이자 보편적 의의를 가질 수 있는 요소들을 '구체적 보편성'으로 변호한다. 그는 동양정신의 보편성에는 '내재적 사고', '분리보다는 조화', '내적 자기실현을 통한 지혜의 추구', '종교와 과학의 투쟁 아닌 융합' 등이 있다고 본다.[41] 이것이 신남철이 동양문화와 정신 속에서 발견하고자 했던 구체적 보편자이다.[42] 신남철은 동양의 특수성, 한국의 특수성을 인정하면서도 민족 해방을 추구하는 마르크스주의자로서 역사발전의 보편성을 긍정하고 믿었던 것이다.

39) 정종현 엮음, 『신남철 문장선집 1: 식민지 시기편』, 689-713쪽.

40) 정종현 엮음, 『신남철 문장선집 1: 식민지 시기편』, 713쪽.

41) 이규성, 『한국현대철학사론: 세계상실과 자유의 이념』(이화여자대학교출판부, 2012), 635쪽.

42) 홍영두, 앞의 책, 89쪽.

6. 유가사상에 대한 마르크스주의적 해석

신남철은 해방 후 민주적인 통일민족국가의 수립을 위해 여러 가지 시평적인 글을 쓰면서 열정적인 활동을 한다. 그의 '애국심'(1946. 7.13)이란 글은 짧지만 유학사상을 당시의 사회역사적, 시대적 과제와 연관시켜 마르크스주의적으로 해석한 대표적인 글이다.

신남철은 서두에 『대학』에 나오는 '道得衆則得國(도득중즉득국), 失衆則失國(실중즉실국)'이라는 말을 인용하면서 이는 선진삼대의 정치도덕관을 단적으로 표현한 말로서 "민심을 얻으면 나라를 얻고 민심을 잃으면 나라를 잃어버린다"[43]고 해석한다. 그리고 이러한 사상은 현대의 정치사상과도 부합하며 그러므로 "정치의 요체는 국민전체의 행복을 진정하게 과학적으로 실현하는 곳에 있다"[44]고 주장하면서 인(仁)이 실현되는 사회를 추구하고자 한다. 또한 맹자의 '後義而先利(후의이선리), 不奪不饜(불탈불염)'이라는 말을 인용하고 '爲仁不富(위인불부), 爲富不仁(위부불인)'이라는 말을 사용하여 서로 이익을 추구하고 다투는 당시의 사회현실을 비판한다. 즉 당시의 정치가나 지식인들이 천하에 이익(利)이 되는 일을 하면서 정로(正路)를 가야하는데 자신들이 사적 이익을 위해 폭력을 행사하고 살상하는 행위가 벌어지는 현실을 비판하고 있다. 그러므로 나라를 진정하게 사랑하는 사람은 '政(정)'자의 뜻을 진정하게 이해하는 사람으로 이들이 애국심을 갖

43) 정종현 엮음, 『신남철 문장선집 2: 전환기의 이론 외』, 288쪽.

44) 같은 곳.

고 정치를 바르게 해야 함을 주장한다. 그는 『논어』에 나오는 '政者正也(정자정야)'의 '정로'가 바로 정치임을 제대로 이해해야 하며 정치는 편애도 아니고 겸애도 아닌 의(義)에 기초해야 함을 강조한다.

신남철에 의하면 이러한 의(義)의 정치가 바로 '과학적인 노선'인 정로의 정치로서 이른바 맹자의 삼보(三寶)로서의 토지, 인민, 정사(政事)가 바르게 똑바로 이루어지는 정치이다. 그리고 정치는 지도자를 잘 만나야 하므로 진정한 애국심을 가진 정치가의 출현과 활동을 기대하면서 '고위정재인(故爲政在人)'(『중용』)이라 아니할 수 없다고 주장한다.

그러나 당시 남한에서는 이러한 애국심에 토대한 '인(仁)'과 '의(義)'의 정치가 실현될 수 없음을 느끼고 마침내 월북하여 김일성대학에 자리잡는다. 그는 이후 율곡연구를 비롯해 조선철학사의 연구를 통해 유학 전통과 마르크스주의의 접점을 찾음으로써 조선의 전통 유학과 마르크스주의를 통합하려는 시도를 한 것으로 보인다.

그는 또한 "연암 박지원의 사상을 변증법과 유물론으로 재맥락화하며 1960년대 한국의 실학담론과 '내발론'의 사유를 고스란히 보여주는 '연암 박지원의 철학사상'을 통해서 남북한 지식계의 저류에서 흐르고 있는 어떤 무형의 상호교류를 감지할 수도 있다. 이 논문에서 신남철은 서경덕—이율곡—이익—박지원—정약용으로 이어지는 '기철학'과 '실학파'의 계보를 구성"45)하려고 시도했다. 우리는 신남철의 이러한 연구에서 전통사상과 마르크스주의가 어떻게 접변되는지를 파악할 수 있다.

45) 정종현 엮음, 『신남철 문장선집 2: 전환기의 이론 외』, '책머리에', 10쪽.

7. 동서사상 접변의 특징

신남철은 우리의 현실과 전통을 잘 반영하고 있는 한국 최초의 마르크스주의 철학자이다. 문학도이면서 1931년 경성제대 철학과를 졸업한 신남철은 유가적 교양의 토대 위에서 일제하에서 실존철학, 생철학의 수용, 헤겔에 대한 유물론적 독해, 마르크스, 엥겔스, 레닌, 스탈린 등의 여러 이론들을 수용하면서 식민지 현실의 요구 때문에 '실천'을 강조하는 실천적, 전투적, 변증법적 유물론의 입장에서 다양한 글을 쓴다.

또 그는 일제하 민족문제를 마르크스주의와 결합시킨 철학자로서 특히 그의 사적 유물론에 대한 해석에는 전통과 동양사상이 내재되어 있으며. '신체적 인식론', 그리고 조선학 연구 등에서 동서사상 접변양상이 잘 나타난다는 것을 본문에서 살펴보았다. 그리고 동양사상과 서양사상을 직접 비교한 글을 통해 동양의 특수성, 한국의 특수성을 인정하면서도 역사발전의 보편성을 긍정하는 민족해방적, 역사진보적 입장을 견지했다.

신남철은 마르크스주의 철학을 연구하고 이에 기초해 한편으로 서양 철학을 주체적·비판적으로 해석하는 이론적 작업을 하면서, 다른 한편으로 '지금 이곳'의 시대적 요청에 따라 현실에 접근하기 위해 다양한 연구를 함과 동시에 '전문직 비평가'로서 당시의 이데올로기적 논쟁에 참여하면서 정치적 실천에도 적극적으로 참여했다.[46] 이 논문

46) 그의 문예비평에 대해서는 김재현, 『한국 사회철학의 수용과 전개』(동녘, 2002), 79-80쪽, 봉기, 「신남철의 철학사상연구」(전남대학교 대학원 철학과 박사학위논문, 2009.2), 8-123

의 중요한 내용을 간략히 정리하면 다음과 같다.

첫째, 신남철은 식민지 현실에서 민족해방과 계급해방을 추구했던 철학자로서 현실과 주체적·실천적 입장을 매우 강조하고 실천한 철학자이다. 그는 마르크스주의 철학을 수용하면서도 당시 한국의 지식인 사회의 인간관계와 전통사상, 일제강점기의 현실을 잘 반영한 글을 발표했다.

둘째, 신남철은 마르크스의 철학을 그대로 수용한 것이 아니라 당시 자신이 처한 한국 현실에서 시대의 문제를 해결하기 위해 전통과 현실을 바탕으로 주체적으로 수용하고자 했다.

셋째, 그는 '신체적 인식'을 중시하면서 인식과 실천의 문제를 인식론과 역사학의 변증법적 통일로 발전시켰다. 신남철이 신체적 인식을 이론화한 것은 지행합일이라는 유가적 전통에 기초해 있으므로 가능했다고 볼 수 있다. 즉 그는 식민지 조선의 지식인으로서 역사적 현실을 비판 극복하기 위해 사회적 모순을 '몸소 앎(以身知之)'으로써 즉 '체인(體認)'하여 민족 해방을 위한 주체적 집단적 실천인 혁명적 행위를 철학적으로 정초하려고 했다고 볼 수 있다.

넷째, 신남철은 동양의 지적 전통과 당대의 동아시아 사상계에 대해서도 관심을 갖고 연구를 했다. 니시다 기타로(西田幾多郎), 미키 기요시(三木清) 등의 일본의 철학사상계에 대해서뿐만 아니라 중국의 후스(胡適), 천두슈(陳獨秀), 차이위안페이(蔡元培), 첸쉬안퉁(錢玄同), 펑유란(馮友蘭) 등 중국 신문화 운동과 마르크스주의적 사회사 연구에도 주목하며 조선학을 중국 '국학'처럼 진보적 학문으로 구성하고자 했다.

다섯째, 신남철은 동양의 특수성, 한국의 특수성을 인정하면서도

쪽 참조.

일본의 정치 이데올로기를 벗어나 민족 해방을 추구하는 마르크스주의자로서 역사발전의 보편성을 긍정하고 믿었다.

여섯째, 그는 유가의 정치적 이상을 현대적으로 해석하여 민중적, 사회주의적 정치사회사상으로 만들고자 했다. 월북 후 율곡연구와 박지원 연구 등을 통해 조선의 전통 유학사상과 마르크스주의를 통합하려는 시도를 한 것으로 보인다.

【참고문헌】

1. 신남철의 저작
신남철 지음/김재현 해제, 『역사철학』, 이제이북스, 2010.
정종현 엮음, 『신남철 문장선집 1: 식민지 시기편』, 성균관대학교출판부, 2013.
_________, 『신남철 문장선집 2: 전환기의 이론 외』, 성균관대학교출판부, 2013.

2. 기타 문헌
김석수, 『한국현대 실천철학』, 서울: 돌베개, 2008.
김성칠, 『역사 앞에서 —한 사학자의 6·25일기』, 서울: 창작과비평사, 1993.
김용직, 『김태준 평전 —지성과 역사적 상황』, 파주: 일지사, 2007.
김윤식, 『경성제대와 신문학사의 관련 양상: 임화와 신남철』, 역락, 2011.
김재현, 『한국사회철학의 수용과 전개』, 서울: 동녘, 2002.
_____, 『한국근현대 사회철학의 모색』, 경남대출판부, 2015.
류승완, 『이념형 사회주의:박헌영·신남철·박치우·김태준의 사상』, 서울: 선인, 2010.
박광현, 「경성제대와 『신흥』」, 『한국문학연구』 제26집, 동국대학교 한국문학연구소, 2003.
봉 기, 『신남철의 철학사상연구』, 전남대학교 철학과 박사학위논문, 2009. 2.
손정수, 「신남철, 박치우의 사상과 그 해석에 작용하는 경성제국대학이라는 장」, 『한국학연구』 제14집, 인하대학교 한국학연구소, 2005.
위상복, 『불화 그리고 불온한 시대의 철학: 박치우의 삶과 철학』, 서울: 도서출판 길, 2012.
유현상, 「'신남철의 휴머니즘: 사회주의적 이상을 꿈꾸다」, 『처음 읽는 한국현대철학』, 서울: 동녘, 2015.
이규성, 『한국현대철학사론: 세계상실과 자유의 이념』, 이화여자대학교출판부, 2012.
이병수, 「1930년대 서양철학 수용에 나타난 철학 1세대의 철학함의 특징과 이론적 경향」, 『시대와 철학』 17권2호, 한국철학사상연구회, 2006.
이충우·최종고, 『다시보는 경성제국대학』, 푸른사상, 2013.
전호근, 『한국철학사』, 메멘토, 2015.
정근식 외 공저, 『식민권력과 근대지식: 경성제국대학연구』, 서울대학교 출판문화원, 2011.
정종현, 「신남철과 대학교 제도의 안과 밖 —식민지 학지(學知)의 연속과 비연속」, 『동악어문학』, 동악어문학회, 2010.
정준영, 『경성제국대학과 식민지 헤게모니』, 서울대 박사학위논문, 2009.
홍영두, 「일제하 역사철학자 신남철의 동서양사상 인식과 도덕·윤리 담론」, 『한국근현대

윤리사상』, 현실과 과학, 2008.
홍영두, 「1930년대 서양철학 수용과 일본형 오리엔탈리즘 문제」, 『사회와 철학』 제27집, 사회와철학연구회, 2014.

[부록 1]

김평묵의 「벽사변증기의」 역주

이원석 역주

* 『重菴先生別集』 卷5

序

이제 주상께서 자리를 이으신 지 3년째(고종 3년, 1866년), 서양 무리가 연이어서 조정을 시험해 보고 있었다. 이복(李墣; 李仲文, 이항로의 둘째 아들)이 치정(穉程) 유중교에게 편지를 보내, "서울의 한 친구가 저더러 벽사문을 써 우둔하고 판단력 흐린 자로 하여금 쉽게 의혹을 풀도록 해 달라고 요구하였습니다. 저는 실로 듣기를 좋아하거니와 일이 많아 그럴 겨를이 없습니다. 형께서 글 한 편을 지어주시고 또 그 간절한 뜻을 김우(金友)에게 전해 주십시오"라고 하였다. 치정은 편지를 받고 승낙하였지만 연이어 일이 일어나서 붓 들 겨를이 없었다. 나 역시 뒤늦게 외아들을 잃고, 늙은 양친을 모시려 유리걸식하느라 아침저녁으로 죽을 지경이었으니 그 일을 하기에는 실로 정신과 힘이 미칠 수 없었다. 하지만 하루도 마음에서 잊을 수 없었다. 성상(聖上)께서 새롭게 온갖 업무를 총괄하심에 판단이 분명하셔서, 곧바로 그 두목을 죽이고 소굴을 소탕하여 안팎으로 호오(好惡)를 분명하게 보여주셨는데 이것이 바로 난을 바로잡고 통치에 일관성을 부여하려는 중요한 조짐이었다. 그렇지만 안으로 덕에 의한 교화를 행하여 외양(外攘)의 근본으로 삼는 일은 아직 강구하지 않으셨으니, 모든 신하가 성상의 지혜를 계발시켜 드리지 못한 잘못이다. 그런 반면 안팎의 식견 있는 이들은 밤낮으로 발뒤꿈치를 들고 바라보고 있다. 아마도 하늘이 임금님의 마음을 계발하여 주실 테니, 한가한 시간에 여기에 힘을 쏟는다면 조정의 지위 높은 진신(縉紳)이나 여항의 지위 낮은 평범한 선비를 막론하고 각각 마음속 생각을 다 풀어내어 [임금님을] 지탱하고 [외적을] 막는 하나의 힘이 될 것이다. 불세출의 공업을 만분의 일이라도 돕는 것은 우리의 의무이자 내버려둘 수 없는 일이다. 기억하건대 헌묘(憲廟) 정미년(1847), 잠실(潛室) 이공(李公) 정관(正觀)이 지은 한 권짜리 『벽사변증(闢邪辨證)』을 얻었는데 나는 망령되게도 의심나는 점을 적어 두었고 그 일부를 원고 뭉치 속에 두었지만 배움이 정확하지 못하고 글이 졸렬하여 스스로 부족하다고 생각했기 때문에 아예 없다고 여기고 숨겨 두었다. 이제 꽤 수정하고 다듬어 조금 글꼴을 갖추게 한 후 직접 손으로 베껴 써서 두 친구에게 보내 비판과 질정을 구함으로써 하자를 없애려고 한다. 그들 또한 각각 글을 지어서 한사(漢士)의 선의를 저버리지 않도록 하였다. 그렇게 하지 않으면 어찌 그의 구함에 부응하겠는가? 생각건대 우리 노선생의 저술들 가운데에 이미 완성된 글이 있기는 하지만 강설 시의 잡록들 가운데에 이리저리 흩어져 있는 것이 한두 개가 아니므로, 그것들을 합하여 책 앞에 수록한다면 맹자가 양주와 묵적을 배척하고 주자가 선불교와 노장을 물리친 일과 더불어 고금에 똑같이 공을 세우게 될 것이다. 그리고 우리글을 끝에 붙여 한 편으로 만들면, 마치 뿌리에 가지나 잎이 난 양상과 같게 되리라. 그런 다음에 서사(書社)의 벗들 사이에서 윤강(輪講)한다면 설사 주상께서 읽어주시지 않는다 하더라도 일세(一世)의 공익(公益)이 되리니, [오랑캐의] 멸절을 돕고 공로를 보필하는 일에 조금이라도 도움이 될 것이다. 나는 비천하고 천박하여 두 벗이 격려해 주기를 바란다.

1866년 중복 이튿날, 청풍(淸風) 김평묵(金平默)이 용문(龍門)의 대곡우사(大谷寓舍)에서.

【벽사변증】 성호 이익은 마테오 리치를 논하면서 "칠극(七克)은 사물(四勿)의 각주이다"라고 하였다.

【기의】[1] 오랑캐 마테오 리치의 '칠극'을 우리 유학의 '사물(四勿)'과 동렬에 놓고 말할 수 없다. 눈 달려 있는 자라면 구분할 수 있는데도 성호 선생은 양자를 나란히 놓고서 똑같다고 여겼다. 그렇다면 어째서 다른가? 우리 유학의 '사물'은 예(禮)를 표준으로 삼는다. 예라면 그대로 행하고 예가 아니라면 하지 말아야 한다. 예와 비례(非禮)를 구분할 수 없다면 우리 마음의 지(知)를 맑고 깨끗하게 하고 사(事)와 물(物)의 리(理)를 궁구하여 거기에 이르러야 한다. 무엇이 예이고 무엇이 비례인지 마음속에서 분명하여 의심이 없기 때문에, 비례를 행하지 않고 예로 돌아갈 수 있다. "나를 문(文)으로써 넓히고 나를 예로써 구속한다"는 말씀이 그것이다. 지금 저들이 말하는 칠극은 "겸손으로써 교만을 이기고" "버림으로써 인색함을 이기며" "순결로써 음란을 이기고" "인내로써 노여움을 이기며" "담담함으로써 탐욕을 이기고" "어짊으로써 질투를 이기며" "근면으로써 나태함을 이기는" 것이니, 공

1) '【벽사변증】'과 '【기의】'는 역자가 편의상 각 문단 앞에 기입하였다. 이하도 동일하다.

자와 안자가 전수한 심법과 더불어 과연 비슷한 점이 있는가? 좋은 말들을 잡다하게 취하여 겉을 꾸밈에 불과하다. 그러니 사항에 따라 깊이 살핀다면 "겸손함으로써 교만을 이긴다"는 것은 [우리와] 비슷하기는 하지만, 이하 조목인 "국왕과 부모에게 절하지 않는다"[2]를 볼 때 비록 지극히 존귀한 지위에 있는 자에 대해서도 다반사로 그렇게 한다고 하니, 이것은 교만하고 예(禮)가 없으며, 겸양하면서 존경한다는 뜻이 조금도 없다. 신부(神父), 교주(教主)의 칭호를 존경하는 이에게 붙인다는 점은 더 말할 것도 없다. 더 할 나위 없는 대역무도로서 교화시킬 필요도 없이 주살해야 할 일이다. 그런데도 형식만 갖춘 말을 만들어 내서 천하 사람을 오도하고 있으니, 조금이라도 식견 있는 사람이라면 어찌 기꺼이 믿겠는가?

"버림으로써 인색을 이긴다"는 특히 천하의 이치[理]를 모르는 말이다. 버려야 할 것이 있고 버리지 말아야 할 것이 있으니, 이치상 버려야 할 것을 버리는 것이 참으로 인색을 이기는 방법이고, 이치상 버리지 말아야 한다면 버리지 않는 것이 인색을 이기는 방법이다. 지금 이치의 당부(當否)를 묻지 않고 일괄하여 '버림이 인색을 이기는 방법'이라고 여긴다면, '버린다'는 것이 어찌 규범에 맞겠으며, "인색함을 이긴다"는 것이 어찌 도적과 금수의 바탕으로 여겨지지 않겠는가? 그 설의 근원으로 거슬러 올라가면 상품을 유통시키려는 사악한 의도가 있는데, 그로 인해 생길 화(禍)는 상품 유통이라는 한 가지 일에서만 그치지 않으리라.

음란을 싫어하는 까닭은 인륜을 더럽혀 금수의 추악한 상태에 빠지기 때문이다. 그러니 불결하다고만 여겨 금지하는 것은 아니다. 만

2) 『順菴集』 卷17, 「天學考」; 杜環, 『經行記』. 大秦國의 풍속이라고 함.

약 인륜을 더럽히느냐 여부를 묻지 않고 오직 순결만을 절실히 귀하다고 여길 경우, 한 번만 뒤집으면 어찌 인륜을 끊어버린 불교로 귀결되지 않겠는가?

탐욕을 싫어하는 까닭은 염치를 상실하여 쟁탈의 화를 일으키기 때문이지 오로지 담담하지 않다고 하여 금지하는 것은 아니다. 만약 염치를 잃어버렸는지 여부를 묻지 않고 오로지 담담함만을 절실히 귀하게 여긴다면 오히려 도가의 청정무위와 유사해지지 않겠는가?

노여움을 말하자면 그것은 칠정(七情) 중 하나로서 사람에게 없을 수 없는 요소이니 어찌 이겨내야 하는가? 만약 "이길 수 있다"고 한다면 순(舜)이 사흉(四凶)을 노여워한 일이나 무왕(武王)이 한 번 노하여 천하를 안정시켰던 일이 잘못이라는 말인가? 만일 단지 "노여워하지 않아야 하는데도 노여워했다"고 말한다면 그 이겨냄에는 도(道)가 있을 것이다. 정자(程子)가 말한 대로 "노여움이 일어났을 때 일거에 노여움을 잊고 이치상의 시비를 꼼꼼히 본다"는 것을 모범으로 삼고서 마음을 비워 대처한다면, 노여움은 이겨낼 필요도 없이 저절로 평정하게 될 것이다. 지금 리(理)의 시비(是非)를 묻지 않고 일률적으로 '참을 수 있는 능력'을 노여움을 이기는 기술로 여긴다면, 순임금과 무왕의 노여움도 이겨내야 할 대상에 포함될 것이다. 어찌 이런 이치가 있겠는가?

질투는 실로 어진 이가 하지 않는 행동이다. 그러나 만약 어짊을 질투를 이겨내는 하나의 방법으로 여긴다면 이는 어짊이 어떤 것이며 어떤 일인지를 모르는 소치이다. 왜냐하면 어짊은 본심(本心)의 온전한 덕이며 사사로운 인욕을 조금도 용납하지 않기 때문이다. 그러니 안자(顔子)의 경지가 아니면 감당할 수 없다. 질투를 극복하는 일은 인(仁)을 추구하는 여러 가지 중 한 가지에 불과하니, 그것에만 의지하면서 인을 체득했다고 여길 수 없다. 그러니 하물며 "어짊으로써 질투를 극복한다"고 말한다면 실로 거꾸로 말하여 이치에 닿지 않는 것이다.

"부지런함으로 나태함을 극복한다"는 말은, 함께 살펴본다면 '경건함이 나태함을 이긴다'는 설(『大戴禮記』)과 비슷해 보이는 것 같다. 그러나 "경건함이 나태함을 이긴다"에서 경건함은 모든 사악함을 이기는 방법이다. 본원을 함양하고 성찰하며 극복해 다스리면서 도심의 미묘한 전체를 체득하는 것은 실로 경건함이라는 말 한 마디를 벗어나지 않는다. 지금 "부지런함[勤]으로써 나태함을 극복한다"고 말하는데, 순임금 부류가 했던 일을 부지런히 하려 하는가? 아니면 도척 부류가 했던 일을 열심히 하려는가? 사람이 금수와 다르게 되는 일을 하려는가? 아니면 사람이 금수와 같게 되는 일을 하려는가? 지금 서양 오랑캐의 마음씨와 재주를 살펴본다면 그 의도와 취지는 두 말할 것도 없이 판단될 수 있다. 이런 부류는 식자가 관찰하면 속까지 꿰뚫어 보일 수 있을 텐데 성호 선생은 분명히 깨닫지 못했다. 망령되게도 우리 유학의 사물(四勿)과 유사하다고 하는 태도는 '문을 열어 도적을 받아들이는 것'과 같으니 그렇게 말하면 안 된다. 잠실이 배척한 것은 옳았다. 그런데 칠극(七克)과 사물(四勿)이 연나라와 월나라 사이의 거리만큼이나 다른 것인데도, 구분하거나 논파할 단 한 마디가 없는 까닭은 무엇 때문인가?

○ 또 생각건대 오랑캐 마테오 리치는 서양인의 우두머리이다. 이제 '음란을 극복한다'는 분명히 색욕에 빠지는 것을 금지한 말인데, [사실] 서양인의 죄악은 모두 거기에 속한다. 오랑캐 마테오 리치가 영수라 할지라도 담백한 한 마디 말로써 어찌 오랑캐들의 정욕을 막

을 수 있겠는가? 아니면 그 자신을 말할 줄 아는 원숭이의 수준에 한정시킨 것인가? 이러나저러나 입에 올릴 만하지 않다. 그런데 이제 의관이 중국인의 것이라고 해서 나란히 놓고 공자와 안자의 사물(四勿)과 동일시하고 있으니 말을 하지 않을 수 없다.

【벽사변증】 "불산국(佛菻國)은 존귀한 국왕과 부모에게 절하지 않고 귀신을 믿지 않으며 하늘에 제사지낼 뿐이다."[3)]

【기의】 주자는 말한다. "하늘은 높고 땅은 낮으며 사람은 가운데에 자리잡고 있다. 하늘의 도는 음양을 벗어나지 않고 땅의 도는 강유(剛柔)를 벗어나지 않는다. 그렇다면 인(仁)과 의(義)를 버리고서 사람의 도를 세울 수 없다. 그런데 인은 부자 관계보다 더 큰 것이 없고 의는 군신 관계보다 더 큰 것이 없다. 이것이 삼강(三綱)의 요점이고 오상(五常)의 근본이다. 인륜은 천리의 지극한 것이니 하늘과 땅 사이에서 피할 곳은 없다."[4)] 이것이 군신과 부자의 예가 정해진 까닭이다. 『예(禮)』는 "이슬과 서리가 내릴 때 군자가 그것을 밟으면 반드시 처량한 마음을 갖는 까닭은 그것에 의해 추위를 느껴서가 아니[라 부모님이 돌아가실까 걱정해서이다.] 봄에 비와 이슬이 땅을 적실 때 군자가 그것을 밟고 반드시 놀라는 마음을 갖는 까닭은 장차 [부모님을] 보게 되리라 생각하기 때문이다"[5)]라고 말한다. 이것이 봄·가을에 제사가 생긴 까닭이다. 그러니 임금을 존중하고 양친을 외경하며 선조를 받들

3) 『順菴先生文集』 卷17, 「天學考」.

4) 『朱熹集』 13-2, 「垂拱奏劄」.

5) 『禮記』, 「祭義」, "霜露旣降, 君子履之, 必有悽愴之心, 非其寒之謂也. 春, 雨露旣濡, 君子履之, 必有怵惕之心, 如將見之."

고 효를 생각하는 것은 천리[가 깃든] 인심이 멈출 수 없는 것들이다. 만약 "멈출 수 있다"고 말한다면 맹자가 말한 대로 "사단의 마음이 없어서 사람이 아닌" [경우에 해당될 것이다.] 지금 저 서양의 풍속은 국왕에게 절하지 않는 것이니 임금을 임금답게 여기지 않는 것이고, 부모에게 절하지 않으니 양친을 양친으로 여기지 않는 것이며, 귀신을 믿지 않으니 조상을 조상으로 여기지 않는 것이다. 임금도 양친도 없고 조상도 없으니 금수 중에서도 심한 자들이다. "하늘에게 제사지낸다"는 것에 이르면 그것은 천자의 일이다. 「서명(西銘)」은 "대군(大君)은 우리 부모의 종자(宗子)이다"라고 말하였으니, 오직 종자만이 [하늘에] 제사지낼 수 있다. 제후 이하는 지자(支子)이다. 지자이면서 [하늘에] 제사지내는 것은 "바로 그 귀(鬼)가 아닌데도 거기에 제사지내는 것은 아첨이다"[6]라는 경우에 해당된다. 공자는 노나라의 교(郊) 제사는 비례(非禮)라고 하였는데[7] 바로 그 때문이었다. 지금 "한 사람 한 사람 다 하늘에 제사를 지낸다"고 말한다면, 아래에 있는 사람이 위에 있는 사람을 범하는 것이고 지자가 종자를 범하는 것이며 민(民)으로서 지켜야 할 원칙에 힘쓰지 않고 신(神)을 모독하며 공경하지 않는 것이다. 이는 "태산(泰山)이 임방(林方)만 못한가!"[8] 하는 말에 해당된다. 이 몇 가지는 모두 밝히기 어려운 이치가 아니다. 다만 기(氣)에 의해 구속되고 외물에 의해 가려져서 그 사악함을 깨닫지 못하고 따라가서

---

6) 『論語』, 「爲政」, "子曰, 非其鬼而祭之, 諂也."

7) 『禮記』, 「禮運」, "孔子曰, 於呼哀哉. 我觀周道, 幽厲傷之, 吾舍魯何適矣. 魯之郊禘, 非禮也, 周公其衰矣."

8) 『論語』, 「八佾」, "季氏旅於泰山. 子謂冉有曰, 女弗能救與. 對曰, 不能. 子曰, 嗚呼. 曾謂泰山不如林放乎." 주희는 '예는 그 근본이 중요함은 임방도 알았다. 하물며 태산의 신이 그것을 모르겠는가? 근본도 모르는 계씨의 행위를 태산이 눈감아준다고 계씨는 여긴다는 말인가?'라고 이 구절을 풀이했다.

배웠을 뿐이다.

【벽사변증】 "왕이 나와서 예당(禮堂)에 앉아 군중을 위해 설법하기를 '인생은 매우 어렵고 천도(天道)는 쉽지 않다. 사악하고 불법적 행위를 하거나, 남의 것을 빼앗고 훔치거나, 행실을 떳떳이 하지 않거나, 속이는 말을 하거나, 자기를 편안히 하기 위해 남을 위태롭게 하거나, 가난한 이를 속이고 미천한 자들을 학대하거나 하는 항목들 중 하나라도 하면 죄가 막대하다'라고 한다."

【기의】 이 말을 모아서 보면 좋은 말 같지만 인생이 매우 어려운 까닭을 잘 모르는 것이다. 이치[理]에 따르면 살고 욕구[欲]에 따르면 죽는데 인욕(人欲)을 막고 천리를 따르는 것은 매우 어렵다. 천도가 쉽지 않은 까닭은, 이치를 따르면 복이 오고 욕구를 따르면 화가 오는데 화의 뿌리(즉, 인욕)를 끊고 복을 늘리는 것이 쉽지 않기 때문이다. 이치란 무엇인가? 마음에서 근본이 되는 것으로 오상(五常)의 천덕(天德)이다. 일에서 시행하면 오품(五品)의 인륜이 된다. 일상에서 펼치면 각 상황에서 당연(當然)·불역(不易)의 법칙이 된다. 이것이 바로 천도의 본연이요 인생의 명맥이다. 욕구란 무엇인가? 입이 맛있는 것을 바라는 것, 눈이 여색을 보고 싶어 하는 것, 사지가 편안히 있고 싶어 하는 것 같은 부류가 [욕구에 해당된다.] 비록 천도가 여기에 있다고 하더라도 [욕구는] 인생에서 없을 수 없다. 그런데 욕구대로 마음껏 행동하면서 천리의 당연(當然)의 원칙으로써 그것을 주재하지 않는다면, 맛있는 것을 먹고 싶어 할 경우 "먹여주는 자를 원수로 삼거나"[9] "형

의 팔을 비트는"[10] 패역한 짓들도 거리낌 없이 할 것이다. 눈이 여색을 보고 싶어 한다면 간통이나 음란행위 같은 악한 짓도 과감히 할 것이다. 사지가 편안히 있고 싶다면 간악한 일이나 강도짓, 은밀한 짓이나 거짓말, 빈자에 대한 기만과 비천한 자에 대한 학대, 타인을 위태롭게 하거나 화를 입히는 일을 거리낌 없이 행할 것이다. 그렇게 된다면 인간의 무리는 승냥이와 짐승의 무리가 되고 이른바 천도(天道)의 본연, 인생의 명맥은 남김없이 진멸될 것이니 참으로 비참하지 않은가! 이것은 오랑캐 우두머리가 알 수 있는 것이 아니니, 의관의 나라, 참된 도의 백성들이 두려워할 줄 알아야 하는 것이다.

○ 또한 서양 우두머리의 설을 살펴보면, 임금에게 충성하고 양친에게 효도할 때 '불인인(不忍人)'[11]의 마음을 확충하는 것이 천리이자 윤리의 중대한 것과 관계되어 있음을 깨닫지 못하여 그에 대해 한 마디도 언급하지 않았으니, 위의 몇 구절은 그 자신에 의거해 신뢰를 얻어 결국 형기의 재물과 기물을 받들 뿐이다. 이것은 바로 정자(程子)가 말했던바 "도적에게 예악이 있다"[12]는 것과 같다. 마치 폐와 간의 모습을 투시해 보듯이 그것을 읽는 자들은 잘 살펴야 하고 그에 의해 유혹되면 안 된다.

---

9) 『書』, 「商書」, 〈仲虺之誥〉, "乃葛伯仇餉. 初征自葛. 東征, 西夷怨. 南征, 北狄怨. 曰奚獨後予. 攸徂之民, 室家相慶. 曰徯予后. 后來其蘇. 民之戴商, 厥惟舊哉."

10) 『孟子』, 「告子下」, "紾兄之臂而奪之食, 則得食. 不紾, 則不得食, 則將紾之乎."

11) 『孟子』, 「公孫丑上」, "孟子曰, 人皆有不忍人之心."

12) 『論語集註』, 「陽貨」, "子曰, 禮云禮云, 玉帛云乎哉. 樂云樂云, 鐘鼓云乎哉"에 대한 정자의 주석. "程子曰, 禮只是一箇序, 樂只是一箇和. 只此兩字, 含蓄多少義理. 天下無一物無禮樂. 且如置此兩椅, 一不正, 便是無序. 無序便乖, 乖便不和. 又如盜賊至爲不道, 然亦有禮樂. 蓋必有總屬, 必相聽順, 乃能爲盜. 不然, 則叛亂無統, 不能一日相聚而爲盜也. 禮樂無處無之, 學者須要識得."

【벽사변증】 [앞에 이어, 왕은] "무릇 정전(征戰)이 있는데 적에 의해 죽으면 반드시 천당에서 태어나 무한한 복을 누릴 것이다. …"라고 했다.

【기의】 이 설은 참으로 가소롭지만 어리석은 사람들을 위해 한 번 변론해 본다. 『역(易)』은 "시작으로 거슬러 올라가고 끝으로 돌아가니 생사의 설을 안다. 정기(精氣)는 만물이 되고 떠다니는 혼은 변화하니 귀신의 실정을 안다"고 하였다. 횡거는 "만물이 처음 생겨날 때는 기(氣)가 날마다 이르러서 자라나다가, 만물의 생장이 이미 다하면 기가 날마다 되돌아가서 흩어져 버린다"[13]라고 하였다. 생사, 사람, 귀신의 설이 대체로 이와 같을 뿐이다. 첫째, 일기(一氣)가 윤회하여 소멸되지 않고 영원히 존재하면서, 이미 여기서 죽었는데 다른 곳에서 다시 태어나는 이치는 없다. 둘째, 음과 양이 상(象)을 이룬 것이 하늘이다. 강(剛)과 유(柔)가 질(質)을 이룬 것이 땅이다. 하늘에서 기(氣)를 얻고 땅에서 형체를 부여받은 것이 사람과 사물이다. 기를 받았는데 형체를 받지 못하거나 형체를 받았는데 기를 받지 못하고 생겨나는 이치는 없다. 셋째, "크구나! 건원(乾元)이여. 만물이 그것을 의지하여 시작되었구나."[14] 지극하구나! 곤원이여. 만물이 그것을 의지하여 생겨나는구나"[15]라고 한다. 이제 "땅에서 태어나지 않고 하늘에서 태어난다"고 말한다면, 이것은 건(乾)이 곤(坤)의 일을 하는 것이니, 마치 남자가 안살림을 도맡고 임금이 관리를 부모처럼 대하는 것과 같다. 그런 이치는 없다. 만약 이들 조목을 통하여 음양의 조화(造化)와 생성(生成)의

---

13) 『周易』, 「繫辭上」, "原始反終, 故知死生之說, 精氣爲物, 遊魂爲變, 是故知鬼神之情狀."

14) 『周易』, 「乾卦」, "大哉乾元. 萬物資始, 乃統天."

15) 『周易』, 「坤卦」, "至哉坤元, 萬物資生, 乃順承天."

오묘함을 찾을 수 있다면, 그들의 천박하고 속된 설이 유혹한다고 할지라도 그럴 수 없을 것이다.

○ 또 생각건대 저들이 말하는 '정전(征戰)'은 더욱 더 궁구할 필요가 있다. 왜냐하면 천리와 인욕은 동행하지만 실정이 다르기 때문이다.[16] 정전에는 천리(天理)도 있고 인욕도 있다. 황제는 판천(阪泉)에서 전쟁을 했고 우(禹)임금은 삼묘(三苗)를 정벌하였으며 감(甘)에서 전쟁을 시작하였다. 윤(胤)은 희화(羲和)를 정벌하였고 탕(湯)은 갈걸(葛桀)을 정벌하였으며 고종(高宗)은 귀방(鬼方)을 정벌하였고 문왕은 려(黎)를 치고 숭(崇)을 정벌하였으며, 무왕은 주(紂)를 정벌했고 주공은 동쪽을 정벌했으며 선왕(宣王)은 험윤(玁狁)을 정벌하였고 공명(孔明)은 여섯 차례 기산(祈山)에서 출정하였고 송(宋)나라 진종(眞宗)은 단연(澶淵)에 군대를 진출시켰으며 명 태조는 중원을 깨끗이 청소하였으니 이런 종류는 모두 천리이다. 치우가 난을 일으킨 것, 우만(虞蠻)이 하(夏)를 어지럽힌 것, 춘추 시대에 의전(義戰)이 없었던 것, 오호(五胡)가 화(華)를 어지럽힌 것, 금나라 사람들이 황하를 건넌 것, 몽고와 여진이 신주(神州)를 점령한 것, 양비(洋匪)가 인류를 핍박한 것은 모두 인욕이다. "정(征)"은 정(正)이다. 자신의 사악함으로써 타인의 바름을 정벌하는 것이 어떻게 바를 수 있겠는가? 바르지 않은 전쟁을 천리라고 부르겠는가, 아니면 인욕이라고 부르겠는가? 이것은 몇 마디 기다릴 필요 없이 결정될 것이다. 천리의 전쟁은 군주를 주살하더라도 그 백성은 위로를 받으니, 마치 때맞춰 비가 내리는 것과 같다. 이렇게 한다면 드높여질 것이다. 혹은 불행히도 부자와 군신이 사직에서 같이 죽었다면 비참

16) 『주자어류』 第78권 第221, "問人心道心, 伊川說天理人欲便是. 曰, 固是, 但此不是有兩物, 只是一人之心, 合道理底是天理, 徇情欲底是人欲. 正當於其分界處理會. 五峯云, 天理人欲, 同行異情, 說得最好." 이 구절은 『心經附註』 第1卷에도 수록되어 있음.

할 것이다. 그러나 인심·천리의 바름을 얻었기 때문에 천지, 신(神), 인(人)이 위에서는 내려다보고 곁에서는 지켜보아, 종묘가 제사를 받고 자손이 보호되며 영예가 천하에 가득 찰 것이고 은택이 백 대에 미칠 것이다. 고금에서 인(仁)을 이루고 의(義)를 취한 사람들의 사적은 세부까지 고찰할 수 있다. 인욕의 전쟁은 천지가 싫어하고 신(神)·인(人)이 분노하는 것이다. 치우 이래 고금의 강포한 도적들이 혹은 성(城)과 연못을 탐내고 혹은 재물을 탐내며 혹은 신하가 군부(君父)를 범하고 혹은 오랑캐가 중국에 대항하며 혹은 금수가 인류를 핍박하였으니, 백성을 도륙하여 피가 강물을 이루었다. 시작은 비록 제멋대로 하였으나 종국에 진멸을 피할 수 있을까? 그 자손들은 과연 사람으로 남을까? 신·인이 공분하여 받아들여질 땅이 없을 것이다. 옛 사람들은 이런 말을 하였다. "지옥이 없다면 그만이지만, 있다면 소인이 들어간다."[17] 어찌 천당에서 태어나 복을 얻는 이치가 있겠는가?

【벽사변증】 "당의 황제가 서양 오랑캐들한테 명령을 부드럽게 내려서 환속하도록 하고 중국에서 [중국인들과] 섞여 살도록 한 것은, 사원을 지어서 살도록 한 것만 못하다. [왜냐하면] 마니교도들은 그나마 폐단이 적었기 때문이다."

【기의】 화하(華夏)는 천지의 한 가운데에 있다. [그곳] 사람들은 오행(五行)의 온전한 기를 받았기 때문에 [화하는] 잇달아 성현을 낳았고 [성현은 천지의] 화육에 참여하여 그것을 도왔다. 백성들[小民]에 대해 말하자면 "그들로 하여금 알게끔 알 수는 없지만 따르도록 할 수는

17) 曹端 著, 王秉倫 點校, 『曹端集』(北京: 中華書局, 2003), 297쪽.

있다."[18] 사이(四夷)는 그렇지 않다. 동쪽은 목(木)에 치우쳤고 서쪽은 금(金)에 치우쳤으며 남쪽은 화(火)에 치우쳤고 북쪽은 수(水)에 치우쳤기 때문에 지각이 한 길로만 통하고 전체를 관통할 수 없다. 설사 성인께서 그들과 함께 거하더라도 그들을 교화시켜서 도(道)로 들어가게 할 수 없다. 그들을 중국인과 같이 여겨 더불어 섞여 살도록 한다면, 지각이 한 길로만 통해도 기뻐할 만한 사람이 반대로 우리 백성을 자신에게 동화시켜, 하루에 하루만큼의 해가 있고 이틀에 이틀만큼의 해가 있을 터이니 이것이 요, 순, 삼왕이 그들을 역외에 두고 매우 엄격히 막았던 까닭이다. 당나라 황제가 서양 오랑캐를 중국에서 섞여 살게끔 한 일은 실로 옛것을 본받지 않은 일로서 교훈 삼을 만한 일이 아니다. 만약 사원을 세워 거기에 살도록 한다면 불교도와 한 패가 될 테니 어찌 원숭이들로 하여금 나무에 올라가서 세력을 늘리도록 하는 일이 아니겠는가? 그리고 그 해악을 어찌 헤아릴 수 있겠는가? 잠실(이정관)의 말을 이해하지 못하겠다.

【벽사변증】 전목재(錢牧齋; 錢謙益)의 경교(景教)에 대한 발언

【기의】 전씨는 명말의 대가였지만 대진(大秦)의 종교를 소승 불교 중에서도 가장 열등한 것에 불과한 것으로 설명하였다. 아! 이 말뜻을 보면 당시 중국에는 깊은 지식과 원려가 없었고, 그들이 멋대로 행동하느라 놔두어 "딱딱한 얼음"이 생기기[19] 시작하는 위험을 소홀히 봤다는 것을 알 수 있다. 그러니 오늘날 하늘에 닿을 지경으로 [서교가]

18) 『論語』, 「泰伯」, "子曰, 民可使由之, 不可使知之."

19) 『周易』, 「坤卦」, "初六, 履霜, 堅冰至."

가득 찬 것이 당연하지 않은가?

○ 또 생각건대 전씨는 중국이 함락되던 날 곧바로 [지조를 버리고 청나라 관리로] 변신했던 자이다. 화하가 오랑캐와 다른 까닭과 인류가 금수와 다른 까닭은 무엇인가? 삼강오륜 때문이다. 전씨는 문장으로 천하에 이름을 떨쳐 중국 사대부의 거두였으나, 임금을 잊고 어버이를 배반하였으며 변발을 하고 면류관을 찢고서 개와 양의의 신하가 되는 것을 달갑게 여겼다. 그랬으면서도 천하로 하여금 자기를 본받게 하였으니 참으로 오랑캐와 금수의 우두머리일 뿐이다. 의론의 득실을 어찌 깊이 변론할 필요가 있겠는가?

【벽사변증】 "만력(萬曆) 29년(1161년), 천진세감(天津稅監)인 마당(馬堂)이 대서양 마테오 리치의 방물(方物)을 바쳤다. 예부(禮部)가 말하기를 '대서양은 회전(會典)[20]에 실려 있지 않으니 진위를 알 수 없는데다가, 그가 바친 천주여도(天主女圖)는 황당무계한 것입니다. 그리고 이전에 그들에게 신선골(神仙骨) 같은 것이 있었습니다. 신선이 날아 올라갔는데 어떻게 뼈가 있을 수 있겠습니까? 관대만 지급하고 자기 나라로 돌아가도록 해야 합니다'라고 말하였으나 [황제로부터] 답을 듣지 못하였다."

【기의】 예부의 간언은 타당하다. 그렇지만 천주녀(天主女)의 그림이 황당무계하다는 것만 알고, 대낮에 날아 올라간다는 설이 황당무계하다는 것은 모르고 있으니, 사람들로 하여금 자기도 모르게 실소케 만든다. 어떤 이가 정자(程子)에게 "신선의 설이 있습니까?"라고 물었다.

20) 관직 제도에 관한 규정집.

정자는 "산속에 살면서 형기를 보호하고 단련함으로써 수명을 늘리는 경우는 있지만, 대낮에 날아 올라가는 부류는 없다"고 말하였다. 예부의 신하는 성현의 가르침을 명백히 풀이하지 않고 이치에 맞지 않는 설을 망령되이 제시하였으니, 어떻게 신종의 총명함을 일깨움으로써 "침상을 깎아드는"[21] 점진적 위험을 막을 수 있었겠는가? 그렇다면 선골(仙骨)을 받는 것에 대해 간언할 때 어떻게 해야 할까? 옛날 현명한 군주는 원방에서 나는 물건을 귀하게 여기지 않았다. 이 때문에 주나라 무왕은 려(旅)족이 바치는 큰 개[獒]를 받지 않았고[22], 한문제(漢文帝)는 준마를 돌려보내라고 조칙을 내렸으며, 견마(犬馬)에 대해서도 그렇게 하였다. 하물며 신선의 설은, 정자와 주자가 천도를 거스르고 창생·변화의 기틀을 훔치는 것이라고 하였고 "천지간의 한 도적"[23]이라고 판단하였으니 신선은 성왕들이 매우 싫어했던 것임이 틀림없다. 또한 "창생·변화의 기틀을 훔치는 것" "나이를 늘려 더 오래 사는 것"은 본래의 수로 정해진 것 이외로 조금 늘리는 것이지, "하늘보다 늦게 늙고 해·달·별보다 늦게 시든다"[24]는 것을 말하지 않는다. 주야, 시종, 사생, 인귀(人鬼)는 천하 만고로 바뀌지 않는 이치이다. 그러므로 『역』은 "떠다니는 혼이 변화한다"고 하고, 『정몽(正蒙)』은 "사물이 이미 다 자라면 기는 날마다 돌아가서 흩어진다"고 하였으니 필경 그로부터 벗어날 수는 없을 것이다. 지금 "뼈가 있다"고 하는 것은 [신선골이 사기에 불과하다는] 하나의 명증이다. 예를 들어 진시황과 한무제는 극기와 양심(養心)의 노력을 하지 않았기 때문에 정명(定命)을 편안히

21) 『周易』, 「剝卦」, "初六, 剝牀以足, 蔑, 貞凶."

22) 『書經』, 「周書」, 〈旅獒〉.

23) 『二程遺書』 卷18.

24) 李白의 樂府.

여기지 못했고, 전적을 배워서 앎을 지극히 하지 않았기 때문에 진실한 이치[實理]에 밝지 못했다. 그래서 불로장생에 대한 망상을 품었으니 이는 경계할 만한 일이며 본받아서는 안 될 일이다. 하물며 지금 흉측하고 더러운 뼈를 잠시라도 끌어들임으로써 신하들의 의혹을 초래하고 훗날의 화가 생기도록 하면 안 된다. 만약 폐하께서 마음을 깨끗이 다스리고 만물 이치[物理]를 철저히 궁구하신다면 신하들이 거짓되지 않을 것이며, 아래를 잘 살펴보시기만 한다면 아마도 거의 일을 이루게 될 것이다.

【벽사변증】 순암이 말했다. "명나라 말, 역법에는 착오가 많은데다가 용병(用兵)이 너무 급하였는데, 서사(西士)들이 마침 도래했기 때문에 그들로 하여금 역법을 만들고 또 화기(火器)를 제작하도록 하였다. 청(淸)나라에 이르러 비로소 천주당을 세웠으나 그것은 절이나 도관(道觀) 같은 것이었을 뿐 [중국인들이] 그 학문을 숭상한 적은 없다."

【기의】 주자는 "오랑캐는 사람과 금수 사이에 있는 것이다"[25]라고 하였는데 이는 지당한 말이다. 왜냐하면 오랑캐는 사람 형체를 갖고 있기는 하지만 부자, 군신, 부부, 형제, 사우(師友)의 도를 모르고, 일상의 사물은 그저 형기(形氣)인데도 그것을 받들 뿐이기 때문이다. 그러니 새가 마시거나 쪼는 것, 짐승이 치거나 씹는 것과 다르지 않다. 어찌 이치로써 그들을 믿을 수 있겠는가? 그러므로 중국이 안에 있고 사이(四夷)가 밖에 있는 까닭은 천지가 사람과 오랑캐를 구별했기 때

25) 『朱子語類』 卷4, 제11조, "到得夷狄, 便在人與禽獸之間, 所以終難改."

문이다. [성인들이] 중국에 군림하여 천하에서 왕이 되었으니 오랑캐는 치지도외하고서 오면 막고 가면 좇지 않았다. 외람되게도 벼슬자리를 주어 중국에 사람이 없다는 것을 보이고, 오랑캐로 하여금 틈을 엿보도록 하거나 모욕하도록 하는 것은 가한가, 불가한가? 이것은 명말에 강구하지 않았던 점이다. 그러므로 심하면 다르곤(多爾袞, 1612~1650)[26]을 불러들여서 적을 토벌하도록 하여 마침내 신주는 침몰하고 구할 수 없게 되었다. 슬프구나! 비통하구나!

○ 또한 순암의 말을 살펴보니 자기변명이 너무 심하고 그 가운데에는 서로 모순되는 것도 있다. 이미 그들로 하여금 역법을 정비하고 무기를 제조하도록 하였다면, 이것은 서양 오랑캐를 '쓰기에 알맞은 인재'[適用之才]로 삼은 것이다. 이미 천주당을 세워 귀신을 섬기도록 한 것은 서양기술을 '숭배해야 할 도'로 삼은 것이다. 이러면서도 "숭배하지 않는다"고 하니 어찌 식자들이 한심하게 여기지 않겠는가? 또한 적양공(狄梁公; 狄仁杰, 630~700)이 음사(淫祠) 천여 개를 부쉈던 일을 본받아 법령을 정한다면 저 절과 도관들은 모두 다 철거해야 할 텐데, 하물며 다시 천주당을 세워서 사악하고 망령된 가르침을 증가시킬 것인가? 만약 숭앙하거나 믿는 마음이 없다면, 어찌 다시 조금이나마 힘을 써서 그 서까래 하나를 세워주려고 하는가?

【벽사변증】 지금 중국의 광대들 중 불을 토하고 칼을 삼킬 수 있는 자들의 부류는 대부분 서번인(西番人)들이다. 서양 지역에 이르면 또한 [서양인은] 특이한 영명(靈明)을 좇으니 그 땅에서 태어난 자들의 부류는 대부분 기이한 마술을 행하여 묘

---

26) 누르하치의 열네 번째 아들.

하게 천도(天度)를 풀이하고 역법과 산수를 추론하며, 기물의 정교함이나 의약의 신묘한 약효는 진실로 중국을 훨씬 뛰어넘는다. 그러나 그 교의는 악마의 도일 뿐이다.

【기의】 지금 사람들이 침을 튀기며 얘기하다가 풍속이 쇠퇴하기에 이른 원인이 바로 여기에 있으니 변론하지 않을 수 없다. 자사(子思)가 성인인 자신의 조상(공자)이 전수해 주었던 것을 조술하여 『중용』을 지어서 천하 만세에 보편적이고 변치 않는 도를 가르쳐 주었으니, 그 본체는 인, 의, 예, 지의 본성이고 이는 마음이 아직 발하지 않았을 때의 중(中)이다. 그 작용은 희노애락의 감정이니 이는 마음이 절도에 맞은 조화로움이다. 몸으로 수양하는 방법은 "정제하여 지각을 명철하게 하며, 예가 아니면 움직이지 않는 것"[27)]이다. 일로 시행하면 부자, 군신, 부부, 곤제(昆弟), 붕우의 다섯 가지 달도(達道)이고, "지(知)로써 알고 인으로써 지키며 용기로써 행 한다"[28)]는 것이다. 사람에게서 구한다면, 타인의 리가 곧 나의 리이다. 사물에게서 참조한다면 사물의 리가 곧 사람의 리이다. 고금을 관통하고 천지를 가득 채우고 있는 것이다. 본성을 다하고 사람과 사물의 본성을 다하면서 천지의 화육에 참여해서 돕고, 천지 사이에 서서 생육하는 것은 본래 인간의 분한 안의 일이어서, 요·순(堯舜)과 거리의 사람 사이에 차이가 없고 고금과 귀천의 차이도 없다. 다만 부여받은 기가 태어나는 초기에 구속하고, 이미 태어난 다음에는 물욕이 가리므로, 모두 그 마음의 본연을 온전히 할 수 없다. 그러므로 인품의 우열과 지휘의 고하를 막론

27) 『禮記』, 「中庸」, "齊明盛服, 非禮不動, 所以修身也."

28) 『朱熹集』 卷42, 「答石子重9」, "知以明之, 仁以守之, 勇以行之, 其要在致知. 知之明, 非仁以守之則不可, 以仁守之非勇而行之亦不可. 三者, 不可闕一, 而知爲先."

하고, 걸핏하면 엎어져서 무너지고 혼란스러워질 뿐이다. 이에 자사는 깊이 걱정하고 멀리 생각하여 계구(戒懼), 근독(謹篤), 학문(學問), 사변(思辨), 독행(篤行), "남이 하나를 하면 나는 백을 하고 남이 십을 하면 나는 천을 한다"는 등의 말을 하고, 기질의 얽매임을 녹여 버리고 본연의 마음을 맑고 깨끗하게 하며 인욕의 망령됨을 제거하도록 하여 참된 천리를 회복하게 했다. 과연 이 길[道]을 잘 갈 수 있다면 마음이 순수해지고 이치가 체득되어 그 사람이 처한 상황에 따라 일과 사물이 각각 마땅하게 될 것이다. 그러므로 총괄하여 '중용'이라고 불렀다. 그런데 정자는 "바뀌지 않는 것을 용(庸)이라고 한다"[29]고 했고, 주자는 "용(庸)은 평상적인 것이다"[30]라고 말하였으니, 겨울에는 가죽옷을 입고 여름에는 베옷을 입으며, 목마르면 마시고 배고프면 먹는 것이 천하고금의 변치 않는 도라는 것을 말하였다. 요, 순은 이것을 세 왕에게 전했고 세 왕은 이것을 공자와 맹자에게 전했으며, 공자와 맹자는 이것을 정자와 주자에게 전했고 정자와 주자는 이것을 우리 동방의 한두 선각자에게 전했다. 그것을 천하에서 행하면 천하가 각각 제자리를 얻고, 만세에 그것을 밝혀주면 만세가 은택을 입는다. 이를 다한 이가 성인이니 성인은 숭상을 받는다. 아직 그런 경지에 도달하지 못하였지만 수양을 계속하니 그것이 군자가 길(吉)한 까닭이다. 이런 것을 모르고 도리어 어긋나니 소인이 흉한 까닭이다. 이 모든 찬연한 자취와 필연의 이치는 숨길 수 없다. 괴이한 일들이 어찌 변치 않는 영원한 것일 수 있겠는가? 일시적 존재이면서 영원하지 않은 것이라도 해로움이 적지 않은데, 영원하면서 변치 않는다면 그 해악이 어떠

29) 『二程遺書』 卷7, "不偏之謂中, 不易之謂庸. 中者, 天下之正道, 庸者, 天下之定理."

30) 『中庸章句』, "庸, 平常也."

할 것인가? 옛날에 풍리(馮理)가 방 안에 빛이 있는 것을 신기하게 여겨 정자에게 자랑하였다. 정자는 "내게도 신기한 일이 있는데 밥을 먹을 때마다 배가 부르다"라고 말하였다. 성현의 도는 평범하여 변치 않는 것 가운데에 있지만 거기에는 신묘불측한 것이 있다.(만물을 신묘하게 여겨야 한다. 왜냐하면 신묘하지 않은 것이 없기 때문이다. 괴이한 것만 신묘하다고 여기면 안 된다.) 그러므로 하늘에 순응하고 시간에 따르며 정령(政令)을 세우고 사업을 완성할 때 천하가 그에 의지하는 것이지, 언제 불을 토하고 칼을 삼키는 부류를 신묘하다고 여긴 적이 있는가? 그런 신기하고 괴이한 것들이 어찌 일에 도움이 되겠는가? 내가 관찰하건대, 도적들과 간악한 자들의 기물은 성왕이 반드시 제거하여 받아들이지 않는다. 또한 천도(天度), 역산(曆算), 기용(器用), 의약의 부류는 신농, 황제, 요순, 삼왕이 만물의 진상을 드러내어 완성시켰던 것으로서 이미 찬란하게 다 갖추어져 있어 조금도 모자람이 없는 것이었다. 오로지 이것을 밝게 닦으면서, 고칠 것은 고치고 놔둘 것은 놔두어 알맞게 한다면 이용후생에 부족하지 않을 터인데, 저들이 말하는 '정묘(精妙)한 것'을 수입하여 쓰다가 그것 없이 살 수 없게 된다면 실로 이미 그 가두리[範圍] 속에 있게 될 것이다. 이 가두리란 무왕이 말했던 기이한 기술과 음란, 교묘함이고, 소공(召公)이 말했던 "만듦에는 보탬이 없고 해로움에는 보탬이 있는 것"[31]으로서 왕도 정치가 철저히 금해야 하는 것들이었다. 지금 장황하게 흠모하면서 우리가 먹어야 할 오곡을 버리고 새나 쪼아 먹는 삘기나 쭉정이 같은 저들의 독소를 구하고자 하니 참으로 어둡고 미혹된 견해가 아니겠는가? 또한 "다른 종류의 영명[異樣靈明]"이라는 것은, 성현의 영명으로써

31) 『書經』, 「周書」, 〈旅獒〉, "玩人喪德, 玩物喪志, 志以道寧, 言以道接, 不作無益害有益, 功乃成."

검토한 이후에야 같고 다른지의 귀추와 의존할지 배척할지의 판단이 분명할 수 있다. 성현의 영명은 올바른 선천적 본성[性命]에 근원을 두고 있다. 앞서 인용한 중용의 도는 그 전체대용(全體大用)이다. 그들의 영명은 오로지 사사로운 형기로 일관하고 있으니, [우리에게로] 들어와 쓰이는 것은 뛰어난 기술 한 가지나 기능 한 가지에 불과하다. 그들은, 성현께서 "사물의 진상을 밝혀 임무를 완수했던 것[開物成務]"을 보기를 태산의 돌 하나나 나무 한 그루처럼 볼 뿐이다. 설혹 중국인들이 미치지 못하는 기술이 있다 하더라도, 비유하자면 꿀벌이 단 것 만들어 내는 것을 역아(易牙)가 할 수 없는 것과 같고, 말이 길 아는 것을 관중이 할 수 없는 것과 같으며, 정밀하게 농사짓는 일을 공자께서 잘못 하시는 것과 같고, 부부가 알고 행할 수 있는 것을 성인이 모르거나 할 수 없는 것과 같다. 군자가 달통하는 대상은 위에 있고 소인이 달통하는 대상은 아래에 있다. 군자가 깨닫는 것은 의(義)에 있고 소인이 깨닫는 것은 리(利)에 있다. 중국의 영명은 중국의 도에 있고 오랑캐의 영명은 오랑캐의 일에 있다. 인류가 밝히는 것은 중국의 도이고 금수가 밝히는 것은 금수의 능력이다. 도가 달라서 서로 함께 도모하지 못한지 오래 되었다. 지금 소인이 잘 하는 것을 부러워하여 군자들을 이끌고 그것을 본받도록 하고, 오랑캐가 잘 하는 것을 부러워하여, 중국을 이끌어서 그것을 본받도록 하니, 가한가, 불가한가? 이런 이치는 매우 분명한데도 깨달을 줄 모르는 것 같으니 슬프구나!

○ 또 무궁한 천하의 이치를 생각해 보건대, 악마의 도(道)와 마술 같은 일이 어찌 없겠는가? 다만 군자는 그에 대해 그것이 사악한가 바른가, 선한가 악한가, 해야 하는가 말아야 하는가를 물어야지, 이런

이치가 있는가 없는가, 이런 일이 있는가 없는가를 물으면 안 된다. 하물며 입으로 침을 튀기며 이야기하면서 그들의 능력을 과장하고 있는데, 예를 들어 이업(李鄴)이 금나라 오랑캐들을 과장했던 것이 가한가?[32] 지금 듣건대 악마의 마술 같은 설을 구사하면 모두 놀라고 당황하여 어찌할 바를 모른다고 한다. 특히 귀신, 도깨비들이 비록 신(神)이라 하더라도 감히 대낮에 그리고 수많은 사람들 사이에서 제멋대로 요망한 짓을 하지 못한다는 것을 잘 모른다. 요망한 짓을 하지 못하는 것은 어째서인가? 음이 양을 감히 침범하지 못하고 사악한 것이 감히 바른 것을 범하지 못한다는 것은 천하고금의 변치 않는 정리(定理)이다. 우리의 계책은 다만 몸, 마음, 본성, 감정의 면에서 사악하고 망령된 것을 막고 바르고 영원한 것을 지켜 양덕(陽德)으로 하여금 날마다 자라나도록 하는 것일 뿐이다. 그렇게 하면 이 요망한 것들이 어찌 거론할 만한 것이 됨으로써, '괴이한 것'과 '신적인 것'을 말하지 않았던 성인의 훈계를 어떻게 논파하겠는가?

【벽사변증】 성호는 말한다. "지금 시헌력은 백 대 동안 폐단이 없는 것이다. 역가(曆家)들의 역수에 오래도록 오차가 생겼던 까닭은 오로지 세차법에서 핵심을 얻지 못했기 때문이다. 서국의 역법은 요임금 시기의 역법이 비할 데가 아니다."[33]

【기의】 성호가 서양 역법이 요임금이 역법보다 뛰어나다고 여겼던 것은, 바로 "잔물결을 일으켜 커다란 너울을 만드는 것이요, 바람을

32) 송(宋)나라가 남쪽으로 쫓겨 갈 때 오랑캐가 소흥부(紹興府)에 이르자 그곳의 수신(守臣) 이업(李鄴)이 그들에게 항복한 바 있다. 『葛庵集』 卷21, 「書星山李義士士龍事蹟後」.

33) 『天學問答』.

놓아 불을 끄려는 것"[34]과 같아 사람들을 두렵게 만든다. 가령 "요임금의 역법보다 뛰어난 것 같다"고 말했던 것도 '꿀벌이 단 것 만드는 일을 역아가 할 수 없다'는 부류와 같으니 미미한 곤충과 사람의 우열을 비교하면 안 된다. 하물며 지금 서양 오랑캐들의 역(曆)은 성인의 범위 안에 있지 않은 것도 아닌데, 성호는 그 점을 살피지 못하고 진짜 오랑캐들의 사업을 중국 대성인의 위에 놓으려고 하였으니, 어찌 식자들이 한심하게 여기지 않겠는가? 어떤 이가 "어찌하여 시헌력이 요임금의 역의 범위 안에 있다고 하십니까?"라고 내게 물었다. 답한다. 요임금의 총명과 예지는 천리(天理)의 극(極)이요 인도(人道)의 끝[至]이니 모든 일과 사물 각각으로부터 그 오묘한 진리를 모았으니 흠이 없다. 백 세대의 후대에서 백대의 성인을 기다린다 해도 그보다 나을 수 없다. 성신(聖神)이 다시 나와서, 진상을 어설프게 묘사했는가 하는 측면에서 그 단점을 가혹하게 살핀다고 하더라도 비판할 수 없을 것이다. 그 "일, 월, 성신을 역으로 만들고 상(象)으로 만들어 사람들에게 시기를 공경히 알도록 했으니"[35] 실로 은택이 이미 당대에 베풀어져 폐단이 없었고 만대에 시행이 되도 오차가 없었다. 조금이라도 검증되지 못하여 완전히 좋은 것이 아니었던 적이 언제 있었는가? 불행히도 주나라가 쇠퇴하고 성왕이 다시는 나타나지 않아 정령(政令)과 교화가 밝혀지지 않았고 또한 진나라의 혼란으로 이어졌다. 전장(典章)을 바꾸고 경적(經籍)들을 다 태워버렸으며 건해월(建亥月)을 정월(正月)로 삼는 데 이르렀다.[36] 그래서 요임금의 역법은 오늘날 중국에 전해지지 않게 되었다. 한나라가 세워진 이래 역가들이 연이어 출현하여 시

34) 王通, 『文中子』, 「問易」, "真君建德之事, 足推波助瀾, 縱風止燎爾."

35) 『書經』, 「堯典」, "乃命羲和 欽若昊天 曆象日月星辰 敬授人時."

36) "秦, 至以建亥爲正."

기에 따라 역법을 만들었지만 성인의 총명과 예지가 없으니 그 기술은 정밀함을 다할 수 없었다. 그래서 시간이 오래 되자 오차가 없을 수 없게 되었다. 서양 오랑캐들의 역법은, 본래 그 지적 자질은 금수나 벌레의 치우친 기술과 같은 부류에 어울리는 것인데 어떤 면은 중국 후세 역가들보다 조금 나은 점이 있겠지만, 그들의 국호가 '대진(大秦)'이니 '소진(小秦)'이니 하는 것으로 미루어보면, 진나라 이후 중국 문물들 중 찌꺼기 같은 것들을 대략 얻어서 모방했다는 것을 알 수 있다. 그러니 요임금 시기의 역법이 분서갱유 이후 중국에서는 씻은 듯 사라진 후 우연히 서국(西國)에 흘러들었던 것이니, 모방의 초기 단계에는 [그 사실을] 알 수 없었던 것이다. 여하튼 "백 대에 폐단이 없다"고 말하더라도 결국은 요임금의 역(曆)의 범위 안에 있는 것으로서 그 범위를 뚫고 나갈 수 없음이 분명하다.

【벽사변증】 어떤 이가 순암에게 묻기를 "성호 선생은 항상 마테오 리치가 성인이라고 말했는데 정말로 그렇습니까?"라고 했다. 대답한다. "성인에는 여러 가지가 있다. '통달하여 명철한 성인'과 '크게 교화시키는 성인'은 다르다. 선생께서 설령 이런 말을 했더라도 '서사(西士)들의 지능과 지식이 통달하여 명철하다'고 말한 데 불과할 뿐 어찌 요, 순, 주공, 공자의 성인다움이 그들에게 있다고 인정한 것이겠는가?"

【기의】 마테오 리치는 오랑캐 중 조금 영리할 뿐이다. 순암이 입만 열면 "사(士)"라고 칭하는 까닭은 무엇인가? 사민(四民)의 계층적 질서로 말하자면 대인(大人)의 일을 익히는 자를 사라고 하고, 소인의 일을

업으로 삼는 자를 농, 공, 상, 고(賈)라고 한다. 마테오 리치가 익히는 것은 덕을 밝히고 백성을 밝히는 대인의 일인가, 아니면 공업과 기술이라는 형기(形氣)의 일인가? 공자의 가르침에 입각해 말해 본다면 "행동할 때 수치를 알고 사방에 사신으로 가서 임금의 명령을 욕되게 하지 않는 자를 사(士)라고 한다."[37] "종족 내에서는 효성스럽다고 칭해지고 향당 내에서는 공손하다고 칭해지는"[38] 자를 사라고 한다. 오랑캐 마테오 리치는 예의를 쓸모없는 것으로 여기고 염치도 쓸 데 없는 것으로 여기며 재화를 더럽히고 성(性)을 문란케 하는 술법으로써 천하를 바꾸려고 생각하였으니, 스스로 염치없는 짓을 행함에 누가 그보다 심하겠는가? 이러한 사술(邪術)을 사방에서 행하여 사방의 식자들로 하여금 그것이 그 우두머리의 정교(政教)가 본래 그러한 것이라고 알게끔 한다면, 임금의 명령을 욕되게 한다는 면에서 누가 그보다 심하겠는가? 부자 관계도 없고 형제 관계도 없으며 장유유서도 없고 인륜을 어지럽히고 하늘의 변치 않는 가르침을 진멸시키고 천하 사람들을 속이니, 몸소 효제의 본성에 대해 죄를 짓는다는 면에서 누가 이보다 심하겠는가? 군자는 사람을 헤아릴 때 반드시 그가 속한 무리를 본다. 오랑캐 마테오 리치가 언제 조금이라도 사(士)의 명(名)과 실(實)에 가까운 적이 있다고 걸핏하면 그를 사라고 부르는가? 마테오 리치가 성인이라는 설은 너무나 어긋나고 잘못된 것인지라 더 말할 것도 없다. '크게 교화하는' 성인은 높다. '통달하여 명철한 성인'이라 할지라도 도심(道心) 상에서 덕을 이룬 사람으로서, 주나라 왕가에서 육덕(六德), 육행(六行), 육예(六藝)로써 인재를 선발할 때 가장 수위에

37) 『論語』, 「子路」, "子曰, 行己有恥, 使於四方, 不辱君命, 可謂士矣."

38) 上同, "宗族稱孝焉, 鄉黨稱弟焉."

있던 자들이니, 어찌 그런 인물을 오랑캐 중 뛰어난 자와 저울질하기에 마땅하겠는가? 성호가 그렇게 말하면 안 되었는데 순암이 또 이렇게 말하였다. 아! 어떤 왕자(王者)가 일어난다면 서양 오랑캐가 발탁 대상이 되겠는가, 아니면 주살되어 제거되겠는가? 서양 오랑캐가 기예에만 통달하여 밝다는 것은 인정할 수 있다. 하지만 오상(五常)의 천덕(天德), 오품(五品)의 인륜, 예의(禮儀)·위의(威儀)의 원칙, 우주가 유지될 수 있는 까닭, 사람과 사물이 안정되고 편안할 수 있는 까닭에 대해서는 캄캄하니 아무것도 몰랐다. 이는 금수와 곤충의 치우친 지혜, 협소한 영명[靈]에 불과한 것이니 과연 '통달하여 밝은 성인'이라는 명칭을 허락할 수 있겠는가? 그리고 육덕의 대열 속에 끼어들게 할 수 있겠는가? 또한 순암은 스승의 설을 근거 삼아 마테오 리치에게 "요, 순, 주공, 공자"의 성인다움만은 인정할 수 없다고 했지만, 어떻게 5척의 동자를 속일 수 있겠는가? 성호가 이미 오랑캐 마테오 리치의 역법을 칭찬하면서 '요임금의 역(曆)이 미칠 데가 아니다'라고 말하였으니, 이것은 요순의 설보다 뛰어난 것이 아니고 무엇인가?

역법이 오래되어 세차가 생긴 까닭은 한·당 이래 역가들의 잘못이다. 성호는 이 점을 살피지 못하고 허물을 요임금에게 돌렸던 것은 어째서인가? 또한 성호는 『천주실의』에 발문을 써서 "궁구하지 않은 리가 없고, 통달하지 못한 비밀이 없다"고 하면서 서양 오랑캐를 인가해 주었으니, 그렇다면 [마테오 리치는] 모든 이치를 다 밝히고 하나로써 모든 것을 꿰뚫을 수 있는 성인이 되는 셈이다. 그러니 육덕으로써 선발된 현인들이 어찌 거기에 미칠 수 있겠는가? 그가 겉으로는 배척하면서 속으로는 옹호하고 있으니, 이 정도로까지 거리낌이 없다면 [순암은] 비록 스승의 설이라 하더라도 입을 닫고 말하지 않는 것이 좋았을 것이다. 어찌하여 왜곡된 꾸밈을 가하여 덮어 버릴 수 있겠는가? 아! 이 두 공(公)은 의관은 사대부이고 문학(文學)은 유학에 속하는데 도를 참으로 알지 못하였으니 "일곱 번 넘어지고 여덟 번 엎어지는 지경[七顚八倒]"을 면치 못하였다. 하물며 항산(恒産)이 없으면 항심(恒心)이 없어지는 어리석은 서인(庶人)들이 사악한 것에 빠지는 것은 더 이상 말 할 필요도 없다.

【벽사변증】 이른바 천주는 바로 우리 유학의 상제이니, 상제에게 언제 형상과 자취가 있었는가? '상제'는 다만 만물을 주재하는 하나의 명칭일 뿐이다.

【기의】 "그들이 말하는 천주"는 곧 "우리 유학에서 말하는 상제"라고 하는데, 이것은 [서양 오랑캐들이] 자기들의 설을 유학에 갖다 붙인 말이다. 이단과 오랑캐의 성미와 실정이 원래 그렇지만 그래도 한 점 진리를 보았으니 바로 중국 유학의 훌륭함을 본 것이다. 그러나 유학의 훌륭함을 알고서 자신을 유학에 갖다 붙이는 것은, 유학의 진리를 추구하여 자기를 버리고 유학을 따르는 것만 못하다. 우리 유학의 '천(天)'이나 '상제'는 이치[理]로써 말한 것이고 저들이 말하는 '천주(天主)'는 기(氣)로써 말한 것이다. 그 차이는 결코 작지 않다.(義理는 '形而上'이고 形氣는 '形而下'이다.) 공사(의리는 천하의 公이고 형기는 一身의 私이다), 대소, 귀천(의리는 大體이기 때문에 귀하고 형기는 小體이기 때문에 천하다), 화하 · 인(人)과 수(人獸)(의리를 따라가면 화하와 인류가 되고 형기를 따라가면 오랑캐나 금수가 된다), 선악, 길흉(선하면서 길한 것은 의리를 따른 결과이다. 악하면서 흉한 것은 형기를 따른 결

과이다)의 귀추는 백·천·만 리(里)의 차이에 그치지 않는다. "이치로써 말한다"는 무슨 말인가? 천지의 창생·변화[造化]와 인생의 일상은 모든 상황과 만물 각각에 그렇게 된 까닭과 마땅히 그러해야 할 원칙이 있으니 이것이 이치(理)라는 것이다. 이것이 없다면 천지가 뒤집어지고 사람과 사물이 소멸될 것이다. 그러므로 성인은 [천지의 조화에] 참여하여 도울 권한을 갖고서 다스림과 교화의 도구를 시설(施設)하고, 반드시 이치의 체득을 기준으로 삼았으며 이치를 잃어버리는 것을 경계하였다. 『시』, 『서』 등의 경전에서 '천(天)'이요 '제(帝)'요 했던 말은 이런 설에 바탕을 두었다. 다만 원래 그러한[自然] 이치로서 인력(人力)에 의한 변화와 조정을 받아들이지 않는 것을 천(天)이라고 하고, 이치에 반드시 주재와 통솔의 면이 있는 것을 제(帝)라고 이름붙인 것이다. 사람에게서는 마음의 허령지각(虛靈知覺)이 그것이다. 마음의 '허령'에는 만사만물의 이치가 빽빽하게 다 갖추어져 있다. 예컨대 자식이 되면 반드시 효도하고, 신하가 되면 반드시 충성하며, 부부가 되면 반드시 유별(有別)하고, 장유(長幼)에는 반드시 순서가 있으며, 친구들 사이에는 반드시 신의가 있고, 조상을 받들 때는 반드시 효성스럽게 하고, 자신이 제사지내지 말아야 할 귀(鬼)에게는 제사지내지 않으며, 염치가 있고 예와 양보가 있으며 관혼상제와 같은 부류이다. 지극히 커서 밖이 없는 것에서 지극히 작아서 안이 없는 것에 이르기까지 모든 것을 지각하여 판단하기 때문에 '천군(天君)'이라고도 한다. 저들이 말하는 천주란 다만 형기이자, 일신의 이해관계와 화복을 위하여 하늘을 바라보면서 예우하고 제사지내는 대상인데, 그런 일은 무당의 일일 뿐이다. 그러하니 파란 하늘을 천(天)으로 여기되 천이 천인 까닭을 알지 못하고, 기도를 단지 화를 피하고 복을 불러오는 수단으로 여길 뿐, 한 번이라도 인간사의 당연지칙(當然之則)에서 벗어난다면 하늘에 죄를 짓게 되어 다가오는 흉화(凶禍)를 피할 곳이 없다는 것을 모른다. 잠실의 논변은 구체성과 분명함을 결여한 듯하다.

【벽사변증】 어떤 이가 순암에게 말했다. "우리 유자의 학문이 과연 하늘 섬김에서 벗어나지 않는다면, 그대가 서사(西士)의 학을 배척하는 것은 무엇 때문인가?" "그것은 사악하고 이것은 바르기 때문에 배척한다. 오직 이 한 마음은 천성(天性)에 뿌리를 두고 있으니 만약 이 마음을 붙잡아서 보존하고 본성을 보호하며 우리 상제가 부여한 명(命)을 잊지 않는다면 하늘 섬기는 길[道]이 여기에서 벗어나지 않으니, 어찌 서사들이 마치 무당처럼 상복 입고서 엎드려 기도한 이후에야 하늘을 섬기는 길이 된다고 하겠는가?"

【기의】 "저것은 사악하고 이것은 바르니" 어찌 그 이유를 알지 못할 수 있겠는가? 우리 유학이 바른 까닭은 다름이 아니라 욕심을 줄이고 마음을 깨끗이 하는 것을 근본으로 여기고, 강학과 명리(明理)의 공(功)으로써 가지런히 하기 때문이다. 그러므로 사(邪)·정(正)과 진(眞)·망(妄)이 분명히 구분되고 향배에서 헛갈리지 않을 것이다. 이단이 비록 '마음을 맑게 하고 욕심을 줄인다'고 호칭한다고 하더라도 오로지 그것에만 의지할 뿐 강학과 명리(明理)의 일을 행하지 않기 때문에, 동기는 사악하지 않았지만 무지하게 행하고 망령되게 일하여 결국은 사(邪)로 귀결된다. 육상산과 왕양명의 부류가 이와 같다. 지금의 서양 오랑캐도 오랑캐이다. 비록 유학자인 육·왕과 감히 한 무리가 되려

하지는 않았다 하더라도 '사천(事天)', '칠극(七克)', '삼서(三誓)' 같은 부류에서 그 동기를 살펴보면 어찌 사악함이 있었겠냐마는 다만 진짜 오랑캐 무리 속에서 생장하여 형기(形氣) 일변도의 반짝반짝하는 지혜로써 과감하게 자신감을 갖고 그에 의거하여 천하의 종장(宗匠)과 큰 스승이 될 수 있다고 여겼다. 그러나 하늘과 땅 사이에 이른바 도심(道心)의 주재적 기능[功], 격물치지의 학이 있다는 것을 듣지 못하고서 진리와 거짓을 거꾸로 세워 버리고 자식과 도적을 뒤바꾸어서 대처하였으니, '사천', '칠극', '삼서'의 부류는 다만 정욕을 받드는 일이 되었고 도적과 반란자의 도구가 되었을 뿐이다. 순암의 '존심(存心)', '보성(保性)'의 설은 바르다면 바르겠지만 '존심' '보성'만 말하고 '진심(盡心)' '지성(知性)'의 일이 없다면 이는 또한 치우친 견해이자 편향된 언사이며 육·왕의 부류가 될 뿐이다. 그러니 어찌 서양 오랑캐 도깨비들의 영역으로 되돌아가지 않을 수 있겠는가?

○ 또한 우리 유학의 '사천'을 생각해 보면, 일상의 일과 존재들 사이에서 마땅히 그래야 할[當然] 천리(天理)를 따르는 것일 뿐이다. 지금 "상제의 명령을 잊지 않는다"고 말하는 것은 불교의 염불과 비슷해질 것이다. 어찌 그런 말로써 서양 오랑캐의 '사천'을 비판할 수 있겠는가? ○ 또한 왕상서(汪尙書)는 "도(道)가 육경(六經)에 있는데 하필이면 다른 곳에서 구하는가?"라고 말하였는데 주자는 '하필이면'이라는 말이 엄밀하지 않다고 여겨 그 까닭을 끝까지 철저하게 말하였다.[39] 순암은 "하필 서사(西士)처럼 …"이라고 말하였는데 어찌 그 점을 검토하지 않았는가? 왜냐하면 '하필'은 무익하다는 말이고 '불가(不可)'는 유해하

39) 『朱熹集』 卷30, "道在六經, 何必他求, 誠如台諭, 亦可謂要言不煩矣. … 然則何必云者正矣, 而熹竊恨其未嚴也. 若易必以可, 儻庶幾乎. 蓋不必云者, 無益之辭也. 不可云者, 有害之辭也. 夫二者之間, 相去遠矣."

다는 말이기 때문이다. 두 말의 차이는 매우 크다. 예를 들어 새 부리를 먹다가 죽는다면, 세상 사람들이 모두 경계하면서 반드시 그것을 "먹으면 안 된다[不可食]"고 하지 "먹을 필요가 없다[不必食]"고 말하지는 않을 것이다. 초기의 조그마한 차이를 살피지 않으면 안 된다.[40]

【벽사변증】 하늘은 땅 밖을 포함하고 있다. …

【기의】 서양 오랑캐가 죽이기를 좋아하고 죽기를 즐기는 까닭은 사계절의 관점에서 보건대 가을로서 숙살(肅殺)의 기운이 있고, 오행(五行)으로써 보건대 금(金)이어서 끊고 자르는 것이며, 다섯 가지 방위의 관점에서 보건대 서쪽이어서 해가 지기 때문이니 그 풍속과 기미는 이상할 것도 없다. 예를 들어 효함(崤函; 효산과 함곡관의 합칭)은 비록 중국의 변경이었으나 [지금은] 이미 서쪽 변경 안에 있다. 때문에 진나라 사람들에게도 대체로 그런 습성이 있었다. 그렇다면 과거의 서양 오랑캐는 죽음을 집에 돌아가는 일처럼 보았는데 오늘날의 서양 오랑캐는 마치 불을 피하듯 죽음을 피하니, 전후의 성미가 반대되는 것 같다. 어째서인가? 서양인 본래 종자의 관점에서 말하자면, 본토를 떠나서 여기 사람들 사이에 섞여서 살기 때문에 물, 토질, 풍기에 의해 오랫동안 물들어서 그 성미도 그에 따라 변화되었기 때문이다. 맹자는 "다른 기운 속에 살면 다른 몸을 기르게 된다"고 말하였다. 이것이 첫 번째 이유이다. 중생을 속이고 유혹하며 재화와 여색을 탐하여 훔치며 형체를 받들고, 삶의 즐거움은 있되 죽으려는 마음은 없는 것이 두 번째 이유이다. 이런 사람들을 하나로 뭉쳐서 말하자면, 그들은

40) 上同, "如鳥喙食之而殺人, 則世之相戒者, 必曰, 不可食而未有謂不必食而已者也."

모두 항산을 잃으면 항심이 없어져 구차하게 배를 채워 살고자 하는 계책을 만들어 [그것을 위해] 기어들어갈 뿐이니, 어찌 생사에 의해 변하지 않는 일정한 뜻이 있겠는가? 또한 천지의 조화(造化)는 성(誠)일 뿐이다. 그러므로 사정(邪正)과 피차를 막론하고 성실(誠實)의 마음을 가져 근본 바탕으로 삼는다. 그런 후에야 시종을 일관하면서 중단하지 않고 생사를 하나로 여겨 마음이 둘로 되지 않는다. 살신성인과 사생취의의 군자는 정도(正道)에 성심(誠心)이 있었기 때문에 비분강개하거나 여유 있을 때를 막론하고 천하의 대경(大經)을 세울 수 있었고 천하의 대의를 밝힐 수 있었다. 과거의 양적(洋賊)은 성심(誠心)이 사교(邪教)에 있었기 때문에 거기에 전심전력하여 형벌도 그들을 굴복시킬 수 없었다. 오늘날의 인물들은 다만 목전의 편의를 좇아 이러한 성실한 마음 바탕이 없어 천지의 교화와 관련 없게 되었으니, 조변석개하고 동에 갔다 서에 갔다 하여 구분할 수 없게 된 것도 이상한 일이 아니다. 그렇다면 서양의 물결이 비록 "하늘에 닿는다" 하더라도 실제로는 두려워하기에 부족하다. 조정이 본원에 힘을 기울이고 정교(政教)를 밝게 닦는다면, 그 소굴을 소탕하고 뿌리를 뽑는 것이 마치 손바닥 보듯 [쉬울 것이다.] 어리석은 백성들은 주야로 그것을 학수고대한다.

【벽사변증】 순암이 말한다. "매일 아침에 눈과 마음 모두 하늘을 우러러 천주께서 나를 낳아주고 길러주고 가르쳐 주기까지 한 무한한 은덕에 대해 감사드린다. 그 다음에 '저를 도와서 반드시 세 가지 서약, 곧 망령되이 생각하지 말고 망령되이 말하지 말며 망령되이 행동하지 말 것을 실천하게 해달라'고 기도한다. 저녁이 되면 또 땅에 엎드려 엄격히 스스로를 성찰하

면서, 오늘 생각한 것, 말한 것, 행동한 것이 망령되었는지 아닌지 살피고, 망령되지 않았다면 공로를 천주에게 돌려 도와주신 은혜에 머리를 조아려 감사드리고, 만일 조금이라도 잘못이 있으면 통절히 후회하면서 자애롭게 용서해 달라고 천주에게 간절히 기대한다. 그 방법이 이러할 뿐이다. 이 학문을 행하는 자들은 이것을 자기반성의 학문으로 삼으면서 유학을 등한시하는데, 그 행동거지와 외양이 우리 성인의 가르침과 같은가, 다른가?"

【기의】 이 세 가지 "망령되이 ~하지 말라"는 것을 모아서 들어보면 『역』의 '무망(无妄)'과 어떤 차이가 있을까? 이것이 사이비에 의해 현혹되어 참된 유학을 등한시하는 까닭이다. 만약 변별에서 핵심을 얻지 못하고서 '다르다'고만 억지로 말한다면 마치 발바닥 가려운데 신발바닥 긁는 격일 터이니 어찌 다른 사람들을 깨우칠 수 있겠는가? 무릇 '무망'이라는 명칭은 실로 다르지 않다. 다만 우리가 말하는 것은 충효예의로서 인륜과 원칙에 관계된 것만을 참으로 여기고 그와 반대되는 것은 망령된 것으로 여긴다. 그렇다면 '무망'이란 이미 정정당당하고 천지를 관통하는 천하고금의 변치 않는 바른 이치이다. 계구(戒懼)와 신독(愼獨)으로 동(動)과 정(靜)이 교대로 길러준다면 근본의 마음으로써 망령됨을 깨끗이 제거하는 것이 지극하리라. 배우고 묻고 사유하고 변별함에서 "체득하지 못했을 때 그만두지 않는다"[41)]면 일과 사물에 나아가 참과 망령됨의 귀추를 구분함이 정밀할 것이다. 그러므로 몸을 돌이켜 실천할 때 조금이라도 망령됨이 없고, 동정운위(動

41) 『中庸章句』 제20장.

靜云爲)가 천리 인륜의 참 아님이 없을 것이다. 저들은 반대이다. 스스로 사람됨의 방법이 된다고 하면서 충효·예의의 도적 아님이 없다면 그 도(道)는 이미 망령된 것이다. 노력을 행하는 과정에서 거경궁리(居敬窮理)의 희미한 그림자도 없다면 심령의 지각과 사물의 수작에서 하나도 망령되고 둘도 망령되며 백도 망령되고 천도 망령될 뿐이다. 그 세 가지 서약을 행하는 자는 누구인가? 천(天)을 속이는 것 아닌가? 변별하는 자들이 이것을 언급하지 않고 구구하게 행동과 외모의 차이만 분별하니 말단적인 것이다.

【벽사변증】 이미 "겸상애(兼相愛), 교상리(交相利)"라고 말했으니 재화와 이익이 서로 통하게 된다. 저들은 그것을 진실로 좋은 일이라 여기고 그것을 행한다.

【기의】 재화를 유통하는 것이 풍속이 된다면 재물이 다하고 백성들이 곤궁해진다. 곤궁해지고 또 곤궁해지며 고갈되고 또 고갈되니 그런 형세는 반드시 사람이 소진되고 사물이 다한 후에야 그칠 뿐이다. 그 이유를 깊이 찾지 않을 수 있겠는가? 겨울에 춥고 여름에 더우며 비 내리면, 필부필부가 땀을 흘리거나 언 손을 녹이면서도 농사를 짓거나 길쌈을 하느라 정력을 다하면서도 감히 잠시라도 게을리 하지 않는 까닭은 무엇인가? 그들이 어찌 안일의 즐거움을 모르겠는가? 진실로 그렇게 하지 않는다면 추위와 굶주림에서 벗어나 사망으로부터 구제될 수 있는 한 척의 베와 한 말의 곡식도 없게 될 것이다. 타인에게 구해도 그들이 주지 않고, 도적이 된다면 나라에서 형벌을 내린다. 그래서 각자 밭 갈거나 베를 짜지 않을 수 없으니 천하에 유민(遊民)

이 없다. 천하에 유민이 없다면 입고 먹는 것에 여유가 있고 재화와 이익이 풍족할 것이다. 아니, 어찌 이것뿐이겠는가? 창조하여 만물을 시작하게 하는 것이 하늘의 직분이요, 대신하여 만물을 마무리하는 것이 땅의 직분이며, 천지에 참여하여 천지가 미치지 못하는 것을 돕는 것은 사람의 직분이다. 성인은 또한 참여·도움을 총괄하고 거느리는 주인이다. 천지는 '만물 낳는 것'을 마음으로 삼는다. 음양이 갈마들며 운행하여 쉴 때가 없다. 사람은 하늘에서 기(氣)를 받고 땅에서 형체를 부여받으며, 그 '만물을 낳아주는' 마음을 얻는다. 아래로는 직무를 나누어 갖고 위로는 권한을 총괄하여, 잠시라도 천지의 마음을 나태하게 하거나 거스르지 않는다. 『역』은 "하늘의 운행은 강건하니 군자가 그것을 본받아 자강불식한다"[42]라고 한다. 이것이 성인이 새벽에 앉아 있고 점심이 지나도 허둥거리며 식사하지 않는 까닭이다. 그로써 천하의 백성을 이끌어 각각 자신의 직무를 부지런히 행하게 한다. 후대에 성왕이 일어나지 않아 이러한 이치가 밝혀지지 않고 인욕이 횡류하였으니 노는 사람들이 여기저기 가득하고 온 세상이 그것을 배웠다. 그러니 강추위나 한더위 속에서 백성만 노역을 짊어지게 되어 [그들은] 호미와 베틀을 집어던지고서 하늘을 우러러 원망하였다. 소원을 물어보면 생전에 조금이라도 편히 쉬면서 노는 사람처럼 입거나 먹고 싶다고 한다. 실상을 물어보면 모두 일의 추세에 의해 쫓겨 기름 불 위에서 졸여지는 것 같다고 한다. 이러한 때에 갑자기 하늘 밖의 교활한 오랑캐가 귀신 모습을 하고서 이목을 현혹시키고 재화유통(무역)의 설로써 고무시키고, 편안하게 지내는 기술로 유혹하니, 저들은 무지하여 그것이 장차 자신의 곤경을 제거해 줄 것으로

---

42) 『周易』, 「乾卦」, "象曰, 天行健, 君子以自强不息."

생각한다. 기뻐하며 즐거운 기색을 보이고 만족스러워하면서 옷자락을 걷어 올리고 따라 간다. 근래에 엉금엉금 기어서 그들에게 가는 사람들이 대체로 이런 부류이다. 그리하여 서양 오랑캐 도당이 날마다 번성하고 달마다 많아져서 얼마 안 있어 의식과 일상의 필수품이 날이 갈수록 부족하게 될 것이다. 한 세대를 이끌어 양술(洋術)에 귀의한다면 어찌 오늘날의 궁핍함에 그치겠는가? 비단 한 올 곡식 한 톨도 다시 생길 길이 없어진다. 이때에 서양인의 책을 읽고자 하고 구차하게 현세의 즐거움을 향유하고자 하는 일을 어찌 할 수 있겠는가? 이런 이치는 매우 분명하지만 깨닫지 못하고 있으니 슬프구나!

○ 또 생각건대, 재화유통의 나쁜 점은 그것이 반드시 담을 뚫고 들어가고 살인을 한다는 것뿐만 아니라 혹은 마술을 부려 은밀히 취하거나 혹은 기교를 부려 다 바꾸는 것인데, 이 모든 것은 왕정(王政)이 엄격히 주설하고 철저히 금지해야 할 것들이다.

【벽사변증】 또 말한다. "복수를 잊고 원수를 사랑하니, 사악한 당이 모여서 어지럽히더라도 그 교(敎)에서는 사소한 일들이니 잊을 수 있고 사랑할 수 있다."

【기의】 사악한 당이 모여서 서로 어지럽히는 것은 그 교가 행하는 일이다. 잠실이 그것을 둘로 나눈 까닭은 무엇 때문인가? 또한 복수를 잊고 원수를 사랑하는 설이 행해진다면 부형에게 100명의 자제가 있고 임금에게 만 명의 신화가 있어도 그들에게 의지할 수 없을 것이다. 고금 천하에 어찌 이처럼 이치에 어긋나고 교화를 해치는 설이 있는가? 그리고 천하의 재앙이 일어났는데 어찌 한가한 날이 있겠는가? 또

한 은혜와 원수, 보답과 복수의 설을 생각해 보면 『예경』이 군(君), 친(親), 형(兄), 제(弟), 사(師), 장(長)의 원수에 대해 등급을 매긴 것이 상세하다. "정직으로 원한을 갚고, 덕으로 덕을 갚는다(以直報怨, 以德報德)"라는 『논어』의 가르침은 또한 간략하지만 남김없이 말하였다. 그러나 이것이 어찌 혈기와 사의(私意)로 행할 것이겠는가? 뼈에 새겨서 잊지 않는 것은 인사(人事)에서 마땅히 그래야 할 것이요, 천명(天命)의 자연(自然)에 근원을 두고 있다. 어찌 그렇게 말하는가? 하늘은 음양오행으로써 만물을 낳고 만물은 각각 타고난 본성을 바르게 한다. 그런데 오행의 생극(生克) 관계에는 각각 은혜·원한, 보답·복수의 상(象)이 있다. 화(火)는 목(木)을 낳기 때문에 목(木)은 수(水)를 극(克)한다. 목(木)은 화(火)를 낳기 때문에 화(火)는 목(木)을 극(克)한 금(金)을 극(克)한다. 화(火)는 토(土)를 낳기 때문에 토(土)는 화(火)를 극한 수(水)를 극(克)한다. 토(土)는 금(金)을 낳기 때문에 금(金)은 토(土)를 극(克)한 화(火)를 극(克)한다. 금(金)은 수(水)를 낳기 때문에 수(水)는 금(金)을 극(克)한 화(火)를 극(克)한다. 이것은 모두 보덕(報德)의 상이다. 수(水)는 화(火)를 극하기 때문에 화(火)는 수(水)를 극하는 토(土)를 낳는다. 화(火)는 금(金)을 극(克)하기 때문에 금(金)은 화(火)를 극(克)하는 수(水)를 낳는다. 금(金)은 목(木)을 극(克)하기 때문에 목(木)은 금(金)을 극(克)하는 화(火)를 낳는다. 목(木)은 토(土)를 극(克)하기 때문에 토(土)는 수(水)를 극(克)하는 금(金)을 낳는다. 토(土)는 수(水)를 극(克)하기 때문에 수(水)는 토(土)를 극(克)하는 목(木)을 낳는다. 이들은 모두 보원(報怨)의 상이다. 저쪽에게 나를 낳아준 덕이 있다면, 나는 저쪽을 극(克)한 것을 극(克)함으로서 저쪽에게 보답한다. 저쪽에게 나를 극(克)한 원한이 있다면 나는 저것을 극(克)할 것을 낳아 보복한다. 오행의 생극(生克)에 이미 이러한 상이 있다면, 오행(五行)의 본성을 얻어 하늘과 땅 사이에 선 자에게 어찌 원한에 대한 보복, 덕에 대한 보답이 없겠는가? 그러므로 "천명(天命)의 자연(自然)"이라고 하고 "인사(人事)의 당연(當然)"이라고 한다. 따라서 혈기와 사의(私意)로 하는 일이 아니다. 이것을 안다면 '복수를 잊어버리고 원수를 사랑한다'는 설이 하늘의 영원한 법칙[天常]을 뒤집고 인지상정과 가깝지 않으며 화란(禍亂)으로 나아가는 계단이 된다는 것을 알 것이다. 어떤 이가 말했다. "그렇다면 주부자(朱夫子)께서 『소학(小學)』을 저술하면서, '은혜와 원수를 분명히 구분한다는 것은 도(道)를 체득한 자의 말이 아니다'라고 하였던 것은 어째서입니까?" 답한다. 범휴(范睢)가 "한 끼 식사를 대접받으면 반드시 보답하고, 한 번만 노려봐도 반드시 보복했던 것"은 진실로 도를 체득한 자의 일이 아니다. 『소학』이 경계했던 것은 바로 그런 부류로서 서양 학설이 말하는 것과 같지 않다. 그런데 주자는 또 "원한에 보복하지 않고 덕에 갚지 않음이 없다"고 말하였으니, 한 끼 식사를 대접하는 부류는 보답받을 것에 속하고, '한 번 노려보는 것'은 그냥 내버려 둘 것에 속할 뿐이다. 대개 작은 원한이 있으면 "보복하지 않고 내버려 둔다"고 말하면 족할 뿐이다. 만약 잊어버리는 것도 부족하여 따라가서 사랑한다면 어찌 인지상정에 가깝겠는가? 하물며 부형, 임금, 스승의 원수에게도 그러하겠는가? 그런데 '잊을 수 있고 사랑할 수 있다'고 하는 것은 경천동지할 만한 미친 설이 아니겠는가?

【벽사변증】 "귀천에 차등을 두지 않는다"고 하면 남녀와 상하가 구분 없이 뒤섞일 테니, 예를 들어 이가환(李家煥)의 노복들이 내실(內室)을 드나드는 경우이다.

【기의】 남녀상하가 구분 없이 뒤섞인다면, 어찌 노복이 내실을 드나드는 것에만 그치겠는가? 장차 천하에 살아 있는 것들이 없게끔 한 뒤에야 그칠 것이다. 왜 그런가? 남녀가 섞여 있으면 색(色)을 통하게 된다. 『역』은 말한다. "남편이 남편답고 아내가 아내다우면 가도(家道)가 바로 잡힌다." 『시』는 말한다. "구욱구욱 물수리가 황하의 한 섬에 있네"[43]라고 하였는데 언사가 진지하고 구별이 있으니 부부의 도이다. 공자가 시(詩)를 산정할 때 정나라와 위나라의 음란한 문장을 남겼던 까닭은, 거기에 부부유별도 없고 의리도 없으며 정해진 배우자라는 생각도 없고 인륜도 없어서 천하 만세에게 그것을 경계해야 한다는 뜻을 보여주기 위해서였다. 맹자는 담을 넘어가고 구멍을 뚫는 것이 악하다고 극언하였고, 부부간에 구분이 있은 다음에 금수를 면할 수 있다고 말하였다. 『예』는 "칠세남녀부동석"을 말하였고 또한 "내외는 우물을 같이 쓰지 못하며 … 물건을 서로 빌리거나 빌려주지 않는다"라고 하였다. 또 "과부의 아들이 크게 뛰어나지 않다면 친구로 사귀지 않는다"라고 하였다. 주공숙(周恭叔)이 술자리에서 어떤 기생에 마음을 두자 정자(程子)께서는 곧바로 비판하면서 "금수만도 못하다"고 하였다. 이런 사례가 한둘이 아니다. 성현께서 혐의를 피하고 정미한 도리를 밝히며, 환란을 예방하고 난리를 그치게 했던 것은 지극히 절실하며 근엄하다고 할 수 있다. 이렇게 했기 때문에 백성의 뜻이 일정하고 인륜이 정해졌다. 이제 "남녀가 이리저리 섞여 거처하면서 구별이 없다"고 말한다면, 친소와 귀천을 따지지 않고 남자는 다 남편이 되고 여자는 다 아내가 된다. 부부의 윤리가 한번 어지러워지면 부자, 형제, 구족(九族)의 윤리도 일제히 무너져서 어지러워지고, 부모를 부모

---

43) 『詩』, 「周南」, 〈關雎〉.

답게 대하며 존귀한 이를 존귀하게 대하는 것, 생존에 봉양하고 돌아가시면 장례지내는 것들은 더 말할 나위가 없을 것이다. 정욕이 시기를 낳고 이해관계 때문에 서로 공격하니 쟁투하는 변고와 살인하는 참상이 일어나지 않는 곳이 없을 것이다. 이는 남녀 사이에 구별이 없어서 큰 재앙을 초래한 것이다. 공자는 『역』에 주석을 달아서 "하늘은 높고 땅은 낮으니 건과 곤이 정해졌고, 낮은 것과 높은 것이 배열되어 있으니 귀천이 자리를 잡는다"라고 말하였다. 「리(履)」괘 상전(象傳)은 "위는 하늘이고 아래는 연못이니 리(履)이다. 군자는 이를 본받아 상하를 구분하고 백성의 뜻을 일정하게 한다"고 하였다. 『예』는 "하늘은 높고 땅은 아래에 있으며 만물은 각기 달리 퍼져 있으니 예제(禮制)가 행해진다"라고 하였다. 묵자가 아비를 없는 것처럼 여기고서 금수의 지경에 빠진 까닭은 리(理)가 하나라는 것만 알고 분수(分殊)는 몰랐기 때문이다. 정자와 주자가 횡거의 「서명(西銘)」을 자사(子思)나 맹자의 책과 같은 반열에 올렸던 까닭은, 리일(理一) 속에서도 분수(分殊)를 엄밀히 말하여 조금이라도 혼란을 초래하지 않았기 때문이다. 이는 실로 천지의 영원한 원칙이요 백성의 인륜이자 만물의 법칙이며 온 우주를 통해서도 바뀌지 않을 것이다. 이런 이치가 밝혀지면 군신, 부자, 형제, 부부, 존비, 귀천이 각각 제 자리를 잡게 되고, 각각은 자신의 분한을 편안하게 여겨 정연하게 질서가 잡힐 것이다. 질서가 있기 때문에 예가 제정되고, 예가 제정되기 때문에 조화가 생겨나며, 조화가 생기기 때문에 음악이 일어난다. 이제 "위아래가 한데 섞여 구별이 없다"고 말한다면, 집안에서 고장에서 나라에서 그리고 천하에서, 윗사람을 범하여 난을 일으키거나 만족할 줄 모르고 약탈하는 재앙이 언제나 일어나고 천지는 그로 인해 뒤집어질 것이다. 이것은 위아래가 구분되지 않아서 생기는 거대한 재앙이다. 그러므로 "[그러한 재앙은] 천하에 생명체가 없어져야 그칠 것"이라고 한다. 아! 남녀에 구별이 없는 것은 인정(人情)이 매우 바라는 것이고, 상하에 구별이 없는 것은 아래에 있는 사람이 매우 좋아하는 것이다. 하지만 매우 바라는 것을 따르고 매우 좋아하는 것을 따르는 것은 우매한 백성이 보기에는 나쁜 일이 아닌 듯하지만, 식자가 보기에는 본심이 멸절되고 예악이 붕괴되며 인류가 짐승으로 변화되는 것이다. 그 재앙이 이런 지경에까지 미치지 않으면 중단되지 않을 것이다. 아! 참으로 위태롭구나. 아! 참으로 초조하구나.

【벽사변증】 허균은 "남녀의 정욕은 타고나는 것이고, 의리를 분별하는 것은 성인의 가르침이다. 하늘이 성인보다 높으니 차라리 성인에게 거스를지언정 감히 하늘을 거스르지 못하겠다"라고 말했다. 하늘이 실로 성인보다 높지만 하늘을 섬기는 것은 성인을 배우는 것부터 시작한다. 예를 들어 『시』는 "하늘의 일은 소리도 없고 냄새도 없으니, 반드시 문왕을 본받아야 만방으로부터 신뢰를 얻을 수 있다"라고 하였다.

【기의】 허균의 설은 실로 미친 소리이고 패륜적인 것이므로 말할 만한 것이 못된다. 잠실(이정관)의 논변은 심각한 혼란을 면치 못하고 있다. 어째서인가? 형체의 관점에서 말한다면 저 위에 있는 광활한 하늘은 본래 아래에 있는 작은 성인보다 높다. 하늘이 하늘인 까닭과 성인이 성인인 까닭이 과연 형체 때문인가? 이치[理]의 관점에서 말하자면 원형이정(元亨利貞)은 성인의 도이다. 사계절이 운행하여 만물이

각각 본성을 바르게 한다. [그리고] 인의예지는 성인의 덕이다. 네 가지 단서가 발용하고 만사가 각각 제 이치를 얻는다. 하늘은 이로써 조화(造化)하고 발육하며, 성인은 이로써 만물을 이루어주고 도와준다. 그 이치는 하나이다. 어찌 [하늘과 성인에 대해] 존비(尊卑)로써 말할 수 있겠는가? [『시(詩)』의] 「문왕(文王)」편이 "하늘의 일은 소리도 없고 냄새도 없다"고 말하는 데 불과한 까닭은 [하늘이] 형체가 없어서 알기 어려웠기 때문이다. 성인의 일은 자취가 있고 쉽게 볼 수 있다. 다만 볼 수 있는 자취에 나아가 그것을 본받는다면 저 '형체가 없어 알기 어려운 것'도 그것 바깥에 있지는 않을 것이다. 그러니 어찌 '천도는 심원하고 고원하여 도달할 수 없는 것이니, 임시로 한 층 낮추어 성인의 비근한 일을 배운다'라고 말할 수 있겠는가? 저 성인은 바로 천리(天理)로서 '사람이 금수와 다른 까닭'을 온전히 다 밝힌 사람이다. 허균이 말한 천(天)은 인욕의 사적 찌꺼기이자 금수도 할 수 있는 것이다. 잠실은 허균의 설을 이어서, 허균이 말했던 "하늘이 실로 성인보다 높다"는 것에 대해 변론할 때 "하늘 섬김은 성인을 배우는 데서 시작한다"고 말했던 것에 불과하였다. 그러면서 "하늘의 일은 소리도 없고 냄새도 없으니 문왕을 본받아야 한다"는 말을 인용하였다. 하지만 나는 잘 모르겠다. '인욕이 천리보다 높다'고 하면 과연 설이 성립할 수 있는가? '인욕을 따르는 것은 천리를 배우는 것부터 시작한다'고 말한다면 과연 오척의 동자로부터 신뢰를 얻을 수 있겠는가? 성인을 배우면서 점차 허균이 말했던 '하늘'에 접근한다면, 성인이라는 존재는 인욕을 따르게 되는 계단에 불과할 것이고 금수의 지경에 빠지게 하는 함정이 될 것이다. 고금 천하에 어찌 이러한 의론이 있겠는가? 허균의 천(天)은 남녀의 정욕이다. 비바람이 불어 닭이 울고 메추라기가 분분한 것 등에서 [닭과 메추라기는] 소리가 음란하고 냄새가 더러워 혐오할 만한 것인데, 어떻게 그것들을 '소리도 없고 냄새도 없는 하늘'에 비길 수 있겠는가? 이는 비록 선배들의 설이긴 하지만 이치를 해치고 가르침을 훼손하는 것이 적지 않으니, 감히 극언하여 철저히 변론하지 않을 수 없다. 그렇다면, 허균의 설을 논박하려 할 때 어떻게 해야 할까? 어찌 남녀 [간 정욕]만이 선천적인 것[天]이겠는가? 무릇 사람의 정욕은 천리의 자연(自然)에 뿌리를 두지 않음이 없고 사람에게 없을 수 없다. 하지만 그 가운데에는 선과 악의 조짐이 있고 합당한 부분과 그렇지 않은 부분이 있어서 두 갈래로 갈라진다. 선하면서 합당한 것을 허균은 의리(義理)로 불렀다. 성인의 가르침이란 천리로부터 곧바로 나온 것이다. 악하면서 타당하지 않은 것은 허균이 말했던 천(天)이다. "차라리 성인을 거스를지언정 하늘을 감히 거스르지 못하겠다"고 할 때의 [천은], 천리가 형기에 의해 가려지고 물욕에 의해 덮여서 멋대로 나온 것이다. '곧바로 나온' 것은 하늘이 부여한 바른 이치를 온전히 한 것이기 때문에 '천리'라고 한다. '멋대로 나온' 것은 하늘이 부여한 바른 이치에 뿌리를 두면서도 반대로 그것을 해치는 것이다. 예를 들어 구더기가 소금에서 생겨났으면서도 반대로 소금에 해를 끼치는 것과 같다. 그러므로 인욕(人欲)이라고 이름 붙이고 다시는 천리(天理)라고 부르지 못한다. 남녀의 측면에서 말하자면 「관저(關雎)」와 「작소(鵲巢)」는 천리이고, 서양의 통색(通色)은 인욕이다. 음식의 측면에서 말하자면, 마실 것을 사양하고 예에 따라 먹는 것은 천리이고, 주색에 빠져 헤어 나오지 못하거나 "형의 팔을 비틀어 밥을 빼앗아 먹는 것"은 인욕이다. 궁실의 측면에서 말하자면 비바람을 막는 것은 천리이고 거처가 사치스러운 것은 인욕이다. 재화의 측면에서 말하자면 “살아가는 사람들을 많게 하고 지출을 적게 하는 것”이 천리이고, 세금을 많이 거두고 속여서 훔치는 것은 인욕이다. 벼슬살이의 측면에서 말하자면 올바른 규범에 따르는 것이 천리이고 [벼슬자리를] 얻거나 잃을까 걱정하는 것은 인욕이다. 이러한 것들로써 미루어 나아가면 그렇지 않은 것이 없다. 그런데 이 두 가지는, 하나는 자식과 같고 하나는 도적과 같아서 서로를 섞을 수 없다. 만약 도적을 자식으로 인식하면서 확신하되, 진짜 자식은 헌신처럼 내버린다면 의관이 오랑캐의 그것으로 될 것이고 인류는 금수로 변할 것이며 재앙과 난리는 그칠 때가 없게 될 것이다. 그러므로 성인은 그 점을 걱정하여 스스로 그러한 가운데에서[自然之中] 상하(上下), 도기(道器)의 차이를 분별하고 장수－졸개, 종자－서자의 차이를 나누며, 공사, 대소를 나누고, 선악, 시비를 구분하며, 소장(消長), 승부의 기미를 나누어, 사람들로 하여금 경계하며 두려워하도록 하고, 눈을 밝게 하고 마음을 열게 함으로써 자기 자식을 기르되 적을 기르지 않게끔 한다. 순임금은 우(禹)에게 “인심은 위태롭고 도심은 은미하니, 정밀하게 하고 집중하여 진실로 그 중도를 잡으라”라고 말하였다. 공자는 안연에게 “하루라도 자신을 이겨서 예로 돌아가면 천하가 어짊으로 귀의한다”고 말하였다. 이러한 성인의 공로와 덕은 하늘과 하나로서, [성인과 하늘 사이에는] 존비와 우열의 차이가 없다. 그 밖에 순응하면 군자가 되어 길하고, 어긋나면 소인이 되어 흉하다. 길한 운이 군자에게 보답으로 주어지는 까닭은 그가 리(理)의 대소와 후박(厚薄)에 순응하여 [운이] 마치 그림자나 메아리처럼 호응하였기 때문이다. 흉한 운이 소인에게 보답으로 주어지는 까닭은 그가 리(理)의 천심(淺深)과 다과(多寡)에 어긋나서 [운이] 마치 그림자나 메아리처럼 호응하였기 때문이다. 이것은 변치 않는 바른 이치이자 거짓이 없는 것이다. 허균은 하늘이 존귀하다는 것은 알았지만, 하늘이 존귀하고 절대적 존재인 까닭은 몰랐다. 구더기가 젓갈에서 생겨난다는 것은 알았지만, 구더기가 젓갈을 못 쓰게 만든다는 것과 [구더기는] 젓갈이 아니라는 점은 몰랐다. 도적이 자식과 유사하다는 것은 알았지만, 도적이 자식을 해친다는 것과 [도적이] 자식이 아니라는 점은 몰랐다. 욕구가 하늘로부터 나온다는 것은 알았지만, 욕구가 하늘과 어긋나고 [그것은] 하늘이 아니라는 것은 몰랐다. 도기(道器), 상하(上下), 종자—서자, 장수—졸개가 도치되어 자리가 바뀌니, 다리가 반대로 위에 있고 머리는 아래에 있게 되어 그 형세가 매우 급하게 되었는데도 알지 못하였다. 올바른 천명을 모독하고 기만하며 성인의 훌륭한 가르침을 희롱하고 멸시하였으니, 이로써 큰 죄를 자초하였으면서도 부족하다고 여겼다. 안으로는 [타락한] 풍속의 효시가 되었고 밖으로는 서양 도적들의 광란(狂瀾)을 도왔다. 아! 이 지경까지 실성하였으니 참으로 슬퍼할 만하다.

○ 또한 생각건대 통색(通色)이라는 것은 비단 서양 도적들의 가르침일 뿐만 아니라, 규범을 벗어난 범색(犯色)의 부류가 모두 이런 것이다. 형의 팔뚝을 비튼다는 것은 비단 맹자의 설일 뿐만 아니라, 백성의 고혈을 짜서 진수성찬을 차려 먹거나 남과 함께 밥 먹으면서 자기만 배불리 먹으려는 등의 부류가 모두 이러하다. 세금을 많이 거두는 것은 비단 염유(冉有)의 일일 뿐만 아니라 남의 물건이라면 지푸라기 하나까지 취하는 등의 부류가 모두 이렇다. [벼슬을] 얻거나 잃을 것을 걱정하는 것은 비단 아부하거나 시역(弑逆)하는 사람들이 그러할 뿐만 아니라 속히 청탁을 하려 하거나 세속에 따라 범법 행위를 하는 등의 부류들이 모두 이렇다. 이러한 것들을 종류에 따라 미루어보고

몸소 체험하며 돌이켜서 직접 성찰함으로써 자신을 이기고 마음을 바르게 하는 실제 공부로 삼아야 한다.

【벽사변증】 순암이 말했다. "소리도 없고 냄새도 없다는 측면에서 말하자면 태극이고 리이다."

【기의】 하나의 리(理)이지만 "소리도 없고 냄새도 없다"는 면에서 말하자면 무극이고, 실제로 조화(造化)의 근원이 되고 만물의 근저가 된다는 면에서 말하자면 태극이다. 그러므로 주자는 "무극이자 태극이다"라고 말하였다. 주자는 그 종지를 밝히면서 "무극을 말하지 않으면 태극은 구체적인 하나의 사물과 같아져서 모든 조화의 근본이 될 수 없다. 태극을 말하지 않는다면 무극은 공적(空寂)에 빠져 버려서 모든 조화의 근본이 될 수 없다"고 말하였다. 이로 인해 여러 가지 설을 참고해 보면 한편으로 "리에는 움직임과 고요함이 없다"고 말하는 동시에 "리에는 움직임과 고요함이 있다"고 한다. 한편으로 "리에는 정의(情意)도 없고 조작(造作)도 없으며 운용(運用)도 없다"고 말하는 동시에 "스스로 움직여서 양을 낳을 수 있고 고요하여 음을 낳을 수 있다"고 말한다. 한편으로 "형체도 없고 행위도 없다"고 말하면서 동시에 "형체와 행위의 주체가 된다"고 한다. 이 모든 것들은 하나의 뜻이다. 이렇게 두 가지를 든 이후에야 그것은 구체적인 하나의 사물과 같아지지 않고 공적(空寂)에도 빠지지 않는다. 그로써 본원에 대해 말한다면 그것은 일신의 주체가 될 수 있고 만사의 강령을 이끌 수 있다. 서로 다르게 흩어진다[散殊]는 면에서 말하자면 한 몸의 일, 일가의 일, 일국의 정치, 천하의 정치, 300가지 경례(經禮), 삼천 가지 곡례(曲禮)가 모두

천경지의(天經地義)와 관계되어 있고, 인륜과 만물의 법칙과 관계되어 있으니, 득실과 시비가 매우 분명해진다. 직접 착수해 보는 사람이 있다면 그는 그것이 양적(洋敵)들이 말하는 천주(天主), 상제(上帝)와 다르다는 것을 진실로 알 것이다. 순암은 리(理)를 설명하면서 "소리도 없고 냄새도 없다"는 것만 단독으로 제시하고 그것이 "조화의 근원이자 만물의 근저"가 되는 까닭은 빼버렸으니, 바로 "공적(空寂)에 빠진다"는 것과 같다. 이렇게 된다면 태극의 리는 어둡고 말이 없는 것, 고목과 재의 부류에 지나지 않게 된다. 그리고 기기(氣機) 중 맑고 정밀한 것은 근본이자 주재자가 될 수 있을 것인데, 그것이 올바른가? 이것은 궤변으로서 아무것도 해결해 주지 못한다.

【벽사변증】 순암은 말한다. "오늘날 이 학문을 하는 자들은 모두들 '한마음으로 상제를 드높여 섬기니 한순간도 소홀히 하지 못한다'고 한다. 이는 우리 유학의 주경(主敬)의 학문에 비견된다. 몸가짐을 신중히 하고 소박하게 먹으면서 지나치게 많이 가지려는 마음이 없다는 것은 우리 유학의 극기(克己)의 노력에 비견된다. 문과 길은 다를지라도 선을 행한다는 점은 같다. 다만 세도(世道)가 교묘하고 위선적이고 인심은 헤아리기가 어려웠기 때문에, 요망한 사람 하나를 내세워서 그에게 자신의 생각을 가탁하여 '동쪽에서도 동일한 천주가 강림하고 서쪽에서도 동일한 천주가 강림한다'고 크게 말하도록 했을 뿐이다. 백성들은 그러한 거짓말과 황당무계한 말에 익숙해져서, 실제로 그렇다고 여기면서 바람처럼 그것을 따랐다. 바로 이때에 이러한 학문을 하는 자는 '나는 올바르고 그는 사악하다, 나는 참되

고 너는 거짓이다'라고 말한다."

【기의】 그들은 양학(洋學)이 매우 합당하다고 여기기 때문에 그것을 배울 것이며, 유학이 양학만큼 합당하지 않다고 여기기 때문에 유학으로부터 벗어날 것이다. 이는 숨길 수 없는 사실이다. 그런데 다시 스스로를 우리 유학의 주경(主敬) 및 극기(克己)와 나란히 놓는 것은 어째서인가? [주경 및 극기를] 원용하여 스스로를 그것들과 나란히 놓는 것을 보면, 마치 유학을 합당한 것으로 여기는 듯하다. 천하의 이치란, 이것이 바르면 저것이 사악하고 저것이 바르면 이것이 사악하여 둘 다 옳거나 둘 다 합당하다는 이치는 없는 것이다. 지금 저것을 올바르다고 여기는 동시에 이것도 올바르다고 여기는 것은 어째서인가? 이미 우리 유학이 합당하다는 것을 알고 있다면, 어째서 형벌로 금한 것을 어기면서까지 군친(君親)과 사우(師友)들이 가르치는 합당한 것을 버리고, 오랑캐와 금수가 가르치는 것을 합당하다고 하여 배우는가? 여기서 도적들의 실정과 사악함의 상례를 볼 수 있다. 게다가 우리 유학의 주경(主敬)은 주경이면서도 또한 거기에 이른바 궁리(窮理)가 있다. 우리 유학의 극기는 극기이면서도 또한 거기에 이른바 복례(復禮)가 있다. 그러므로 본체와 작용이 서로가 서로를 포함하면서 안과 밖이 일치하고, 그럼으로써 몸을 선하게 할 수 있고 가족을 화목하게 할 수 있으며 나라를 일으키고 천하를 바르게 할 수 있다. 저들이 말하는 상제(上帝)는 다만 파란 하늘을 올려다보면서 무릎 꿇고 기도하는 것일 뿐, 이미 천리라는 바른 것은 아니다. 또한 천경지의(天經地義)와 인륜·만물의 법칙에 대해 조금이라도 풀이하여 밝히거나 직접 체험하지[窮格] 않는다면 비록 "드높이고 섬기면서 소홀히 여기지 않는

다"고 말할지라도 우리가 말하는 주경(主敬)의 배움은 아니게 된다. 저들이 말하는 극기는 자신을 깨끗이 하거나 먹을 것을 소박하게 하는 부류로서, 다만 세상을 속이고 스스로에게 관대한 것이며 사기를 치고 욕구를 충족시키는 수단이니 극기의 실질은 이미 아니다. 또한 임금과 양친을 원수로 여기고 결혼하는 일을 금하니 하늘이 차례를 정한 전례(典禮)를 어지럽히고 하늘이 질서를 매긴 예법을 혼란스럽게 하므로, 비록 "마음에 넘침이 없다"고 하더라도 우리가 말하는 극기의 배움은 아니다. 문과 길이 한결같이 다르니 선악이 천양지차로 다르다. 순암이 여기까지 변론하지 않았던 것은 어째서인가?

【벽사변증】 성호(星湖)의 문도들은 순암을 유종(儒宗)으로 보아 처음에는 많이들 의지하였으나 나중에는 점차 그를 배반하고서 사교(邪教)에 빠져들었다. 순암은 간절하게 말하고 힘껏 논쟁하였으나 끝내 뜻을 이룰 수 없었다. 이에 채번암(蔡樊庵)에게 편지를 보내 힘을 합쳐 그들을 함께 배척하자고 말하였다. 채번암은 자신은 그럴 겨를이 없다고 답함으로써 조정하려는 뜻을 보여주었다. 순암은 일을 이룰 수 없다는 것을 알고서 시를 지어 애도하였다. 곧, "도술의 분파가 나뉘어 각자 달아나고, 서쪽에서 어떤 교의가 와서 더욱 세를 불린다. 바람 불어 낙엽 떨어지니 분분히 날아가 버리고, 달이 대나무 숲 비추니 홀로 외롭다. 연단에 쓰이는 화로 연기 날리며 식으니 어쩔 수 없고, 머리는 하얗게 새고 힘은 다하니 다만 울부짖을 뿐. 술잔 속 그것을 따라주는 것만 못하니, 성인이 되고 광인이 되는 것은 자네들에게 맡길 뿐"이라고 했다.

【기의】 순암이 변론한 것을 보면 의론할 만한 것이 없지는 않다. 마음을 끓이고 피를 토하듯 진실되게 한 것은 볼 만하다. 이 시를 세 번 반복해 읽는 사이 나도 모르게 크게 한 숨을 쉬고 애통해 하게 되었다. 아! 옛 사람들은 말하지 않았던가? "면면히 이어진 가는 덩굴 끊어버리지 않으면, 뻗고 뻗어 넌출질 때 어찌하며, 털끝 같은 나무순도 베지 않으면 마침내는 큰 도끼를 써야 하리." "서리를 밟으면 얼음이 얼 것을 안다." "비쩍 마른 돼지가 경거망동한다."[44] 아는 사람은 밝히 알고 어리석은 사람은 살피지 않으며, 어진 이는 그 점을 걱정하고 완고한 사람은 근심하지 않는다. 그러므로 그런 흐름이 야기할 재앙은 필경 하늘까지 닿아 막을 수 없을 것이다. 지금 국가와 백성을 어찌할 것인가? 지금 천하와 후세를 어찌할 것인가? 맹자는 "말을 잘 하여 양주와 묵적을 막았던 자는 성인의 문도였다"라고 말했다. 주자는 그 뜻을 밝히면서 말하기를, "사악한 설이 바른 것을 해치면 사람마다 그것을 공격할 수 있으니 반드시 성현이 있어야 할 필요는 없다. 예를 들어 춘추의 법도는 난신적자에 대해 사람 하나하나가 주살할 수 있는 것이지 반드시 사사(士師)일 필요는 없다고 했다. 성인께서 세상을 구하려 법도를 세운 마음은 이렇듯 절실하다. 만약 이런 마음을 미루어 간다면, 공격하여 토벌하지 않았으면서도 '반드시 공격하여 토벌할 필요는 없다'고 소리 높이는 자들은 스스로 사악한 무리와 난적(亂賊)의 당이 된다는 것을 알 수 있다"라고 했다. 아! 순암 같은 사람이 어찌 성인의 문도가 아니겠는가? '그럴 겨를이 없다'는 설로 순암을 억압하고 여러 음들이 양을 깎아내려가는 형세를 도왔던 [채번암은] 대체 어떤 마음이었는가? 너무도 지혜롭지 못하고 어질지 못하다. 춘

44) 비쩍 말랐다고 해서 그 힘을 무시하면 안 된다.

추의 법도는 난신적자에 대해 '먼저' 그 당을 다스려야 한다는 것이었다. 그렇다면 "사람 하나하나 공격하고 토벌할 수 있다"는 것에서 의당 앞서는 이가 있어야 할 것이다. 아!

【벽사변증】 문음제신(文蔭諸臣) 중 학식 있는 자들을 선발하여 형옥(刑獄)의 관리로 파견하고 외읍(外邑)에 사교처(邪敎處)를 두고 역시 각각 파견관을 따로 선발한다. 기찰에 의해 현장에서 잡힌 자들은 먼저 고문을 가하지 말고 먼저 그들과 문답을 한다. 예를 들어 스승-제자들 사이에서 행했던 강학의 진상을 알기 위해 그들의 책들을 펼쳐 보이도록 하고 그들의 해설을 합해 본다. 그리고 우리가 진심, 지성, 충심으로 그에 대해 논하여, 그들의 설이 잘못인 까닭을 스스로 밝히 알도록 하는 데 힘쓴다. 깊이 느껴 깨닫게 될 단서가 말과 낯빛에서 나타나기를 기대한다. 급하게 서둘지 않고 한꺼번에 하려고 하지도 않으면서 날마다 이렇게 하여, 그들이 감동에 눈물을 흘리면서 행동을 고칠 것을 결심하는 것을 본 다음에야 그들에게 상을 내리고 보내준다. [아울러] 그들로 하여금 집으로 돌아가서 경전과 성리(性理)의 서적을 읽도록 한다. 끝내 교화되지 않고 한결같이 패악한 짓을 한다면 차꼬를 채우고 오랏줄로 묶어서 감옥에 하옥시키고 사형수로 분류한다.

【기의】 주자(周子)는 "십실(十室)의 읍에서 한 사람 한 사람 그들의 귀를 끌어다가 가르쳐도 미처 다 못하는데, 하물며 넓디넓은 천하에서 수억의 백성들에게랴? 마음을 순일하게 할 뿐이다"라고 말했다. 인,

의, 예, 지 네 가지, 보고 듣고 말하고 행동하는 것에서 거슬림이 없는 것을 순(純)이라고 한다. 마음을 순일하게 하면 현명한 인재들이 도와준다. 현명한 인재들이 도와주면 조정이 바르게 되고 천하는 다스려질 것이다. 이것은 '임금이 바르면 어느 누구든 바르지 않음이 없게 된다'는 맹자의 설이요 '경(經)이 바르면 사특한 것이 없어진다'는 [공자의] 핵심이다. 그렇다면 오늘날의 급선무는 위에서부터 경건함을 다하고 예를 다하여 도(道)를 깨친 선비들과 바위 굴 사이에 버려져 있는 자들을 초빙하여 그들을 사우(師友)로 삼고, 마음을 참되게 하여 서로 의지하면서 성스러운 덕을 성취하는 것이다. 조종(祖宗)의 성헌(成憲)에 비추어 보는 일을 임금으로부터 시작하여 궁궐의 내전에 이르기까지 한다. [왕의] 사친지가(私親之家)들 중 전장(典章)을 어긴 일에 연루된 가문은 모두 개혁을 하도록 하여, 조금이라도 형기(形氣)에 의해 흔들리거나 빼앗기지 않도록 하고, 조금이라도 개인적 인정에 의해 구속되지 않도록 한다면, 이것이 바로 순일한 마음으로 덕을 이룸의 증험이 될 것이요, 몸을 닦아 가문을 바르게 하는 실질이 될 것이다. 진실로 이렇게 한다면 조정의 부정(不正)은 걱정의 대상이 아니게 된다. 조정이 바르게 되면 군자가 나아가고 소인은 물러가며 모든 관원은 기량에 따라 일을 하고 모든 공적은 날마다 쌓이게 된다. 안으로는 나라의 사악한 당(黨)을 다스리고 밖으로는 나라 안으로 들어오려는 흉적을 막는 일은 다스림의 한 가지 일에 불과할 뿐이다. 위아래가 파도처럼 움직이거나 온 나라가 국 끓듯이 하지 않게 된 이후에야 정돈될 수 있을 것이다. 만약 이런 것들에 유념하지 않고, 문음(文蔭)들 가운데에서 조금 학식 있는 자들을 안팎으로 나누어 파견하여 떠들썩하니 입과 혀로 논쟁하게 한다면, 바로 주자(周子)가 말했던 것처럼 '여러 사람들의 귀를 하나하나 잡아 당겨 가르칠 수는 없다'는 경우에 해당될 것이다. 이것이 불가(不可)한 첫 번째 이유이다. 존엄한 우리의 도를 가벼이 굽히고 금수나 오랑캐들과 함께 사안에 따라 입을 맞춘다면 크게 모욕을 당할 것이다. 이것이 두 번째 이유이다. 음이 성한 것은 양이 쇠한 것에서 말미암고, 사악한 가르침이 속이고 미혹시키는 것은 정학(正學)이 풀이되지 않는 데에서 비롯한다. 지금 문음(文蔭) 중 학식 있는 사람들이 과연 마음이 순일하고 바르며 도리에 투철하여 사악한 사람들의 마음을 열어 놓았다면, 이러한 군자들이 안팎으로 포진해 있을 것이다. 그런데 오늘날 세상의 도가 날마다 아래로 잠겨 가서 수습할 수 없는 지경이 된 까닭은 무엇인가? 옛날에 불교 배척을 자임했던 사람들 중 한유만한 사람이 없었으나, 그가 태전노석(泰顚老釋)을 한 번 만나서 사이비처럼 이치에 가까우나 실은 진리를 어지럽히는 얘기를 청해 듣자, 그의 귀가 거기에 경도되고 마음은 그리로 기울게 되었다. 그래서 그와 더불어 게을리 하지 않고 왕래하였다. 이렇게 된 것은 어째서인가? 내게 있는 것을 스스로 믿을 수 없다면 강적을 갑자기 만났을 때 그 형세는 '바른 것을 거꾸로 세우고' '깃발을 내리지' 않을 수 없게 될 것이다. 그러므로 "익지 않은 오곡은 피의 열매만 못하고 한 잔의 작은 물방울은 수레 한 가득 실린 땔나무에 난 불을 끌 수 없다"고 하였다. 한유도 오히려 그러했는데 하물며 오늘날 문음(文蔭)들이랴? 이것이 불가한 세 번째 이유이다. 이 세 가지 불가한 이유가 있는데도 또 그렇게 말한다면 그는 우활하여 쓰일 수 없을 것이다.

[부록 2]

난곡 이건방의 「조선유학과 왕양명」 역주

한정길 역주

난곡(蘭谷) 이건방(李建芳, 1861~1939)은 양명학자이다. 그가 양명학자임을 알 수 있는 것은 우선 그의 제자인 위당(爲堂) 정인보(鄭寅普)의 언급을 통해서이다. 정인보는 『양명학연론』의 말미에 "붓을 던짐에 미쳐 내 본사(本師) 이난곡(李蘭谷)(建芳) 선생(先生)으로부터 사학(斯學)의 대의(大義)를 받음을 정고(正告)하고" 있다. 뿐만 아니라 「난곡선생묘표」에서는 "(선생은) 조금 자라서는 강개하게 옛 성현의 학문을 사모하여, 처음에는 주자학을 전적으로 익혔고, 뒤에는 정명도와 왕양명의 글을 익혀, 오래 연구한 끝에 깨달음이 있는 듯하자 이때부터는 독실하게 믿어 의심하지 않았다"고 말한 바 있다. 그러나 정인보는 그의 선생인 이건방의 양명학 이해가 어떠했는지에 대해서는 전혀 언급하고 있지 않다. 뿐만 아니라 이건방의 주저인 『난곡존고(蘭谷存稿)』에도 양명학에 관한 이건방의 직접적인 평가를 찾아보기 어렵다. 이 때문에 지금까지 이건방의 양명학에 관한 연구도 『난곡존고』에 나오는 몇 구절을 가지고 천착하지 않을 수 없었다.

그런데 이건방은 양명학에 관한 전문적인 글을 남기고 있다. 바로 「조선유학(朝鮮儒學)과 왕양명(王陽明)」이라는 글이다. 이 글은 『동아일보』에 1933년 4월 15일부터 6월 12일까지 길성산인(吉星山人)이라는 이름으로 8회에 걸쳐 연재된 바 있다. 지금까지 이 글의 작자인 길성산인이 누구인지에 대해서는 전혀 알려져 있지 않았다. 이 때문에 「조선유학과 왕양명」이라는 글도 작자 미상의 글로 간주되어 크게 주목받지 못했다. 그런데 『동아일보』 1939년 6월 25일자 기사에는 '실학파(實學派)의 유일(唯一)한 석학(碩學) 이건방옹(李建芳翁) 서거(逝去)'라는 제목 하에 이건방의 서거 소식을 다음과 같이 전하고 있다.

> 조선에 잇어서 실학파(實學派)의 제1인자이던 란곡(蘭谷) 이건방(李建芳) 옹은 二十四日 오후 五시 十五분 다옥정(茶屋町) 一六三번지 자택에서 七十九세를 一기로 서거하엿다. 씨는 녕제(寧齋) 이건창(李建昌) 씨의 재종제로 황매천(黃梅泉) 김창강(金滄江) 이수당(李修堂) 등 제선배의 돌아간 후에는 문장가로 홀로 진영을 직혀 나온 분으로 한학과 문장이외에도 서양사학(西洋史學)과 법학(法學)에도 공성이 깊으섯고 특히 양명학(陽明學)에 잇어서는 정하곡(鄭霞谷)의 연원을 받은 석학이다. 난곡유고 이외에 양명학의 저서로서는 「조선유학과 왕양명」의 연구 결성이 잇고 수십 년간 두문불출로 학문만을 닦으신 분인데 제자로서 위당 정인보(鄭寅普) 씨가 잇다. 장례는 六월 三十일에 시흥군 신동면 사당리(始興郡 新東面 舍堂里) 선영에다 거행하기로 되엇다.

이 기사에서 주목할 것은 이건방이 『난곡유고』 이외에도 「조선유학과 왕양명」이라는 글을 남기고 있다는 사실이다. 이것을 근거로 우리는 「조선유학과 왕양명」이라는 글은 이건방이 '길성산인'이라는 필명으로 쓴 것임을 알 수 있다.

다음은 『동아일보』에 실린 「조선유학과 왕양명」(1~8)을 수집·정리하고, 잘못된 글자를 교정하고, 번역한 것이다.

* 수록 목차

吉星山人, 「朝鮮儒學과 王陽明」(1), 『동아일보』, 1933.4.15.

吉星山人, 「朝鮮儒學과 王陽明」(2), 『동아일보』, 1933.4.17.

吉星山人, 「朝鮮儒學과 王陽明」(3), 『동아일보』, 1933.4.18.

吉星山人, 「朝鮮儒學과 王陽明」(4), 『동아일보』, 1933.4.26.

吉星山人, 「朝鮮儒學과 王陽明」(5), 『동아일보』, 1933.4.30.

吉星山人, 「朝鮮儒學과 王陽明」(6), 『동아일보』, 1933.5.2.

吉星山人, 「朝鮮儒學과 王陽明」(7), 『동아일보』, 1933.6.10.

吉星山人, 「朝鮮儒學과 王陽明」(8), 『동아일보』, 1933.6.12.

吉星山人,「朝鮮儒學과 王陽明」 역주

『동아일보』, 1933.4.15. ~ 6.12.

〈서언〉

대개 우리나라의 학자들은 신라와 고려 때부터 중국과 가까워 사신이 오가고 풍속을 서로 모방하였으며, 학술의 경우에도 필시 중국에서 얻은 것이 많았다. 우리 조정에 이르러서 오로지 문치를 숭상하여 정주의 학설이 크게 유행하였으니, 위에 있는 사람은 그것을 받들어 본받았고, 인도하여 펴는 사람은 반드시 정주를 귀결로 삼아 주자를 비판하는 자를 주살하여 배척함이 더욱 엄하였다. 그러므로 중국 사람은 오히려 주자의 학설을 공박하는 자가 적지 않았으나 우리나라의 경우는 공박하는 자가 없었다. 어찌 없었을 뿐이겠는가? 주자의 학설을 받들되 주자를 비판하는 죄를 배척하지 않을 경우에는 주자에게 공을 드러냄이 없다고 여겼다. 그러므로 처음 학문을 할 때 반드시 먼저 글을 하나 지어서 육상산과 왕양명을 꾸짖은 뒤에야 문정(門庭)을 세울 수 있었으며, 스승의 지위[1]에 있게 되면 국가에서 좇아서 두

1) 스승의 자리: '皐比'에 대한 해석이다. '皐比'는 본래 호랑이 가죽으로 만든 자리라는 뜻이다. 장재(張載)가 호랑이 가죽으로 만든 자리를 깔고 앉아 가르침을 편 데에서 연원한다.

터운 예로 그를 부르고 아름다운 관직을 덧보탬으로써 유자의 지극한 영광으로 삼았다. 오호라 그 영예가 참으로 영광스러운 것은 내가 알겠으나 그러나 안으로 돌이켜 그 마음 씀씀이를 살펴보건대 과연 참되게 절실하고 독실히 진실해서 타고난 품성을 그대로 행하는 실제로 나오고, 외물에 힘쓰고 명예를 구하는 뜻이 없는 것인가? 과연 있는데 내가 아직 보지 못한 것인가? 아니면 보았는데도 나의 식견이 거기에 미치기에 부족한 것인가? 영광을 추구하는 것은 보통사람의 실정이니 나는 참으로 비난할 것이 없다. 그러나 남을 배척함으로써 자기를 영예롭게 하는 것은 심하지 아니한가? 남을 배척하는 것도 옳지 않은데 하물며 남을 무함하여 죄에 빠뜨리고 성인의 가르침에 의지하고 왕법(王法)으로 전하여 죄를 들추어 폭로하며 글을 지어 꾸며서 남을 주살하고 성토하면, 나의 영예는 더욱 자라나고 남의 재앙은 끝이 없을 것이다. 내가 누구를 속이겠는가? 하늘을 속이겠는가? 시간이 오래되어 인심이 날로 쇠퇴하고 세도는 날로 박해져서, 양심만은 다 질곡시켜 없애지 않은 멸학무식한 선비가 되고자 해도 그럴 수 없게 되었다. 나라가 이러한 지경에 이르게 된 것이 누구의 허물인가? 오호라. 슬프도다. 그러나 이것은 주자의 허물이 아니요, 상산이나 양명의 허물도 아니다. 다만 우리나라 선비들의 허위(虛僞)에서 나온 잘못이니, 우리나라의 학술을 연구하고자 한다면 반드시 먼저 중국의 학술을 제시한 뒤에야 밝힐 수 있다. 그러므로 중국학설의 개요를 짓는다.

〈중국학설의 개요〉

『서경』에서 "진실로 총명한 이가 임금이 되고 임금은 백성의 부모가 된다"[2]고 하니, 대개 옛날에는 반드시 총명하고 예지로운 덕을 갖춘 뒤에야 군사(君師)의 지위에 자리하여 백성을 균평하고 밝게 하니 백성이 환히 밝아지고, 만방을 화합하여 화목하게 하니 만방이 이에 화목하게 되고[3], (그 광채가) 하늘과 땅에 이르고[4] 초목과 금수에게까지 덕화가 미치어 다 합당함을 얻지 않음이 없었으니, 아! 성대하도다. 다스림이 여기에 이르게 된 근본은 반드시 임금의 한 마음에 달려 있다. 그러므로 뜻이 성실하고 마음이 바르게 된 뒤에 몸을 닦을 수 있고, 몸이 닦여지면 집안이 가지런해지고 나라가 다스려져서 천하가 평안하게 된다.[5] 그러므로 요임금 순임금 우임금이 서로 주고받음에 반드시 "인심은 오직 위태롭고 도심은 오직 은미하니, 오직 정밀하게 살피고 오직 전일하게 견지해야 진실로 그 중을 잡을 것이다"[6]라고 하니, 대개 그 조존하고 성찰하는 공부를 잠시도 떠날 수 없다. 그러므로 성인의 학문은 반드시 마음에 있으니, 마음이 그 바름을 얻고 나서 온갖 이치가 다 구비되고 일을 처리하고 사물에 접하는 것이

2) 『서경』, 「泰誓」.

3) 『서경』, 「堯典」. "능히 큰 덕을 밝혀 구족을 친하게 하시니 구족이 이미 화목하거늘 백성을 고루 밝히시니 백성이 덕을 밝히며, 만방을 합하여 고르게 하시니 아 변하여 이에 화하였다.(克明俊德, 以親九族, 九族既睦, 平章百姓, 百姓昭明, 協和萬邦, 黎民於變時雍)"

4) 『서경』「요전(堯典)」에 요임금의 덕을 칭송하여 "공경하고 밝고 문채롭고 생각함이 편안하고 편안하시며, 진실로 공손하고 능히 겸양하시어 광채가 온 누리에 입혀지고 하늘과 땅에 이르렀다.(欽明文思安安 允恭克讓 光被四表 格于上下)"라는 말이 나온다.

5) 『대학장구』, 제1장.

6) 『서경』, 「大禹謨」.

각각 그 법칙을 따르고 덕이 두루 펼쳐지고 교화가 널리 행해진다. 그렇게 해서 천지가 제자리를 잡게 하고 만물을 육성하는 데 이르더라도 역시 방촌(方寸)을 벗어나지 않는다. 그러므로 덕을 밝힘이 백성을 친하는 본체가 되고, 백성을 친애함이 덕을 밝히는 작용이 되어 체용이 세워지고 본말이 갖추어진다.[7] 오직 이와 같아야 백성의 부모가 될 수 있으니, 대개 그 덕이 없이 임금의 자리에 오른 사람은 없었다. 그러므로 오제[8]는 천하를 관(官)으로 여겼더니[9], 하나라 계[夏啓][10]가 어질어서 우임금의 뒤를 이은 뒤로 마침내 자손이 모두 왕위에 올랐으며, 그 뒤로 난폭한 걸주(桀紂)가 백성을 다스리는 윗자리에 있었으니, 대개 말세의 잘못됨이요, 옛날의 법이 아니다. 저 주(周)나라 덕이 쇠하게 되자 왕에 의한 정벌[王討]이 행해지지 않고 제후가 멋대로 서로 공격하고 토벌하여 천하가 크게 어지러워졌다. 공자 같은 하늘이 낸 성인도 왕의 지위를 얻지 못하여 은택이 아래로 백성에게까지

---

7) 명덕과 친민을 체용관계로 파악하는 것은 왕수인(王守仁)의 견해이다. *『王陽明全集』 권26, 「大學問」: '밝은 덕을 밝힌다'는 것은 천지 만물일체의 본체를 세우는 것이며, '백성을 친한다'는 것은 천지 만물일체의 작용을 달성하는 것이다. 그러므로 밝은 덕을 밝히는 것은 반드시 백성을 친하는 데 있으며, 백성을 친하는 것은 곧 밝은 덕을 밝히는 것이다.(明明德者, 立其天地萬物一體之體也. 親民者, 達其天地萬物一體之用也. 故明明德必在於親民, 而親民乃所以明其明德也.)

8) 오제: 伏羲 · 神農 · 黃帝 · 唐堯 · 虞舜을 가리킨다.

9) 천하를 관(官)으로 여겼고: '관천하(官天下)'를 번역한 것으로, 천하를 공적인 물건으로 간주한다는 뜻이다. 이것은 천하를 집안의 물건으로 보는 가천하(家天下)와 상대된다. 官은 公, 公有의 뜻으로 私의 반대 개념이다. 『漢書』 권77, 「蓋寬饒傳」에 "오제는 관천하를 하였고, 삼왕은 가천하를 하였으니, 가는 천하를 자식에게 전하고, 관은 천하를 현자에게 전한다.(五帝官天下, 三王家天下, 家以傳子, 官以傳賢)"는 말이 나온다.

10) 하나라의 계[夏啓]: 우(禹)임금의 아들인 계(啓)를 가리키며, 하후계(夏侯啓) · 하후개(夏侯開)라고도 한다. 이전까지는 왕위를 현자에게 선양하였으나 우임금이 죽은 뒤에 인심이 啓에게 쏠려 왕위에 올랐으며, 이때부터 왕위가 자손에게 계승되기 시작했다.

이르지 않았다. 오직 백성을 어질게 대하고 사물을 아끼는 뜻이 지극한 성품에서 나와서 젊은이들이 사모하고 노인들이 편안히 여겼으나[11], 널리 베풀어 대중을 구제한 공은 나라를 가지는 것에 의지하지 않을 수 없었다. 그러므로 제(齊)·노(魯)·정(鄭)·위(衛)·조(曹)·송(宋) 나라의 국경을 허둥거리면서 바쁘게 다녔고, 비록 광(匡) 땅에서 위협을 당하시고 진채(陳蔡)에서 재앙을 당하셨지만 자신은 돌보지 않았으니, 그 아픔의 박절함이 불에 타는 것을 구제하고 물에 빠진 것을 구원하는 것처럼 급할 뿐만이 아니었기 때문이다. 여기에서 성인이 세상을 걱정하신 뜻을 상상해볼 수 있다.

하궤(荷簣)·저익(沮溺)[12]과 같은 무리들이 몸을 깨끗하게 하는데 뜻을 두어 멀리 산림에 들어간 것은 당시에 거짓에 빠진 부류들과 비교하면 정말로 차이가 있으나 여전히 윤리를 어지럽혔다고 배척하였으니, 그 뜻이 깊다. 그러나 도는 끝내 행해지지 않았다. 그래서 위나라로부터 노나라로 돌아가서 『시경』과 『서경』을 산술하시고, 『예』와 『악』을 서술하시며 『춘추』를 필삭하시어 만세에 가르침을 드리우셨다. 그러나 시·서·예·악의 근본도 반드시 이 마음에 있으니, 어째서인가? 만약 하늘의 질서와 지극한 조화의 법칙에서 터득함이 없다면,

---

11) 젊은이들이 … 여겼으나: 『논어』 「公冶長」에 나온다. 子路曰, "願聞子之志." 子曰, "老者安之, 朋友信之, 少者懷之."

12) 하궤·저익: 하궤(荷簣)는 삼태기를 멘 사람이라는 뜻으로 혼란한 세상을 피해 숨어사는 은자(隱者)를 가리킨다. 『논어』 「헌문(憲問)」에 하궤가 공자의 경쇠 소리를 듣고 비평하자, 공자가 "세상을 잊는 데에 과감하구나. 출처를 그렇게만 한다면 어려울 것이 없을 것이다.(果哉! 末之難矣)"고 말한 내용이 있다. 저익(沮溺)은 춘추시대 초(楚)나라 은자인 장저(長沮)와 걸익(桀溺)의 병칭이다. 『논어』 「미자(微子)」에 공자가 그들이 비평하는 말을 듣고는 "새와 짐승과는 더불어 무리지어 살 수 없다.(鳥獸不可與同群)"고 탄식한 말이 나온다.

한갓 종고(鐘鼓)와 옥백(玉帛)의 제도에 구애되어 '예다' '악이다'라고 하는 것이 어찌 옳겠는가?

안자가 '(선생님의 도는) 우러러 볼수록 더욱 높고, 파고들수록 더욱 견고하다'[13]고 탄식한 것과 증자가 '충서(忠恕)로 공자의 도를 하나로 꿴 것'[14]은 실로 공자 문하의 적전이요, 자사(子思)는 가학을 계승하여 종지를 드러냈으니, 지금의 『대학』과 『중용』이 참으로 성학(聖學)을 전수한 책이다. 『대학』 수장에 "(대학의 도는) 밝은 덕을 밝히고, 백성을 친하는 데 있다"[15]고 하고, 『중용』 수장에 "본성을 따른다, 도를 닦는다"[16]고 하니, 그 뜻이 동일하다. 대저 덕을 밝히고 백성을 친애하는 조목으로는 반드시 '성의·정심'을 말하고, 본성을 따르고 도를 닦는 공부로는 반드시 '계신공구'를 말하니, 모두 홀로 아는 곳[獨知處]에서 삼가서 사려가 홀연히 일어났다가 없어지는 사이를 정밀히 살펴서 인욕이 조금도 끼어들지 않게 하는 것이니, 이것이 오직 정밀히 살피고 전일하게 견지하는 공부가 지극하였던 것이다. 그러나 모두 왕의 지위를 얻지 못한 때문에 도가 마침내 밝혀지지 아니하고, 패자의 무리가 인의를 빌려 자신의 사사로움을 이룸에 공리의 습관이 날

13) 『논어』, 「子罕」: 안연(顔淵)이 크게 탄식하며 말하였다. "선생님의 도(道)는 우러러볼수록 더욱 높고, 파고들수록 더욱 견고하며, 바라보면 앞에 있는가 싶더니 홀연히 뒤에 있도다."(顔淵喟然歎曰, "仰之彌高, 鑽之彌堅; 瞻之在前, 忽焉在後.")

14) 『논어』, 「里仁」: 공자께서 말씀하셨다. "참(參)아! 나의 도(道)는 하나의 이치가 꿰뚫고 있다." 증자가 "예." 하고 대답하였다. 공자께서 나가시자, 문인들이 "무슨 말씀입니까?" 하고 물으니, 증자가 대답하였다. "선생님의 도(道)는 충(忠)과 서(恕)일 뿐이다."(子曰, "參乎! 吾道一以貫之." 曾子曰, "唯." 子出. 門人問曰, "何謂也?" 曾子曰, "夫子之道, 忠恕而已矣.")

15) 『대학장구』, 제1장: 대학의 도는 밝은 덕을 밝히는 데 있고, 백성을 친하는 데 있으며, 지극한 선에 머무는 데 있다.(大學之道, 在明明德, 在親民, 在止於至善.)

16) 『중용장구』, 제1장: 하늘이 명한 것을 본성이라고 하고, 본성을 따르는 것을 도라고 하며, 도를 닦는 것을 교라고 한다.(天命之謂性, 率性之謂道, 脩道之謂敎.)

로 젖어들어 바른 학문이 드디어 일실되었다.

맹자에 이르러 자사의 학문을 사숙하여 도가 이미 통함에 제나라와 양나라 군주들을 차례로 만나 왕도를 시행하고자 하였으나, 그 당시에는 부국강병의 설과 협잡의 음모가 군주의 마음을 병들게 하고 투쟁과 겁탈하는 재앙이 천하에 끊어지지 아니함에 맹자를 우활(迂闊)하다고 여겨서 등용하지 않았다. 이에 물러나 제자 만장(萬章)과 공손추(公孫丑)의 무리들과 함께 개인적으로 서로 강술하여 『맹자』 7편을 저술하였다. "그 마음을 보존하고 그 본성을 기른다"[17]고 하고, "잃어버린 마음을 찾는다"[18]고 하며, "본성이 선하지 않음이 없다"[19]고 하며, "먼저 그 큰 것을 세운다"[20]고 하며, "나의 호연지기를 잘 기른다"[21]고 하니, 한 마디 말이라도 성의와 정심의 공부에서 나오지 않은

17) 『맹자』, 「盡心上」: 그 마음을 다 실천하는 자는 그 성(性)을 알 수 있으니, 그 성을 알면 하늘을 알 수 있게 된다. 그 마음을 보존하여 그 성을 기름은 하늘을 섬기는 것이요, 요절하거나 장수하거나 하는 것에 의심하지 않고 몸을 닦아 천명을 기다리는 것은 명(命)을 세우는 것이다(盡其心者, 知其性也. 知其性, 則知天矣. 存其心, 養其性, 所以事天也. 殀壽不貳, 修身以俟之, 所以立命也.)

18) 『맹자』, 「告子上」: 학문의 길이란 다른 것이 없다. 그 잃어버린 마음을 찾는 것일 뿐이다.(學問之道無他, 求其放心而已矣.)

19) 『맹자』, 「告子上」: 그런데 지금 선생님께서는 성이 선하다고 말씀하시니, 그렇다면 저들은 모두 틀린 것입니까?" 맹자께서 말씀하셨다. "그 타고난 재질(才質)인 정(情)은 선하다고 할 수 있으니, 이것이 내가 이른바 선하다는 것이네. 불선을 하는 것은 타고난 재질의 죄가 아닐세."("今曰'性善', 然則彼皆非與?" 孟子曰, "乃若其情, 則可以爲善矣, 乃所謂善也. 若夫爲不善, 非才之罪也.")

20) 『맹자』, 「告子上」: 마음의 기능은 생각하는 것이니, 생각하면 얻고 생각하지 아니하면 얻지 못한다. 이는 하늘이 우리 인간에게 부여한 것이니, 먼저 그 큰 것인 심지(心志)을 세우면 그 작은 것인 이목(耳目)이 빼앗지 못한다. 이것이 대인이 되는 것일 따름이다.(心之官則思, 思則得之, 不思則不得也. 此天之所與我者, 先立乎其大者, 則其小者弗能奪也. 此爲大人而已矣.)

21) 『맹자』, 「公孫丑上」: 나는 남의 말을 잘 알며, 나의 호연지기를 잘 기른다.(我知言, 我善養

것이 없었다. 앞의 성인과 뒤의 성인이 비록 백년 천년이나 멀리 떨어져 있다고 하더라고 그 말이 부절처럼 합하니, 대개 천지간에 원래 이 하나의 이치가 있기 때문이다. 그러니 같지 않고자 하더라도 그럴 수 있겠는가?

오호라 맹자가 세상을 떠나자 도가 드디어 전해지지 아니하고 온통 하늘을 속이고 사람을 속여서 구차히 일시적으로 얻었으나 부끄러움을 모르는 자들, 예컨대 소진(蘇秦)·장의(張儀)·신불해(申不害)·상앙(商鞅)과 같은 이들이 천하에 횡행하고, 이 백성이 포학한 정치에 초췌하게 됨이 날로 더욱 심해지더니 진(秦)나라가 육국(六國)[22]을 멸망시킴에 이르러 스스로 사기와 폭력으로 사람들을 복종시켜야 천하를 통제할 수 있다고 여겼기 때문에 『시경』과 『서경』을 불태우고 유생(儒生)을 매장하는 등 극에 이르렀다. 한나라가 진의 뒤를 이어서 조금은 관용으로 다스렸으나 그 근본은 반드시 그 사사로움을 따르고 순수하게 공정함에서 나오지 못하였던 것에서 동일했다. 당나라에 이르러 비록 잠깐 다스려졌다가는 다시 혼란해졌던 차이가 없지는 않았으나 모두 선왕의 도가 아니었으니, 백성들도 어떻게 지극한 정치의 은택을 입을 수 있었겠는가? 이것은 모두 심학이 밝혀지지 않은 때문이다.

송나라가 흥한 지 백년도 되지 않아 주렴계(周濂溪)[23]와 정명도(程明道)[24] 두 선생이 나와서 저 성학(聖學)의 바름을 얻어 반드시 심성을

吾浩然之氣.)

22) 육국: 齊(제), 楚(초), 燕(연), 韓(한), 趙(조), 魏(위)를 가리킨다.

23) 주렴계(周濂溪): 호남(湖南) 도주영도(道州營道) 사람으로 이름은 돈이(敦頤), 자는 무숙(茂叔), 호는 렴계(濂溪)이다. 도학의 창시자로 알려져 있다.

24) 정명도(程明道): 하남(河南) 이천(伊川)사람으로 이름은 호(顥), 자는 백순(伯淳)이고, 호는

가리켜서 "성(誠)은 인위가 없고, 기미에 선과 악이 있다"[25]는 것으로 본체의 덕을 삼고, "보냄도 없고 맞이함도 없으며, 안도 없고 바깥도 없다"[26]는 것으로 성을 안정시키는[定性] 학으로 삼으니, 천년 동안 전해지지 않던 비밀을 얻어 안자·증자·자사·맹자의 도통을 계승하니, 역시 천지간에 단지 이 하나의 리가 있고, 인심의 영명함은 만고에 똑같은 해이니 비록 혹 어두워지고 혹 밝혀지더라도 끝내 아주 없어지는 데까지는 이르지 않았다. 대개 어두워지고 밝아지는 것은 사람에게 달려 있는 반면, 이 리는 원래 보태거나 덜어낼 것이 없다.

송나라가 남도 한 이후에 또 주회암(朱晦菴)[27]과 육상산(陸象山)[28] 두 선생이 있으니, 모두 공자와 맹자를 배우고 주렴계와 정명도를 총괄하였으므로 마땅히 그 이치가 꼭 들어맞아 성인의 도가 더욱 밝아졌지만, 불행히도 회암의 학문은 도문학을 위주로 하는 것이 많았고, 상산학은 존덕성을 위주로 하는 것이 많았다. 그러나 더 많은 측면으로 말하는 것이요, 회암이 덕성을 받들지 않았고 상산이 묻고 배움으로 말미암지 않았다고 말하는 것은 아니다. 단지 양설이 이미 다르고, 그 문도들이 천하의 한쪽에 치우쳐 각각 스승의 설을 견지하여 상대방을 이기는 데 힘을 썼다. 대저 존덕성과 도문학은 『중용』에서 나온 것으로 본체와 작용이 서로를 필요로 하여 한쪽에 치우쳐 없애서는 안 되거

명도(明道)이다. 동생 정이(程頤)와 함께 '이정(二程)'으로 불린다. 그들은 '리'를 철학의 최고 범주로 삼았기에 '리학(理學)'의 창시자로 평가된다.

25) 『通書』, 「誠幾德」.

26) 『二程集』, 「定性書」.

27) 주회암(朱晦菴): 복건성(福建省) 우계(尤溪)에서 태어났으며, 이름은 희(熹), 자는 원회(元晦)와 중회(仲晦)이고, 호는 회암(晦庵)이다. 송대리학의 집대성자로 평가된다.

28) 육상산(陸象山): 강서성(江西省) 무주(撫州) 금계(金溪)사람으로 이름은 구연(九淵), 자는 자정(子靜)이고, 호는 상산(象山)이다. 송대의 대표적인 심학가로 알려지고 있다.

늘, 지금은 각자 하나의 설을 견지하여 자신은 옳고 다른 사람은 그르다고 하니 여기에서 그것은 본지와 서로 어긋남이 크게 되었다.

잠시 이 두 구절에 나아가 그 경중을 살핀다면 존덕성을 먼저하고 묻고 배우는 것을 나중에 해야 한다. 만약 덕성이 없다면 장차 무엇에 근거하여 그 묻고 배우는 공부를 이루겠는가? 이것도 역시 둘로 절연히 나누어 존덕성의 공부를 먼저 다한 뒤에 묻고 배우는 데 이른다고 말하는 것은 아니다. 요컨대 순서를 가지고 말한다면 덕성이 마땅히 먼저이고 묻고 배움이 그 다음이라고 말하는 것일 뿐이다. 회암과 상산 자신들의 공부가 어찌 이것에 이르렀겠는가? 단지 문도들이 서로 다툼이 전해질수록 더욱 격렬해지고 오래될수록 더욱 심해지더니, 그 뒤에 회암의 설이 세상에 크게 유행하게 되고 문도가 더욱 성하게 되어 상산을 선학(禪學)이라고 배척하였다. 대저 불교서적과 상산의 글이 모두 있으니, 지금 살펴볼 수 있다. 상산의 설이 반드시 『논어』와 『맹자』를 인용하여 제자들에게 가르쳤으니 어찌 그것이 불교의 학설과 같겠는가? 만약 미묘한 이치에 대해 논한 것을 말하는 것이라면 불교와 노자의 설도 모두 마음으로부터 제기되었기 때문에 참으로 근본이 있는 것이니, 같다고 의심받을까 염려하여 나의 같음을 꺼리는 것이 어찌 옳겠는가? 만약 이 때문에 같다고 하여 선학으로 배척한다면 주렴계의 「통서」와 정명도의 '성을 안정시킨다'는 설이 불교의 학설과 더욱 같지 아니한가? 아마도 주렴계와 정명도는 회암보다 선배이고, 회암이 그들을 받들었기 때문에 감히 비난하지 아니하고, 상산은 회암과 동시대이고, 회암이 그를 비난했기 때문에 좇아서 그를 업신여기는 것이다.

성학(聖學)은 천하의 공리(公理)이다. 그런데 좋아하는 것에 영합하고 사사로움을 따라 좋고 싫음으로 사람을 논하여 그 공평함을 잃는다면, 나는 그가 그 근본에서 어긋난 채 스스로 도를 배반하고 덕을 어긴 사람으로 돌아갈까 염려된다.

오강재(吳康齋, 1391~1469)[29]나 진백사(陳白沙, 1428~1500)[30]와 같은 명대 초기의 학자들은 모두 회암을 위주로 하지도 않았고, 역시 상산을 위주로 하지도 않았으니, 대개 경전을 읽고 스스로 증험하고 스스로 깨우친 이들이다. 그러나 강재는 성정(性情)을 함양하는 데 힘을 썼고 기질이 자연을 따랐으며, 백사는 수처에서 천리를 체인하라고 하니 그 타고난 성품이 상산과 가까운 것이 있었다. 이어서 왕양명(王陽明, 1472~1528) 선생에게 이르러 명대 이학이 집성되고 가정(嘉靖) 이후에는 천하의 학자들이 모두 양명을 종주로 삼아 유염대(劉念臺, 1578~1645), 황석제(黃石齊, 1586~1646)[31] 및 청초의 황이주(黃梨洲, 1610~1695)[32], 탕잠암(湯潛

---

29) 오강재(吳康齋): 오여필(吳與弼). 명나라 강서(江西) 숭인(崇仁) 사람. 자는 자부(子溥)이다. 19살 때 『이락연원록(伊洛淵源錄)』을 읽고 도학에 뜻을 두었으며, 치심(治心)과 궁행(躬行)을 위주로 하는 수양 공부에 치중했다. 저서에 『강재문집(康齋文集)』과 『일록(日錄)』 등이 있다.

30) 진백사(陳白沙): 진헌장(陳獻章). 광동성 신회(新會) 백사리(白沙里) 사람. 자는 공보(公甫), 시호는 문공(文恭)이다. 명대 심학의 선구자로 평가받는다. 저서에 『진헌장집(陳獻章集)』이 있다.

31) 황석제(黃石齊): 황도주(黃道周). 복건성(福建省) 장포(漳浦) 사람. 자는 유현(幼玄), 호는 석재(石齋), 시호는 충렬이다. 천계 2년(1622)에 진사에 급제. 1644년 명나라가 멸망하고 남경(南京)에서 복왕(福王)이 옹립되자, 그를 섬겨 예부상서(禮部尙書)가 되었다. 복왕이 청군(淸軍)에 체포된 후에는 당왕(唐王)을 받들어 무영전 대학사(武英殿大學士)로서 명나라 황실(皇室)의 회복을 위해 힘썼다. 강서방면에서 청군과 싸워 패배, 남경에 이르러 사몰하였다.

32) 황이주(黃梨洲): 황종희(黃宗羲). 절강성(浙江省) 여요(餘姚) 사람. 호는 남뢰(南雷) · 이주(梨洲), 자는 태충(太沖)이다. 숭정연간(崇禎年間: 1628~1644)에 문학적 결사인 '복사(復社)'에 참여하여 환관파(宦官派)를 배척하는 정치운동을 하였으며, 1644년 명나라가 멸망하자

庵, 1627~1687)[33], 이이곡(李二曲, 1627~1705)[34] 세 명의 대유를 위주로 하였으니, 모두 그 유파이다. 그 사이에 나정암(羅整庵, 1465~1547)[35]과 고경양(顧涇陽, 1550~1612)[36]이 회암을 위주로 하였으나, 그 무리는 떨치지 못하였고, 그 흐름도 멀리가지 못했다.

양명학의 대지는 치양지에 있고, 치양지의 공부가 또 반드시 성찰

고향의 젊은이 수백 명을 모아 의용군을 조직하였고, 또한 명나라 유왕(遺王)인 노왕(魯王)을 따라 만주(滿洲)에서 청군(淸軍)에 저항하였다. 그 뒤 고향에 돌아가 독서와 저술에 몰두하였다. 저술로는 『명유학안(明儒學案)』, 『송원학안(宋元學案)』, 『맹자사설(孟子師說)』, 『역학상수론(易學象數論)』, 『율려신의(律呂新義)』, 『명이대방록(明夷待訪錄)』 등이 있다.

33) 탕잠암(湯潛庵): 탕빈(湯斌). 하남성(河南省) 저주(雎州) 사람. 자는 공백(孔伯), 호는 잠암(潛庵), 시호는 문정(文正)이다. 순치(順治) 9년(1652) 진사(進士)가 되고, 국사원검토(國史院檢討)·한림원(翰林院) 시강(侍講)·내각학사(內閣學士)와 강녕순무(江寧巡撫)를 역임했다. 손기봉(孫奇逢)에게 수학했고, 실천궁행(實踐躬行)이 참된 도학(道學)이라 강조했다. 육왕학(陸王學)과 정주학(程朱學)을 아울러 존중하여 왕수인(王守仁)의 치양지(致良知)는 성학진맥(聖學眞脈)이고, 정주학은 오유지정종(吾儒之正宗)이라 했다. 저서에 『낙학편(洛學編)』과 『탕자유서(湯子遺書)』, 『잠암어록(潛菴語錄)』 등이 있다.

34) 이이곡(李二曲): 섬서성(陝西省) 주질(盩厔) 사람. 자는 중부(中孚), 호는 이곡(二曲)이다. 손기봉(孫奇逢), 황종희(黃宗羲)와 함께 청나라 초기 삼대유(三大儒)로 불렸다. 학문은 육왕(陸王)을 종주로 삼았지만, 만명(晩明) 때 왕학(王學)이 너무 현담(玄談)을 좋아하자 불만을 드러내고, 주희(朱熹)와 육구연(陸九淵)의 사상을 아울러 취했다. 저서에 『사서반신록(四書反身錄)』과 『이곡전집』 등이 있다.

35) 나정암(羅整庵): 羅欽順. 강서(江西) 태화(泰和) 사람. 호가 정암(整庵)이고, 자는 윤승(允升), 시호는 문장(文莊)이다. 홍치(弘治) 6년(1493) 진사(進士)가 되어 편수(編修)를 지내고, 남경국자감사업(南京國子監司業)·이부상서(吏部尙書) 등을 역임하였다. 저서에 『곤지기(困知記)』 5권과 『속곤지기(續困知記)』, 『정암존고(整庵存稿)』가 있다.

36) 고경양(顧涇陽): 고헌성(顧憲成). 강소성(江蘇省) 상주부(常州府) 무석(無錫) 사람. 자는 숙시(叔時), 별호는 경양(涇陽), 시호는 단문(端文)이다. 신종 만력(萬曆) 8년인 1580년에 진사가 되어 호부주사(戶部主事)에 올랐으며, 이부원외랑(吏部員外郞)과 문선낭중(文選郞中) 등을 지냈다. 저서로는 『소심재찰기(小心齋札記)』, 『경고장고(涇皐藏稿)』, 『고단문유서(顧端文遺書)』, 『사서강의(四書講義)』, 『환경록(還經錄)』, 『질의(質疑)』, 『증성(證性)』, 『상어(商語)』 등이 있다.

극치(省察克治)하여 물욕을 제거하고 사사로운 꾀[私智]가 행해지지 않게 하면 본체가 드러나고 의리가 밝게 드러나 비록 온갖 변화에 대응하더라도 각각 마땅한 리를 얻어서 마치 밝은 거울이 사람을 비춤에 곱고 추함이 도망가지 못하는 것과 같으니 이것이 이른바 양지이다. 그러나 사람들이 갑자기 그 설을 듣고는 문득 의심하기를 '범인과 성인이 분명히 다른데 어찌 사람들마다 모두 요순이 될 수 있겠는가? 설령 사람에게 이러한 이치가 있더라도 마땅히 많은 세월을 들여 많은 공부를 해야 하거늘 어찌 단지 치양지 세 글자를 제시하여 갑자기 성학의 공부를 헤아려 논의할 수 있겠는가? 이것이 어찌 참선이 단지 화두를 들어서 그 자리에서 갑자기 깨닫는다는 설과 다르겠는가?' 고 하여 드디어 본말을 궁구하지 않고 덩달아 왕학(王學)은 선학이라고 하니, 대개 역시 조금이라도 그 마음에 돌이켜 그 까닭을 궁구해본 것이겠는가?

대저 성학(聖學)은 심학이다. 그러므로 그 공부를 말하면 간명하고 번잡하지 않다. 예컨대 '구방심(求放心)' 세 글자는 비록 이 세 글자가 바로 성인이 되는 근본이라고 말하더라도 괜찮고, 비록 공부가 세 글자 안에 갖추어져서 이미 충분하다고 말하더라도 괜찮다. 증자는 "선생의 도는 충서일 따름이다"[37]라고 하시니, '따름이다'는 것은 다하여 남김이 없다는 말이다. 그렇다면 이것을 가지고 증자와 맹자를 가리켜 불학(佛學)이라고 하는 것이 어찌 옳겠는가?

『주역』에 "건도(乾道)는 쉽게 주관하고, 곤도(坤道)는 간단하게 일을 해낸다. 쉬우므로 쉽게 주관하고, 간단하므로 쉽게 따라서, 쉽고 간단하여 천하의 리가 얻어진다"[38]고 하였다. 그 공부의 지극히 정미한 지

---

37) 『논어』, 「里仁」.

점을 말하면 참되고 절실할수록 더욱 간이하여 조금이라고 그 사이에 뒤섞임을 용납하지 않으니, 뒤섞이자마자 이미 인위에 떨어져서 본체가 아니다. 이제 도리어 그것이 간단하다는 이유로 의심을 하여 다시 지루하고 번쇄함을 구하는 것을 학(學)이라고 여긴다면 또한 이상하지 않은가?

성인께서 천상의 지극한 움직임을 제정하시며, 천하의 지극히 심오한 이치를 탐색함이 번거롭다고 할 수 있지만, 그것을 견지하는 도리는 지극히 중요하고 지극히 절실하다. 그러므로 "사려하지 않고도 안다"고 하니 늘 쉬우면서 어려움을 아는 것이요, "배우지 않고도 능하다"고 하니 늘 간단하면서 험난함을 아는 것이다.[39] 하늘에 앞서 행해도 하늘이 어기지 않는다. 하늘도 어기지 않거늘 사람임에랴?[40]

또 '치양지' 세 글자는 그것을 말하기는 쉽지만 그것을 이루는 공부를 하고자 한다면 나는 그 온 힘을 다하고 한평생 오랜 세월동안 실천하더라도 곧바로 본지(本地)까지 이해하여 명백하게 통달한 자는 자주 만나기 쉽지 않다고 생각한다. 왕용계(王龍溪)는 "'치양지' 세 글자를 누군들 듣지 못했겠는가마는 그것을 믿는 사람은 오직 나뿐이다"고 하고, 나염암(羅念菴)은 "세상에 어찌 현성양지가 있겠는가? 양지는

---

38) 『주역』, 「繫辭上傳」. "乾道成男, 坤道成女. 乾知大始, 坤作成物. 乾以易知, 坤以簡能, 易則易知, 簡則易從, 易知則有親, 易從則有功, 有親則可久, 有功則可大, 可久則賢人之德, 可大則賢人之業. 易簡, 而天下之理得矣, 天下之理得, 而成位乎其中矣."

39) 『맹자』, 「盡心上」: 맹자께서 말씀하셨다. "사람들이 배우지 않아도 할 수 있는 것은 양능(良能)이요, 생각하지 않아도 알 수 있는 것은 양지(良知)이다."(孟子曰, "人之所不學而能者, 其良能也; 所不慮而知者, 其良知也.")

40) 『주역』, 「乾卦」: "夫'大人'者, 與天地合其德, 與日月合其明, 與四時合其序, 與鬼神合其吉凶. 先天而天弗違, 後天而奉天時. 天且弗違, 而況於人乎? 況於鬼神乎?"

만 번이나 죽을 정도의 공부가 아니라면 결단코 얻을 수 없다. 요즘 사람이 양지를 오해하여 현재 이루어진 것으로 보고 양지를 이루는 공부를 할 줄을 몰라서 제멋대로 치달려 일생을 방탕하게 보내니 무슨 성취가 있으리오"라고 하였다.

대개 사람이 태어나 지각이 생긴 이래로 점차 물들어 습관이 됨이 마치 기름이 솜을 적시듯이 벗어날 수 없다. 오직 공부가 '보이지도 않고 들리지도 않는 것'을 실제로 체험하여 계신공구의 공부가 혹시라도 그치지 않아 근원이 맑고 흐름이 깨끗하게 하는데 힘써서 예전의 습기(習氣)가 다시 기미를 타고 잠시라고 드러나지 않게 한 뒤에야 비로소 양지의 본체를 더불어 말할 수 있다. 이 공부가 어찌 쉽다고 말하겠는가? 하물며 간단하다고 해서 그것을 소홀히 여길 수 있겠는가?

또 『대학』의 수신·제가·치국·평천하의 근본이 성의·정심에 있고, 성의·정심의 공부가 또 반드시 격물치지에 의지해야 밝아진다. 이것으로 보면 '격물' 두 글자는 바로 성문(聖門)의 처음과 끝을 철저히 관통하는 공부요, 배우는 이가 처음 착수하는 곳이다. 만약 격물에 밝지 못하면 성의·정심의 공부도 베풀 데가 없는데, 어찌 갑자기 수신·제가·치국·평천하의 도(道)를 말할 수 있겠는가?

주자는 '격(格)'을 '지(至)'로 풀이하고, '물(物)'을 '사(事)'로 풀이하여, '격물' 두 글자를 "사물의 이치를 궁구하여 이른다"[41]고 풀이하였다. 그러므로 반드시 배우는 이로 하여금 '오늘 하나의 사물을 격하여 다 궁구하고, 내일 하나의 사물을 격하여 다 궁구하여 천하의 사물을 격하여 다 궁구하면 하루아침에 활연히 관통하게 되어 온갖 사물의 표리정조가 이르지 않음이 없고, 내 마음의 전체와 대용이 밝혀지지 않

41) 『대학장구』, 제1장: 格, 至也. 物, 猶事也. 窮至事物之理, 欲其極處無不到也.

음이 없다'[42]고 하였다.

대저 천하에 사물이 이미 많다. 유한한 삶으로 무궁한 사물을 따른다면 나는 한가한 날이 없을까 두렵다. 단지 이뿐만이 아니다. 배웠으되 아직 깨닫기 전에는 눈앞의 허다한 도리를 한쪽에 밀어두고 단지 사물에서 격하는 대로 궁리하여 하루아침에 환하게 되는 날을 기다린다면 (마음이 아닌) 몸에 새겨두고 훗날 흔적을 구하는 것과 거의 가깝지 않겠는가? 게다가 하루아침에 관통한다는 것은 곧 불가 돈오의 설이니, 육왕의 여러 이론에 견주어 더욱 가깝지 아니한가? 말이 회암에게서 나온 경우는 그것이 선(禪)과 유사함을 혐오하지 아니하고, 육상산이나 왕양명의 경우에는 반드시 선이라고 지목한다면 공심공안(公心公眼)임을 어디에서 찾아볼 수 있겠는가?

양명은 '격(格)'을 '정(正)'으로 풀이하여 "나의 양지를 사물에서 남김없이 실행하여 사물이 각각 그 리를 얻는 것을 '물격이지치(物格而知致)'"[43]라고 하였다. '격'이 '정'이 됨은 '임금 마음의 잘못을 바로잡는다'는 것이 이것이요, 양명이 창안한 학설이 아니다. 또 그로 하여금 바르게 되게 한다는 의리를 겸하여 지니고 있으니, 개인적으로 생각해 보건대, 격물을 해석한 이들이 많지만, 오직 양명의 말이 간단하고 뜻

---

42) 『대학장구』, 제5장: 是以大學始敎, 必使學者卽凡天下之物, 莫不因其已知之理而益窮之, 以求至乎其極. 至於用力之久, 而一旦豁然貫通焉, 則衆物之表裏精粗無不到, 而吾心之全體大用無不明矣.

43) 『전습록』, 「答顧東橋書」, 제135조: 내가 말하는 치지격물은 내 마음의 양지를 각각의 사물에 실현하는 것이다. 내 마음의 양지가 바로 이른바 천리이다. 내 마음 양지의 천리를 각각의 사물에 실현하면 각각의 사물이 모두 그 이치를 얻게 된다. 내 마음의 양지를 실현하는 것이 치지이고, 각각의 사물이 모두 그 이치를 얻는 것이 격물이다. 이것은 마음과 이치가 합하여 하나가 되는 것이다.(吾心之良知, 卽所謂天理也. 致吾心良知之天理於事事物物, 則事事物物皆得其理矣. 致吾心之良知者, 致知也. 事事物物皆得其理者, 格物也. 是合心與理而爲一者也.)

이 절실하여 실지에서 몸소 실천하니 성학의 참된 공부가 이것을 벗어나지 않는다.

만약 '지(至)'로 '격(格)'을 풀이한다면 반드시 궁구함이 사물의 리를 궁구하여 이른다고 말한 뒤에야 그 설이 비로소 의미가 있다. 양명은 일찍이 이 격물 공부의 요체가 완전히 하나의 '궁(窮)'자에 있고, 힘써 노력하는 지점은 완전히 하나의 '리(理)'자에 있으니, 만약 위에서 하나의 '궁'자를 제거하고, 아래에서 하나의 '리'자를 제거하여 곧바로 '치지는 물(物)에 이르는 데 있다'고 한다면 그것이 통할 수 있겠는가[44]고 하였다. '이치를 궁구하고 본성을 다한다[窮理盡性]'는 것은 『주역』 「계사전」에 보인다. 만약 격물이 궁리의 뜻이라면 어찌 곧바로 궁리라고 말하지 아니하고, 반드시 이처럼 굽고 휘어 불완전한 말로 하는가? 이것이 그 까닭을 이해할 수 없는 것이다.

『중용』에 "하늘이 명한 것을 성이라고 하고, 성을 따르는 것을 도라고 하고, 도를 닦는 것을 교라고 한다"[45]고 하니, 회암이 그것을 해석하기를 "교란 예악형정(禮樂刑政) 따위가 이것이다"[46]고 하였다. 대저

---

44) 『전습록』, 「答顧東橋書」, 제137조: 『대학』의 '격물'에 대한 해석에서는 어찌 (바로잡는다는 의미의) '정(正)'자로 풀이하지 않고, 반드시 (이른다는 의미의) '지(至)'자로 뜻을 삼아야 한다고 알고 있는가? 만약 '지(至)'자로 뜻을 삼는다면 반드시 "사물의 이치를 궁구하여 이른다[窮至事物之理]"고 말해야만 그 주장이 비로소 통하게 된다. 그럴 경우에 공부의 요체는 완전히 하나의 (궁구한다는 의미의) '궁(窮)'자에 있고, 공부의 영역은 완전히 하나의 '리(理)'자에 있게 된다. 만약 앞에서 하나의 '궁(窮)'자를 제거하고, 뒤에서 하나의 '리(理)'자를 제거하여 곧바로 '치지는 물(物)에 이르는 데 있다[致知在至物]'고 말한다면 과연 통할 수 있겠는가?(『大學』格物之訓, 又安知其不以'正'字爲訓, 而必以'至'字爲義乎? 如以'至'字爲義者, 必曰"窮至事物之理", 而後其說始通. 是其用功之要, 全在一'窮'字, 用力之地, 全在一'理'字也. 若上去一窮字, 下去一理字, 而直曰'致知在至物,' 其可通乎?)

45) 『중용장구』, 제1장.

46) 『중용장구』, 제1장, 주자주.

『중용』은 도를 논한 글로서 단지 사람 자신에 나아가 말을 하여 성이라고 하고, 도라고 하고, 교라고 한 것이 하나로 꿰어진 것으로 몸 밖의 일과는 전혀 관계가 없으니, 어느 곳에 예악형정 등의 여러 물건을 태워 그 사이에 끼어들게 하겠는가? 솔성(率性)과 수도(修道)의 아래에 곧바로 "도라는 것은 잠시도 떨어질 수 없다. 이 때문에 군자는 그 보이지 않는 바에도 경계하고 삼가며, 그 들리지 않는 바에도 두려워한다"[47]는 것으로 이었다. 그렇다면 경계하고 삼가며 두려워하는 것[戒愼恐懼]은 도는 잠시도 떨어질 수 없음을 본 것이다. 도는 잠시도 떨어질 수 없다는 것은 본성을 따르는 것[率性]이 도이고, 오직 도가 가르칠 내용이요 도가 아닌 것은 가르쳐서는 안 된다는 것을 안 것이다. 그 말의 의미 맥락이 조금의 틈도 용납하지 않는다. 그런데 이제 예악형정을 가르칠 내용으로 삼는다면 그 아래의 계신공구는 또 무엇을 가리켜 말한 것인가? 이것이 그 까닭을 이해할 수 없는 것이다.

대저 『대학』과 『중용』은 성인 문하에서 도를 전한 글로서 가장 중요하고 가장 긴요하니, 학문을 하는 이가 성문에 들어가는 착수처가 되는 것이 바로 격물이다. 또 성(性)과 도(道)의 큰 관건이 실로 『중용』의 수장에 있으니, 여기에서 의심스러운 것이 있다면 참으로 선현에게 질정을 해야 한다. 그런데 선현을 이미 되살릴 수 없으니 그 말에 나아가 이치에 합하는 것은 따르고, 이치에 합하지 않는 것은 따르지 않으니, 성현은 맹자가 말한바 '내 마음이 똑같이 그렇게 여기는 것을 먼저 얻은 사람'[48]이기 때문이다. 만약 대현(大賢)을 의심해서는 안 된다고 핑계를 댄다면 현인이 말한 뜻이 반드시 여기에 있고 저기

47) 『중용장구』, 제1장.

48) 『맹자』, 「告子上」. "心之所同然者何也? 謂理也, 義也. 聖人先得我心之所同然耳."

에 있지 않다는 것을 또 누가 알겠는가? 기필코 자기 마음이 편안하게 여기는 바를 버리고 의심스러운 것을 따르게 한다면 이것은 스스로 자기 양심을 속이는 것이다.

만약 마음이 밝혀지지 아니하여 그 판단하고 헤아리는 것을 취할 데가 없다면 이것은 장차 천하를 모두 끌어다가 격(格)하는 것이니 대체 어떻게 변별을 바라겠는가? 변별하지 못하고 무지하게 오직 다른 사람을 따르기만 일삼는다면 자신의 마음은 이미 주인이 없으니, 남을 따를 수 있는 것은 또 무슨 마음이 그렇게 하는 것인가? 오호라! 예로부터 마음을 떠나서 도를 말한 이는 없었다.

청대 유자 가운데 당경해(唐鏡海, 1778~1861)[49]라는 이가 있었는데, 『명청학안(明淸學案)』을 짓고 그 앞에 서문을 지어서 말하기를 "천하 사람들로 하여금 심학이 바른 학문이 아님을 훤히 알게 한다면 내 하루의 마음을 충분히 쾌활하게 할 것이다"고 하니, 만약 그 말대로라면 이것은 우임금을 통해 내려오는 16자의 가르침을 제거할 수 있으며, 『논어』·『맹자』·『중용』·『대학』의 여러 경전을 폐할 수 있다는 것이다. 오호라! 그 말이 두려움이 없음이 어찌 여기까지 이르렀는가? 그러나 그가 감히 이러한 주장을 하게 된 데는 반드시 근거하는 바가 있으니, 정이천이 일찍이 "성인은 하늘에 근본을 두고, 석씨는 마음에 근본을 둔다"[50]고 말한 적이 있으니, 사람의 마음이 갖춘 이치는 바로

49) 당경해(唐鏡海): 당감(唐鑑). 호남(湖南) 선화(善化) 사람. 자는 율생(栗生)이고, 호는 경해(鏡海)며, 시호는 확신(確愼)이다. 가경(嘉慶) 14년(1809) 진사(進士)가 되었다. 주희(朱熹)의 격물성정(格物誠正)의 설을 추숭하고 왕수인의 설을 배격했다. 주자학을 높이기 위해서 『주자학안(朱子學案)』과 『청학안소지(淸學案小識)』를 편찬했다. 그 밖의 저서에 『기보수리비람(畿輔水利備覽)』과 『독역소지(讀易小識)』, 『역유(易牖)』, 『사경습유(四經拾遺)』, 『주자연보고이(朱子年譜考異)』, 『성신일록(省身日錄)』 등이 있다.

하늘이 준 것이요, 저 석씨의 경우는 하늘이 내려준 큰 근원을 알지 못하고 이 마음이 만법을 낳을 수 있다고 하여 비록 커다란 천지라도 모두 마음이 세우는 것에 따르기 때문에 반드시 마음을 근본으로 여긴다고 말한 것이다. 당씨는 본지(本旨)의 소재를 궁구하지 않고, 곧바로 심학이 바르지 않다고 하였으니, 대개 그 뜻이 육상산과 왕양명의 글은 모두 심성에서 말한 것이기에 육왕을 배척하고자 하면 심학을 먼저 논박해야 한다고 생각하여 마침내 이와 같이 말하고 스스로 정주(程朱)에게 크게 끼친 공로가 있다고 여긴 것이니, 정주의 글에서 논한 것이 모두 심성인지라 심성을 버리고서는 이른바 도가 없음을 생각하지 못한 것이다. 이미 실제로 얻은 것이 없고 마음에 조급한 바가 있어서 앞으로 가도 넘어지고 뒤로 가도 자빠져서 좌우가 어그러지니 참으로 이른바 '수리부엉이가 벼룩은 움켜잡지만 태산은 보지 못한다'[51]는 것이다.

게다가 오직 하루 동안 마음을 기쁘게 하려고 도를 배반하고 이치를 어겨서 장차 무궁하게 재앙을 끼친다면 그로서도 어찌 그것이 기쁘겠는가? 이와 같은데도 여전히 오만하게 정주를 받들고 도통을 계승하는 것을 자신의 사명이라고 여긴다면 다른 사람도 역시 그가 정주에 의지하였기 때문에 감히 잘못을 지적하지 못한다. 그러나 나는 저들에 대해서는 참으로 애석하게 여기는 것이 없지만, 다만 저들이 언제나 정주를 인용하여 뒤의 사람으로 하여금 정주에게 원래 이런 말이 있다고 의심하게 하는 것이 한스러우니, 어찌 남을 크게 그르치지 않겠는가?

---

50) 『河南程氏遺書』 권21하, 「伊川先生語七下」.

51) 『장자』, 「秋水」. "鴟鵂夜撮蚤察毫末, 晝出瞋目而不見丘山, 言殊性也."

〈조선 근고의 학풍〉

우리 동방이 단군과 기자 이전에 인문이 처음 시작되었으나 세대가 아득히 멀고, 위만(衛滿)과 우거(右渠)[52] 이후로 여러 차례 전란으로 인한 화재를 겪어서 서적이 소실되니 지금은 징험하여 믿을 만한 것이 없다. 그러나 그 영토가 이미 중국과 서로 이어져 있었기 때문에 신라와 백제 이래로 의복과 문자, 정교와 학술이 모두 중국을 본받았다. 고려 말에 이르러 문성공(文成公) 안향(安珦, 1243~1306)과 문충공(文忠公) 정몽주(鄭夢周, 1337~1392)가 모두 중국을 살펴보고 전적을 구매했는데, 당시는 원명(元明)시대에 해당하여 정주학이 성행하였다. 그러므로 가지고 온 경전이 모두 주자집주라서 학문을 좋아하는 선비들은 모두 정주를 목표로 삼았으니 이것이 주자학이 우리나라에서 처음 유행하게 된 것이다.

저 한훤당(寒暄堂) 김굉필(金宏弼, 1454~1504)과 일두(一蠹) 정여창(鄭汝昌, 1450~1504) 등 제공(諸公)의 학문 창도가 또 모두 그 이루어진 법도를 따름으로 해서 정주학이 점점 왕성해졌다. 퇴계(退溪) 이황(李滉, 1501~1570) 선생이 남쪽 지역에서 우뚝 일어나서 정주를 돈독히 믿어 언동과 일처리를 반드시 주자를 표준으로 삼았으며, 조정의 예우가 누차 융숭하고, 사방의 순박한 이들이 모여드니 이에 도(道)의 명맥이 귀일하여 전국에 풍미하게 되었다.

이에 앞서 중종이 반정(反正)을 일으켜 마음을 가다듬어 정치를 하려고 할 때 문정공(文正公) 조광조(趙光祖, 1482~1519) 같은 이가 성학의

52) 우거(右渠): 위만의 손자이다.

참된 공부로 먼저 발탁되어 임금의 마음에 깊이 계합하니 이에 임금과 신하가 서로 힘써서 삼대(三代)의 정치를 회복할 것을 기약하였다. 그런데 중간에 소인배들이 다툼의 실마리를 만들어 끝내 기묘사화를 일으켜 많은 선비들이 죽임을 당했으니 실로 우리 동방 학술 변천사에 하나의 커다란 관건이었다.

퇴계가 그 사실을 거울로 삼아 비록 은총을 피하였지만 작위가 이미 높았다. 그러나 벼슬에 나아가기를 어렵게 여기는 절조는 처음부터 끝까지 변하지 않았으며, 오직 은거를 고수하고 문하생들에게 가르침을 전해주어 인재 기르기를 즐거워하는 도를 실천했다. 이미 주자를 받드는 것을 최상의 의리로 삼았기에 주자의 설과 다른 것은 반드시 배척하였다. 그러므로 우선 육상산과 왕양명을 이단으로 배척하였고, 물리치는 이가 나오면 바른 것을 부축하여 그릇된 것을 배척한 공로가 있다고 인정해주니 명성을 추구하는 무리들이 오리처럼 무리지어 내달렸다.

조금 뒤에 우계(牛溪) 성혼(成渾, 1535~1598)과 율곡(栗谷) 이이(李珥, 1536~1584) 두 선생이 또 좇아서 육왕학을 끊고 배척하였다. 율곡의 사단칠정론이 비록 미세하게 퇴계의 설과 다른 점이 있지만 역시 주자에 대해서는 다르지 않았으며, 우계는 더욱 근엄하고 법도가 있었으니, 율곡은 타고난 성품이 지혜롭고 사리에 밝았으며[明達] 우계는 꾸밈이 없고 진실함[質實]을 위주로 했기 때문이다. 그러나 정주를 받들고 육왕을 배척한 것은 동일했다.

그 당시에 또 사계(沙溪) 김장생(金長生, 1548~1631) 선생이 있어서 역시 주자를 받들어 섬겼다. 서울에는 사계의 문인들이 가장 많아서 조정의 공경(公卿)이 모두 그 문하에서 나왔으니, 동춘당(同春堂) 송준길

(宋浚吉, 1606~1672)과 우암(尤庵) 송시열(宋時烈, 1607~1686)과 미촌(美村) 윤선거(尹宣擧, 1610~1669)가 모두 그의 고제(高弟)들이었다.

또 미수(眉叟) 허목(許穆, 1595~1682)과 고산(孤山) 윤선도(尹善道, 1587~1671)와 백호(白湖) 윤휴(尹鑴, 1617~1680)가 있어서 모두 산림에서 명망을 키움으로 해서 조정의 부름을 거듭 받았고, 지위도 공고(公孤)[53]의 반열에 들었다. 그러나 이권(利權)으로 서로 시기하여 다툼이 누차 일어나니 기해예송과 회니(懷尼)의 시비가 날이 갈수록 더욱 격렬해져서 마침내 국가의 끝없는 재앙이 되었다.

효종 즉위 초에 우암이 세상에 보기 드문 대우를 받아 의정부에 있으면서 사부(師傅)의 존귀함을 겸하였고, 대권을 누리면서 명분과 의리의 중임을 주도하였으니, '군주와 신하가 서로 만나 간격이 없고[魚水密勿之契]'[54] 성대하게 바람과 우레 같은 위세로 세상을 다스림이 예로부터 강학하는 사람에게 없었던 일이다.

이 당시에 임금께서는 심양관(瀋陽館)에 볼모로 잡혀갔던 일에 대한 부끄러움과 남한산성의 치욕을 한스럽게 여기셔서 한번 설욕을 할 생각을 하고 있었다. 사대부들 가운데 청의(淸議)를 숭상하는 이들은 더욱 명(明)이 망하고 청(淸)을 섬김으로써 중화가 오랑캐로 변하는 것을 더욱 큰 부끄러움으로 여겼다. 그래서 은둔할지언정 조정에 나가려고 하지 않는 이들이 있게 되었으며, 비록 조정에 나갈지라도 명예와 절조로 스스로를 연마하여 숭정(崇禎)[55]의 연호를 쓰고 대보단(大報

53) 공고(公孤): 태사(太師) · 태부(太傅) · 태보(太保)인 삼공과 소사(少師) · 소부(少傅) · 소보(少保)인 삼소를 말함.

54) 어수밀물지계(魚水密勿之契): 『삼국지(三國志)』 제갈량전(諸葛亮傳)에 유비(劉備)가 "내가 공명(公明)을 만난 것은 물고기가 물을 만난 것과 같다"고 한 데에서 유래한 말로, 성군과 현신이 서로 만나 간격이 없음을 비유한 것이다.

壇)[56]에 제사지내는 것을 숭상하여 마침내 춘추대의를 밝게 내걸고 부월(斧鉞)을 엄하게 하니, 민간 서원의 제기로 황제의 혼령을 받들고[57], 유림의 공문이나 통첩[移牒]이 주군(州郡)을 능가하여 온 나라가 바람이 지나가는데 그림자가 따르는 듯하니, 누가 그 위엄을 두려워하고 그 이름을 사모하지 않겠는가? 하물며 궁중과 관부[宮府]의 기복(起伏)이 더욱 엄중하고, 조정과 재야의 기대가 더욱 융성하니 참으로 새장에 가두어놓고 제어하고 조절할 수 있었다.

지나간 것을 계승하고 미래를 여는 것은 실로 선각자가 자임한 중대한 일이다. 공자 이후로 여러 현인들을 종합하여 대덕(大德)을 이룬 사람은 오직 주자만이 그러하다고 여긴다. 그리고 주자가 지은 저술은 경전 주해로부터 『소학』·『근사록』·『혹문』·『어류』 등에 이르기까지를 모두 고증하고 주석하여 장을 나누고 구절마다 풀이하였다. 만약 조금이라도 다른 것이 있으면 모두 사설(邪說)로 배척하였고, 비록 주자와 다름이 없더라도 자기에게 부합하지 않고 자기의 주장과 다른 것이 혹시라도 있으면 또 자기의 주장을 주자의 글에 억지로 끌어다 붙여서 주자를 배신한 죄로 다스렸다. 그의 문인 제자가 온 나

55) 숭정(崇禎): 중국 명나라의 마지막 황제인 숭정제 때의 연호(1628~1644년).

56) 대보단(大報壇): 조선시대에 명(明)나라 태조(太祖)·신종(神宗)·의종(毅宗)을 제사지낸 사당. 임진왜란 때 원군을 보낸 명나라 신종의 은의(恩義)를 기리기 위해 1704년(숙종 30) 창덕궁 금원(禁苑) 옆에 설치하였다. 그 뒤에 화양동에 황조를 위한 묘 건립과 의종 황제의 제사를 모시자는 건의를 받아들여 '대보단'을 건립하였다.

57) 개인 사당의 … 받들고: 화양동(華陽洞) 만동묘(萬東廟)에서 명나라의 신종(神宗)을 제사지낸 것을 말한다. "至於僭以大義之說, 加徽號於祖宗, 逼主上以支庶, 託妄言於北伐, 祀明帝於私廟, 誣聖罔上, 干分越防, 是固朱子之罪人也, 春秋之罪人也, 而乃反挾春秋之尊, 藉朱子之重."(『蘭谷存稿』, 「續原論」)

라에 가득한지라 또 부르짖으며 치달려 성토하지 않음이 없었다. 그들이 말하기를 '이 사람이 감히 주자와 다르니 사문(斯文)의 난적이다'라고 하면, 조정에서 또 그를 위해 사나운 금지령을 내리고 탐문감찰을 엄중하게 하여 난적부도(亂賊不道)[58]의 죄를 더 보태니, 그에 해당하는 자는 박살나고, 그것에 접촉한 자는 부러지니, 온 세상의 선비가 춥지 않은데도 두려워서 떨었다.

이 당시에 사람마다 주자의 글을 외우고 집집마다 주자학을 배웠으니, 육상산이나 왕양명의 글은 감히 남에게 내놓고 말하지 못했을 뿐만 아니라, 감히 잠깐이라도 관심을 갖고 그 뜻을 궁구하지 못했으며, 오직 속에 숨긴 것이 깊고 은밀하지 못할까만을 걱정했다.

그 뒤로부터 지금에 이르기까지 국시(國是)가 크게 안정되고 금하고 성토하는 것이 혁연(赫然)하여 학자 가운데 눈을 밝히고 치켜 보며 팔뚝을 걷어 부치고 분개하는 것이 오직 여기에 있었다. 그러므로 수백 년 이래로 조정의 부름을 받아 대관에 이르고, 살아서는 일세의 으뜸이 되고 죽어서는 문묘 제사를 흠향하여 그 자손들을 돕는 것은 줄을 잇닿을 정도로 많지만, 그 행동과 의론을 개괄하면 마치 한 수레바퀴에서 나온 듯 똑같았다. 선비 가운데 무리를 지어 남을 붙좇아 따르는 자도 모두 옛 계책을 스승으로 여기고 성헌(成憲)을 받들어 사람마다 이론(異論)이 없고 집집마다 다른 행실이 없으니 그것이 순수하게 한결같이 바른 데서 나온 것은 성하다고 하겠다. 그러나 조정에는 감히 비판을 명예롭게 여기고 담대하게 따지는 기풍은 적고, 권문에는 아첨하고 아양을 떠는 습관이 성행하여 지조 없이 혼탁해지니, 선비는 날로 투박(偸薄)해지고 습속은 날로 쇠퇴하여 마침내 천명이

58) 난적부도(亂賊不道): 형률(刑律)의 명칭.

왕실을 떠나고 정권은 외척에게 있게 됨으로 해서, 더욱 서로 이끌어 거짓을 행하고 한밤중에 세력가에게 애걸을 하면서 시의(時宜)라고 변명을 하고, 조정에서는 망설이다가 명철보신의 구실로 삼으니, 한마디 말과 한 가지 행동을 경전을 끌어들이고 의로움에 의거하여 스스로를 꾸며서 말하기를 '이것이 참으로 성현의 도이다', '주자의 가르침이다'고 하지 않음이 없었다. 그리하여 아비가 아들에게 일러 주고 형이 아우에게 권면하여 오직 그가 혹시라도 옛날 걸음걸이를 잃어버릴까 두려워하니, 비록 이익을 농단하는 시정잡배도 혹 여기에까지 이르지는 아니하건만, 그 명분과 구호를 일컫는 것은 반드시 학문을 빌려서 하면서, 도도하게 풍속을 이루어 뻔뻔하게도 부끄러움이 없었다. 그러므로 높은 관직과 두터운 봉록의 은혜를 지극히 입었음에도 국가에 어려움이 있고 영토에 일이 생기면 월(越)나라 사람이 진(秦)나라가 수척해지는 것을 보듯이 관심이 없었고, 쇠란하고 망해가는 데 길들여져서 여전히 일신의 복리만 도모하였다.

오호라! 학문이 그 참됨을 잃게 되면 그 폐단이 여기에 이른다. 나는 그래서 "학문이 참됨을 잃은 것은 학문과 지식이 없는 무리가 오히려 양심을 다 질곡시켜 없애지 않은 것만 못하다"고 말하겠다. 이제 내가 주자학을 논하면서 그 말류가 세도(世道)에 해가 되는 것에 관해 언급하였으니, 혹 내 말에 의심이 없을 수는 없을 것이다. 그렇지만 내가 어찌 일찍이 주자학을 논한 것이 있겠는가? 우리나라 학문의 폐단을 곧바로 가리킨 것이요, 저들이 감히 주자를 멋대로 인용하여 스스로를 꾸며서 주자에게 누를 끼친 것을 개탄한 것이다. 게다가 주자를 배우는 것은 공자의 전통을 접하는 것이다. 지금 하나하나 변별하여 분석할 겨를이 없지만, 그 가운데 중대한 것을 들자면 춘추대의보다 더한 것이 없다. 청컨대 그것을 논의해 보아도 좋겠는가?

춘추의 앞머리에 원년(元年)을 크게 적으니, 곧 '노은공원년(魯隱公元年)'과 같은 것이다. 당시는 주평왕(周平王) 49년이지만 경전에 모두 기재하지 않고 오직 주해의 아래에 첨가하여 드러냈으니, 무슨 까닭인가? 공자는 노(魯)나라 사람이요, 『춘추』는 노나라 역사이기 때문이다. 노나라 사람으로서 노나라 역사를 기록하는데 반드시 노나라를 위주로 해야 한다. 주(周)나라는 객이니 주인을 앞세우고 객을 뒤에 두는 것은 그 순서가 그런 것이다. 노나라는 주나라의 성이 같은 제후국이고 왕기(王畿)에 가까이 밀착되어 있음에도 노나라 역사에는 오히려 노나라를 위주로 하고 주나라는 뒤에 두었다. 하물며 우리나라야 해외에 떨어져 있으니 원래 중국판도 내에 있는 것이 아니다. 씨족이 저절로 다르고, 또 본조의 개창이 명나라에 의뢰함이 없으니, 노나라가 동성(同姓)으로 주나라에서 봉토를 받은 것과도 다르다. 그렇다면 비록 시세의 마땅함으로 인하여 사대의 예를 다하였고, 또 임진년(1592)에 구휼해준 의리를 임금께서 잊지 않고 보답하고자 하는 것은 참으로 충성스러움이 지극히 두터운 것이다. 그러나 의로운 선비가 있다면 오히려 마땅히 오(吳)나라의 장소(張昭, 156~236)[59]와 서성(徐盛)[60]의 무리가 그 군주가 무릎을 굽히자 형정(邢貞)에게 화를 낸 것[61]

59) 장소(張昭): 오(吳)나라 사람으로, 자는 자포(子布), 팽성(彭城, 지금의 江蘇省徐州)사람. 손책(孫策)의 유언을 받들어 손권을 보좌했으며 군사(軍師)와 보오장군(輔吳將軍) 등을 역임했다.

60) 서성(徐盛): 삼국시대 오(吳)나라 낭야(琅邪) 거현(莒縣) 사람. 자는 문향(文嚮). 손권(孫權)에게 발탁되어 신임을 받았다. 용맹이 뛰어났고, 특히 수전(水戰)에 능했으며, 손권을 위해 여러 차례 큰 공을 세웠다.

61) 오나라의 장소와 … 화를 낸 것: 위왕(魏王) 조비(曹丕)가 오왕(吳王) 손권(孫權)에게 사신 형정(刑貞)을 보냈는데, 형정이 수레에서 내리지 않고 무례한 행동을 하자, 장소(張昭)가

처럼 해야 한다. 지금 그렇게 하지는 못할지언정 어찌 우리 임금을 버리고 오직 명나라를 섬기는 것을 의로운 것이라고 할 수 있겠는가? 이제 강학을 하는 이들이 지은 공경의 비지(碑誌)를 살펴보면 반드시 융경(隆慶) 혹은 만력(萬曆) 몇 년에 태어났고, 만력 혹은 천계(天啓) 몇 년에 급제하고, 천계 혹은 숭정(崇禎) 몇 년에 죽었다고 쓰지만, 결코 우리나라 어느 때인지는 기록하지 않는다. 우리 임금의 땅에서 태어나서 자라고 먹고 쉬며, 우리 임금의 조정에서 벼슬을 하여 녹봉을 받고는, 이제 그 생졸과 벼슬살이한 것을 적을 때는 모두 명나라를 따르고 본조와는 관련시키지 않았다. 오호라! 이것을 오히려 군신 사이에 의로움이 있다고 말할 수 있겠는가? 군신 사이에도 의로움이 없거늘 오히려 춘추의 법도가 있다고 말할 수 있겠는가? 이것을 미루어 추론해보면 주자를 배워 공자의 전통에 접한 자가 해오던 대로 계승하고 모방하는 것으로부터 나옴이 없을 수 있겠는가? 그러나 실제로는 본래 취지와 서로 어긋나고 게다가 더러 배치되는 것도 많다. 이것이 그렇게 된 까닭은 다름 아니라, '내 마음이 편안하게 여기는 데서 구하지 않고, 반드시 밖에서 구하여 의로움으로 삼는 것'이 초래한 허물 때문이다. 이것이 맹자가 '의로움이 밖에 있다[義外]'고 여기는 고자의 주장을 매우 싫어한 이유이다.

게다가 더욱 이상한 것이 있다. 어려서 배우는 것은 성인이 돼서 행하고자 하는 것이다. 옛날에 "삼개월 동안 섬기는 군주가 없으면 위문하고, 국경을 나갈 때 반드시 폐백을 싣고 갔다"[62]고 하니, 선비가

형정에게 '무례한 행동을 하면 국법에 따라 목을 베겠다'고 하니, 형정이 곧 수레에서 내렸다고 한다.

벼슬을 하는 데 급급해하는 것이 이와 같았다. 그렇지만 벼슬하는 것이 녹봉을 받는 데 뜻을 두지는 않았다. 그러므로 집안이 가난하고 부모가 연로하시면 가리지 않고 벼슬을 한 것은 관문을 지키거나 밤에 순찰을 도는 일[63]과 같은 것이었으니 그것을 녹사(祿仕)[64]라고 한다. 그러므로 반드시 높은 자리는 사양하고 낮은 자리에 머문다. 벼슬을 하되 녹에 뜻을 두지 않는다면 그 뜻의 소재를 알 수 있다. 이것은 훗날 녹과 지위를 탐하는 자와 다르지만, 벼슬을 하고자 하는 의지는 뒷사람과 다른 적이 없다. 우리나라의 학자인들 어찌 이것과 크게 다르겠는가? 그러나 명종 이후에는 예전의 규정을 바꾸어 부름을 받아 뽑히게 되면 예우가 특별하여 시종과 승선(承宣)이 수도 없이 거듭 내려와도 더더욱 사양하고 물러나 피하여 마치 간한(艮限)[65]처럼 보아서 감히 한 걸음도 나아가지 않았다. 위에서 그를 예우하는 것은 더욱 융숭하고, 아래에서 받지 않는 것은 더욱 굳세져서 위에서는 답답해

---

62) 『맹자』, 「滕文公下」: 위(魏)나라 사람 주소(周霄)가 물었다. "옛날의 군자는 벼슬을 하였습니까?" 맹자께서 말씀하셨다. "벼슬을 하였소. 전(傳)에 이르기를 '공자께서는 3개월 동안 섬기는 군주가 없으면 안절부절 어쩔 줄 몰라 하셨고, 국경을 나가실 적에 반드시 폐백을 싣고 가셨다' 하였고, 공명의(公明儀)가 말하기를 '옛사람은 3개월 동안 섬기는 군주가 없으면 위문했다' 하였소."(周霄問曰, "古之君子仕乎?" 孟子曰, "仕. 傳曰, '孔子三月無君, 則皇皇如也, 出疆必載質.' 公明儀曰, '古之人三月無君則弔.'")

63) 관문을 … 도는 일: 가난 때문에 벼슬하는 경우에는 높은 관직을 사양하고 그저 문을 지키는 일[抱關]이나 밤에 순찰을 도는 일[擊柝]처럼 미천한 일을 맡아야 한다. 『맹자』「萬章下」에 나온다.

64) 녹사(祿仕): 한유(韓愈)의 쟁신론(爭臣論)에 "벼슬은 가난 때문에 하는 것이 아니지만 가난 때문에 해야 하는 경우도 있다고 맹자(孟子)가 말했는데, 이러한 벼슬을 녹사라고 한다.(古之人有云, 仕不爲貧, 而有時乎爲貧, 謂祿仕者也)"라는 말이 나온다.

65) 간한(艮限): 진퇴를 때에 맞게 하지 않고 한 가지에 고정되어 고집을 부린다는 말이다. (『周易』, 「艮卦」 九三.)

하고 아래에서는 번거롭게 여겨 왕명을 받든 사람만 분주히 명을 전하느라 지친다. 지위가 높을수록 그에 나아가기는 더욱 어렵고, 왕명이 부지런할수록 거절하는 것도 더욱 굳건해져서 마침내 지위가 정승에 이르고 나이가 기애(耆艾)[66]에까지 이르러도 백성과 나라를 돕는 일이 한 가지도 없을 뿐만 아니라, 또 전폐(前陛)에 한번 올라 총명(寵命)에 답한 적이 없음에도, 한갓 숭고함만 성해져 국인(國人)들이 바라보고 탄식하는 바가 되니, 엄연히 한 시대의 종사(宗師)이다. 이것은 한 사람에게 있어서 혹 인정상 핍박하는 바가 있고 의리상 품은 바가 있어서 그렇게 하는 것일지라도, 여전히 중도를 지나친 데서 나올 수 있고, 꼭 선을 다한 도리가 되는 것은 아니다. 그럼에도 이 수백 년 동안을 살펴보면 경연 징사(徵士)로 부름을 받은 선비는 한결같이 이 길을 준수하여 마치 판에 박은 듯이 조금도 어긋남이 없으니, 실로 고금 천하에 보기 드문 것이요, 유독 우리나라만 그러하다.

이것은 참으로 무엇을 말하는 것인가? 이미 그 자리에 올라 그 도를 행할 수 없다면 자질이 좋은 사람을 교육하여 국가가 인재를 길러내는 것을 도운 공로에 그래도 볼만한 것이 있기를 오히려 기대했었다. 그러나 평소에 말하고 행한 것과 제자들에게 전수한 것이, 옛날 선비 교육이 예악과 활쏘기 말 타기로부터 군제·전부(田賦)·빈사(儐使)·송옥(訟獄) 따위를 학교에서 다 익혔던 것 같은 실제적인 일에 실질적인 쓰임이 있다는 말은 듣지 못했다. 오직 정주(程朱)의 글에서 논한 태극·무극·음양·이기 등의 설에 부연하고 늘어놓아 침상 아래

66) 기애(耆艾): 노인을 지칭하는 말이다. 60세를 기(耆)라 하고, 50세를 애(艾)라 한다. 『예기』「曲禮上」에 "50세를 애(艾)라 하니 관복을 입고 정사에 참여할 수 있으며, 60세를 기(耆)라 하니 사람들을 부릴 수 있다.(五十曰艾, 服官政; 六十曰耆, 指使.)"고 하였다.

침상을 포개고 지붕 위에 지붕을 또 얹으니, 음양이기가 참으로 유자가 강구해야 할 바가 아닌 적이 없어서 만약 조금이라고 알거나 이해한 것이 있어서 예전 사람이 말하지 않은 것을 밝힐 수 있다면 어찌 진실로 성문에 공이 있지 않겠는가? 그러나 그렇지 않고 한갓 주워 모아 진설하고 잡다하게 나열하여 강학 선생의 겉모습을 꾸미는 데 그칠 뿐이라면 끝내 역시 무슨 보탬이 있겠는가? 옛날에 북계(北溪) 진씨(陳氏)와 쌍봉(雙峯) 요씨(饒氏)도 말만 잘한다는 비난을 받았거든 하물며 그들에게 미치지 못하는 이들이겠는가? 하물며 명종 이후로 당쟁의 화가 극렬하여 대옥이 누차 일어나고, 영조와 정조에 이르러 점점 격렬하게 부딪쳐 처음에는 서로 주살하다가 끝내는 대권이 귀일함에 사나운 불길이 바야흐로 극성하여 심지어는 또 집안을 멸족시키고 백세토록 용서하지 않았으니, 비록 진나라와 한나라의 삼이(參夷)[67]의 형률일지라도 이처럼 혹독하지는 않았다.

강경한 이들을 없애고 그 나머지를 위협하였으니, 이른바 '태반한, 위의 한의 휘하에 있던 이들로 공갈에도 두려워 떨었던 형국이었다'는 것이다. 시세가 항복하여 남은 은택을 구걸하게 하는 상황이라, 위엄을 두려워하고 편안하기를 생각하여 날마다 위축되더니 겪은 세월이 오래됨에 더욱 기가 죽어 일어서지 못하였다. 선비가 나라의 정간(楨幹)[68]이 되는 것은 그 기개 때문이다. 그 기개가 곧고 거리낌이 없을 때에는 작록으로 얽어맬 수 없고, 형률로도 위협할 수 없다. 국가가 위급한 때 몸을 바쳐 죽음을 보기를 집에 돌아가는 것처럼 여기

67) 삼이(參夷): 죄인의 삼족(三族)을 연좌하여 멸하는 혹형이다.

68) 정간(楨幹): 담을 쌓을 때 양쪽으로 세우는 기둥. 『서경』「비서(費誓)」에 '치정간(峙楨幹)'이라는 말이 있는데, 이때의 '정간'은 국가의 방어를 할 만한 인물을 비유한 것이다.

니, 그 뜻이 과연 어떠한가? 지금은 단지 그것을 꺾고 치달리게 하여 그 뜻을 저상시키고 그 기개를 빼앗아 두려움에 몸을 극도로 움츠린 나머지 마치 (화살을 맞고) 다친 새가 활시위 소리를 듣는 듯하는 것이 있으며, 유말(濡沫)[69]의 은택을 거의 노둔한 말이 마굿간 콩만 그리워하는 것처럼 여기니, 이와 같은 사람에게 절열(節烈)한 행동을 요구한다면 난장이에게 우임금의 솥을 억지로 들게 하는 데 가깝지 않겠는가?

그렇지만 저들은 정말로 당에 뿌리를 두고 권력을 전횡하며, 사사로움을 끼고 공(公)을 없애되, 그들이 의거하여 민중에게 명령하는 것은 반드시 도학을 인용하고 명분과 의리를 부회하여 국시를 이룬다. 오호라 옛날의 권간이 그 위세를 잡음에 비록 한 시대를 통제하였으나, 정론(正論)이 아래에서 끊이지 않았다. 그러므로 세력이 한번 지나가면 그것을 대신하는 자가 반드시 이전의 폐단을 통렬하게 개혁함에 공리(公理)가 펼쳐지고 상과 벌이 법도에 맞았다. 그러나 지금은 그렇지 않아서 도학의 막중함과 명분과 의리의 엄중함이 정말로 이미 두려워 범할 수 없고, 또 나라의 권세를 잡은 자들은 반드시 척족으로 서로 계승하니 모두 그 당파 내의 사람이다. 그 도와 의를 이어서 서술하여 더욱 엄중하니, 누가 감히 그 사이에서 헤아리고 평론하여 다 죽임을 당하는 것을 자초하겠는가? 게다가 권간에게 죄를 얻어서 죽으면 오히려 억울함을 풀 날이 있지만, 엄중한 도의에 죄를 얻어 난역(亂逆)이라는 죄명으로 죽임을 당하면 만길 낭떠러지로 침몰하여 영원히 일어날 희망이 없다. 그러므로 비록 신하의 절개를 다한 선비가

69) 유말(濡沫): 샘이 마르니 고기들이 서로 물에 살면서 서로 붙어서 따스하게 하고 침으로 서로 적셔가며 강호(江湖)를 잊지 못하였다.(『장자』「대종사(大宗師)」에 보인다.)

있어서 한번 죽음으로써 다투는 것을 애석하게 여기지 않더라도 또 돌아보고 배회하면서 감히 말하지 못하는 것은 참으로 저 도의가 지극히 엄중하여 난역의 죄명이 그 뒤를 따르는 것을 두려워한 것이다. 오호라! 한 나라 사람들을 가두어 놓고 그들로 하여금 모호하고 몽매하게 하여 감히 소리를 내지 못하게 해서 곧은 도가 행해지지 않고 공론이 드러나지 않으니, 참으로 뜻있는 선비가 뜻을 잃고 눈물만 훔치니 더 이상 희망이 없게 되었다.

대저 당화(黨禍)는 그 자체로 당화이다. 그것이 도학과 무슨 관계가 있기에 반드시 도학을 끌어다가 허물하는가? 너무 지나친 것이 아닌가라고 할 것이다. 나는 일찍이 우리나라의 강학은 반드시 당화를 불러들이는 길이 세 가지가 있으니, '이기기를 힘씀[務勝]'이요, '무리지어 토벌함[衆討]'이요, '대대로 지킴[世守]'이다.

그럼 무엇을 '이기기를 힘쓴다'고 하는가? 의리는 무궁하니, 나의 견해와 다른 사람의 견해가 반드시 서로 같은 것은 아니다. 그런데 혹 의견의 차이가 나타나면 반드시 자기를 위주로 하여 남을 배척하니, 이것이 다투게 되는 까닭이다. 하물며 내가 바야흐로 사도(師道)로 자임하여 한 나라의 중망을 책임지게 되니, 권위가 저를 굴복시키기에 충분하고, 또 인용하는 전거가 모두 성현의 말씀이니, 저가 감히 나를 적대시할 수 있겠는가? 나는 날마다 커지고 세력은 날로 팽창하니 이에 필승의 책략을 행함에 그 심문(深文)[70]으로 죄를 날조함이 마치 혹리(酷吏)가 옥사를 판결하듯이 하여 새끼줄을 잡아당김으로써 죄를 들추어내고, 비율(比律)[71]로 무함하고 날조하여 혹시라도 감히 연못

70) 심문(深文): 없는 죄를 꾸며 낸 뒤에 법률 조문을 억지로 끌어다 맞춰서 벌을 받게 하는 것을 말한다.

에서 벗어나거나 그물에서 빠져나갈 수가 없었다. 이것이 당화를 부르게 된 이유 가운데 하나이다.

무엇을 '무리지어 토벌한다'고 하는가? 다투는 방법이 이미 도리에서 구하지 아니하고 힘에서 구하니, 힘은 무리에서 생기기 때문에 반드시 나와 이익을 같이하는 자를 구할 것이오, 내가 위협하는 것이 크면 그에 따라 이익이 되는 것도 넓어지게 된다. 사람들도 누가 나를 즐겨 따르지 않겠는가? 나를 따르는 이가 많으니, 무리가 왕성하고 힘이 강하여 제멋대로 주토(誅討: 죄를 들어 토벌함)를 행하여도 감히 거스르는 자가 없다. 이것이 당화를 부르게 된 이유 가운데 하나이다.

무엇을 '대대로 지킨다'고 하는가? 강한 자가 이기고 약한 자가 이미 굴복하면, 안정되어 아무 일이 없을 수 있다. 단지 저가 이긴 것도 의롭기 때문이 아니라 힘이 있기 때문이니, 굴복하는 자도 힘에 굴복하는 것이지 의로움에 굴복하는 것은 아니다. 만약 의로움에 굴복하지 않는다면 내 마음이 잡고 있는 것은 고친 적이 없다. 하물며 우리 당에서 주고받은 것도 역시 도학이니, 스승과 학생이 준 것과, 부친과 조부가 서로 전해 준 것이 이미 오래되었다. 지금 설령 힘에 굴복하여 상대방에게 굴하지만, 또 어찌 부친과 스승이 서로 전해준 의리를 경시하는 것을 참아내면서 그것을 지킬 것을 생각하지 않겠는가? 굴복한 지 오래될수록 지키는 것이 더욱 견고해지니, 이것이 당화를 부르게 된 이유 가운데 하나이다.

이기기에 힘쓰는 것과 무리지어 토벌함은 재앙이 비록 한 시대에 극렬하지만 오히려 시대가 달라지고 사건이 정리되면 점차적으로 화

71) 비율(比律): 어떤 죄가 율문(律文)에 규정된 것이 없을 때에 사정과 정황을 고려하여 비슷한 조문과 비교 가감(加減)하여 형량을 정하는 것을 말한다.

합과 협동으로 나아갈 희망이 있으니, 그 다투는 것이 세력과 이익이기 때문이다. 세력과 이익이 다하면 다툼은 저절로 없어진다. 그러나 대대로 지키는 재앙은 견고하게 단결하여 풀리지 않으며 무궁한 데까지 이르니, 무엇 때문인가?

도학을 표방하고 명분과 의리를 부회하니, 도와 의는 오래된다고 없어지지 않고, 멀어진다고 끊어지지 아니하며 영속하여 없앨 수 없다. 그렇다면 도학만이 당화를 부른 도리가 있는 것이 아니다. 곧 당화가 도학의 이름을 빌리지 않았다면 이렇게 심한 지경에까지 이르지는 않았을 것이다. 나는 이에 우리나라 학문이 참되지 아니하고 허위로 치달린 허물에 대해 유감이 없을 수 없다. 그리고 그 사이에 영남에는 유서애와 김학봉의 향사 서열을 두고 논란이 있었고, 서울에는 호론과 락론 리설(理說)의 쟁론이 있어서 자못 학계가 의견이 분분해지는 한 단서가 되었으나, 나는 이들에 대하여 본래 비난할 것이 없으니, 이것을 일일이 서술하지 않겠다.

나는 일찍이 천하의 치란(治亂)은 반드시 학술의 회명(晦明)에 달려 있고, 학술의 근본은 또 반드시 그 참과 거짓을 살피는데 달려 있다고 말한 적이 있다. 어찌하여 참과 거짓을 말하는가? 공자가 "향원은 덕(德)을 해친다"[72]고 하시고, 맹자는 향원을 논하되 "비난하려 해도 들추어낼 것이 없으며, 풍자하려 해도 풍자할 것이 없다. 평소에는 진실하면서 신의가 있는 듯하고, 행동함에는 청렴결백(淸廉潔白)한 듯하다"[73]고

72) 『논어』, 「陽貨」

73) 『맹자』, 「盡心下」: 非之無擧也, 刺之無刺也, 同乎流俗, 合乎汚世, 居之似忠信, 行之似廉潔, 衆皆悅之, 自以爲是而不可與入堯舜之道, 故曰德之賊也.(비난하려 해도 들추어낼 것이 없으며, 풍자하려 해도 풍자할 것이 없으며, 유속(流俗)과 동화하고 더러운 세상에 영합하여, 평소

하시니, 진실하면서 신의가 있고, 청렴결백하고, 비난할 것이 없고, 풍자할 것이 없는 사람을 '덕을 해친다'고 말하는 까닭은 무엇인가?

오호라! 향원이 이러한 짓을 하는 것은 하는 바가 없는 데 그런 것이 아니다. 대개 그 마음이 유속에 동화하고 더러운 세상에 영합하는 방법을 찾고, 때로는 작은 은혜를 곡진하게 삼감으로써 청렴결백하고 진실하며 신의가 있다는 명성을 넓히니, 그 행하고 도모하는 바를 궁구하면 개인적인 편리함과 이익을 추구하지 않는 것이 없다. 일의 득실과 선부(善否)는 우선 갖추어 논할 것 없이, 그 양심이 이미 남김없이 다 무너졌으니, 도리어 광자나 견자의 선비가 진취성과 행하지 않음이 있어서 어질게 될 수 있는 것만 못하다.

광자와 견자의 선비는 본래 성인이 허여한 사람들이다. (향원은) 바로 세상에 더럽고 저속하며 행실이 없는 무리들과 비교하여 논하더라도 오히려 그들에 미치지 못하는 바가 있으니, 무엇인가? 더럽고 저속하며 행실이 없는 사람은 그 잘못이 쉽게 드러나 사람들마다 꾸짖어 배척할 수 있으니, 역시 그런 것을 징계로 삼아 행하지 않는지라 세도(世道)에 해를 끼침이 오히려 적다. 그러나 향원의 진실하고 신의가 있으며 청렴결백한 듯한 것은 사람들이 그것을 비난할 수 없고, 유속에 동화하고 더러운 세상에 영합하여 자기를 이롭게 하고 세상에 아첨하는 것에 충분히 즐거워할 만한 것이 있어서 사람들이 부러워하며 사모하지 않음이 없다. 그러므로 천하의 풍속을 문란하게 하고, 천하의 인재를 해치는 자로서 향원만한 이가 없다.

에는 진실하면서 신의가 있는 듯하고 행동함에는 청렴결백(清廉潔白)한 것 같아서 여러 사람이 다 그를 좋아하면 스스로 옳다고 여기지만, 그런 자와는 함께 요순(堯舜)의 도에 들어갈 수가 없네. 그러므로 '덕을 해친다'고 하신 것이네.)

성인께서 그것을 우려하여 "'비슷하지만 아닌 것인 사이비(似而非)'를 미워하노니, 피를 미워함은 벼의 싹을 어지럽힐까 염려해서이고, 말재주 있는 자를 미워함은 의(義)를 어지럽힐까 염려해서이고, 정(鄭)나라 음악을 미워함은 정악(正樂)을 어지럽힐까 염려해서이고, 간색(間色)인 자주색을 미워함은 정색(正色)인 붉은색을 어지럽힐까 염려해서이다"[74]라고 하니, 이와 같다면 어찌 '해친다[賊]'고 말하지 않을 수 있겠는가? '적(賊)'이란 남의 것을 훔쳐서 자기 것으로 삼는 것을 말한다. 또 남을 해쳐서 자기를 이롭게 하는 것을 뜻하는 말이다. 남의 것을 훔치고 남을 해치는 것이 어찌 마음의 허위일 따름이겠는가?

양명선생이 말씀하시기를 "삼대 이후로 선비 가운데 시속에서 성대한 명성을 얻은 자는 향원의 그럴듯함을 얻는 데 불과할 뿐이다. 그의 진실함과 신의, 청렴결백을 자세히 살펴보면, 아마 처자(妻子)에게도 의심받지 않을 수 없을 것이다. 비록 순수한 향원이 되고 싶어도 역시 쉽게 될 수 없거늘, 하물며 성인의 도이겠는가!"[75]라고 하셨다.

『중용』에 "그 보이지 않는 바에도 경계하고 삼가며, 그 들리지 않는 바에도 두려워한다"[76]고 하니, 보이지도 않고 들리지도 않음은 자기가 홀로 알고 남은 그것에 간여할 수 없는 것이다. 그것이 선이어

---

74) 『맹자』, 「盡心下」: 공자께서 "비슷하지만 아닌 것인 사이비(似而非)'를 미워하노니, 피를 미워함은 벼싹을 어지럽힐까 염려해서이고, 말재주 있는 자를 미워함은 의(義)를 어지럽힐까 염려해서이고, 말 잘하는 입을 가진 자를 미워함은 신(信)을 어지럽힐까 염려해서이고, 정(鄭)나라 음악을 미워함은 정악(正樂)을 어지럽힐까 염려해서이고, 간색(間色)인 자주색을 미워함은 정색(正色)인 붉은색을 어지럽힐까 염려해서이고, 향원을 미워함은 덕을 어지럽힐까 염려해서이다"고 하셨다.(孔子曰: "惡似而非者: 惡莠, 恐其亂苗也; 惡佞, 恐其亂義也; 惡利口, 恐其亂信也; 惡鄭聲, 恐其亂樂也; 惡紫, 恐其亂朱也; 惡鄕原, 恐其亂德也.")

75) 『傳習錄拾遺』, 제4조.

76) 『중용장구』, 제1장.

도 오직 내가 그것을 알고, 그것이 불선이어도 역시 오직 내가 그것을 안다. 만약 여기에서 스스로를 속이고 남을 속여서 염연히 그 불선을 가리고 선함을 드러낸다면 설령 한때에 헛되이 드러나더라도 그것이 실질에 무슨 보탬이 되겠는가? 하물며 군자가 그것을 봄에 마치 폐와 간을 보듯이 하니, 또 어찌 끝내 속여서 남이 종래 알아차리지 못하게 할 수 있겠는가?

이제 내가 우리나라 학자들을 평론하는데, 그것이 혹 허위에 가까울까 두렵지 않은 적이 없었다. 내가 또 어디에 의지하여 우리나라 학자들을 두텁게 무함하겠는가? 그러나 나는 우리나라의 학문 폐단에 대해서 이미 여러 차례 언급을 했다.

중엽 이전에는 여러 노선생님들의 도덕과 문장이 천지에 환하게 빛남은 오래된지라 논할 것이 없다. 곧 산림의 숙덕으로 깊이 자득한 선비인들 또 누가 그것을 얻을 수 있겠는가? 오직 요즈음 교강(矯强)한 풍속이 날로 성하나, 만약 돌이켜 마음에서 구하지 않는다면 과연 홀로 아는 데[獨知] 부끄러움이 없겠는가? 혹 부끄러움이 없을 수 없지만 오히려 문정(門庭)을 수립할 수 있으며, 커다란 명성을 누려서 엄연히 종사로 자처하여도 남들이 끝내 그것을 깨닫지 못하는 것인가? 아니면 알면서도 세상이 그를 받든 지 이미 오래되고, 그를 따르는 사람들이 이미 많아서 감히 그 사이에 다른 것을 세우지 못하고, 게다가 그것이 자기에게 이로울까 기대하여 그를 추존하는데, 추존하는 것으로는 부족하므로 또 거슬린 자를 꾸짖어 배척함으로써 사특함을 끊는 것으로 여긴다.

만약 이와 같다면 존경하는 것과 존경을 받는 것이 오직 '허위'일 따름이다. 학문이 어떻게 이루어지며, 도가 어떻게 밝혀지겠는가?

오호라! 만약 내 말이 거짓이면 그만이지만, 만약 그 말이 모두 거짓되지 않고 혹시 조금이라도 진리에서 나온 이해가 있다면 그 까닭을 생각하지 않을 수 없다.

고정림(顧亭林: 1613~1682)[77]이 말하되 "나라의 흥망은 선비에게도 책임이 있다"고 하니, 선비는 서민들이 바라는 것을 표현하는 사람이다. 풍속의 좋고 나쁨과 인재의 이루어지고 무너짐이 모두 선비로 말미암으니, 점차적으로 쇠란에 이르는 일을 누가 주관할 것인가? 재상, 시종, 목백, 영장을 유인할지라도 그 완둔, 용눌, 이익을 좋아하고 부끄러움이 없음이 이러한 지경에까지 이른 것은 단지 배우지 않으면 그 도를 잃어버려서 그것을 양성하는 것이 더럽고 저속함의 극치에 이른 것인가? 나는 그래서 천하의 치란은 반드시 학술의 회명에 달려 있다고 말한 것이니, 만약 그렇지 않다면 또 어찌 학문을 귀중하게 여기겠는가?

대저 학술의 회명이 치란과 무관하다고 말하는 것은 내가 말하는 바의 '가도학(假道學: 도를 가장하는 학문)'이다. 어찌하여 그렇게 말하는 것인가? 대개 성인의 마음은 천지만물을 한 몸으로 여기니, 그는 천하 사람들을 마치 한집안 사람처럼 보고, 한 나라를 한 사람의 몸처럼 본다. 만약 한 사람의 백성이나 하나의 사물이 자기 자리를 얻지 못한 것이 있으면 그 측은하게 여기는 생각이 마치 자기가 밀어서 구덩이에 빠뜨린 것처럼 여기니 의도적으로 이렇게 하여 다른 사람이

---

77) 고정림(顧亭林): 고염무(顧炎武)를 말한다. 강소성(江蘇省) 곤산(崑山) 사람. 자는 영인(寧人), 호는 정림(亭林)이다. 경세치용(經世致用)의 실학(實學)에 뜻을 두었다. 명나라가 망한 후 만주족의 침략에 저항하는 의용군에 참가하였으며, 청의 지배하에 들어가서도 죽을 때까지 이민족의 군주를 섬기지 않았다. 저서로는 『일지록(日知錄)』, 『천하군국이병서(天下郡國利病書)』, 『음학오서(音學五書)』 등이 있다.

나를 믿고 따르는 것을 끊어버린 것이 아니다. 오직 그것을 통해 스스로 만족할 것만 구하여 그 백성을 친애하는 인을 달성한 것이다. 백성을 친하지 않으면 자신의 밝은 덕을 밝힐 수 없고, 명덕이 아니면 그 친민의 인을 달성할 수 없다. 이것이 바로 명체달용의 공부요, 본말을 갖추고 내외를 합한 도이다. 성인은 이것을 편안히 여기고, 학자는 이것을 배우니, 이것을 버리고는 따로 이른바 학문도 없고, 역시 이른바 도(道)도 없다.

덕을 밝힘이 반드시 백성을 친애함에 있음을 알지 못하여 허무공적에 빠지게 되면 천하국가를 위하여 베풀 수 없으며, 백성을 친애함이 반드시 덕을 밝힘에 있음을 알지 못하고 오로지 공리와 권모술수에서 나오면 또 인애측달의 정성스러움이 아니다. 이것은 모두 사의(私意)에 치우쳐서 중화 본체의 덕을 잃은 것이다. 이것에 의거하여 말하자면, 우리나라의 학자는 그 공부가 장차 덕을 밝히는 데 있는가? 백성을 친애하는 데 있는가? 번쇄한 의절에 종사하여 널리 알기는 하지만 요약함이 부족하고, 이기의 선후 문제에 마음을 치달려 아득하여 변별하기 어렵고, 실사와 실용에 대해서는 비근하다고 말하여 홀시하여 반성을 더하지 않으니 덕을 밝힌다고 말할 수 없다. 자기 신분의 높음을 표방하여 명성과 지위를 낚고, 민생의 고달픔과 국가 재정의 어려움은 조금도 구휼할 줄 모르니 백성을 친애한다고 말할 수 없다. 심지어는 또 스스로 "군자는 도를 근심하지, 나라를 근심하지 않는다"[78]고 말하는 이가 있으니, 나는 참으로 이 말이 어떤 전적에서

78) 『雲養集』 제11권, 「與徐絅堂書」. "『예기』에 말하기를 '나라에 도가 없으면 죽음에 이르러도 지조를 바꾸지 않는다'라고 하였습니다. 무릇 군자가 이 세상에 살면서 보통사람과

나온 것인지 모르겠다. 설령 그것이 있더라도 이것은 옛 사람이 까닭이 있어서 말한 것이지, 실제로 한 말은 아닐 것이다. 그렇지 않고 반드시 국가와 민생의 근심을 전혀 상관하지 않고 별도로 이른바 도라는 것이 있다고 말한다면 어찌 덕을 밝히고 백성을 친애하는 학문에 원래 이러한 이치가 있겠는가? 비록 거짓으로 학문을 하는 자라고 할지라도 아마도 여기에까지는 이르지 않을 것이다.

오호라! 저들이 인용하는 바의 "말이 쓰이지 아니하고 도가 합하지 않는다", "명철하여 기미를 본다"는 등의 설이 오직 자기를 편리하게 하고 남을 거절하는 것임은 내가 또 이미 상세히 변별하였다. 그래서 지금 쓸데없이 진술하지 않지만, 이와 같은 학술과 이와 같은 의리로 이전의 철인을 짝하여 융성하게 하고, 세상을 이끌고 백성을 인도하기를 바라는 것은 어려운 일이다.

오호라! 인심이 그 때문에 병들어 문드러지고, 세도가 그 때문에 무너짐이 이러한 지경에까지 이르렀으니, 비록 학자에게 허물을 돌리지 않고자 하나 가능하겠는가? 오늘날 그것을 구제하는 방법인들 또 어찌 다른 데 있겠는가? 오직 한번 그 행위를 반성하여 실심으로 실학을 궁구하여 허위와 유망(謬妄)의 습관을 제거하고 순수하고 독실하며 참되고 진지한 공부를 절실히 닦아 한 마디의 말을 하고 하나의 일을 행함에 반드시 마음에 돌이켜서 위축되지 않고 조작하지 않으면

크게 다른 점이 없다면, 어찌 족히 볼 만한 점이 있겠습니까? 선생께서는 일찍이 세상 사람들의 마음으로 자신의 마음을 삼았습니다. 그 말씀에 이르기를 '선비는 나라가 망하는 것을 근심하지 않고 도가 망하는 것을 근심하니, 나라가 망하면 사직이 없어지지만 도가 망하면 인간의 법도가 끊어지는 것이다'라고 하셨습니다.(『記』曰'國無道, 至死不變.' 夫君子之處斯世, 而不有大異於人者, 烏足以觀之哉? 先生嘗以天下之心爲心, 其言曰, '士不憂國之亡, 而憂道之亡也. 國亡, 而社稷喪; 道亡, 而人紀絶.')"

학문에 있어서 생각이 반절은 넘어선 것이다.

오호라! 만약 참된 공부를 하고자 한다면 반드시 옛 성현을 목표로 삼아야 하니, 옛 성현의 천만 마디의 말이 지극한 도가 아님이 없으나, 그 진절하고 정밀하며 명백통달하여 철상철하의 학문을 하고자 한다면 마땅히 먼저 『왕문성선생전집』을 읽어서 그 문로를 얻은 연후에, 나아가 옛 경전을 읽으면 전성(前聖)과 후성(後聖)이 부절처럼 합하여 그 의리가 쉽게 밝혀지고, 그 공부가 쉽게 이루어질 것이다.

하물며 오랫동안 쌓인 습관에 물들고 기름진 맛에 빠진 뒤에는 기사회생의 공이 이것이 아니면 불가하다. 나는 그래서 "양명선생의 학설이 참으로 성문의 적전이요, 더욱이 우리의 근래 유학계를 위하여 투여해야 할 신묘한 약이다"라고 말한다. 예전에 보고 들은 데 얽매인 저들은 그것을 선학(禪學)으로 돌려서 감히 보려고 하지 않으니, 이것은 스스로 어리석은 오류에 빠진 것을 달게 여기고 새롭게 열릴 희망을 영원히 막는 것이다. 다만 선인지 선이 아닌지를 논하지 말고 그것을 취하여 읽어보되 오직 자기의 견해와 구설(舊說)을 앞세우지 말고 평심으로 그 이치를 살핀다면 그 시비와 득실의 까닭은 알기 어렵지 않을 것이다.

오호라! 독자들로 하여금 장차 문호를 세우고 명성과 명예를 낚아 앞 사람처럼 하게 한다면 참으로 이것을 일삼을 것이 없다. 그러나 만약 그렇지 않고 절실히 묻고 가까이 생각하여 내면으로 채찍질하고자 한다면 반드시 먼저 성인이 되기를 구하는 마음을 참되게 하여 일체 세간의 각종 명리에 어지러운 생각을 깨끗하게 씻어낸 뒤에야 비로소 선생의 글을 읽을 수 있을 것이요, 그것을 읽고 자신의 마음에 끌어 붙여 절실히 실천하여 손바닥으로 한 대 내려치면 손바닥만한 핏자국이 생기고, 몽둥이로 한 대 내려치면 한 줄기 맷 자국이 남아야 비로소 구절마다 힘을 얻을 수 있을 것이다.[79] 양명 선생이 말하되, "한 생각 독지처가 바로 성실함의 싹이니, 착한 생각과 악한 생각을 막론하고 아무런 허위와 거짓이 없다. 이 한 가지가 옳으면 백 가지가 옳고, 이 한 가지가 잘못되면 백 가지가 잘못되니, 바로 왕도와 패도, 의리와 이익, 진실함과 거짓, 선과 악의 분계점이다. 여기서 흔들림 없는 마음을 세우는 것이 바로 근본을 바로잡고 근원을 맑게 하는 것이요, 성실함을 세우는 것이다"[80]고 하셨다. 한번 성실함이 세워짐에 백 가지 헤아림이 바르게 되는지라, 인욕이 막아지고 천리가 행해져서 수신·제가·치국·평천하의 공부가 방촌의 안을 넘지 않게 된다. 대저 그런 연후에 성인의 도가 큼을 볼 수 있고, 천하의 치란과 회명의 까닭도 역시 알 수 있다.

---

79) 『전습록』, 제331조.

80) 『전습록』, 제120조.

吉星山人, 「朝鮮儒學과 王陽明」(1), 『동아일보』, 1933.4.15.

〈緖言〉

蓋吾邦之學者ㅣ 自羅麗以來로 以中國之密邇而使价[81]之來往과 風俗之相倣으로 至於學術에 必得於中國者ㅣ 爲多라 逮我朝하야 專尙文治而程朱之學說이 大行焉하니 又在上者ㅣ 尊而則之하고 導而宣之者ㅣ 必以程朱爲歸而其誅斥非朱子者ㅣ 尤嚴故로 中國之人은 尙不乏攻駁朱說者로대 而吾邦則無之하니 豈惟無之리요 以爲尊朱說而無斥非朱子之罪則無見功於朱子라하야 故로 爲學之初에 必先作一書하야 以詬罵象山陽明而後에야 乃得以樹門庭하며 據皐比則國家ㅣ 從而厚禮以徵之하며 美官以加之하야 爲儒者之至榮焉하나니 嗚呼라 吾知其榮則誠榮矣나 顧內以省其心術하면 則果能眞切篤摯하야 以來踐形之實하고 而無騖外馳名之意者아 果有之而吾ㅣ 未之見邪아 抑見之而吾之知ㅣ 不足以及之邪아 夫趨乎榮은 恒人之情이니 吾固無譏어니와 斥人而榮己는 不其甚乎아 斥人도 且不可온 况可誣人以罪하야 仗聖訓하고 傅王章하야 訐以暴之하며 文以織之하야 以誅討人하면 吾之榮은 滋甚而人之禍는 無窮하니 吾誰欺오 欺天乎아 歷世旣久而人心日壞하고 世道日澆하야 雖求爲蔑學無識之士의 尙不盡梏喪其良心호대 而不可得也니 國之至於斯함이 誰之過也오 嗚呼晞[82]矣라 然이나 此非朱子之過也오 亦非象山陽明之過也라 直吾邦之士의 虛僞之過

81) 【교감】 원문에는 '使价'로 되어 있으나 '使介'인 듯하다. '使介'는 '사신'의 뜻이다.

82) 【교감】 '晞'는 '唏'자인 듯하다.

也니 欲究吾邦之學術則必先提中國之學說而後에야 可明故로 作中國學說概要하노라.

〈中國學說의 概要〉

書曰亶聰明이 作元后하고 元后作民父母라하니 盖古者에 必有聰明睿智之德而後에야 處於君師之位하야 以平章百姓而百姓이 昭明하고 協和萬邦而萬邦이 時雍하야 格于上下而化及於草木鳥獸ㅣ 莫不咸若하나니 猗歟盛矣而其所以致此之本은 必在於人君之一心이라 故로 意誠而心正한 然後에야 可以修身이요 身修則家齊[83]國治而天下ㅣ 平矣라 故로 堯舜禹之相授受에 必曰人心은 惟危하고 道心은 惟微하니 惟精惟一하야 允執厥中이라하니 盖其操存省察之功이 不可斯須離也라 故로 聖人之學은 必在於心하니 心得其正而萬理具[84]備하야 其處事接物이 各順其則而德溥化廣하야 以至於位天地育萬物이라도 亦不越乎方寸之內故로 明德이 爲親民之體하고 親民이 爲明德之用하야 體用立而本末擧矣라 惟此ㅣ 可以作民父母니 盖未有無其德하고 而處其位者也라 故로 五帝는 官天下러니 及其夏啓賢而承禹之緖하야 遂子孫이 總立而及其後也에 以桀紂之暴而處乎民之上하니 盖末世之失이요 非古之法也니라 逮夫周德之衰에 王討不行而諸侯擅相攻伐하야 天下ㅣ 大亂이라 以孔子의 天縱之聖으로도 不得乎位而澤不下究於民이라 惟其仁民愛物之意 出於至性而少懷老安하며 博施濟衆之功이 不能無待於有土라 故로 遑遑於齊[85]魯鄭衛曹宋之郊而雖畏於匡하시며 厄於陳蔡하사대 而不自恤也하시니 盖其疾痛迫切이 不啻救焚援溺

---

83) 【교감】 원문에는 '齋'로 되어 있으나 『대학』에 근거하여 '齊'로 바로잡았다.

84) 【교감】 원문에는 '뢰'로 되어 있다.

85) 【교감】 원문에는 '齋'로 되어 있으나 '齊'로 바로잡았다.

之急則聖人憂世之志를 可以想見矣라

如荷簣沮溺之徒ㅣ 托志潔身 長往山林홈이 比諸當時에 沈沒詐欺之類에 固有間矣로대 猶且斥以亂倫則其旨深矣라 然而道終不行이라 自衛返魯하사 乃刪詩書述禮樂하시며 筆削春秋하사 以垂訓萬世하시니 然而詩、書、禮樂之本亦必在於此心하니 何則고 苟非有得於天秩之序와 至和之應則 豈可徒拘於鍾鼓玉帛之間而禮云樂云乎아

顔子之仰高鑽堅과 曾子之忠恕一貫이 實爲孔門嫡傳而子思ㅣ 承家學揭宗旨하니 今大學與中庸이 固聖學授受之書也라 大學首章에 曰在明明德親民이라하고 中庸之首章에 曰率性脩道라하니 其意一也라 夫明德親民之條目則 必曰誠意正心이라하고 率性脩道之用工則 必曰戒愼恐懼라하니 皆所以謹於獨知之處하야 而精察夫起滅芒忽之間에 勿使有一毫人欲之介焉하니 此其爲惟精惟一이 至矣라 雖然이나 皆不得乎位故로 道竟不明하고 覇者之徒ㅣ 假仁義以濟其私하야 功利之習이 日以浸漬而正學이 遂以湮失이러니 及孟子ㅣ 私淑於子思之學하야 道旣通에 歷見齊梁之君而欲行王道하나 顧其時에 富强之說과 傾詐之謀ㅣ 所以痼世主之心而鬪爭刼奪之禍ㅣ 不絶於天下則 謂孟子以迂闊而莫之用焉하니 於是에 退而與弟子萬章公孫丑之徒로 私相講述하야 以著之於七篇하니 曰存其心養其性이라하며 求放心이라하며 曰性無不善이라하며 曰先立乎其大者라하며 曰善養吾의 浩然之氣者ㅣ 無一辭不出於誠意正心之工也니 前聖後聖이 雖遙遙百千年이라도 其言이若合符節하니 蓋天地間에 原有此一理하니 雖欲不同이나 得乎아

吉星山人, 「朝鮮儒學과 王陽明」(2), 『동아일보』, 1933.4.17.

嗚呼라 孟子ㅣ 沒而道遂不傳하고 一切欺天罔人하야 苟一時之得而不知耻者如蘇張申商之屬이 橫行天下而斯民之憔悴於虐政也ㅣ 日甚一日이러니 及秦滅六國而自以詐力으로 服人하야 可以箝[86)]制四海라하야 故로 焚詩書하며 坑儒生而極矣라 漢承秦後하야 雖稍以寬假로 爲治하나 而其本之必循其私而不能粹然出於公正則一也라 以迄于唐하야 縱不無乍治乍亂之異하나 而皆非先王之道則 民亦何由蒙至治之澤乎아 此皆心學不明之故也라

宋興未百年而周濂溪程明道兩先生이 出하야 有以得夫聖學之正而必指的於心性하야 以誠無爲幾善惡으로 爲本體之德而以無將迎無內外로 爲定性之學하니 得千載不傳之秘而承顔曾思孟之統하니 亦天地間에 只有此一理而人心之靈이 萬古一日則 雖或晦或明而終不至於泯滅也라 盖晦明은 在人而此理則原無增減也라

及宋南渡以後에 又有朱晦庵陸象山 兩先生焉하니 皆學孔孟而總周程則宜其理沕合하야 聖道ㅣ 益明이어늘 不幸而晦庵之學은 主於道問學者多而象山之學은 主於尊德性者多焉하니 然이나 從其多者而言之耳요 非謂晦庵은 不尊德性하고 象山은 不道問學也라 但兩說이 旣異則其門徒一偏天下하야 各持師說而務以相勝하니 夫尊德性道問學이 出於中庸而體用相須 不可偏廢어늘 今各持一說하야 自是而非人하니 卽此而其與本旨로 相違홈이 大矣라 且就其兩句而審其輕重하면 則先尊德性而後問學也라 若無德性

---

86) 【교감】 '箝'은 원문에는 '筘'으로 되어 있다.

則將奚據而致其問學之功歟아 此亦非[87]謂截然作兩[88]節하야 先盡尊性之工而後及於問學也라 要以次序言則德性이 當先而問學이 次之云耳라 在晦庵象山之自爲야 亦豈至此리오 特門徒之相鬨이 轉傳華激하야 愈久愈甚터니 其後晦庵之說이 大行於世而門徒益盛하야 指斥象山爲禪學하니 夫佛書與象山之書ㅣ 俱在하니 今可按而考之也라

象山之說이 必引論語孟子하야 以訓於弟子也니 烏在其與佛說同也오 若及論及於微妙之理則 佛老之說이 亦皆從心而起故로 固有本乎하니 安可嫌其同而諱吾之同者아 苟以此로 謂之同而斥爲禪學하면 則通書定性之說이 不尤同於佛說乎아 豈周程은 先於晦庵而晦庵이 尊之故로 不敢加議하고 象山은 與晦庵並時而晦庵이 譏之故로 從以侮之歟아

聖學은 乃天下之公理어늘 而阿好而循私하야 以愛惡論人而失其平하면 則吾恐其先蹶其本而自歸於畔道悖德之人矣라

明初學者如吳康齋陳白沙는 皆不主晦庵하고 亦不主象山하니 蓋讀經傳而自證自悟者歟아 然이나 康齋는 務涵養性情하야 質從自然하고 白沙는 隨處에 體認天理라하니 其資性이 蓋有近於象山也라

乃至王陽明先生하야 蓋明一代理學之集成而嘉靖以後에 天下之學者ㅣ 皆宗陽明하야 以主於劉念臺黃石齊及淸初之梨州潛庵二曲三大儒ㅣ 皆其派也요 間有羅整庵顧涇[89]陽之主晦庵而其徒ㅣ 不振하고 其流ㅣ 不遠也니라

陽明之學이 其大指ㅣ 在致良知而致良知之工이 又必須省察克治하야 使物欲屛除而私智ㅣ 不行焉 則本體呈露하고 義理昭著하야 雖酬酢萬變호되 而各得當然之理하야 如明鏡이 照人하야 姸媸莫逃하니 是所謂[90]良知

87) 【교감】 원문에는 '非'자가 없다.

88) 【교감】 '兩'은 원문에는 '雨'로 되어 있다.

89) 【교감】 '涇'이 원문에는 '徑'으로 되어 있다.

90) 【교감】 '謂'가 원문에는 '渭'로 되어 있다.

也라 然而人之驟聞其說者ㅣ 輒疑凡聖이 逈別하니 那得人人이 皆爲堯舜이리오 設令人有此理라도 當費許多歲月과 許多工夫어늘 奈何單提致良知三字而遽可擬議於聖學之工乎아 此何異於參禪之但擧話頭而立地頓悟之說耶아 遂不究本末而隨聲哭影하야 以爲王學은 禪學也라하니 盖亦少返諸心[91]而究其故耶아

夫聖學은 心學也라 故로 語其工夫則要而不煩하니 卽如求放心三字는 雖謂此三字ㅣ 便是作聖之本이라도 可也오 雖謂工夫ㅣ 備於三字之內而已足이라도 可也니 曾子曰夫子之道는 忠恕而已라하시니 而已者는 盡而無餘之辭則 寧可以此而指曾子孟子爲佛學이 可乎아

易에曰乾以易知하고 坤以簡能하나니 易則易知하고 簡則易從하야 易簡而天下之理ㅣ 得矣라하니 語其工夫之至精處則愈眞切愈簡易하야 不容纖毫ㅣ 參錯其間이니 才參錯이면 已落人僞하야 非本體[92]也어늘 今反以其簡單而疑之하야 更求支離煩瑣以爲學이면 不亦異乎아

聖人所以制天上之至動하시며 探天下之至賾이 可謂繁矣而其所以操之之道는 至要而至切일새 故로 曰不慮而知하니 恒易而知險이오 不學而能하니 恒簡而知阻라 先天而天不違라 天且不違커든 而於人乎아

91) 【교감】 '心'이 원문에는 '必'로 되어 있다.

92) 【교감】 '體'가 원문에는 '隨'로 되어 있다.

吉星山人, 「朝鮮儒學과 王陽明」(3), 『동아일보』, 1933.4.18.

且致良知三字ㅣ 言之雖易하나 苟欲加致之之工則 吾恐其盡其全體之力하고 行以一生之久라도 解得直到本地하야 明白洞達者ㅣ 未易數數觀也로라 王龍溪曰致良知三字를 誰不聞得이리오마는 信得及者는 惟我也라하고 羅念菴이 曰世間에 豈有現成良知일리오 良知ㅣ 非萬死工夫면 斷不能得也리니 今人이 誤將良知하야 作現成看하고 不知下致良知工夫하야 奔放馳逐하야 茫蕩一生하니 有何成就리오하니

蓋人生이 自有知以來로 積染成習함이 如油漬麵하야 不可脫離하나니 惟功實體驗於不覩[93]不聞之地하야 戒愼恐懼之工이 無或間斷하야 務使源澄流潔而前習氣ㅣ 不復乘機潛發而後에야 始可與語良知之本體也니 此其工이 豈易而言邪아 況可謂以簡單而忽之哉아

且大學修齊治平之本이 在於誠意正心하고 誠意正心之工이 又必待格物致知而明矣니 由此觀之하면 格物二字는 卽聖門에 徹上徹下之工夫而學者之初下手處也라 苟於此未明이면 則誠正之工도 亦無所施온 烏可遽語以修齊治平之道哉아

朱子訓格爲至하고 訓物爲事하야 以格物二字로 訓爲窮至事物之理故로 必使學者로 今日에 格一物하야 格得盡하고 明日에 格一物하야 格得盡하야 格天下之物而格無不盡하면 一朝에 豁然貫通焉則 衆物之表裏精粗ㅣ 無不到하고 吾心之全體大用이 無不明이라하니

---

93) 【교감】 '覩'가 원문에는 '親'으로 되어 있다.

夫天下之物이 嘗衆矣라 以有涯之生으로 徇無窮之物則 吾恐其日有不暇矣라 不寧惟是라 學而未悟之前에 眼前許多道理는 閣置一邊하고 只從事物上格來格去하야 以待一朝豁然之日이면 不幾近於刻身而求他日之痕耶아 且一朝貫通이 卽佛家頓悟之說이니 比陸王諸論에 不尤近邪아 言出於晦庵則不嫌其類於禪하고 在陸王則 必指以爲禪하면 烏在其爲公心公眼也오

陽明은 訓格爲正하야 以爲致吾之良知於事物而事物이 各得其理흠이 是謂物格而知致라하니 格之爲正은 如格君心之非ㅣ 是也라 非陽明創說이요 又兼有使之正之義則 竊嘗謂釋格物者衆矣나 惟陽明이 言簡而旨切하야 脚踏實地하니 聖學之眞工이 不外此矣라 苟以至訓格則必曰 窮至事物[94]之理而後 其說이 始通하니 陽明이 嘗言是其用工之要는 全在一窮字하고 用力之地는 全在一理字하니 若上去一窮字하고 下去一理字하고 直曰致知는 在至物이라하면 其可通乎아 窮理盡性見於繫[95]辭하니 若格物이 卽是窮理之義則 何不直曰窮理하고 而必爲此轉折不完之語耶아 此其故를 不可解也오

中庸에 曰天命之謂性이오 率性之謂道오 修道之謂敎라하니 晦庵이 釋之曰敎者는 禮樂刑政之屬이 是也라하니 夫中庸은 論道之書而只就人身上立說하야 曰性曰道曰敎ㅣ 一串貫來而 無預於身外之事하니 何處에 搭來禮樂刑政等諸件物하야 以橫揷其間耶아 率性修道之下에 直接以道也者는 不可須臾離也라 是故로 君子는 戒愼乎其所不覩하며 恐懼乎其所不聞이라하니 然則戒愼恐懼는 所以見道不可須臾離也오 道不可須臾離者는 所以見率性爲道而 惟道爲敎오 非道者는 不可敎也라 其語意脈絡이 間不容髮而 今以禮樂刑政으로 爲敎則 其下之戒愼恐懼는 又指何而言耶아 此其

94) 【교감】 '物'이 원문에는 '務'로 되어 있다.

95) 【교감】 '繫'가 원문에는 '繫'으로 되어 있다.

故로 不可解也라

夫大學中庸이 爲聖門傳道之書而其最重而最要하야 爲學者에 入門下手處者ㅣ 是格物也오 又性道之大關이 實在於中庸之首章하니 於此에 苟有可疑면 固當質之先賢而 先賢을 旣不可作則 就其言而從其合於理者하고 不從其不合於理者하나니 孟子所謂先獲我心之同然者也라 若諉以大賢은 不可疑則又孰知夫賢之必在於此而不在於彼也오 必使之捨其心之所安而從其可疑者則是는 自誣其良心也라

苟心之不明而無所取其權度則是將率天下而格也니 尙何望於辨別邪아 不能辨別而貿貿然惟從人是事則自心이 已無主矣니 其能從人者는 又何心이 使之然邪아嗚呼從古以來未有離心而言道者

而淸儒有唐鏡海者ㅣ 作明淸學案而序其首曰使天下로 曉然知心學之非正이면 足以快吾一日之心이라하니 苟如其言이면 是는 虞廷十六字를 可去也며 論孟庸學諸經傳을 可廢也니 嗚[96]呼라 何其言之無悼이 至是邪아 雖然이나 其敢於爲此說者는 必有所據하니 程子ㅣ 嘗有聖人本天釋氏本心之語하니 以人心所具之理는 乃天所畀也라 彼釋氏 則不知降衷之大源而謂是心이 能生萬法이라하야 雖天地之大라도 皆從心設이라 故로 必以心爲本云爾라 唐氏者ㅣ 不究本旨所在하고 直以心學으로 爲不正하니 蓋其意ㅣ 以陸王之書ㅣ 皆從心性上立說則欲斥陸王이면 當先駁心學이라하야 遂爲說如此하야 自以爲大有功於程朱而不思程朱書中에 所論이 皆心性이라 捨心性則無所謂道也니 蓋已無實得而心有所急則跋前疐後하야 左右乖張이니 眞所謂鴟鵂撮蚤而不見泰山也라

且惟求一日之快心而其畔道悖理하야 將貽禍於無窮則彼亦何快於此邪아 如是而猶傲然以尊程朱承道統으로 吾命則人亦以其依憑程朱로 不敢指

96) 【교감】 '嗚'가 원문에는 '鳴'로 되어 있다.

摘紕繆하나 吾於若輩[97]固無所惜이어니와 獨恨夫若輩之動引程朱하야 使後之者로 遂疑程朱ㅣ 原有此等說話則 豈不大誤人邪아

97) 【교감】 '輩'가 원문에는 '輩'으로 되어 있다.

吉星山人, 「朝鮮儒學과 王陽明」(4), 『동아일보』, 1933.4.26.

〈朝鮮近古의學風〉

我東方이 在檀箕之前에 人文이 肇開하얏스나 而世代遼遠하고 衛滿右渠以後로 屢經兵燹하야 書籍이 蕩然하니 今無所徵信이나 而領其疆土가 旣與中國毗連[98]이라 故로 自羅濟以來로 其被服文字와 政敎學術이 悉依倣中國하고 至麗季에 安文成公鄭文忠公이 皆觀乎中國而購其典籍하니 時値元明之際하야 程朱之學이 盛行이라 故로 經傳之來者는 皆朱子集註일새 而士之好學者는 悉以程朱爲鵠하니 此是朱學行於我邦之始也라

逮夫寒暄一蠹諸公의 倡學함이 亦皆遵其成軌而程朱之學이 漸盛이러니 及退溪先生이 崛起南服하매 篤信程朱하야 言動과 事爲를 必以朱子[99]로 爲準而朝廷之禮遇는 累隆하고 四方之專徒는 坌集하니 於是에 道脈이 歸一而全國이 風靡라

先是에 中廟反正而方勵精爲治하실제 有若趙文正公이 以聖學眞工으로 首被拔擢而深契上心하니 於是에 君臣이 相勉하야 期復三代之治러니 中因宵小 搆釁하야 終成己卯之禍하야 士類殲焉하니 實吾東方學術消長之一大關捩也라

退溪懲其然하야 雖恩遇絗摯하고 爵位已高하니 而難進之節은 終始不渝하고 惟固守東岡而傳授及門하야 爲樂育之道라 旣以尊朱子로 爲第一

---

98) 【교감】 '連'이 원문에는 '速'으로 되어 있다.

99) 【교감】 '子'가 원문에는 '予'로 되어 있다.

義則 必排擯異乎朱子之說者라 故로 首斥陸王하야 爲異端하고 苟有能闢之者하면 卽許以扶正斥邪之功하매 而瞰名遊聲之徒가 趨之若鶩러니

稍後而牛栗二先生이 又踵而絶之闢之하니 栗谷의 四端七情論이 雖微與退溪說로 有不同이나 亦不貳於朱子요 而牛溪則尤謹嚴繩尺하니 蓋栗谷之資性은 明達하고 而牛溪則主於質實故也라 然而所以尊程朱而斥陸王은 一也라

其時에 又有金沙溪先生하야 亦尊事朱子하니 在京師則沙溪之門徒가 最盛하야 朝廷의 公卿이 皆出其門하니 宋同春과 宋尤庵과 尹美村이 皆其高弟也요

又有許眉叟와 尹孤山과 尹白湖하야 皆養望山林함으로 而旌招稠疊하고 位列公孤矣라 利權으로 相猜하야 爭鬪이 屢起하니 如己亥邦禮之訟과 尼懷書牘之釁이 愈往愈激하야 竟成國家無窮之禍焉하니라

當 寧陵卽位之初에 尤庵이 被不世之遇하야 居相府而兼師傅之尊하고 亨大權而主名義ㅁ重하니 魚水密勿之契와 風雷經綸[100]之盛이 蓋自古講學家之所未有也라

當是時하야 上이 意恨瀋舘之恥와 南漢之辱하사 思欲一洗之하시고 士大夫之尙淸議者는 尤以明亡而事淸하야 用夏變夷함으로 爲大恥하야 至有長往而不欲立于朝者하고 雖在朝者라도 莫不以名節로 自砥礪하야서 而紀崇禎之年號하며 享大報之崇하야 遂使春秋大義로 昭揭ㅁ而嚴斧鉞하니 私院之俎豆로 妥奉皇靈하고 儒林之移牒이 凌轢州郡하야 擧一國而風行影從하니 孰不畏其威而慕其名者哉리오 況宮府之倚伏이 尤重하고 朝野之想望이 益隆하니 則固有以籠罩而制節之矣니라

---

100) 【교감】 '綸'은 원문에는 '倫'으로 되어 있다.

吉星山人, 「朝鮮儒學과 王陽明」(5), 『동아일보』, 1933.4.30.

夫繼往開來는 實先覺所以自任之重也라 以爲自孔子以後로 集群賢而成大德者는 惟朱子爲然이라 할새 凡朱子의 所著는 自經傳註解로 以至小學近思、或問、語類之屬을 悉爲攷[101]證箋釋하야 章分句解하고 苟有毫髮之異者면 悉斥爲邪說하고 雖無異於朱子라도 苟或不附於己하고 而有與己說異者면 又傅會己說於朱子之書하야서 而誅以背朱之罪하면 其門人弟子가 偏滿一國이라 則又莫不呼號馳騖而討之하야 曰호대 是敢異於朱子하니 是斯文之亂賊也라하면 則朝廷이 又爲之設厲禁하고 嚴ㅁ察하야 立加以亂賊不道之罪하니 當之者는 碎하고 觸之者는 折이라 一世之士가 不寒而慄하니라

當是之時에 人誦朱子之書하고 家談朱子之學하니 則陸王之書는 不惟不敢對人提說이라 固不敢一寓目하야 以究其旨하고 而惟恐藏脹之不深且密也하더니라 自是厥後로 式至于今에 國是大定하고 禁討赫然하야 而學者之明目、張膽、扼腕而慨慷者는 惟在於是라 故로 累百年來로 被徵招하야 以致大官하야 生爲一世之宗하고 沒饗聖廟之祀하야 以蔭庥其子孫者는 項背相望이로되 而槩其行動論議하면 如出一轍이오 士之黨從趨附者도 又皆師其故智하고 奉其成憲하야 人無異論하고 家無異行하니 其粹然一出於正은 則可謂盛矣나 然이나 當朝에 寡謇諍ㅁ敢諫之風하고 權門에 盛諛佞獻媚之習하야 脂韋渙涊하니 士는 日偸하고 而俗은 日壞하야

101) 【교감】 '攷'가 원문에는 '攻'으로 되어 있다.

遂至祿去王室하고 政在戚畹하매 益相率以爲僞하야 乞哀於昏夜之中하면서 而諉以時宜하고 依違於廟堂之上하고는 而藉口明哲하니 一言이나 一動을 莫不引經據義하야 以自傅飾하야 曰호대 此固聖賢之道也니라 朱子之訓也니라 하야 父詔其子하고 兄勗其弟하야 惟懼其或失故步하니 雖壟斷之鄙夫라도 或不至此언마는 而其稱名借號는 則必在於學하야 滔滔成風하야 靦然無恥라 故로 尊官厚祿이 恩至渥也로대 而國家에 有難하고 封疆에 有事하면 則恝若越人之視秦瘠也하야 馴致衰亂喪亡하고도 而尙謀一身之福利라

嗚呼라 學問으로서 而失其眞하면 則其弊也는 至此라 吾는 故로 曰호대 不若蔑學無識之徒의 尙不盡梏喪其良心之爲愈也라하노라 今吾論朱子之學할새 而遂及於末流世道之害하니 或得無疑於吾之言乎아마는 吾何嘗論朱子之學邪아 直指夫我邦學問之弊오 而彼敢妄引朱子하야 以自傅飾하야 以累及於朱子가 爲可慨也니라 且學朱子는 所以接孔子之統也라 今不暇一一辨析이로되 而擧其大者와 重者하면 宜無過於春秋大義라 請得以商搉[102]之可乎아

春秋之首에 大書元年하니 卽魯隱公元年이니 而周平王四十九年이언마는 經傳에 俱不載하고 惟附見於註解之下하니 何也오 盖孔子는 魯人也오 春秋는 魯史也라 以魯人而書魯史에는 必以魯로 爲主하고는 周는 爲客이니 先主而後客함이 其序가 然也라 夫以魯之爲周同姓諸侯하야 而密邇王畿로도 在魯史에는 尙主魯而後周커든 況我國이야 隔在海外하니 原非中國版圖之內라 而氏族이 自別하고 又本朝의 開創이 無藉於明하니 非若魯之以同姓으로 受封於周니 則雖因時勢之宜하야 以盡事大之禮하얏고 又壬辰援恤之義를 上之所以不忘崇報者는 固忠厚之至나 而苟有義士면

102) 【교감】 '搉'은 원문에는 '催'로 되어 있다.

尙當如吳之張昭徐盛輩의 其主之屈膝하야 而發憤於邢貞也이늘 今縱不能然이나 寧可捨吾君하고 而惟事明之爲義乎아 今按講學家의 所著公卿碑誌하면 則必書隆慶、或萬曆、某年、生、萬曆、或天啓、某年、賜第、天啓、或崇禎某年、卒、並不記本朝某時하니 夫生長食息於吾君之土하고 委質受祿於吾君之朝하고서 今書其生卒仕宦에는 悉隷之於明하고 而不關本朝하얏섯으니 嗚呼라 是尙可謂有君臣之義者乎아 君臣도 無義어든 而尙可謂有春秋之法邪아 推此而例之면 則其學朱子하야 以接孔子之統者가 得無、出於因襲依倣之似오 而其實은 與本旨로 相牴牾하고 而且或背馳者多矣니 此其故는 無他라 惟「不求吾心之所安하고 而必求於外以爲義」之過也니 此ㅣ 孟子所以深惡於告子義外之說也니라

吉星山人, 「朝鮮儒學과 王陽明」(6), 『동아일보』, 1933.5.2.

抑尤有異焉하니 夫幼而學之는 壯而欲行之也라 古者에 三月無君則吊오 出疆에 必載質라하니 士之急於仕也가 如此로대 惟其仕也ㅣ 不志於祿이라 故로 家貧親老하면 不擇而仕함은 如抱關擊柝之類니 謂之祿仕일새 故로 必辭尊而居卑하나니 夫仕而不志於祿이면 則其志之所在를 可知也라 此與後之貪戀祿位者로 異矣나 而其欲仕之意는 未始不同於後之人也니 吾邦之學者인들 亦何大異於此리요마는 惟明陵以後에는 則變乎前規하야 苟被徵選이면 而禮遇逈別하야 侍從과 承宣이 猥至而疊降하야도 則愈益辭遜退避하야 視若艮限하야 不敢出一步하니 則上之所以禮之者는 愈隆하고 下之所以不膺者는 愈堅하야 上煩下瀆하야 王人이 疲於奔命이라 位益高而進益難하고 命益勤而拒益牢하야 竟至位至台鼎하고 年逮耆艾하야도 而無一事可以裨補民國하고 並未嘗一登前陛하야 以答寵命하니 徒見其崇高□□하야 爲國人所瞻望咨嗟하야 而儼然一代宗師矣라 此在一人에 或因情有所迫하고 義有所懷而然이라도 猶恐或出於過中之擧요 而未必爲盡善之道이든 顧此數百年來로 凡被經筵徵士之命者는 一遵斯道하야 若印板然트시 無或參差하니 實古今天下之所罕見이오 而獨吾東爲然이라 是誠何說焉고 旣不能踐其位而行其道나 則尙望其敎育材良하야 以助國家作成之功함이 猶有可觀이어늘 而其平日所言所行과 與夫傳授及門者ㅣ 未聞有實事實用之如古之敎士의 自禮樂射御로 以軍制、田賦、儐使訟獄之類를 悉肄習於學校之中焉이오 惟於程朱書中의 所論한 太極無極陰陽理氣

等說에 敷衍餖飣으로 疊牀下之牀하고 架屋上之屋하니 夫陰陽理氣가 固未始非儒者의 所當講究니 而苟有一知半解라도 可以發前未發이면 則豈不誠有功於聖門哉리요마는 不然코서 而徒掇拾陳屑하고 羅列蕪雜하야 扮飾講學先生樣子而已면 則竟亦何益之有哉리요 昔에 北溪之陳과 雙峯之饒도 尙得能言之譏커든 況不及陳饒者哉아 況明陵以後로 加之以黨禍劇烈하야 大獄이 屢起하고 迄于英正에 愈磯愈激하야 始則互相誅殺이라가 終則大權이 歸一하매 而虐□이 方煽하야 甚且湛族□宅하야 百世不宥하니 雖秦漢參夷之律이라도 未有若是酷也라 鋤其强梗하고 而脅其餘하니 則所謂太半韓魏之膝이 惴惴乎虛喝者矣라 時引降附하야 丐其殘膏餘瀝하면 則畏威懷安하야 日以萎銷縮□하더니 歷世彌久하매 而愈就奄奄不振하니 夫士之爲國楨幹者는 以其氣也라 方其直而肆也에 爵祿이 不足以縻之요 刀鋸가 不足以威之라 徇國家之急하야 而視死如歸하니 此其志果何如也오 今顧摧折之하며 馳驟之하야 沮其志而奪其氣하야 畏約之極에 有若傷禽之聞弦하며 濡沫之需을 殆同駑馬之戀棧하니 以若是之人으로 而責以節烈之行이면 則不幾近於强僬僥以扛禹鼎邪아 雖然이나 彼固植黨擅權、扶私滅公이로되 而其所藉以令於衆者는 則必引道學하고 傅名義하야 以成國是也라 嗚呼라 古之權奸이 秉其勢威하매 雖足以箝制一世나 然이나 正論이 不絶於下라 故로 勢力이 一去하면 則代之者ㅣ 必痛革前弊하매 公理獲伸而賞罰得中이어늘 今則不然하야 道學之重과 名義之嚴이 固已凛乎不可犯이오 而又柄國者는 必以戚으로 相繼하니 皆其黨中人耳라 紹述其道與義하야 而益嚴益重하니 則孰敢有擬議於其間하야 而自速湛滅之誅哉리요 且得罪於權奸而死면 則尙有伸雪之日이나 得罪於道義之重하야 而死以亂逆之名이면 則沈沒萬刼하야 永無煎拔之望이라 故로 雖有盡臣節士하야 不惜一死以爭이로되 而尙且瞻顧徊徨而不敢發者는 誠懼夫道

義之至重함에 而亂逆之名이 隨其後也라 嗚呼라 囿一國之人而使之囫圇ㅁㅁ하야 不敢出聲하야 直道不行하고 公論不著하니 則固志士之灰心捫淚에 無復望矣라 夫黨禍는 自黨禍라 何預於道學이기에 而必引以爲咎오 得無過歟아하리라마는 吾嘗謂吾邦講學은 有必致黨禍之道者三焉하니 曰務勝이요 曰衆討요 曰世守니 何謂務勝코 夫義理는 無窮이니 而吾之見이 與人之見으로 未必相同하매 而或出於異면 則必主我而斥彼하나니 此其所以爭也라 況吾方以師道로 自任하고 而負一國之重望하니 權威가 足以服彼오 而又所引據가 皆聖賢之說이니 則彼惡敢敵我哉리요 我는日以大하고 勢는 日以張하니 於是에 行必勝之策할사로 而其深文으로 周內함이 如酷吏之斷獄镸하야 引繩以抨之하고 比律以傅之하야 無或敢脫於淵而漏於網也하니 此其所以致黨禍者ㅣ 一也오 何謂衆討오 夫爭之之道가 既不求於理하고 而求於力하니 則力生於衆일새 故로 必求與我同其利者오 而吾所以威之者ㅣ 大矣니 則從而爲利者ㅣ 亦博矣라 人亦孰不樂附我哉리요 附我者ㅣ 衆하니 而黨盛力强하야 肆行誅討하야도 而無敢逆者하니 此其所以致黨禍者ㅣ 一也요 何謂世守오 强者ㅣ 既勝하고 弱者ㅣ 既服하면 則可以帖然而無事矣언마는 顧彼之所以勝之者ㅣ 以力이오 而不以義니 則其服者도 亦服於力이오 而不服於義也라 苟不服於義면 則吾心之所秉者는 未嘗改也어든 況吾黨之受授도 亦以道學이니 而師生之所與와 父祖之相傳이 已久矣라 今縱屈於力而服於彼나 亦安忍弁髦父師相傳之義하야 而不思守之乎아 服之愈久而守之愈固하니 此其所以致黨禍者ㅣ 一也라 夫務勝과 與衆討는 禍雖劇於一時나 而尙有時移事平하면 漸就和協之望者ㅣ니 以其所爭者ㅣ 勢利也라 勢利盡則爭自息也로되 若世守之禍는 固結不解하야 而迄于無窮하나니 何也오 標以道學而傳以名義하니 則道與義者는 不以久而廢오 不以遠而絶하야 彌亘而不可泯者也라 然則不惟道

學이 有致黨禍之道也라 卽黨禍가 非藉道學之名이면 不應至此甚也니 吾於是에 不能無恨於吾邦學問之不眞而 驚於虛僞之過也라 抑其間에 嶺有柳金享次之爭하고 京有湖洛理說之戰하야 頗爲學界紛之端이나 然이나 ㅁ以下는 固無議焉하니 此不縷述也라

吉星山人,「朝鮮儒學과 王陽明」(7),『동아일보』, 1933.6.10.

吾嘗言天下之治亂은 必繫於學術之晦明이오 學術之本은 又必在於審其眞僞라 하노니 何以謂眞與僞也오 孔子曰鄕原은 德之賊也라 하시고 孟子論鄕原호대 稱非之無擧也오 刺之無刺也라 居之似忠信하며 行之似廉潔이라 하시니 夫忠信、廉潔、無非、無刺之人而謂以德之賊은 何也오 嗚呼라 鄕原之爲此者ㅣ 非無所爲而然也라 盖其心이 求所以同乎流俗하며 合乎汙世오 而時以曲謹小惠로 以博廉潔忠信之名하니 究其所行所謀하면 無非便己私而求己利也라 事之得失과 善否는 且勿具論하고 其良心은 已壞盡無餘니 反不若狂狷之士의 尙能有進取與不爲之爲賢也니라 狂狷之士는 固是聖人之所許也어니와 卽與世之汙下無行之徒로 比而論之라도 猶有所不及하나니 何也오 汙下無行者는 其失이 易見하야 人人得以詬斥이니 則亦且懲其然而莫爲라 其貽[103]害世道猶少也나 若鄕原之似忠信廉潔은 人無得以非之오 而其同流合汚하야 利己媚世함이 有足樂者일새 人莫不艶而慕之하나니 故로 凡敗天下之俗하고 害天下之材者ㅣ 莫鄕原若也니라 聖人이 憂之하야 有曰惡似而非者하나니 惡莠는 恐其亂苗也오 惡佞은 恐其亂義也오 惡鄭聲은 恐其亂樂也오 惡紫는 恐其亂朱也라하니 夫如是則安得不謂之賊耶아 賊者는 竊人之有하야 以爲己有之稱이오 又害人以利己之辭라 竊人害人則豈心虛僞而已哉아 陽明先生曰三代以下에 士之取盛名于時者는 不過得鄕原之似니 究其忠信廉潔이 或未免致疑于妻子라하니

103) 【교감】'貽'가 원문에는 '賠'로 되어 있다.

雖欲純乎鄕原이라도 亦未易得커든 而況聖人之道乎아 中庸에 曰戒愼乎其所不覩[104]하며 恐懼乎其所不聞이라하니 不覩不聞은 己所獨知오 而人無得以與之也라 其善歟아 惟吾知之오 其不善歟아 亦惟吾知之니 苟於此에 自欺而欺人하야 厭然揜其不善而著其善하면 縱使所虛擧于一時라도 其亦何益於實哉아 況君子ㅣ 見之에 如見其肺肝이니 則又安能終欺而人竟不覺哉아 今吾ㅣ 論吾邦之學者而未嘗[105]不懼其或近於僞也라 嗚呼라 吾亦安放厚誣吾邦之學者리요마는 雖然이나 吾於吾邦之學弊에 固已累言之矣라 中葉以上으로 諸老先生의 道德文章이 炳烺天壤함은 尙矣라 無論이오 卽山林宿德、深造自得之士인들 又孰得以之哉리오 惟挽近矯强之風이 日盛하나 苟使返而求諸心이면 則其果無愧於獨知邪아 或不能無愧엇마는 而尙能樹門庭하며 享大名하야 儼然以宗師自居하야도 而人竟不之覺邪온 抑覺之而世之尊之也ㅣ 已久하고 人之趨之也ㅣ 已衆으로 而不敢立異於其間하고 且冀其或利於己하야 而推尊之할새 推尊之로는 不足하므로 則又詬斥其所忤者하야 以爲切邪아 苟若是면 則其尊之者와 與被尊者ㅣ 惟曰僞而已라 學何由成이며 而道何由明邪아 嗚呼라 使吾言而妄也면 則已로되 苟其言不盡妄하고 而或有一知半解之出於眞理면 則此其故를 不可不思也니라 顧[106]亭林이 有言호대 國之興亡은 士與有責焉이라하니 士者는 民庶之所望以爲表臬(?)者也라 風俗之良枯와 人材之成壞가 悉由之니 則馴致衰亂之故를 誰當尸之오 苟諉之宰執、侍從、牧伯、令長이라도 則其頑鈍、庸陋、嗜利、無恥之至於此者ㅣ 獨非學失其道하야 所以養成之者ㅣ 至汙下之致歟아 吾故曰天下之治亂은 必繫於學術之晦明이라하노

104) 【교감】 '覩'는 원문에는 '觀'으로 되어 있다.

105) 【교감】 '嘗'은 원문에는 '常'으로 되어 있다.

106) 【교감】 '顧'가 원문에는 '願'으로 되어 있다.

니 苟不然이면 又何貴於學也리오 夫以學術之晦明으로 謂無關於治亂은 此吾所謂假道學也라 何以言之오 蓋聖人之心은 以天地萬物로 爲一體하나니 其視天下를 猶一家之親이오 視一國을 猶一人之身이라 苟有一民一物之不得其所면 其惻憯(?)之念이 若己推而納諸溝中하나니 非故爲是하야 以蘄人之信我而附我也라 惟求所以自慊하야 以達其親民之仁矣라 非親民이면 不足以明其明德이오 非明德이면 不足以達其親民之仁矣니 此卽明體達用之工이오 而該本末合內外之道也라 聖人은 安乎此者也오 學者는 學乎此者也니 捨此하고는 而外에 無所謂學也오 亦無所謂道也라

吉星山人, 「朝鮮儒學과 王陽明」(8), 『동아일보』, 1933.6.12.

彼不知明德之必在於親民하야 而淪於虛無空寂이면 則不可以爲天下國家之施矣오 不知親民之必在於明德하고 而專出於功利權謀면 則又非仁愛惻怛之誠矣니 此皆偏於私意하야 而失其中和本體之德者也라 由是言之면 吾邦之學者ㅣ 其工夫ㅣ 將在於明德乎아 在於親民乎아 從事於儀節煩碎하야 博而寡要하고 馳心於理氣先後하야 窅茫難辨이오 至於實事연 實用하야는 謂以卑近하야 而忽不加省하니 不可謂明德이오 高自標榜하야 釣取名位하고 而民生之困瘁와 國計之艱難은 略不知恤하니 不可謂親民이라 甚且有自稱「君子는憂道오 不憂國」이라하니 吾誠不知此言이 出於何典이오 縱有之라도 是는 古人이 有爲而發이오 非實際語也니라 不然而必謂國家民生之憂는 漠不相關하고 而別有所謂道者라하면 豈惟明德親民之學에 原無此理리오 雖假以爲學者라도 想應不至此也로다 嗚呼라 彼所以藉引稱誘하는 如「言不用道不合」「明哲見幾」等說이 惟便己而拒人者는 吾亦已辨之詳矣라 今不贅陳이로되 而以若是之學術과 若是之義理로 欲以配隆前哲하고 導世牖民이면 難矣니라 嗚呼라 人心이 以之蠱爛하고 世道가 以之壞敗함이 至此極也하니 雖欲不歸咎於學者나 得乎아 在今日에 所以捄之之道인들 亦豈有他哉리오 惟在於一反其所爲하야 以實心으로 究實學하야 剗除虛僞謬妄之習하고 切修純篤眞摯之工하야 出一言行一事에 必反之於心하야서 而不餒不作이면 則其於學에 思過半矣니라 嗚呼라 苟欲下眞工夫면 則必以古聖賢爲的이니 古聖賢千言萬語가 無非至道나 然이

나 要其眞切精密하고 明白洞達하야 可爲徹上徹下之學인댄 則宜先讀王文成先生全集하야 以得其門路하고 然後에 進而讀古經傳하면 則前聖後聖이 若合符節이라 其義易明이오 其工이 易成也니라 況當積久習染、膏肓沈沒之後하야는 其起死回生之功이 非此면 不可라 吾故曰陽明先生學說이 固是聖門嫡傳이오 而尤爲吾近日儒學界之對投神劑也라하노라 彼纏繞於舊聞舊見者는 諉之以禪學而不敢觀하니 是自甘於迷謬而永杜開新之望矣라 第無論禪與不禪하고 取而讀之호대 惟毋[107]以己見與舊說로 先之하고 而平心以觀其理하면 則其是非得失之故를 不難知矣니라 嗚呼라 使讀者로 將樹門戶釣聲譽하야 如前人之爲면 則誠無所事此로대 苟不然而欲切問近思하야 鞭辟近裏면 則必須先辦眞箇求爲聖人之心하야 把一切世間種種名利紛ㅁ之念하야 洗滌得乾乾淨淨한 然後에야 始可讀先生之書오 讀之而引着自家心邊하야 切實踐將去하야 一摑一掌血이오 一棒一條痕이라야 方能句句得力矣리라 先生이 有言호대 一念獨知處는 卽誠之萌芽니 不論善念과 惡念하고 無虛假라 一是면 百是오 一錯이면 百錯이니 正是王霸와 義利와 誠僞와 善惡의 界頭라 於此에 立定이면便是端本澄源이오 便是立誠이라하얏나니라 一誠立에 百度斯正이라 人慾遏而天理行하야 以至修齊治平之功이 不越乎方寸之內니 夫然後에 可以見聖人之道之大오 而天下治亂晦明之故를 亦可得以知之矣니라 ㊇

107) 【교감】 '毋'가 원문에는 '毌'로 되어 있다.

찾아보기

(ㅇ)

(ㅈ)

(A - Z)